基于生物力学的 的
纠正性训练

[英] 贾斯汀·普莱斯（Justin Price） 著

王 雄 译

人民邮电出版社

北京

图书在版编目（CIP）数据

基于生物力学的纠正性训练 / （英）贾斯汀·普莱斯
（Justin Price）著 ; 王雄译. -- 北京 : 人民邮电出版
社, 2022.4
ISBN 978-7-115-54654-8

Ⅰ. ①基… Ⅱ. ①贾… ②王… Ⅲ. ①关节-运动训
练 Ⅳ. ①G804.32

中国版本图书馆CIP数据核字(2020)第154714号

版权声明

免责声明

本书内容旨在为大众提供有用的信息。所有材料（包括文本、图形和图像）仅供参考，不能替代医疗诊断、建议、治疗或来自专业人士的意见。所有读者在需要医疗或其他专业协助时，均应向专业的医疗保健机构或医生进行咨询。作者和出版商都已尽可能确保本书技术上的准确性以及合理性，并特别声明，不会承担由于使用本出版物中的材料而遭受的任何损伤所直接或间接产生的与个人或团体相关的一切责任、损失或风险。

内 容 提 要

　　本书共分为6部分：第1部分介绍了身体各部位的骨骼结构、常见肌肉骨骼失衡问题及结构评估方法；第2部分讲解了身体各部位主要肌肉的解剖学结构、运动功能及其对肌肉骨骼失衡问题的影响；第3部分阐释了纠正性训练的主要内容、作用原理和注意事项；第4部分讲解了纠正性训练三大步骤具体动作练习的目标部位、执行步骤、推荐训练量、注意事项、进阶练习及退阶练习等；第5部分介绍了纠正训练计划的制订过程和方法；第6部分讲解了相关专业人员开展纠正性训练服务时的注意事项。

　　不论是体能或健身教练，还是运动康复师或物理治疗师，都能从本书中获取专业的纠正性训练方法，有效改善肌肉骨骼功能障碍与疼痛。

◆ 著　　　　[英] 贾斯汀·普莱斯（Justin Price）

　　译　　　　王　雄

　　责任编辑　刘　蕊

　　责任印制　周昇亮

◆ 人民邮电出版社出版发行　　北京市丰台区成寿寺路 11 号

　　邮编　100164　　电子邮件　315@ptpress.com.cn

　　网址　https://www.ptpress.com.cn

　　廊坊市印艺阁数字科技有限公司印刷

◆ 开本：700×1000　1/16

　　印张：27.5　　　　　　　　　　2022 年 4 月第 1 版

　　字数：631 千字　　　　　　　　2025 年 10 月河北第 13 次印刷

　　著作权合同登记号　图字：01-2018-7603 号

定价：328.00 元

读者服务热线：(010) 81055296　印装质量热线：(010) 81055316

反盗版热线：(010) 81055315

谨以此书献给通过"基于生物力学的纠正性训练"（TBMM-CES）认证的全球纠正性训练专家团队，以及那些热心的客户。他们每天都在创造奇迹，使无痛运动成为现实。

作者序

亲爱的中国读者：

　　作为"基于生物力学的纠正性训练"的创造者，我很荣幸能有机会介绍和分享这些卓越的纠正性训练技术。对于你们将对本书中总结的方法进行学习、实践和完善，并使你们自己、你们的客户、你们服务的运动员和你们的事业从中受益的前景，我感到不胜荣幸且欣喜异常。

　　中国在体育运动和健身训练方面发展迅速，这得益于不断努力、追求卓越以及持续采用世界上先进的运动指导和教练技术。希望本书中循序渐进的训练措施和方案能够成为运动、康复和健身专业人士的重要工具。

　　作为一种纠正性和运动表现提升训练体系，本书内容已在世界范围内被广泛认可，并在近70个国家内，被通过"基于生物力学的纠正性训练"认证的专家们使用。因此，我相信，本书中讲述的方法将会对实现你的远大梦想有所帮助：不但让你自己的感觉和运动功能表现良好，而且帮助你更为全面地为别人设计

用来减轻疼痛、解决和改善肌肉骨骼失衡及提高运动表现的训练计划。

　　我由衷地感谢人民邮电出版社有限公司能够出版这本书，并特别感谢中国国家体育总局训练局体能训练中心的王雄先生，感谢他不辞辛劳地工作，对本书的内容进行翻译，并将其带给读者。

　　我还要向您——本书的读者，表示最深切的感谢。感谢您愿意学习基于生物力学的纠正性训练技术，并致力于使用它来帮助他人，实现他们的康复、健身和运动表现提升的目标。您为此所付出的努力，将帮助他们更充分地发挥出身体潜能。

致以诚挚的问候，
贾斯汀·普莱斯

目录

第2部分　了解肌肉与运动 　　　　　　　　　　　　　　　　　　　　 **61**

第3部分　纠正性训练的基本原理　　137

第5部分　制订纠正性训练计划　341

第6部分　纠正性训练的业务实施　379

扫描右方二维码添加企业微信。

1. 首次添加企业微信，即刻领取免费电子资源。

2. 加入体育爱好者交流群。

3. 不定期获取更多图书、课程、讲座等知识服务产品信息，以及参与直播互动、在线答疑和与专业导师直接对话的机会。

前言

本书是针对运动、康复和健身专业人士的纠正性训练教学读本，旨在指导专业人士运用纠正性训练解决常见的肌肉骨骼失衡问题。与其他关于肌肉骨骼和运动功能障碍的书籍的不同之处在于，本书没有艰涩的术语，语言通俗易懂，实际操作简单。本书的内容安排循序渐进（包括实例研究和案例分析），易于理解，使读者能够在指导客户时按照书中方法轻松地操作实施。

我很荣幸，自己已投身健身领域将近30年，在各位专业人士和客户不断实现自己的个人和职业生涯的目标时，能够有很好的机会给予他们帮助，并且可以近距离地观察他们。在这一令人激动而富有启迪的过程中，我也能亲眼看见这一行业的清晰变化。

传统意义上，健身专业人士的责任是为那些想要提升运动能力和健美水平的普通人士提供全面的训练指导和规划，传授相关知识，并且提高他们的运动积极性（动机）。出于这些目的，健身专业人士应该指导客户进行具有大多数运动环境下所需身体活动的特征的训练。但是研究表明，在当前所有接受私人训练服务的人中，有90%的人报告有一些暂时性或慢性的肌肉骨骼问题，这会让他们在完成难度很低的身体运动时都感觉到有障碍，甚至会感到疼痛（Schroeder & Donlin，2013）。行业研究表明，参加健身运动的人数增长最快的群体是55岁以上的人士，但是只有大约50%的专业健身教练具备相应的技能，可以为那些有肌肉关节疼痛或存在肌肉骨骼问题，以及运动受限的人服务（IHRSA，2017；

Schroeder & Donlin，2013）。很明显，客户的需求和当前提供的常规健身服务之间存在一定的盲区。无疑，健身专业人士应该尽力满足客户的需求。

我撰写本书（并设立"基于生物力学的纠正性训练"认证——The BioMechanics Method Corrective Exercise Specialist Credential）的目的是满足专业健身教练的需求，帮助他们指导那些有肌肉骨骼功能障碍的客户。本书有利于提高教练在肌肉骨骼功能评估、解剖学、纠正性训练选择和制订训练计划等方面的能力，促进健康健身领域的发展，并弥补行业需求差距。

我一生致力于努力探索、发现、创造和传授最有效的纠正性训练策略，并将其应用于评估和缓解关节疼痛问题。由于具有多年的纠正性训练研究与实践经验，我有很多难得的机会，在50多个国家为成千上万的人进行纠正性训练的教学培训。我还有幸能够与肌肉骨骼康复领域内最受尊敬的医疗和保健专业人员一起工作，帮助无数客户共同应对来自肌肉骨骼方面各种常见的或特殊的挑战。这些奇妙的经历让我能够了解行业的发展趋势，在复杂的医学文献中解读各种信息和方法，考虑它们在纠正性训练领域的价值，与客户尝试各种技术，与尊敬的同事们合作，最终开发出本书中所述的一些实用、可靠的方法。

我致力于以一种浅显易懂的方式说明这些方法，以便健身教练为客户服务时更容易理解和实施。本书涉及的主题如下：

- 进行一系列评估，确定是否为常见的肌肉骨骼失衡问题；
- 了解这些常见的失衡问题如何影响骨骼和软组织的结构；
- 了解不同类型的纠正性训练；
- 了解如何针对客户的情况选择适当的训练策略；
- 设计完整的纠正性训练计划，解决导致肌肉和关节疼痛的根本问题。

全书整合了与客户进行有效交流的一些策略和案例，这些是在开发成功的纠正性训练计划时最重要也是最容易被忽视的一个方面。

此外，健身教练可以获得一些关于如何营销推广，如何提升人际关系，以及如何合理提高技能的学习材料，以帮助自己利用纠正性训练能力获得经济收益。书中使用了表格、插图和照片来充分说明每个步骤、技术和过程，以帮助健身教练增强学习效果。此外，每一章中都有"自我检查"和技能学习版块，健身教练可以实践并完善自己的评估、解剖学、计划制订和业务知识及技能。

循序渐进的训练和评估材料能确保健身教练在技术领域训练有素，获得相应的资格认证，有能力识别潜在的原因和有效的技术，以帮助客户缓解常见的肌肉骨骼失衡，迅速消除疼痛，改善身体功能。本书将让健身教练进一步了解、明白，任何错位都会给全身带来疼痛、损伤和功能障碍。健身教练也可以使用书中的个人咨询和评估结果，准确指出客户的训练需求，以使客户成功地开始或恢复一项定期健身计划。

组织架构

本书内容是按照一定的逻辑顺序组织的，你应该按顺序阅读，从第1部分"结构评估的基本原理"（Fundamentals of Structural Assessment）开始。你将在第1部分学习如何对足部和踝部、膝关节、腰椎-骨盆髋带、胸椎和肩胛带、颈部和头部进行问诊、视诊和触诊，并且向客户有效地传达这些评估结果。你有必要从本书的开始部分读起，因为在评估阶段获得的客户信息将成为整体纠正性训练的基础和依据。一开始就了解客户的骨骼结构，可以为你提供必要的框架和背景信息，这些都是在第2部分学习详细的功能解剖学和软组织结构时必不可少的知识。

接下来你可以学习第2部分"了解肌肉与运动"（Understanding Muscles and Movement）。在这一部分，你将了解到超过100种的骨骼、关节、肌肉以及其他软组织结构，并且了解到第1部分所提到的肌肉骨骼失衡问题影响身体各个部位的方式。同样，这一部分的一些解剖学知识也会为你说明需要解决的肌筋膜问题，设定训练选择的阶段，并将其作为纠正性训练计划的部分内容。

在第3部分"纠正性训练的基本原理"（Fundamentals of Corrective Exercise）中，你将学习纠正性训练计划的各个要素，如何选择并调整训练项目来满足每个客户的需求，以及如何指导这些技术训练。这一部分的内容还涵盖了一些纠正性训练计划所涉及的除了训练以外的策略。

第4部分"纠正性训练动作库"（Complete Corrective Exercise Library）包括自我肌筋膜放松、拉伸和强化训练。这些内容有利于指导你选择一种特殊的技术方法，建设性地解决客户的肌肉骨骼失衡和其他问题。

第5部分"制订纠正性训练计划"（Corrective Exercise Program Design）提供了有效地开发纠正性训练计划并与客户形成积极的人际关

系的方法，以促进你的咨询、训练课程和计划的成功实施。第5部分还包括了一个有价值的案例研究，以帮助你了解在指导客户训练时，应该如何连续实施整个过程的各部分内容。

最后，为了帮助你运用从第1部分到第5部分中掌握的纠正性训练技术，第6部分"纠正性训练的业务实施"（Business of Corrective Exercise）的内容将提供设立纠正性训练业务的方法，具体包括建立专业网络和引荐体系的步骤，保持业务范围的措施，以及吸引和维持客户的营销方式。

书中概述的这些方法，已在实践中经过我和无数来自世界各地的纠正性训练专业人员的运用和验证。你对本书的阅读理解和对书中纠正性训练策略的应用，无疑将促使你成为一名更出色的健身专业人士。

致谢

感谢所有为这本书的出版做出贡献和努力的人体运动出版社的工作人员，感谢他们的热忱帮助和辛苦努力。尤其要感谢艾米·托科（Amy Tocco）、阿曼达·尤因（Amanda Ewing）和约书亚·斯通（Joshua Stone），感谢你们一直以来的热情和付出，使这本书得以完成。同时，我要向我的工作团队表达最诚挚的感谢，尤其是玛丽（Mary）、吉恩（Gene）、罗伯特（Robert）、马扎（Mazza）、格洛里亚（Gloria）、伊丽莎白（Elizabeth）、詹森（Jason），以及安杰尔（Angel）。没有你们的帮助，这本书将永远无法完成。

第1部分

结构评估的基本原理

在第1部分中，你将了解基于生物力学的纠正性训练的结构评估过程，同时学会如何通过实施一系列的问诊、视诊和触诊，收集有关客户肌肉骨骼系统状况的信息。你将逐步学习评估足部和踝部、膝关节、腰椎-骨盆髋带、胸椎和肩胛带，以及颈部和头部最常见的肌肉骨骼失衡问题（这些问题可以影响人体的运动，限制活动范围，甚至会引起肌肉和关节疼痛）。除了学习对身体某些特定区域进行评估的方法，你还将了解身体某一部位的肌肉骨骼失衡状况如何影响其他部位的运动和姿势。了解人体是如何作为一个互相关联的整体运作的，能够启发你进一步了解客户的症状，并发现他们的运动功能障碍形成的潜在原因。此外，当你掌握了评估客户肌肉骨骼系统状况的知识之后，你会更容易明白在这一系统中，紊乱（在第2部分中）将如何影响肌肉和软组织结构。

在整个第1部分中，我们一直在强调有效的沟通策略，这有利于你更好地帮助客户理解并且赞同逐步进行的结构评估过程。这些简单的沟通策略会使客户更加享受这一评估过程，并使客户更乐意全身心地参与纠正性训练计划的开发过程。最后，我们将通过客户评估表（Client Assessment Diagram，CAD；见附录）向你详细说明如何记录客户的评估结果及其肌肉骨骼健康史等其他信息。当你开始为客户制订纠正性训练计划时，CAD具有非常重要的指导功能。

第1章

结构评估过程

结构评估是健身教练用来收集客户肌肉骨骼系统状况和功能信息的重要工具之一。基于生物力学的纠正性训练的结构评估过程可用来有组织、有次序、有条理地收集这些信息。这一过程包括对客户的足部、踝部、膝关节、腰椎-骨盆髋带、胸椎和肩胛带、颈部和头部依次进行视诊和触诊评估，以及之后的语言交流评估。这种结构评估所得的结果能为我们提供关于客户肌肉骨骼系统当前状况的信息，它还能让你深入了解客户在日常生活、训练和运动中的活动方式，以及可能出现的任何功能障碍。例如，如果结构评估显示客户在站立的时候表现有足内旋（例如扁平足），那么在走路和跑步这些动态活动中，客户的足也可能会出现内旋（Bryant & Green, 2010）。

为确保结构评估过程顺利进行，在开始评估前应考虑一些事项。以下一些评估指南能够帮助你操作更加娴熟，还能将客户的压力降到最低。

与客户的初步联系

在对客户进行现场评估前联系客户，请他回答一些指定问题。首次交流实际上比较随意，但它能为你和客户的关系定下基调，所以

你必须认真完成，这样有利于你建立良好的专业信誉。尽管现在流行电子邮件和短信，但是你应该尽可能通过电话直接与客户进行交流。客户可能会对结构评估过程感到非常焦虑，他可能想了解一些相关事宜，例如需要的服装、持续时间、费用以及是否可以把家人带来等问题。面对面的接触会帮助你缓解客户最初的焦虑，并从一开始就建立一种更加激励性的和支持性的良好关系（Bryant, Green & Newton-Merrill, 2013）。有关客户关系的更多信息，请参阅第22章。

要为客户咨询做好充分的准备，为他们期待的内容提供一个基本的简介。例如，你可以告诉他们："在开始的时候，我会先了解一下你的身体状况，还会进行一个全面的肌肉骨骼评估。这有助于我们确定有可能出现功能障碍的任何部位。要知道，功能障碍可能会影响你有效训练的能力，甚至让你感到疼痛和不适。在这一过程中，如果你有任何疑问，请随时提出来。我很乐意为你解答。"

告诉客户，在评估过程中，我们需要清楚地查看某些身体部位。因此客户的着装应该尽量便于进行评估。建议男性客户穿短裤和背心（或者会面时再换上合适的衣服），女

性客户穿短裤和运动内衣或背心。同时，一定要告知客户，在进行评估的时候他们需要脱掉袜子和鞋。

如果客户表示他们不愿意按照建议穿着衣物，或者你从他的声音中听出他对这种服装有所担心，那就找一个可以接受的替代着装方案，能同时满足你和客户的需求。一件合身的T恤可能足以进行上身评估，跑步裤或瑜伽裤也可以代替短裤，千万不要坚持让客户穿他们觉得不舒服的衣服。

如果客户以前从未去过你的工作场所、健身房或训练地点，请给他准确的指示，告诉他相关建筑物的区域、停车的信息，以及任何其他有用的评估场所的信息。你将这些详细的信息通过邮件发送给客户，这样他就可以在见面当天查阅这些信息。

认真安排首次咨询。对客户而言，第一次咨询可能很有压力。在第一次电话谈话或在后续邮件中，不要用太多的信息使潜在客户不知所措。你的指导应该尽量简单、清晰、明了，在会面中你可以对一些相关事宜进行详细说明（Price, 2012）。

结构评估过程

结构评估过程包括以下3个要素。

1. 问诊。
2. 视诊。
3. 触诊。

这一过程中的每一部分都是为了收集客户的重要信息。认真对待这一过程的每个要素，不要忽略任何一部分。

问诊

问诊是结构评估过程的第一部分。你可以用这种方法获取有关客户肌肉骨骼的病史。

在与客户通过电话进行初步接触时，就可以进行非正式的问诊，当你第一次与客户会面时，仍以结构化的方式继续进行问诊。问诊内容包括肌肉的不适、过去的损伤和手术史、体力活动的类型和强度、职业，以及客户以前诊断出的可能影响他肌肉骨骼系统健康状况的信息等。这些信息有利于你对他目前的功能水平进行评估。同时，这也有利于你更好地洞察客户对他当前肌肉骨骼健康状况的生理和心理感受。此外，在你进入视诊和触诊过程前，问诊能帮助你和客户建立信任和融洽的关系（Price & Bratcher, 2010）。

客户评估表（CAD）（本章后面将对此进行详细讨论，可参阅附录）将告诉你在问诊的过程中应该问哪些问题。在CAD中的空白部分填写客户对问题的回应情况。不管是现在还是过去，如果客户身体的某个部位感到疼痛或者有功能障碍，请在该部位标记"×"。

在评估开始时进行一次全面的问诊，这样客户就可以以一种比较舒服的坐姿回答你的问题。不要让客户自己填写CAD，你一定要亲自提问，然后自己把相关信息记录在CAD上。通过自己提问，你能够鼓励客户给你反馈，还能观察他们的肢体语言，并且形成一种团队合作交流的氛围（Whitworth et al., 2007）。有些时候客户会因为紧张而忘记一些事情，这时候你需向他们保证：你在进行视诊和触诊时会记下所有他们记得的其余信息。

视诊和触诊

结构评估过程中的视诊和触诊涉及用肉眼和手检查客户身体的每个主要部位（Kendall, McCreary & Provance, 2005）。评估过程的这两个部分是不一样的，但应同时进行，以使评估过程更切合实际，节约时间。作为一名充满探索心的健身教练，你可能对收集客户肌肉骨骼失衡的信息非常感兴趣。但是当客户穿着紧身衣张地站在你面前时，可能不会像你一样有兴趣，所以你要快速有效地进行视诊和触诊，还要确保客户能够理解评估过程的每个步骤。

顾名思义，触诊需要你和客户之间进行身体接触。在以任何方式接触客户之前，一定要先征得客户的同意，并在做之前向客户解释你要做什么。你也应该告诉客户，如果他感到不舒服，不想被别人碰，或者不想继续进行评估时，应该主动告诉你。

你需从足部和踝部开始进行触诊。这并不是因为它们比身体的其他部位更重要，而是因为从这里开始评估对你的客户来说不具有威胁性。一旦你完成了对足部和踝部的评估，你需沿着身体向上继续评估膝关节、腰椎−骨盆髋带、胸椎和肩胛带、颈部和头部。这种从足到头的方法有利于客户随着评估的进阶变得更加放松，在对身体其他部位进行评估时，他会感到更轻松（Price & Bratcher, 2010）。

当你进行视诊和触诊时，你应该向客户解释整个评估过程，并且分享你的评估结果，这样客户就能理解每个步骤。当你对身体部位进行评估时，请把你的发现记录在CAD上相应的空白部分。在评估过程中如果客户感到疼痛或不适，请立即停止评估，然后在合适的时候继续进行下一步。

在结构评估过程中，你会越来越熟练，能够更轻松地评估每个部位，并以简单的语言向客户解释结果。如果你能以有趣的方式实施评估，这也能使客户对这一过程更加感兴趣，然后他就会认识到自己的肌肉骨骼失衡问题对身体功能产生负面影响的方式。

评估过程中的有效沟通也有助于客户在随

后的纠正性训练计划中更加配合、坚持（Price, 2016）。例如，客户在训练中如果感到膝关节不适，他就会寻求帮助以缓解不适。在结构评估过程中，你会注意到客户足部和踝部的不平衡，这可能就是造成膝关节不适的原因。因此你会建议他进行一系列的足部和踝部的纠正性训练。如果在评估过程中，你无法有效地向他解释足部和踝部的失衡对膝关节的影响，那么他可能就不会明白训练的价值。事实上，他可能会对你提供的"错误"训练而感到恼火，因为那些训练是针对他的足部和踝部，而不是引起疼痛的膝关节。相反，如果你成功地向他解释了足部和踝部失衡是导致膝关节疼痛的原因，他会更有可能完成你推荐的训练。

当你评估身体的各个部分时，请把身体作为一个整体来考虑，并思考其他结构是如何影响你目前正在评估的部位的。例如，如果你发现一个客户的足部和踝部失衡，那么你就需要考虑是不是身体其他部位的失衡导致他的足部和踝部出现这样的问题。本书第1部分的其余章节将详细描述每个身体部位如何受到其他部位的影响。重要的是我们要了解，身体的每一个结构其实都是相互连接的功能链中的一部分。

客户评估表

当你在结构评估过程中取得进展时，记录你收集到的与客户有关的所有信息。最简单的方法是使用客户评估表（CAD），这是专门为此目的设计的表格。CAD列出了所有应该提出的问题，以及一些有必要进行的评估内容。完成一项内容后你可以填写在空格处，还有一些区域你可以用来记录每个身体部位的问诊、视诊和触诊的结果。你可以用左侧的解剖图来标记并记录在问诊中客户的疼痛和有功能障碍的区域。在这个图表上用"×"作为快速参考标记，可以提醒你关注客户的问诊情况，并且在对客户进行评估时注意到他的一些非语言线索。你可以从附录中获得客户评估表的空白副本。

要点回顾

通过结构评估过程，健身教练能够用有组织、有次序、有条理的表格收集到有关客户肌肉骨骼状况的信息。

- 评估过程由以下3个不同的部分组成。

  1. 问诊。

  2. 视诊。

  3. 触诊。

- 问诊始于你在电话中与客户的初次接触，并在与客户的第一次会面中以结构化的形式继续进行。

- 视诊和触诊是两种不同的评估方式，但是可以同时进行，以使这一过程更加务实、高效。

- 视诊和触诊从足部和踝部开始，然后沿着身体向上到膝关节、腰椎－骨盆髋带、胸椎和肩胛带，最后是颈部和头部。

- 结构评估过程还包括一些礼节性的注意事项，这样有助于客户和评估人员在这一过程中减少压力：

  －告知对方在会面期间所期望的信息；

  －明确告知会面场所或地点的具体方向和地址；

  －告知对方在评估过程中的着装要求；

  －回答客户关于会面的所有疑问。

- 在结构评估过程中使用的所有问题和评估内容都列入客户评估表。你可以在空白部分记录评估结果。

自我检查

当你进行结构评估时会出现许多障碍，使你和客户感觉到不必要的困惑或者紧张，考虑以下这些可能出现的问题，它们可能发生在你进行评估之前、评估过程中或者评估之后，在每个问题旁边的空白处写出谁（你、你的客户或者两者都有）会受到影响，以及你能做些什么来改进这个问题。

结构评估过程中应避免的问题

可能出现的问题	谁受到了影响：你、客户还是两者	可能的解决办法
在问诊过程中你记不住客户对你的问题给出的答案		
客户因为不能在会面地点附近找到停车位而迟到15分钟		
在评估过程中客户被你的行为或者你这样做的原因激怒		
因为客户的着装问题，你在评估过程中无法清楚地看到需要进行检查的身体结构或部位		
当客户遇到一个具体问题时（例如膝关节疼痛），他不能理解为什么你要对他的全身进行评估		

第2章

足部和踝部评估

足踝复合体确实很复杂，单是一只足，就有26块骨骼，33个关节，100多条韧带、肌肉和肌腱（Gray，1995）。足部和踝部有两个最重要的功能：保持身体平衡；确保应力不仅在这些结构中，而且在整个肌肉骨骼系统中都能得到合理的分布（Frowen et al.，2010；Kelikian，2011）。如果在负重活动中足踝复合体的功能受到损害，身体的其他部位必须进行代偿以保持平衡，而且其他部位存在的不平衡问题也很复杂。足部和踝部还必须适应地表和地形的变化（Frowen et al.，2010），因此，它们不断地承受来自上、下两方面的应力。

基础解剖学

足踝复合体可以分为6个部分，其中踝关节有3个部分，足部有3个部分。小腿骨（胫骨和腓骨）在踝关节上方形成的关节是**胫腓关节**（见图2.1）。胫骨和腓骨下方（距骨上方）是**踝关节**，也称为**距小腿关节**。这个关节能够帮助小腿与足部和踝部相互作用，并将应力向下转移到足跟（Snell，2008）。踝部的另一个主要关节是距下关节（位于距骨下方）。它有助于将力量向前传递到足部，并可以通过很强的侧向移动能力来分散体重和压力，使身体

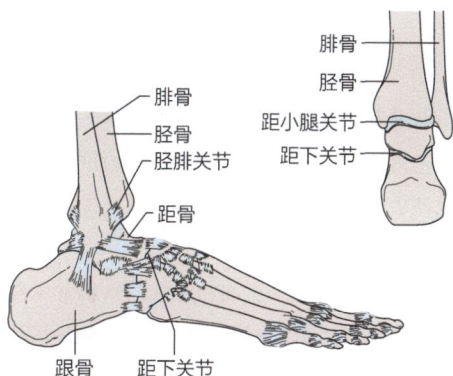

图2.1 踝关节

适应地形或接触面（Snell，2008）。

足的3个部分被称为后足、中足和前足（见图2.2）。**后足**，包括**跟骨**（足跟骨），在踝关节以下，有助于吸收冲击力并分散力量，还有助于将应力传递到中足和前足。**中足**，包括足中部的骨骼，是足弓最高的部分，主要功能也是吸收冲击力。中足也有利于通过侧向移动分散力量。**前足**包括距骨和趾骨，非常灵活，这种灵活性有助于增加足部的表面积，提高身体平衡性，并且增强身体与地面的相互作用（Davis，Davis & Ross，2005）。

当足与地面接触时，足部区域也可以互相锁住以减缓下方力的作用。这样可以减少踝部的转动，防止足弓完全塌陷（Kelikian，2011；

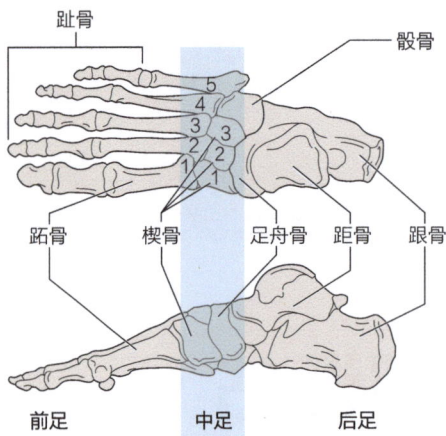

趾骨 跖骨 楔骨 足舟骨 距骨 跟骨 前足 中足 后足

图2.2 足部

Snell, 2008）。这种稳定功能对于减少损伤风险是非常重要的，它要求足部所有区域的功能正常。足还会向大脑发送关于地面的信号，以便大脑可以预测足部和地面将要发生的相互作用（Price & Bratcher, 2010）。

正如你所见，足部和踝部的结构非常精密，它们可以承受很大的压力。这些结构的任何损伤或错位都会带来很大影响，因为它们永远不会完全休息，特别是在负重活动中。因此，尽可能保持足踝复合体的健康、正确排列和功能健全是至关重要的。

常见紊乱

有两种主要的肌肉骨骼失衡会导致足踝部位疼痛、损伤及出现运动功能障碍（Hertel, 2002）。

- 过度内旋
- 背屈不足

当足部与地面接触时，足部和踝部沿身体中线向内（并向前）转动，此时，内旋便成为一种常见的必要功能。这种运动使足跟向内转动（外翻），踝向前弯曲（背屈），小腿向内旋

转，并使足稍微向外移动（外展）。这些动作让身体将重心前移，在旋转中从一边移到另一边。**过度内旋**是指足部在正常活动中向内过度移动或转动幅度过大。这种向身体内侧的过度移动导致足跟和踝部向内下落，限制了足部和踝部的向前移动，使足部内侧的足弓变平。它还会使足向外大幅转动，无法抵消足弓塌陷时向身体中线转移的过多压力（Hertel, 2002；Lowe, 2009）。足部和踝部出现过度内旋会扰乱整个身体的运动（Kendall, McCreary & Provance, 2005）。

踝关节的背屈是内旋的一个重要组成部分。它让小腿靠近足部上方（反之亦然），并且在负重活动中足和地面接触时产生。例如，深蹲时小腿在足部上方的动作，以及走路时向前摆腿和抬足离开地面。过度内旋会导致小腿、踝部和足部朝身体中线过度塌陷。这限制了踝关节适当地向前移动，而导致**背屈不足**（Hertel, 2002）。当人们无法在全范围进行背屈运动时，不仅会损害足部和踝部的功能，还会影响其他动作的完成（Cook, 2010）。

足部和踝部的常见紊乱一般会同时发生，这意味着患有过度内旋的人一般都伴有背屈不足。过度内旋比过度外旋更常见。本书的目的是探讨作为专业的健身教练会遇到的一些常见的紊乱，所以我们不会就过度外旋进行讨论。

评估过程

在回顾了足部和踝部的解剖结构，以及客户可能患有的一些常见的紊乱症状后，我们现在来详细讨论对身体各个部位进行评估时的程序。正如第1章所述，足部和踝部的评估过程应该从问诊开始。

问诊

在对客户的足部和踝部进行评估时，关键是要了解客户如何感觉到自己的症状和疼痛，在进行活动时，是只有某个地方疼，还是身体的其他部分也疼（Price & Bratcher, 2010）。评估时询问以下问题，并在客户评估表（CAD）上记下有关信息。

1. 询问客户是否经历过足部或踝部的疼痛，以及疼痛的具体部位（例如，疼痛是发生在踝的侧面还是前面，足跟的下面还是足弓的下面，足背上还是跟腱上，足趾上还是足尖上）。鼓励客户进行口头描述，这有利于你更好地理解客户和他的个人需求（Petty & Moore, 2002）。例如，如果客户的足部下方有疼痛感，这说明他的内侧纵弓可能承受了应力。这将提示你在进行视诊和触诊时要检查他是否有过度内旋的迹象。

2. 询问客户是否患有关节炎或任何其他可能影响肌肉骨骼健康的疾病。这不仅能帮助你了解正在评估的关节和其他结构的完整性，而且还能帮助你找出你无法控制的因素，这些因素可能会影响纠正性训练计划的成功实施。例如，对于患有严重关节炎的客户来说，即使你帮助他们解决了肌肉骨骼的失衡问题，他们可能还会感到关节疼痛。然而，不要让关节炎的诊断妨碍你帮助客户减轻他们的痛苦，以及提高他们的功能能力。即使患有关节炎，对位对线也是减少关节应力或疼痛的关键（Miller, 1995）。

3. 询问当事人过去的伤情或手术情况。注意伤情或手术的发生过程影响了足部和踝部的哪个部位，由具有资格认证的医学专家做出的诊断（如有）。要记录进行检查和手术的治疗师和医师的姓名。收集尽可能多的信息，这

样你就可以在医学专家的指导下，了解伤情或手术是如何影响纠正性训练计划的设计、实施和成功的（Petty & Moore, 2002）。

4. 询问客户的身体活动水平。查明客户参与这些活动的频率、强度和持续时间。这将帮助你了解客户对其身体施加压力的类型和大小（Petty & Moore, 2002）。例如，如果一个膝关节疼痛的客户是一个狂热的跑步爱好者，并且在纠正性训练过程中他仍计划完成同样距离的跑步运动，这将会直接影响他潜在的治疗结果。

5. 询问客户的工作，这有利于你了解他在生活中承受的正常生理压力（Petty & Moore, 2002）。例如，邮递员的足部和踝部上的压力大于计算机技术员。

6. 询问客户他的足部或踝部是否不允许他从事某项活动，或限制他所能做的事情。这个问题的答案将帮助你理解客户来见你的潜在动机（Pric & Bratcher, 2010）。例如，如果疼痛使客户无法打网球，那么如果你从一开始就知道这一问题，你就可以将某项训练的益处与之结合起来，让客户明白遵守纠正性训练计划，就能重新打网球。

7. 询问客户的踝部或足部疼痛是否与身体上的任何其他疼痛或症状相一致。这有利于你在症状和活动/情境之间建立因果联系。它也有利于让客户思考身体出现的问题是如何相互关联的。例如，如果客户抱怨踝部疼痛，但同时也注意到踝部疼痛时背部也疼，那么他便更有可能完成你设计的运动，调整腰部和髋部的位置，这也有利于踝部的恢复。

8. 询问客户使他病情加重的情况，以及让他感觉好一些的情况，这将帮助你确定疼痛的根源。例如，如果客户在早上感到背痛更明显，那你最好先评估他的睡觉姿势（Petty &

Moore, 2002）。如果他在做完一项以前学习的运动后感觉更好，你就可以回顾一下他的运动，收集更多可能的相关线索，并称赞他能成功适应这次有益的训练。

一旦你完成了问诊，你就可以要求客户脱掉鞋和袜子，进行视诊和触诊。

视诊和触诊

视诊和触诊过程是为了获取更多关于客户足部和踝部状况的信息。在这一过程中，你可能会对自己在问诊中做出的假设进行证实和质疑。

视诊

在开始进行视诊前，先让客户站在你面前面对着你。向他说明你会仔细观察他的足部和踝部的状况。具体来说，就是你会检查他的足部和踝部是否有肿胀、老茧，或者是否有其他不正常现象。

对过度内旋进行评估

为了能通过观察确定客户足内旋的范围和类型，要确保客户是双足面对着你站立。观察每只足的内侧区域，如果足弓下降或者没有足弓，又或者在客户一只或两只足的内侧有一团突出的软组织，这表明客户可能会有过度内旋（见图2.3）（Schamberger, 2002）。

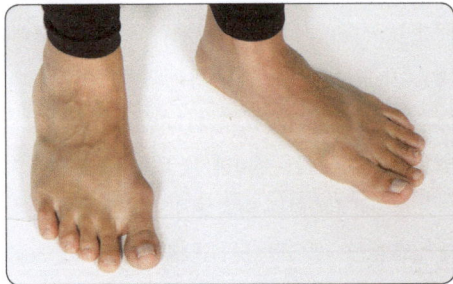

图2.3　没有内侧足弓，并且踝内翻则表明足部存在过度内旋的问题

对足内翻或足外翻进行评估

客户仍然站在你的面前，检查他双足的位置。记录客户是否两只足都向前或两只足都内翻（"像鸽子一样"向内旋），是否两只足都从身体的中线位置开始外翻（"像鸭子一样"）（见图2.4）。双足的足内翻和足外翻可能表明有过度内旋现象（Schamberger, 2002）。例如，在站立时，过度内旋也可能导致出现外翻，因为过度内旋会使小腿内旋，使膝朝向身体中线。因此，要使足向外转，膝朝前重新对齐（Price & Bratcher, 2010）。

大部分有双足过度内旋的人都会有外翻，而非内翻。不过偶尔也会遇到客户的一只足是内翻的情况。这个问题也是由过度内旋造成的。正如我们在前面所讨论的，当一个人过度内旋时，足部和踝部会向身体的中线移动。这导致膝也向中线移动。为了代偿膝位置的变化，这个人会把足向外转，使膝朝前。然而，如果客户是弓形腿或有其他先天性问题，就会影响腿的对位对线，他们的膝实际上可能会朝向身体外侧。这些客户可能有过度内旋，但是他们可以将足向内转，使膝朝前。

检查大足趾

老茧、囊肿和弯曲的足趾也可能是足部和踝部存在常见肌肉骨骼失衡现象的证据，

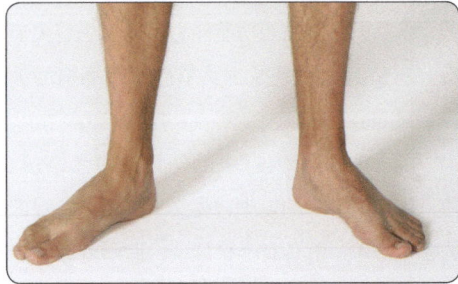

图2.4　足外翻位置示例

所以确定客户的足趾状况很重要（Arnot, 2003）。查看每一只足的大足趾，确定该足趾的第一个关节是否肿胀，是否有囊肿，或看上去是否紊乱中线，而不是笔直向前（见图2.5）。如果一只或两只足上的大足趾不直，这可能意味着客户存在过度内旋。当一个人的足过度内旋时，足弓就会塌陷，重量就会转移到身体的中线上。在足部的重量移动到大足趾末端前，会引起这些状况：对大足趾内部的刺激（老茧）、炎症、大足趾第一个关节处的骨增生（囊肿）或大足趾偏向另一个足趾（踇外翻）。

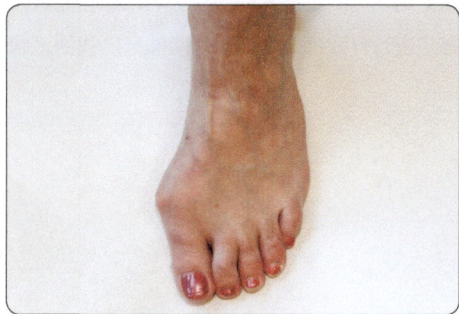

图2.5　踇外翻和囊肿示例

检查小足趾

小足趾指的是除大足趾以外的所有足趾。足部和踝部的结构不平衡和一些鞋子的类型会导致小足趾产生多种畸形。这些畸形通常叫作锤状趾、爪状趾、槌状趾，而且会非常

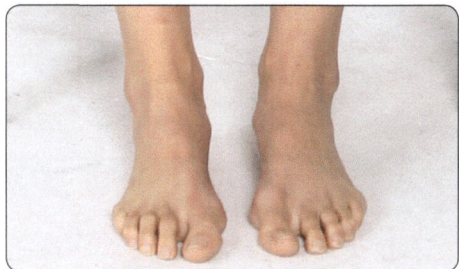

图2.6　小足趾畸形示例

疼痛（见图2.6）（Arnot, 2003）。要评估客户的这些问题，看看小足趾是否蜷缩，形成爪形，或它们看上去总是弯曲的。外观畸形的小足趾可能表明客户存在过度内旋，因为重量不能通过前足和足趾末端合理地分布，因而会导致这种畸形。

触诊

在完成足部和踝部的视诊后，就可以开始进行触诊评估。告知客户你现在将对他的足部和踝部进行触诊，以此来证实或推翻视诊的结果。你需要观察踝部是否存在畸形的关节，还要观察足部和小腿的软组织结构是否存在过度拉伸。在触摸客户或者对客户进行触诊前，记得先征得客户的同意。

对距骨位置进行评估

距骨位于小腿骨下方的踝关节处，有利于在负重活动中抵消足部和踝部的一些侧向应力。对距骨的位置进行评估，有利于确定客户是否有一定程度的过度内旋（Muscolino, 2009）。

在评估距骨的位置时，请客户与你面对面站立，双足朝前伸直。跪位，把右手的拇指和食指放在客户左踝的两侧，你会感觉到踝两侧都有凹陷或压痕。在踝内侧，凹陷位于胫骨前肌肌腱的下方和后面，这块肌肉能够把足部拉向小腿。在踝外侧，凹陷位于趾长伸肌肌腱的下面和后面，这块肌肉能将小足趾向小腿方向抬起（Gray, 1995）。

当你第一次进行此评估时，通过让客户将重量放到足外侧（例如，旋后），用小腿前面的肌肉向上拉足和大足趾，你能更容易找到这些凹陷。这有利于显露踝内侧的肌腱，使拇指放置的凹陷部位更加突出［见图2.7（a）］。找到这个位置后，让你的客户将足部内旋（例如，

将足部重量转移到足部内侧），并且用小腿肌肉向上拉小足趾。这有利于显露踝外侧小足趾的肌腱，使食指按压的凹陷部位更加明显［见图2.7（b）］（Price & Bratcher, 2010）。

将拇指和食指固定按压在踝内外两侧凹陷处的中间（见图2.8），然后让客户把踝从一侧转动到另一侧，以抬高和降低足弓（内翻和外翻）。当客户向内旋转踝时，按压踝内侧的拇指会感受到压力，这是距骨在推你的手指。当客户向外转动踝时，你的食指下方会感到压力，这是因为距骨在向另一方向移动。让客户慢慢地向内或向外转动踝，当你感觉到拇指和食指下的压力均匀时，让他停止动作，使足部和踝部保持这个姿势。

这便是距骨的中立位置，也是直立站立时足部和踝部的正确位置（Magee & Sueki, 2011）。如果你评估的客户有习惯性的过度内旋，那么对他而言，足部和踝部的中立位置可能会有点别扭，他会感觉重量都集中在了足的外侧。向这些客户保证，这种感觉是正常的，因为他们的足部和踝部受到身体重压而习惯性地塌陷，而不能恰当地支撑或转移体重。

现在换另一只手，用左手拇指和食指来评估客户右足上距骨的位置。

完成评估后，教客户如何通过观察和移动找到中立位置，这样他们就可以看到并且感受到站立时足部和踝部对位对线的感觉。教客户进行自我评估，使他们能够自己找到正确

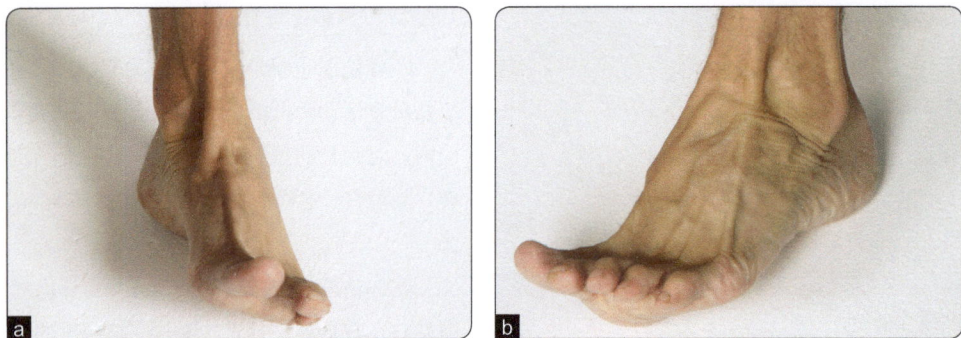

图2.7 a.踝内侧凹陷；b.踝外侧凹陷

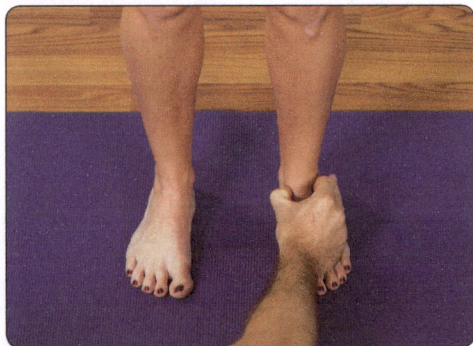

图2.8 评估距骨的位置

的位置。客户甚至可能与朋友、同事或家庭成员谈论这项技术，这样会吸引其他人寻求你的帮助，来请你为他们制订纠正性训练计划。

对小腿肌肉进行评估

足部和踝部的肌肉骨骼失衡会对小腿肌肉产生不利影响（Kendall, McCreary & Provance, 2005）。当足部过度内旋时，足跟会向内旋转，拉动跟腱、腓肠肌和比目鱼肌（小腿后方的肌肉通过肌腱连接到足跟上）。这种过大的拉力会导致这些肌肉酸痛并失去柔韧性。如果这些肌肉不能有效地拉伸，那么足部和踝部就不能很好地进行背屈。背屈不足会压迫踝关节前部的结构，刺激跟腱并引起炎症（Barnes, 1999）。

让客户平躺在地上，膝弯曲。单膝向前跪在客户旁边，抬起客户一条腿的下半部。把客户的足放在你的大腿上，用拇指和食指挤压客户小腿肌肉的腹部（见图2.9）。你需要寻找客户的扳机点、结节，以及过度紧张的部分肌肉。如果你不确定你感觉到的是紧张还是压痛点，当你捏挤小腿肌肉时让客户告诉你他的感受是什么。在另一条腿上进行同样的评估，把发现的结果（包括柔软的部位）都

记录在CAD里面。

对足底筋膜状况进行评估

足底筋膜是一个宽而致密的、相对较硬的结缔组织，长度和足底的长度一致。在步行和跑步等负重活动中，来自身体上方的力量和来自下方的地面反作用力给足底表面带来了非常大的压力（Hyde and Gegenbach, 2007）。肌肉骨骼失衡，如过度内旋和背屈不足，会增加足底筋膜的压力。随着时间的推移，这些问题会导致组织出现过度紧张、功能失衡、疼痛等症状（Snell, 2008）。

在评估足底筋膜的状况时，请客户仰卧在地上，膝弯曲。单膝向前跪在客户旁边，抬起客户一条腿的下半部。把客户的足放在你的大腿上，从足跟到足趾依次用拇指和其余手指按压他的足弓和足底（见图2.10）。注意那些比较柔软或疼痛的区域，并记录在CAD上。如果你不确定你感觉到的是紧张还是压痛点，请征求客户的反馈。对于大多数人来说，最酸痛的部位通常位于足弓最高处的足跟前面，或者就在大足趾第一个关节的后面（Hobrough, 2016）。

足部和踝部评估结束时，你将有能力帮

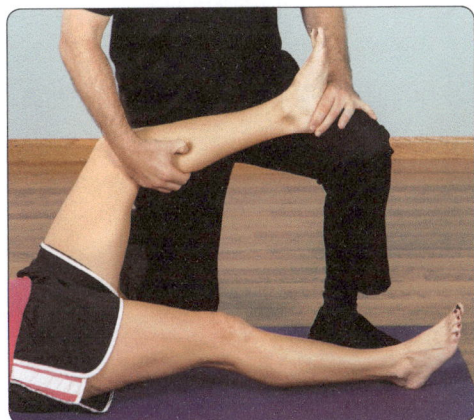

图2.9 对腓肠肌进行评估

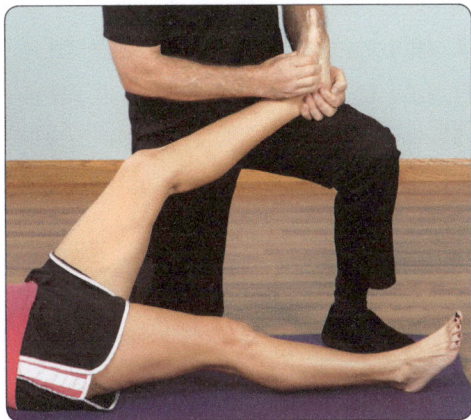

图2.10 对足底筋膜进行评估

助你的客户了解这些部位的肌肉骨骼失衡状况，并解释这些失衡会如何影响他们的膝部。刚刚完成的足部和踝部评估不仅能够揭示一些具体的问题，同时也能让客户了解身体各个部位的关联性。这一点很重要，因为它能帮助客户理解疼痛或有功能障碍的部位并不总是问题的根源。因此，在对膝部进行问诊和触诊之前，应该先简要总结客户足部和踝部的评估结果。确保你已经填写了CAD上这个身体部位的情况，并简要描述了足、踝与膝的关系（参阅后文"膝与足部和踝部的关联方式"）。与客户交流这些信息同样也有利于你顺利进入下一个评估过程。

膝与足部和踝部的
关联方式

足部和踝部是人体的基石，与其他结构一样，基石的完整性会影响到人体上部的一切，而上部的重量也直接影响基石。因此，足部和踝部的状况将对所有负重活动产生影响，如站立、弯腰、伸展、蹲下、步行、跑步和弓步等（Schamberger, 2002）。

足过度内旋会导致小腿向内转动，跟骨会朝身体中线塌陷。这种足、踝和小腿的向内塌陷会导致背屈不足，也就是说，足、踝和小腿不能正确前移。简单而言，如果足踝过度塌陷，就无法进行足够的前移。由于比目鱼肌和腓肠肌附着在跟骨上，足和踝的这种塌陷会影响这些肌肉的功能，进一步限制背屈（Lowe, 2009）。

由过度内旋引起的小腿向内移动也会影响膝的位置，因为膝关节的底部位于胫骨和腓骨的正上方。过度内旋会导致膝外翻，即膝关节向内移位（见图2.11）（Johnson & Pedowitz, 2007）。膝关节过度向内移动或移位会产生运动轨迹问题，在这种情况下，膝不能按照它原本的轨迹在股骨槽上流畅地滑行（Johnson & Pedowitz, 2007）。

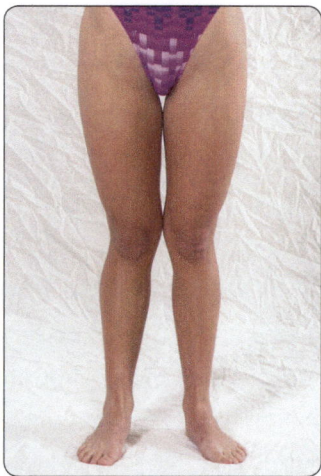

图2.11　膝外翻位置

踝关节背屈不足也直接影响膝关节的弯曲（屈曲）和伸直（伸展）功能。例如，许多负重运动，如深蹲和弓步，都要求踝在膝屈曲的同时向前屈曲（见图2.12）。

其他负重运动，如步行和跑步，要求踝在膝伸直的同时向前屈曲（见图2.13）。然而，如果足踝复合体背屈不足，膝关节必须代偿踝关节运动的不足，并可能引起疼痛和损伤（Cook, 2010）。

图2.12 膝屈曲时的踝关节背屈

图2.13 膝伸直时的踝关节背屈

评估表

在开始评估膝部之前，你必须回答以下有关足部和踝部的问题。

- ☐ 你是否完全理解客户所经历的足部和踝部的疼痛，以及这些疼痛是如何影响功能的？
- ☐ 客户是否患有任何关节炎，或被诊断出其他问题，从而影响此次训练计划的成功实施？
- ☐ 什么情况下客户的足部和踝部会感觉更好或更糟？
- ☐ 足部和踝部的疼痛是否以任何方式限制了它们的某些功能？
- ☐ 当客户的足部和踝部受伤时，他身体的其他部位会受到影响吗？

- ☐ 客户的双足是否有过度内旋？
- ☐ 客户的双足是足内翻还是足外翻？
- ☐ 客户的大足趾和小足趾的情况怎么样？
- ☐ 客户的小腿肌肉和足底筋膜情况如何？
- ☐ 当客户站立时，他是否知道如何找到足部和踝部的中立位置？
- ☐ 你和客户都了解他足部、踝部和膝的关系吗？

在客户评估表中记录你对此部分的评估结果（见图2.14的示例）。

足部和踝部	√	细节说明
疼痛？	√	右侧踝关节
关节炎/病情？	√	未说明
功能正常与否？	√	两侧背屈受限
怎样才能感觉更好/更坏？	√	跑步
因果关系？	√	右膝内侧疼痛
看起来畸形？	√	右踝关节肿胀
足内旋？	√	右足O型/内旋
足内翻/足外翻？	√	右足外翻
足趾状况？	√	大足趾正常，右足小足趾略有弯曲
足底筋膜状况？	√	右足剧痛
小腿肌肉状况？	√	两侧都紧张
客户是否知道中立位置？	√	可以做到

图2.14 在客户评估表上完成足部和踝部评估的示例

要点回顾

足部和踝部的肌肉骨骼失衡状况，会由于来自上下两个方向的力量而明显加剧。

- 足部和踝部有两个最常见的紊乱。

  1. 过度内旋。
  2. 背屈不足。

- 如果大足趾附近有老茧或者囊肿，或者大足趾看起来紊乱，身体中线向小足趾靠拢，都表明客户患有过度内旋。

- 过度内旋比过度外旋更常见。即使是一只足有明显的"高足弓"，它也可能出现过度内旋。因此，你必须对距骨进行触诊，不能完全依靠视诊得出结论。

- 确定客户的身体活动能力和类型，以了解足部和踝部承受的应力。这一信息不仅能帮助你确定是什么活动导致或减轻了客户的疼痛，还可以帮助你确定其中可能涉及哪些软组织结构。

- 过度内旋会导致背屈能力降低，因为足部和踝部向内过度塌陷，因而无法向前充分地活动，从而也导致了小腿肌肉无法全范围执行其功能。

- 足部和踝部的结构紊乱直接影响膝的排列和功能。

- 在客户评估表上记录下所有相关信息。

自我检查

检查自己的足部和踝部，确定自己的基本情况。

脱掉你的鞋子和袜子，检查是否存在以下迹象。

你是否有	是	否	哪里/哪一边
踇囊炎（囊肿）			
压痛或足底筋膜疼痛			
槌状趾或者爪状趾			
踝关节上或者踝关节周围的疼痛			
踇外翻			
老茧			
足外翻			
小腿肌肉紧绷或者疼痛			

现在通过使用修正版的距骨评估程序，详细内容参阅触诊中对距骨位置的评估，查看你是否有过度内旋的问题。用右手评估右踝，用同样的方法用左手评估左踝。

你是否有过度内旋？ _____

通过距骨评估为你的足部和踝部找到一个中立的位置。对两侧都进行评估，直到你确信找到了一个正确的位置。

你能为你的足部和踝部找到一个中立的位置吗？ _____

一旦你能让自己的足部和踝部达到一个中立的位置，开始练习对别人进行评估。

结构评估技能测试

对其他人进行一次完整的足部和踝部评估，将你的发现记录在下面表格中。

足部和踝部	√	细节说明
疼痛？		
关节炎/病情？		
功能正常与否？		
怎样才能感觉更好/更坏？		
因果关系？		
看起来畸形？		
足内旋？		
足内翻/足外翻？		
足趾状况？		
足底筋膜状况？		
小腿肌肉状况？		
客户是否知道中立位置？		

第 **3** 章

膝关节评估

膝关节是一个相对简单的结构，与身体的其他关节相比，其活动幅度相当有限。膝关节的主要功能是屈曲和伸展，以及连接大腿与小腿，以进行一系列运动链上的运动。膝关节可以进行小范围的旋转，也可以极小幅度地从一侧向另一侧移动（Hyde & Gengenbach，2007）。

当足部、踝部和腰椎-骨盆髋带不能正常工作时，膝关节结构的完整性受到了影响。这是因为用来稳定膝关节的肌肉在这两个部分之间有起点和止点（Price & Bratcher, 2010）。因此，足部和踝部，或者腰椎-骨盆髋带出现

肌肉骨骼问题时，会导致膝关节承受来自其上方和下方的不平衡的冲击力。

基础解剖学

膝关节主要包括股骨、胫骨、腓骨、髌骨、半月板、股四头肌肌腱、髌韧带、侧副韧带（见图3.1）以及交叉韧带（见图3.2）。

髌骨（膝骨）是膝中心的一块小骨。它通过股四头肌肌腱与股四头肌相连。股四头肌肌腱经过髌骨后，形成髌韧带，随后将髌骨与小腿胫骨相连（腓骨位于小腿外侧的胫骨旁）。股骨（大腿骨）和胫骨的正确排列能

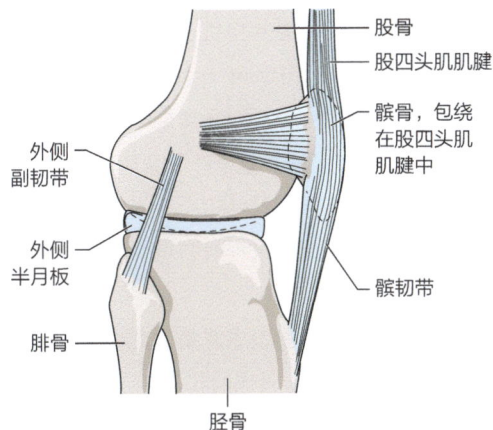

图3.1 膝关节基础解剖学

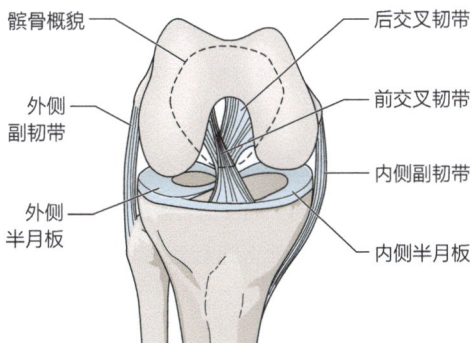

图3.2 膝关节交叉韧带

21

够使髌骨在股骨底部的股骨槽上流畅地滑动（Dimon & Day, 2008）。

两个叫作**半月板**（单半月板）的C形盘位于股骨和胫骨之间。半月板由软骨组成，在大腿和小腿的骨骼之间起到减震器的作用（Dimon & Day, 2008）。

内侧和外侧副韧带位于膝关节两侧。**内侧副韧带**连接胫骨和股骨，**外侧副韧带**连接腓骨和股骨，二者为膝提供侧向稳定性（Hyde & Gengenbach, 2007）。

前交叉和**后交叉韧带**位于膝关节内，它们呈对角附着在股骨和胫骨上。交叉韧带有利于提高膝关节稳定性，减轻膝关节受到的旋转压力。它们还能防止胫骨相对于股骨出现过度的前后移动（Hyde & Gengenbach, 2007）。

常见紊乱

有下面两种主要的膝关节紊乱可能导致疼痛、损伤和出现运动功能障碍（Hamel & Knutzen, 2003）。

- 侧向对齐问题（例如膝外翻）
- 屈伸过程中的运动轨迹问题

侧向对齐是指股骨和胫骨的排列，以及这些骨骼相对于身体中线的移动和位置。当膝向身体中线内塌陷（外翻位置）或向外塌陷（内翻位置）时，可能会出现侧向对齐问题，在这种情况下，肌肉和软组织结构无法合理分配膝关节上的力量。最常见的侧向对齐问题是一侧或两侧膝的外翻移位（Hamel & Knutzen, 2003）。随着时间的推移，这种情况会导致髌骨被拉向一侧，使它无法正确地在股骨槽上滑动。当一个人进行动态的负重运动，如步行、跑步、深蹲、弓步或上下楼梯时，侧向对齐问题通常会扰乱这些活动的正常功能。此外，在一些静态活动中，例如站立，也会出

现慢性的或者严重的侧向对齐问题。

当膝屈曲或者伸展时，如果髌骨不能在股骨底部前方（股骨槽）流畅地滑动，在屈伸过程中就可能会出现膝关节运动**轨迹问题**。运动轨迹问题会使髌骨下侧承受极大的压力。随着时间的推移，这种过度的压力会引起炎症和刺激，导致疼痛和运动功能障碍（Hamel & Knutzen, 2003）。当膝屈曲和伸展时（例如在矢状面上运动），膝关节上方的股骨和下方的胫骨、腓骨也从一侧向另一侧移动，并在一定程度上有所旋转。因此在屈伸过程中的运动轨迹问题也会影响额状面和水平面上的运动，即从一侧向另一侧移动及旋转运动。

评估过程

在回顾了膝的解剖结构和常见的紊乱问题之后，我们现在开始进入详细的评估程序。

问诊

首先，重要的是要了解客户能不能感受到自己的身体状况或痛苦，无论是单一的膝部问题，还是与其他身体部位相关的问题（Price & Bratcher, 2010）。提出以下问题，并且将相关信息填写在客户评估表（CAD）中。

1. 询问客户是否经历过膝疼痛，并询问疼痛的具体部位（Petty & Moore, 2002）。例如，如果膝的中部感到疼痛，可能意味着客户在运动的时候会对这里产生压力，这有可能表明客户出现了膝外翻移位。这种情况提示你在进入视诊和触诊过程时，应该检查这种不平衡问题。

2. 询问客户是否患有关节炎或任何可能影响膝部肌肉骨骼健康的其他疾病。

3. 询问客户过去的损伤或手术史。记录损伤或手术的发生时间、处理过程、诊断结

果，以及所涉及的医生姓名。全膝关节置换术的过程既影响运动，又影响功能（Petty & Moore, 2002）。

4. 询问客户的身体活动水平。例如，你有必要了解你进行评估的客户是否经常运动或者跑步。这将有助于你评估他在平常的一天或一周内，膝部承受的压力，以及他的膝部是否能够在纠正性训练计划中得到休息和恢复（Petty & Moore, 2002）。

5. 询问客户的职业（Petty & Moore, 2002）。例如，重要的是要知道客户是一个园丁还是一个整天跪在地上铺地毯的人。跪姿会给膝带来很大的压力。随着时间的推移，这可能会影响膝的正常功能和纠正性训练计划的最终成功。

6. 询问客户他的膝是否妨碍他从事某项活动或限制他做某项运动。这有利于你了解他来见你的目的，以及在恢复全部功能或减轻疼痛后他希望做些什么事情（Price & Bratcher, 2010）。

7. 询问客户的膝疼痛是否与其他疼痛或症状有关。这将有助于客户了解他身体各个部分的相互关系，并将促使他坚持纠正性训练计划（Price & Bratcher, 2010）。例如，如果客户注意到只有当他穿某双特定的鞋时，他的膝才会疼，这种情况下你就可以利用这个机会，告诉他足部和踝部的运动如何影响他的膝，并指导他选择更合适的鞋子（参阅第18章中"鞋类和矫形器的作用"）。

8. 询问客户是什么加重了他的症状，又是什么让他感觉好一些。这有利于他理解日常活动将如何影响训练计划的成功（Petty & Moore, 2002）。例如，如果骑自行车加重了客户的膝疼痛，你可以利用这个机会来评估自行车座椅的高度。你会发现，提升座椅高度

有助于减少膝弯曲程度，减少膝承受的压力。

完成了问诊过程，接下来就是视诊和触诊。

视诊和触诊

在评估膝时，你必须清楚地看到膝的结构。没有穿短裤的客户应该拉起长裤腿，露出膝，光足站立（在完成足部和踝部评估之后进行这项评估）。在进行任何触诊之前，记得先征得客户的同意。

视诊

在开始评估前，让客户面对你站立，双足分开与髋部同宽。检查膝上或周围的肿胀情况，并找出其他不规则之处，如肌肉大小的差异和疤痕（见图3.3）（Magee, Zachazewski & Quillen, 2009）。将异常部分记录在CAD中。

接着对侧向对齐问题进行评估。这包括两个步骤：第一步是对膝的中心位置进行静态视诊；第二步是在动态情况下，如单腿下蹲时，对膝的中心位置进行视诊。

当客户站在你面前的时候，要评估髌骨的静态位置，你需要查看他髌骨的中部。从膝到踝中间画一条假想线。从髌骨到客户股

图3.3 膝肿胀和疤痕从视觉上看来也是一种不规则现象

骨（股四头肌的起点）前部的中心再画一条假想线。注意两条直线在髌骨处的交点是否向内或向外紊乱得太远（见图3.4）（Hamel & Knutzen, 2003）。

股骨朝向膝部有一个自然的向内倾斜角度。因此，膝关节的位置应该更靠近中线，而不是髋关节的中心。股骨相对于膝中心的角度称为Q角，可以用一定的度数来表示（见图3.5）。男性Q角大于15度，或是女性Q角大于18度都属于畸形（由于女性的臀部更宽，所以她们的角度更大）（Fernandez des-la-Penas, Cleland & Dommerholt, 2016；Frisch, 1994）。请记住，视诊的目的只是衡量客户的膝是否有向内或向外的过度紊乱。Q角精确与否对这一评估并不重要，因此我们将不讨论测量Q角的技术方法。

让客户面对着你单腿站立，然后在动态环境下对髌骨进行视诊。当客户处于这个姿势时，让他做一个浅蹲，使站立腿的膝弯曲大约30度。当他移动时，观察他的髌骨的中央部分，并注意其是否过度地靠近或远离身体的中线。下蹲时，膝向身体中线移动是正常的。如图3.6所示，在这个评估中你需要查找膝过度向中线靠近或者不受控制的现象。

对于有严重膝疼痛的客户，不必要求他做单腿下蹲。这会加重膝的压力，并且使症状恶化，你只需进行静态视诊，就可以了解髌骨的中心位置。

你也可以从后方对膝的侧向对齐问题进行评估。让客人面对着你单腿站立，站立腿的膝弯曲约30度。当他做这个动作时，注意臀部或坐骨（坐骨结节）的中央。理想情况下，当客户蹲下时，他臀大肌的中心部位应该下降到他足跟中央的一侧。如果在一个摇摆的"萨尔萨舞臀部"（salsadancehip）运动中，他的髋部远离身体的中线，那么他很有可能有膝对齐问题（见图3.7）。在这种情况下，膝通常会过度地向中线移动以进行代偿（McLester & St. Pierre, 2008）。

触诊

一旦完成膝的视诊后，就可以开始进行触诊了。告知客户你现在将对他的膝进行触诊，以此来证实或反驳视诊的结果。当他屈伸膝关节时，你会察觉出移动异常，并听到异常的声音。

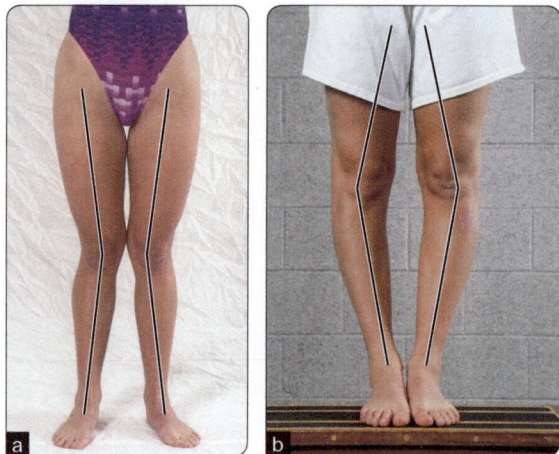

图3.4 膝关节：a.外翻位置示例图；b.内翻位置示例图

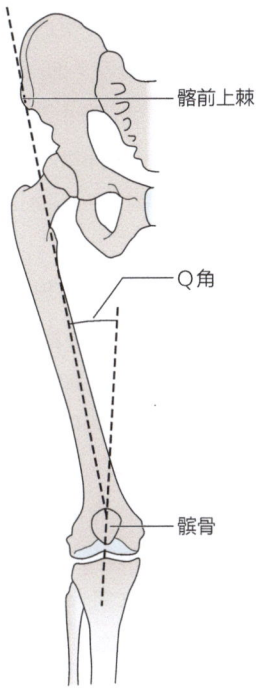

图3.5　Q角示例

图3.6　膝关节外翻位移的动态评估示例

髂前上棘

Q角

髌骨

图3.7　"萨尔萨舞臀部"位移与膝关节外翻位移示例

让客户背靠地仰卧，跪在他旁边，让他单膝弯曲。将一只手放在客户的髌骨上，用另一只手将他的腿屈伸两到三次（见图3.8）。在进行此评估时，不要过度下推髌骨或小腿，并且应仔细感受髌骨从股骨底部滑过。如果你听到或感觉到任何摩擦、嘎吱作响、破裂或爆裂的声音，那么很可能有运动轨迹问题（Frisch, 1994）。如果客户感觉到任何疼痛，立即停止评估。

完成膝评估过程后，你可以帮助客户掌握使膝达到中立位置的方法，并向他解释为何膝关节的正确对齐不仅可以防止膝疼痛和功能障碍，而且对足部、踝部、腰椎-骨盆髋带也有同样的作用。

指导客户使膝达到中立位置

指导客户在站立时使膝达到中立位置，这可以帮助他们更好地了解身体的各个部位之间是如何相互影响的。首先，指导客户按照第2章介绍的技术，尝试使足部和踝部达到一个中立的位置（对距骨位置进行评估）。当达到这个位置时，膝应该自然地对齐，髌骨的中心位置与第二足趾成一条直线（Clippinger, 2016）。让客户感受当臀肌收缩使大腿和小腿

向外旋转时，膝处于更中立的位置。你也可以指导客户向后倾斜骨盆（即向下蜷曲），以进一步帮助客户对齐，减小腰椎的弯曲度。骨盆向后倾斜也会使大腿和小腿向外旋转，这将有助于足部和踝部对齐（Kendall, McCreary & Provance, 2005）。

有时候，人们无法实现膝-足-踝的完美对齐，这通常发生在客户有严重的或长期的对齐问题、弓形腿或其他先天性畸形问题时（Price & Bratcher, 2010）。指导这些客户尽可能使足部、踝部和膝接近中立位置，这样他们就能知道正确对齐是什么感觉（以及这一过程涉及哪些肌肉和运动）。

在对腰椎-骨盆髋带进行问诊、视诊和触诊之前，简要总结你对客户膝的评估结果。确保你已经填写了CAD上这个部位的结果，并为客户简要描述膝与其上下结构的关系（见下文）。

膝与足部和踝部、腰椎-骨盆髋带的关联方式

膝是用来连接足部和踝部、腰椎-骨盆髋带的一种结构。因此，任何上下部位的结构不平衡或排列不齐都会直接影响膝的感觉和

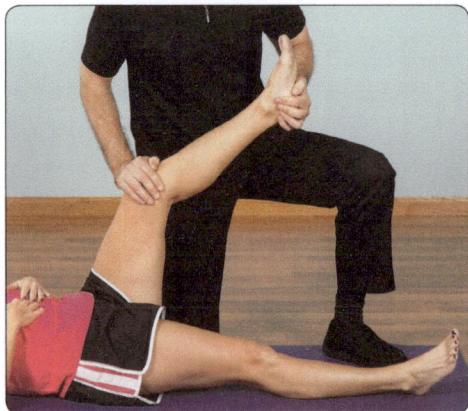

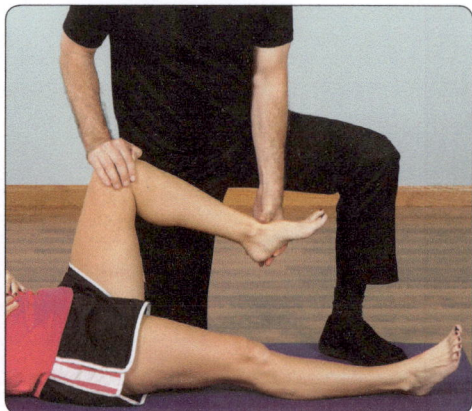

图3.8　髌骨轨迹评估

功能。例如，在单腿下蹲评估中，你应该注意到膝外翻通常伴随着足踝复合体的过度内旋。这是因为在过度内旋的过程中，足部和踝部向中线塌陷时，小腿也会过度旋转，将膝拉到外翻的位置。膝关节的这种运动也会使大腿向内旋转，影响髋臼（大腿与骨盆在此相连）的位置。由于大腿和髋臼的位置发生了变化，骨盆因向下和向前旋转而紊乱了对齐位置，骨盆位置的这种变化会导致下背部呈过大幅度的弓形（见图3.9）（Kendall, McCreary & Provance, 2005；Price & Bratcher, 2010）。

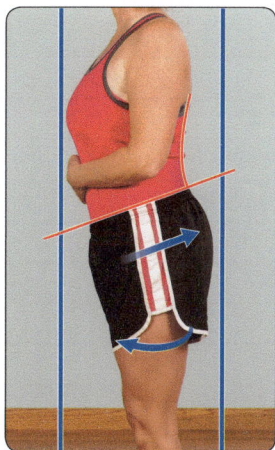

图3.9　由于大腿和小腿过度向内旋转，骨盆进行代偿运动

评估表

在对腰椎－骨盆髋带进行评估之前，你必须回答以下有关膝的问题。

❑ 你知道客户正在经历哪种类型的疼痛，以及这种疼痛如何影响膝的功能吗？

❑ 客户是否有关节炎，或者任何有可能影响训练计划成功实施的其他问题？

❑ 什么情况下客户的膝会感觉更好或更糟？

❑ 疼痛是否在某个程度上限制了膝的某些功能？

❑ 当客户膝疼痛时，是否会影响身体的其他部位？

❑ 客户的双膝是否有视觉上的畸形？

❑ 在客户的一侧或者两侧膝上是否有膝外翻症状？

❑ 客户的髌骨是否有运动轨迹问题？

❑ 当客户站立时，是否知道如何使足和膝达到中立位置？

❑ 你知道足部和踝部、腰椎－骨盆髋带是如何与膝相连的吗？你能向客户解释清楚吗？

在客户评估表中记录你对此部分的评估结果（见图3.10的示例）。

膝关节	√	细节说明
疼痛？	√	右膝内侧
关节炎 / 病情？	√	未说明
功能正常与否？	√	站立时疼痛
怎样才能感觉更好 / 更坏？	√	久坐
因果关系？	√	右侧的足部和髋部问题
看起来畸形？	√	右侧肿胀
单腿下蹲？	√	右侧足外翻
髌骨轨迹？	√	右侧髌骨凸出
客户是否知道中立位置？	√	可以做到

图 3.10　在客户评估表上完成膝关节评估的示例

要点回顾

　　膝关节是一种铰链关节，用于连接大腿和小腿。当足部和踝部或腰椎 – 骨盆髋带等移动性较强的关节出现排列不齐或不平衡时会影响其连接点，即膝关节。

- 膝关节最常见的两种紊乱如下。

  1. 侧向对齐问题（例如膝外翻）。

  2. 屈伸过程中的运动轨迹问题。

- 除了急性创伤外，膝关节疼痛通常是由膝关节上下结构的不平衡引起的。因此，足部和踝部、腰椎 – 骨盆髋带的整体健康和功能会直接影响膝关节的状况。

- 站立时使足部和踝部处于中立位置，这可能有利于膝正常对齐。足部和踝部的过度内旋会导致小腿和大腿过度内旋，使膝关节向中线移动。

- 当你了解人们所从事的体育活动的类型和强度后，你就能更好地理解他们在膝关节上承受压力的大小。确定是什么活动引起或缓解了疼痛，这可以帮助你确定哪些软组织结构受到了刺激或出现功能失衡。

- 当一个人坐下、站起或以其他方式弯曲和伸展膝关节时，突然发出或爆裂或摩擦的声音则意味着可能有运动轨迹问题。

- 在客户评估表上记录下所有相关信息。

自我检查

　　膝关节状况可以作为一个早期的预警系统，预示着足部和踝部、腰椎－骨盆髋带潜在的肌肉骨骼失衡问题。评估你自己的膝关节，并在下面的膝关节健康报告卡上给自己的情况评级。

可能的等级	说明	我的等级
A 级	站立时髌骨能与第二足趾的中部对齐；下蹲时能适当地向中线方向移动；在所有动作中都没有疼痛和杂音	
B 级	站立时，髌骨几乎能与第二足趾的中部对齐；下蹲时向中线有中度的移动；很少或没有疼痛；屈伸时听到很小的爆裂声和摩擦声	
C 级	站立时，髌骨无法与第二足趾对齐，但是足部和踝部处于中立位置时能对齐；下蹲时，过度靠近中线；偶尔会有疼痛，在屈伸时略有爆裂声或者摩擦声	
D 级	站立时髌骨无法与第二足趾对齐；足部和踝部很难对齐/达到/保持中立位置；静止站立和蹲下时，膝关节明显向身体中线移动；经常或持续性疼痛；移动过程中有爆裂声或摩擦声	
F 级	站立时髌骨无法与第二足趾对齐；足部和踝部无法对齐/达到/保持中立位置；站立时膝外翻，蹲下时外翻更加明显；肿胀；持续疼痛	

结构评估技能测试

对其他人进行一次完整的膝关节评估，将你的发现记录在客户评估表中。

膝关节	√	细节说明
疼痛？		
关节炎/病情？		
功能正常与否？		
怎样才能感觉更好/更坏？		
因果关系？		
看起来畸形？		
单腿下蹲？		
髌骨轨迹？		
客户是否知道中立位置？		

第4章

腰椎-骨盆髋带评估

腰椎-骨盆髋带是腰椎、骨盆和髋部汇合的地方。髋部、骨盆和下背部都是非常复杂的结构，在腰椎-骨盆髋带处形成了非常复杂、完整的骨骼、肌肉、肌腱、韧带、筋膜和神经的复合体。

人的身体结构允许人用双腿站立行走。腰椎-骨盆髋带是身体最重要的部分之一，因为它提供了直立姿势所需的结构和支撑。在下背部，腰椎部位形成一条前凸的曲线，有助于提升躯干，并调整躯干使其保持在身体重心的上方。骨盆根据躯干和手臂的运动进行调整，并与下肢进行协调，以帮助进阶、传递爆发力和保持平衡。腰椎-骨盆髋带的几个大肌肉群合作，帮助腰椎、骨盆和髋部在3个运动平面上以极大的活动度移动。虽然人体可以大幅度进行这种特有的移动，但同时也会导致身体的这一区域出现代偿模式、运动功能障碍和肌肉骨骼失调等问题（Schamberger, 2002）。

基础解剖学

腰椎-骨盆髋带主要由腰椎、骶骨、骶髂关节、骨盆和髋臼几部分构成（见图4.1）。

骨盆是脊柱底部的环状结构。骨盆两侧连接在一起的骨骼被称为左右无名骨，或者更常见的，被称为髋骨。股骨（大腿骨）的顶部与骨盆在一个深窝处相连，这个深窝处被称为髋臼。骨盆还与脊柱在骶髂关节处相连，在那里骶骨与骨盆的髂骨相接。骶骨位于脊柱底部的腰椎和尾骨（尾椎骨）之间，为三角形骨（Dimon & Day, 2008）。腰椎由身体中最大的5块椎骨组成，负责帮助脊柱弯曲、侧屈、伸展和旋转（McGill, 2016）。许多肌肉、肌腱和韧带有助于共同支撑腰椎-骨盆髋带结构，同时帮助进行各项活动。

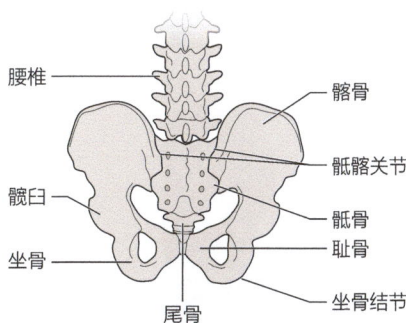

图4.1 腰椎-骨盆髋带的基础解剖学

常见紊乱

造成腰椎-骨盆髋带疼痛、损伤以及运动功能障碍的常见紊乱包括以下两种（Solberg, 2008）。

- 骨盆前倾
- 腰椎过度前凸

当一个人以绝对标准的姿势站立时，骨盆会自然向前旋转大约10度（Gajdosik et al., 1985；Heino, Godges & Carter, 1990），这意味着骨盆的前部略低于骨盆的后部。但是，如果站立时骨盆倾斜度大于10度，骨盆的前部就过度向前或者向下，而骨盆的后部则提升过高。骨盆过度向前和向下倾斜被称为**骨盆前倾**（见图4.2）。

相反，如果骨盆前部太高，那么骨盆后部就会下降。骨盆向后倾斜称为骨盆后倾。因为本书内容旨在介绍健身专业人士可能遇到的最常见的紊乱问题，所以我们在此不讨论有关骨盆后倾的问题。

一个人以正确的姿势站立时，腰椎在下背部有一个轻微的内拱或前凸，呈弓形。这是一个自然的下凹曲线，可以通过客户的侧面轮廓观察到这个特点。**腰椎过度前凸**指腰椎的过度弯曲（或者过度拱起）（见图4.3）。腰椎过度前凸是有问题的，因为它会导致运动功能障碍，最终引发疼痛（Houglum, 2016）。

腰椎、骶骨和骨盆是由骶髂关节，以及许多穿越和支撑这个关节的强壮的韧带连接在一起的，因此，骨盆的位置会直接影响骶骨和腰椎的位置，相反，腰椎和骶骨的位置也会直接影响骨盆的位置。如果骨盆过度前倾，腰椎就会过度拱起，因此，骨盆前倾总是伴随着腰椎过度前凸；同样，腰椎过度前凸也总是伴随着骨盆前倾（Solberg, 2008）。

评估过程

在回顾了腰椎-骨盆髋带的解剖结构以及客户在这一部位可能存在的常见紊乱问题后，我们现在可以进入详细的评估程序。

问诊

在对腰椎-骨盆髋带进行评估时，最重要的是了解客户在活动时能不能感受到自己的状况和疼痛——不管是在单一的身体部位，还是在其他相关的身体部位上（Price & Bratcher, 2010）。询问以下问题，并且将相关信息记录在客户评估表（CAD）中。

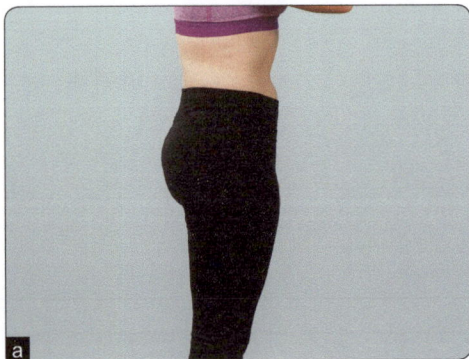

图4.2　a. 正常的骨盆倾斜；b. 骨盆前倾示例

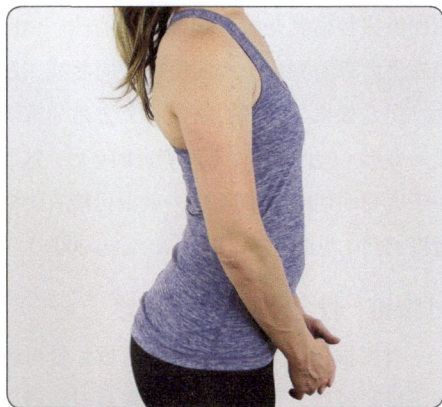

图4.3 腰椎过度前凸示例

1. 询问客户髋部、腹股沟、臀部或下背部是否疼痛。在描述疼痛的位置和性质时，鼓励客户给出具体的描述。例如（Petty & Moore, 2002），是髋部的侧面还是前部疼痛？是在腹股沟深处，还是在大腿顶端，或是在臀部的上部或中部，又或是在臀部坐骨处？如果它在脊柱的底部，那么它是在骶髂关节的水平位置，还是在尾骨上或者尾骨附近？是击痛还是刺痛？腹部是否疼痛？如果客户抱怨髋部一侧疼痛，这可能意味着腿部在髋关节位置不能正常运动，可能导致炎症。这些具体的信息能帮助你对腿部、髋部和骨盆进行进一步的对齐检查（Price & Bratcher, 2010）。

2. 询问客户是否有关节炎，或其他可能影响腰椎－骨盆髋带肌肉骨骼健康的疾病。例如，被诊断为椎间盘退行性病变的客户可能会感到疼痛，这可能会影响他们的纠正性训练计划的成功实施（Cramer & Darby, 2014）。当你知道在某些情况下可能需要外部帮助，或这超出了你的业务范围时，你可以向志同道合的能够保证客户长期治愈的专业人士寻求转诊（更多有关业务、专业网络和引荐的范围的内容见第28章）。

3. 询问客户过去的损伤和手术情况。例如，髋关节置换术或腰椎融合术都会影响运动和功能（Petty & Moore, 2002）。

4. 询问客户的身体活动水平。例如，重要的是要了解客户是否从事高尔夫球或者网球等体育运动，这些运动会给髋部和脊柱带来很大的压力（Petty &Moore, 2002）。

5. 了解客户的职业。例如，如果一个人在一天的大部分时间里都是坐着，髋部弯曲，下背部呈环形，这可能会对其腰椎－骨盆髋带的功能产生不利影响（McGill, 2016）。

6. 询问客户他的背部或者髋部问题是否妨碍他从事某项活动，或限制他做某项运动。这有利于你了解他来找你的动机或目的，以及他希望在恢复全部功能或减轻疼痛后做些什么事情（Price & Bratcher, 2010）。

7. 询问客户他的疼痛是否与其他疼痛或症状有关。这将有助于客户了解他身体各个部分的相互关系，并可以找出可能的原因、代偿机制和纠正方法。例如，如果客户在计算机前坐了很长时间而导致下背部疼痛，那么可能表明他的下背部劳损，而且颈部也会受伤疼痛。你可以借此机会强调他的头颈位置是如何直接影响腰椎位置的（学习第6章，了解头部和颈部与身体其他部位的关联方式）。然后你可以告诉他，你将在后续评估过程中仔细观察他的头部和颈部的状况（Price & Bratcher, 2010）。

8. 询问客户什么情况会加剧疼痛，什么情况会让他感觉好一些（Petty & Moore, 2002）。例如，如果客户表示坐着工作会加重他的背痛，你可以指导他改善坐姿从而解决这一问题（参阅第18章"静态姿势的注意事项"）。

9. 询问客户疼痛是否会让他晚上醒来，或者是否会因为这个问题而无法入睡。这一点很重要，因为许多腰椎－骨盆髋带问题会因睡眠姿势不佳而加剧（参阅第18章"静态姿势的注意事项")(Price & Bratcher, 2010)。

完成问诊之后，你就可以开始进行视诊和触诊。

视诊和触诊

在评估腰椎−骨盆髋带时，重要的是要清楚地了解你正在评估的结构。让客户把上衣卷起，这样你就能清楚地看到腰椎、骨盆和髋部。

对骨盆前倾和腰椎过度前凸进行视诊

请客户站在你面前侧对着你，以便你更加直观地评估他是否患有骨盆前倾。注意他的长裤或短裤在髋部的穿着状态，并且确定腰带的前部是否低于后部。腰带的前部通常位于骨盆前部的骨突处，即髂前上棘（anterior superior iliac spine，ASIS）。腰带的后部通常位于背部的骨突上，即髂后上棘（posterior superior iliac Spine，PSIS）。因此视诊客户的腰带有助于确定骨盆的位置。如果骨盆后部看起来高于前部，这可能意味着有骨盆前倾（见图4.4）（Palmer, Epler & Epler, 1998）。相反，如果骨盆的后部看起来低于前部，这意味着骨盆后倾。但是大部分人都有骨盆前倾的问题。

当客户仍然侧身站立时，检查他腰椎的弯曲度来评估其是否有腰椎过度前凸。你应该在下背部看到一个弯曲度很小的曲线或凹面。但是如果下背部的曲线看上去是非常明显的弓形（就像一个C形或者反向C形，这取决于客户的朝向），那么客户就很可能有腰椎过度前凸（见图4.5）（Boos & Aebi, 2008）。

对腰椎−骨盆髋带进行触诊

对腰椎−骨盆髋带完成视诊后，就可以着手进行触诊。告知客户你现在将对他的下背部进行触诊，以此来判断视诊结果是否正确。你需要感知他下背部的曲度。在进行所有触诊之前，记得先征得客户的同意。

若要通过触诊来判断是否存在腰椎过度前凸，请客户赤足站立，背部、臀部、足跟、肩部和头部都靠墙。在开始评估之前，你必须确认客户的这些身体部位都紧靠墙壁。接着把你的手掌横向放在墙上，然后滑到客户的下背部（见图4.6）。

现在评估客户下背部和墙壁之间的空间。如果客户腰椎前凸的程度在可接受的范围内，你的手应该只能在其下背部后方滑动，且只能通过手的第二指节之前的部分。如果客户下背部和墙壁之间的空间很大，可以通过你的整只手或者手臂，那么该客户有腰椎过

图4.4 对骨盆前倾进行视诊

图4.5 对腰椎过度前凸进行视诊

度前凸。墙壁与下背部之间的空间越大，紊乱或者失衡问题越严重（Price and Bratcher, 2010）。腰椎过度前凸也表明存在骨盆前倾问题（Kendall, Mc-Creary & Provance, 2005）。

需要注意的是，在评估过程中，如果某人的臀肌非常发达，而且他的脊柱底部与墙壁没有接触，这时你可以寻找其他空间。尽最大可能判断或确定客户是否存在腰椎过度前凸。

你也可以让客户仰卧，评估其是否有腰椎过度前凸。让客户躺在地板上，双腿伸直。让他保持膝和足趾指向天花板。把你的手滑动到他的下背部，对他腰椎的曲度进行评估（见图4.7）。如果你能把所有手指或整只手都滑到他的下背部和地板之间，这表明他有腰椎过度前凸（Ward, 2016）。

如果客户身体中部的体脂过多，那么你就很难用这种方法进行准确的评估。在这种情况下，较多的脂肪会让腰背部皮肤"下坠"至接触地板，这会阻止你的手滑到下背部的下方。同样的道理，如果进行背部评估的平面是软的，例如按摩床，也会影响评估的准确性。如果客户有严重的腰背痛，你不应该让他背靠地平躺且双腿伸直，因为这可能会加重他的病情。在这种情况下，使用工具会使这次评估更有效，这能帮助客户了解睡觉时双腿伸直会如何影响他的下背部（Price & Bratcher, 2010）。

在完成对腰椎 - 骨盆髋带的评估后，你可以帮助客户了解如何使这个部位达到中立的位置。你可以向他解释，腰椎 - 骨盆髋带的合理对齐，不仅可以预防下背部和髋部的疼痛和运动功能障碍，而且对足、踝、膝、上背部和肩部也具有同样的作用（在本章的最后会介绍腰椎 - 骨盆髋带与胸椎和肩胛带相互关联的方式）。

指导客户使腰椎 - 骨盆髋带达到中立位置

使用以下方法指导客户在站立时使骨盆和腰椎达到并且保持中立位置。

让客户直立，将双手手掌放在骨盆的前部，手指伸直。手掌的中心应该位于骨盆前面的骨突上，刚好低于肚脐（在肚脐两侧）的高度。下一步，客户将双手放到一定位置，手指

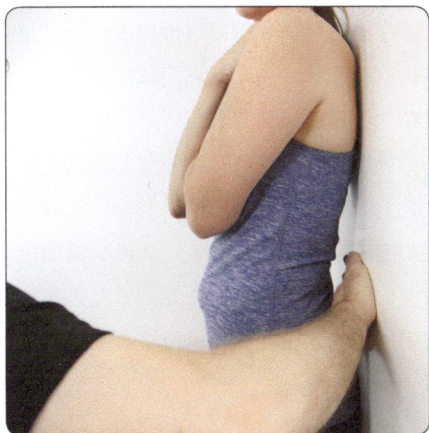

图4.6 对骨盆前倾和腰椎过度前凸进行触诊

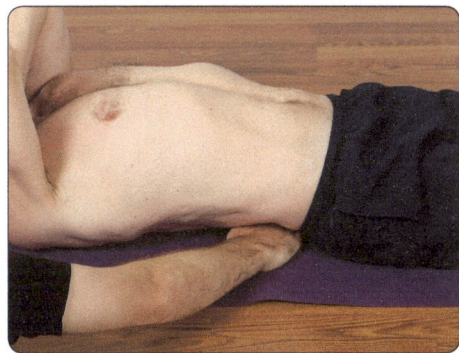

图4.7 对腰椎过度前凸和骨盆前倾进行仰卧评估

尽量并拢且与地面平行，食指和中指的指尖相触（见图4.8）。最后，让客户低头看向自己的手指。如果他无法清楚地看到食指和中指，则骨盆可能会有过度向前或者向下旋转的问题。让他把骨盆下压（即向后倾斜），直到可以清楚地看到食指和中指，此时，骨盆就位于一个相对中立的位置（Price & Bratcher, 2010）。

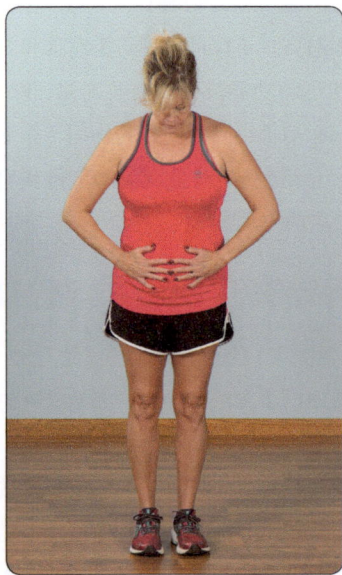

图4.8 采用手掌放在骨盆上的方法，寻找腰椎−骨盆髋带的中立位置

在客户调整骨盆之后，让他按照之前触诊的相同要求，把背部、臀部、肩部、头部和足跟都靠墙站立。采用手掌放在骨盆上的方法，使骨盆倾斜并达到一个中立位置。这个靠墙运动有利于使下背部变平，减小腰椎过大的曲度。当他做这个动作的时候，把你的手放在他下背部的后方，这样你就可以感受到这个空间在缩小。让他继续向后倾斜骨盆，直到他的下背部和墙壁之间的空间只可以滑动你手指的前两个指节。当客户倾斜骨盆时，膝应该保持伸直，足跟、臀部、肩部和头部应该紧靠墙壁，这会使他的腰椎−骨盆髋带达到一个相对中立的位置（Price & Bratcher, 2010）。

有些人可能无法使腰椎−骨盆髋带达到中立位置，这种情况下，这个人一般会有长期的对齐问题，或者背疼，又或者严重超重（Price & Bratcher, 2010）。在这种情况下，指导客户尽可能达到中立位置，这样他们就能知道身体正确对齐时会有什么感觉（以及涉及哪些肌肉和运动）。

在开始对胸椎和肩胛带进行问诊、视诊和触诊之前，简要总结客户腰椎−骨盆髋带的评估结果。确保你已经填写完成了这个部位的CAD，并为客户简要介绍了腰椎−骨盆髋带与其上下结构的关系（见下文）。

腰椎−骨盆髋带与足部和踝部、膝关节、胸椎和肩胛带的关联方式

在评估足部和踝部及膝关节的章节中，你已经了解到足部和踝部过度内旋会导致这些结构向内塌陷，使小腿向身体中线倾斜。这些结构的运动反过来又可以导致膝向中线移动，大腿内旋。足部、膝和腿部的这些位置变化会导致股骨的顶端向后移动，而股骨顶端附着在髋臼上（见图4.9）。由于髋臼位于骨盆，所以骨盆必然有一定的紊乱，也就是向前旋转。这会导致腰椎过度弯曲（Price & Bratcher, 2010）。

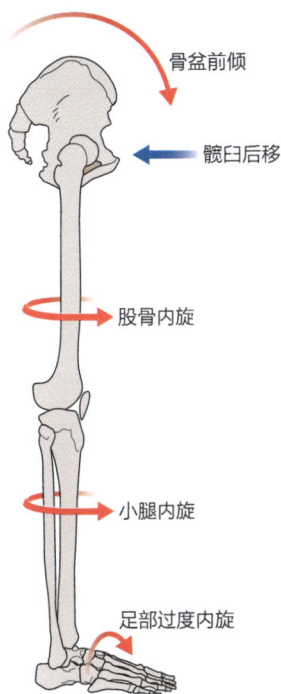

骨盆前倾

髋臼后移

股骨内旋

小腿内旋

足部过度内旋

图4.9 足部、踝部、膝和腿部如何影响髋部和骨盆的位置

在下肢运动链中的这种代偿性位移，同样也会影响胸椎和肩胛带的位置（Kendall, McCreary & Provance, 2005）。足部过度内旋、膝外翻、骨盆前倾，以及腰椎过度前凸都会引起足部、踝部、膝、骨盆和腰椎的向内塌陷。这些运动使身体重心从最佳位置向前移，从而引起上半身前倾（Whiting & Zernicke, 2008）。这种前移的特点是胸椎过度后凸，胸椎向前旋转并塌陷，肩胛骨前伸，肋骨抬高，手臂内旋（Price & Bratcher, 2010）。

重要的是，你要了解这些运动代偿模式，并帮助客户了解上下半身之间的相互关系。这将帮助你更好地理解那些可能会使客户的状况恶化，或者妨碍客户的有效执行能力的运动模式和身体姿势。

评估表

在对胸椎和肩胛带进行评估之前，你必须回答以下有关腰椎－骨盆髋带的问题。

❑ 你是否能理解客户所经历的疼痛类型，及其影响髋部和下背部功能的方式？

❑ 客户是否曾患有关节炎或被诊断有任何影响训练计划成功实施的病症？

❑ 客户是否曾受伤或进行手术，以致影响腰椎－骨盆髋带的功能？

❑ 什么情况下客户的髋部和背部会感觉更好或更糟？

❑ 客户的髋部和下背部疼痛是否限制了他的某些功能？

❑ 客户的髋部或下背部疼痛会影响他的睡眠吗？

❑ 当客户的下背部疼痛时，是否会影响身体的其他部分？

❑ 客户是否有骨盆前倾？

❑ 客户是否有腰椎过度前凸？

❑ 当客户站立时，是否了解如何使骨盆达到中立位置？

❑ 你是否知道腰椎－骨盆髋带与下肢运动链、胸椎和肩胛带的关联方式？你能向客户解释清楚吗？

在客户评估表中记录你对此部分的评估结果（见图4.10的示例）。

腰椎-骨盆髋带	√	细节说明
疼痛?	√	髋后右臀顶部
关节炎/病情?	√	未说明
功能正常与否?	√	打完网球后会紧绷
怎样才能感觉更好/更坏?	√	早上睡醒后感觉到紧绷
因果关系?	√	右髋-右足/踝?
看起来畸形?	√	没有
过度前凸?	√	过度前凸
向前旋转?	√	前倾
客户是否知道中立位置?	√	可以做到——但是很难保持

图4.10　在客户评估表上完成腰椎-骨盆髋带评估的示例

要点回顾

腰椎-骨盆髋带是身体上半部分与下半部分相连的区域。它是骨骼、肌肉、韧带、肌腱和筋膜的多层面结合,使人们能够直立,用两条腿活动。

■ 腰椎-骨盆髋带最常见的紊乱有以下两种。

　　1. 骨盆前倾。

　　2. 腰椎过度前凸。

■ 通常情况下,骨盆会自然向前旋转大约10度。这种轻微的前倾能够使股骨末端恰好位于髋臼之中,以确保骨盆、腰椎和双腿之间的关节活动流畅。然而,骨盆过度前倾会导致髋臼向后移动,造成股骨位置紊乱,失去了最佳的对齐位置,从而影响膝关节和足的位置。

■ 骨盆过度前倾往往伴随着下背部过度向前拱起,这是因为腰椎和骨盆是通过骶髂关节连接起来的。

■ 重要的是要了解客户经常从事的体育活动的类型和强度,这样你就可以了解他的下背部和髋部承受了多少压力。找出是什么活动引起或缓解了疼痛,这可以帮助你确定哪些软组织结构受到了刺激或出现功能失衡。

■ 腰椎-骨盆髋带错位可能直接影响足部、踝部、胸椎和肩胛带的功能健康。

■ 在客户评估表上记录相关信息。

自我检查

由于腰椎–骨盆髋带是上半身和下半身连接的地方，所以这一部分的紊乱会影响它上方和下方的结构。站在镜子前，练习将骨盆向后倾斜，使腰椎–骨盆髋带达到中立位置。

当骨盆和腰椎达到中立位置时，试着发现身体上其他部位的移动或者代偿活动。例如，当你骨盆后倾时，靠墙站立时你会注意到你的肩部会向前移动离开墙体。这很可能发生，因为你一般都是通过弯曲下背部来保持躯干直立，而非通过上背部或者肩部的肌肉。当你不采用这种代偿模式时，你会发现你很难使肩部靠着墙。检查身体的每一部分，并在下面的表中记录你所看到或感觉到的内容。

身体部位	我注意到什么
足部	
踝部	
膝	
下背部	
上背部/肩部	
颈部/头部	

结构评估技能测试

对其他人进行一次完整的腰椎–骨盆髋带评估，将你的评估结果记录在下面的表格中。

腰椎–骨盆髋带	√	细节说明
疼痛？		
关节炎/病情？		
功能正常与否？		
怎样才能感觉更好/更坏？		
因果关系？		
看起来畸形？		
过度前凸？		
向前旋转？		
客户是否知道中立位置？		

胸椎和肩胛带评估

胸椎和肩胛带区域包括胸部的脊柱、胸腔、肩胛带和上臂。这些部位的功能对我们的生活和运动有着至关重要的作用。胸椎可以屈伸及左右旋转（Middleditch & Oliver, 2005）。肋骨与胸椎相连，用于保护器官，促进呼吸，支撑上半身的身体结构。肩胛带（也就是上臂在锁骨和肩胛骨的帮助下与躯干相连）通过肌肉、肌腱、韧带、骨骼和神经与胸椎相连（McMinn, 2005）。

基础解剖学

胸椎是脊柱的一部分，介于腰椎和颈椎之间。它包括躯干中部和上部的12个椎体（Middleditch & Oliver, 2005）。胸椎大小中等，与腰椎相比，活动度有限（McGill, 2016）。但是胸椎因为有肋骨的支撑，所以一般而言更加稳定（Middleditch & Oliver, 2005）。胸腔由24根肋骨组成（胸椎两侧各12根），它们由软骨附着在胸前的胸骨以及每个胸椎后部的两侧上。底部两组肋骨未附着在胸骨上，被称为浮肋（Schenck, 1999）。胸骨是一根T形的骨骼，位于锁骨附着的胸腔前部的顶端和中央（Goldfinger, 1991）。锁骨从胸骨向外延伸到肩峰，以帮助构成肩胛带的前部。肩峰是肩胛骨（肩胛）的一部分，延伸到肱骨（上臂骨）顶部，形成肩胛带的上缘。肩胛骨是一块宽而平的骨骼，位于上胸腔的后部，形成了肩胛带的后部。肱骨通过肩胛骨边缘的一个软骨环与肩关节相连，使上臂末端可以位于一个"杯"状的结构中（Dimon & Day, 2008）。肩部的所有动作都非常复杂，取决于身体这一区域所有骨骼、肌腱、韧带和筋膜的精确连接（见图5.1）。

常见紊乱

在胸椎和肩胛带部位有以下4种常见的紊乱，会导致疼痛、损伤以及出现运动功能障碍（Imhoff et al., 2016）。

- 胸椎过度后凸
- 肩胛带前伸
- 内旋臂
- 高位肩胛

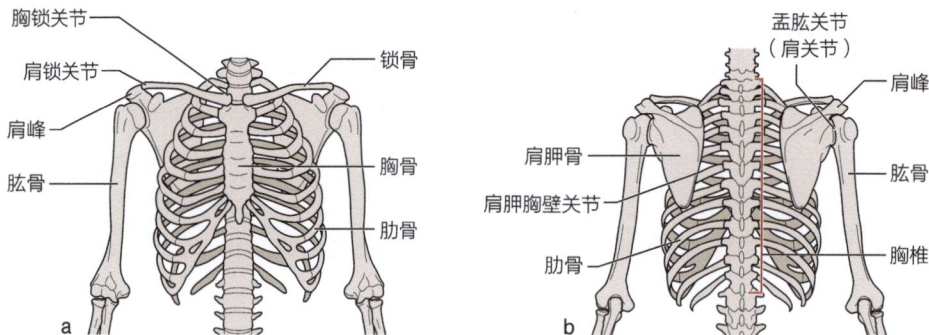

图5.1 胸椎和肩胛带的基础解剖学：a.前视图；b.后视图

胸椎生来就有一条微向后凸的曲线，被称为后凸曲线。如果该曲线的曲度大于正常胸椎的弯曲度，则被称为**胸椎过度后凸**。胸椎过度后凸会影响整个肩胛带的功能（Brumitt, 2010）。

当肩胛骨相对于肋骨向前移动时，就会导致**肩胛带前伸**，使它们的椎缘（最靠近脊柱的边缘）远离脊柱（Petty & Moore, 2002）。肩胛骨前伸会使整个肩胛带前伸，使肩峰和锁骨向前移动，紊乱对齐的位置（Muscolino, 2011）。当肩胛带被拉向前时，它会影响盂肱关节的位置，导致上臂向身体的中线内旋。上臂在肩关节的这个位置被称为**内旋臂**（Solberg, 2008）。

高位肩胛指肩胛骨在胸腔上部的位置异常抬升。高位肩胛、肩胛带前伸、内旋臂以及胸椎过度后凸都是相互关联的，它们都会限制肩关节的功能，以及手臂、上肢和全身的活动范围（Johnson, 2012）。

评估过程

在回顾了胸椎及肩胛带的解剖结构和客户在这个部位可能经常会出现的紊乱情况后，我们可以开始进入具体的评估程序。

问诊

在对胸椎和肩胛带进行评估时，最重要的是了解客户在活动时能不能感受到他们自己的状况和疼痛，不管是在单个的身体部位，还是在其他相关的身体部位上（Price & Bratcher, 2010）。询问以下问题，并且将相关信息记录在客户评估表（CAD）中。

1. 询问客户在他的中上背部、胸部、肩部、颈部、肋骨或腹部是否有过疼痛，并询问疼痛的具体位置。例如（Petty & Moore, 2002），疼痛在肩部的哪个位置？是在肩胛骨还是在腋下？是在颈部后面还是侧面？是在胸腔一侧的中部吗？如果客户说他的肩胛骨顶端疼（或者颈部的侧面或后面疼），这可能说明他的肩胛骨向那一侧有所抬升，导致肌肉紧绷和紧张。这些详细信息，将帮助你在视诊和触诊期间进行进一步的检查。

2. 询问客户是否患有关节炎或其他可能影响胸椎和肩胛带肌肉骨骼健康的疾病。例如，诊断为肩锁关节炎（肩部最上方）的客户可能会感到疼痛和有运动功能障碍，这可能会影响纠正性训练计划的顺利进行（Cramer & Darby, 2014）。有些情况下你可能需要外部帮助，这有利于你与其他专业医师建立良好的转诊关系（有关业务、专业网络和引荐的范围的内容见第28章）（Price & Bratcher, 2010）。

3. 询问客户过去的伤情或手术情况。例如，肩袖肌肉撕裂或胸椎的椎骨融合术可能会限制客户的运动及功能，从而影响训练计划的制订（Petty & Moore, 2002）。

4. 询问客户的身体活动水平。询问他是否经常运动，如果是，具体是哪一种运动。例如棒球投手的投球臂会过度运动，影响肩部的功能（Petty & Moore, 2002）。

5. 了解客户的职业。客户一般坐在计算机前工作，还是从事手工劳动？整天在计算机前工作的人在打字时往往会呈上背部拱起，肩胛带前伸及手臂内旋的姿势。长时间保持这种姿势会影响胸椎和肩胛带以及身体其他部位的排列（Price & Bratcher, 2010）。

6. 询问客户肩部、手臂或者中上背部的疼痛是否会影响他完成某项动作，或者会限制他的活动。这有利于找出他没有注意的那些活动及促使他来找你寻求帮助的原因（Price & Bratcher, 2010）。

7. 询问客户在疼痛时是否会出现其他部位疼痛或某些症状。这将帮助客户了解身体各个部位的相互联系，并有利于你找出问题所在，给出可能的解决方案。例如，一位在计算机前待了很长时间，肩胛骨感到疼痛的客户可能会发现，这种疼痛与他颈部后方的疼痛是一致的。你可以告诉他上背部失衡是如何影响颈部和头部的位置的（在本章后面会进一步讲解胸椎和肩胛带与身体其他部位的关联方式）。这也会促使你在评估他的相关部位时，仔细观察他的头部和颈部的位置（Price & Bratcher, 2010）。

8. 询问客户是什么情况加剧了疼痛，什么情况让他觉觉好一些（Petty & Moore, 2002）。例如，如果客户表示开车会加剧颈部疼痛，那么你就可以指导他改善坐姿和开车的姿势

（参阅第18章"静态姿势的注意事项"）。

9. 询问客户在晚上是否因疼痛而醒来，或者是否会因为这个问题无法入睡。例如，如果客户告诉你侧着睡觉会加剧肩部和颈部的疼痛，你可以指导他如何改正睡姿（参阅第18章"静态姿势的注意事项"）解决疼痛问题（Price & Bratcher, 2010）。

10. 询问客户他当前是否承受了很大的压力，是否会随着压力的增加而加剧疼痛。慢性应激反应，例如耸肩和上背部拱起，都会对胸椎和肩胛带的排列产生显著的影响（Hanna, 1988; Price, 2015）。

完成问诊之后，你就可以开始进行视诊和触诊。

视诊和触诊

在评估胸椎和肩胛带时，重要的是你要清楚地了解你正在评估的结构。显然，如果客户身上少一点阻碍视线的衣物，你对他的评估会更加准确，但是如果客户对脱掉衣服或者穿上其他衣服，例如背心、运动内衣或者紧身衬衫，感到不舒服，就不要强迫他们这样做。让客户把上衣塞到裤子里，这样你就能清楚地看到他们的躯干和肩部。

对胸椎过度后凸进行评估

让客户站在你面前侧对着你，评估他是否有胸椎过度后凸。将你的手指放在他颈部后方的颈椎位置，顺着脊柱的弧度从颈部的顶端到下端，你会感到每块椎骨像钢琴键一样。你还会注意到，颈部的最后一个锥体（C7）比它正上方的锥体略微突出，就像一个老人的驼背（见图5.2）（Bontrager & Lampignano, 2014）。

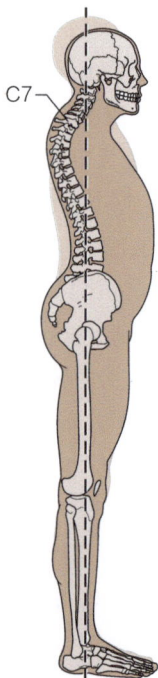

图5.2　C7突出的图像（即老人的驼背）

如果你无法找到C7的位置，把你的手指放在客户颈部的底端，让他向下看足，然后再抬头。当他向上、向下看的时候，你会注意到，和上面的椎体相比，C7的移动并不大（Kehr & Weidner, 1987）。找到C7的位置后，把你的食指指尖放在这个椎体上。把食指伸直，使其与地面平行（见图5.3a）。

现在把你另一只手的食指伸直，与地面平行，放在客户躯干前部、胸骨上端、锁骨中间的凹槽处（即颈静脉切迹，见图5.3b）。当两根手指都就位时，评估你两根手指的高度差（见图5.3c）。

当一个人的骨骼位置排列良好时，胸部前方的食指应该比颈后的手指低大概3.8厘米，因为胸椎正确排列时，C7棘突（背部的骨性突起）的解剖位置会比胸骨顶部高3.8厘米（Bontrager & Lampignano, 2014）。如果你的前后两根食指高度差大于3.8厘米，则说明客户有胸椎过度后凸的问题。这是因为胸腔的后部与胸椎相连，当胸椎向前弯曲时，胸骨（与胸腔的前部连接处）会向下和向前倾。两根手指间的高度差越大（大于3.8厘米），客户胸椎过度后凸的问题越严重。

评估肩胛带位置

当一个人胸椎排列良好，双臂位于身体两侧站立时，肩胛骨应相对平直地位于胸腔的后部下方（Kendall, McCreary & Provance, 2005）。你可以采用视诊或者触诊，来查看客户的肩胛骨，以此来检查肩胛骨是否偏离了

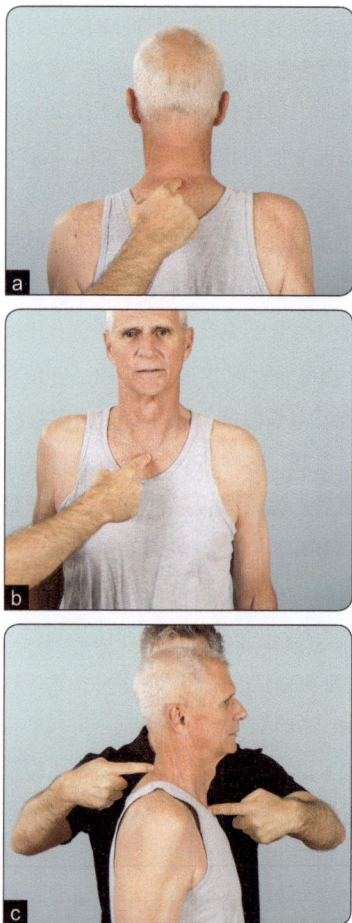

图5.3　a.确定C7棘突的位置；b.颈静脉切迹位置；c.评估胸椎过度后凸

正常位置，这意味着可能存在肩胛带前伸或者高位肩胛的问题。

让客户面对着你，站在离你稍远的地方，观察他肩胛骨靠近脊柱的边缘的位置，如果一个或者两个肩胛骨都离脊柱较远，则可能意味着肩胛带前伸（见图5.4）（Bryant & Green, 2010）。

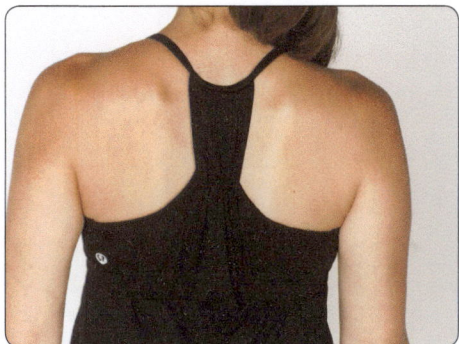

图5.4 对肩胛骨进行视诊，检测是否有肩胛带前伸的问题

为了进一步评估客户肩胛带是否前伸，把你的手指放在肩胛骨最靠近脊柱的边缘，评估肩胛骨是否与胸腔的后部保持相平。如果有任何一个肩胛骨突出（或者你可以轻易用手指感觉到肩胛骨的边缘），那么客户肩胛带的一侧或者两侧可能出现前伸的问题（见图5.5）（Price & Bratcher, 2010）。

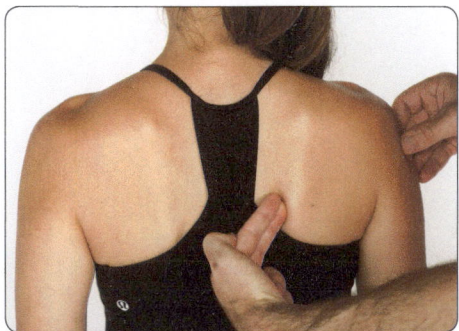

图5.5 对肩胛骨进行触诊，检测是否有肩胛带前伸的问题

接下来，用视诊和触诊来测量每个肩胛骨的高度，用你的手指触摸肩胛骨的顶部边缘。找到这个边缘部位后，就把你的两根食指分别放在骨骼的这一部分，看着你的手指，视诊每个肩胛骨的位置。理想情况下，两个肩胛骨应该位于同一高度，记录肩胛骨之间的差异，或者记录其中一个肩胛骨是否高于另一个（见图5.6）（Rolf, 1989）。

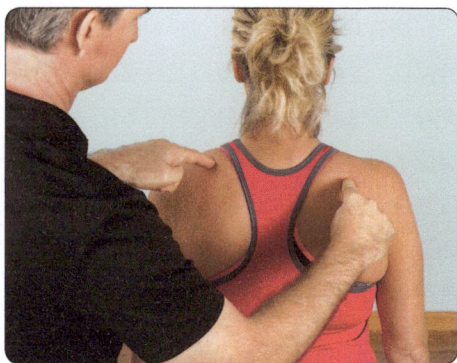

图5.6 高位肩胛的触诊

你还可以通过评估该区域的肌肉张力，来检查其中一个或两个肩胛骨是否有高位肩胛的问题（Petty & Moore, 2002）。用拇指和食指捏住客户肩部顶端的斜方肌上部纤维，感受指尖下方的肌肉，评估两侧肌肉紧张度的差异。请记录是否有肌肉过紧，或者有任何明显的结节（见图5.7）（Price & Bratcher,

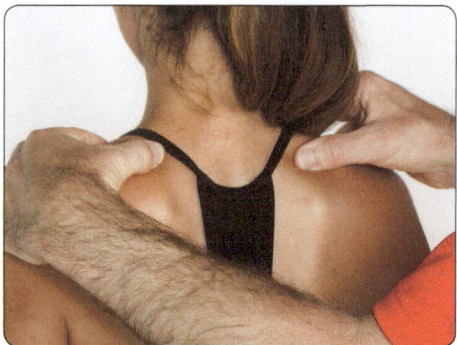

图5.7 肌肉紧张和高位肩胛的触诊

2010）。因为紧绷的肌肉附着在肩胛骨上，所以如果有一侧或者两侧肌肉出现过度紧张，你可以大胆假设有一侧或者两侧是高位肩胛。

根据病情的严重程度，肩胛骨的位置可能会受到脊柱侧凸的影响。但是因为本书只介绍专业健身教练最常见的几种紊乱问题，所以与脊柱侧凸有关的评估将不予讨论。

评估肩峰的位置

请客户转向另一侧，进一步评估肩胛带的位置，注意肩峰的位置以及肩部顶部的骨性突起。理想情况下，骨性突起的部分应该与耳屏位于同一直线上，耳屏就是盖住耳朵前部开口部分的皮肤上的肉质突起（Johnson，2016）。如果肩峰比耳屏靠前很多，这表明客户肩胛带前伸（见图5.8）。

评估手臂的位置

完成对肩胛骨和肩胛带的评估后，你可以开始对手臂的位置进行视诊。你可以通过观察手指、手掌、腕部的位置估测客户的手臂是否过度内旋（Johnson，2016）。

让客户以一种标准、放松的姿态站立，双手自然下垂。你站在他的正前方，观察他的双手。当一个人的身体正常对齐时，手和手臂应该有轻微的内旋——应该向身体的中线大约旋转15度（Betts et al., 2013）。如果只能看到拇指、食指和中指的一部分，那么手臂处于正常的排列位置（见图5.9）。

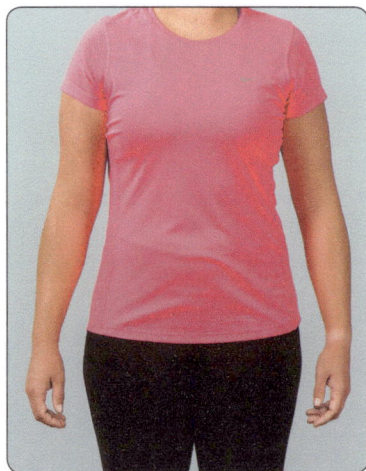

图5.9 站立时手臂的最佳对齐位置

但是如果你能看到客户的全部手指和手背，那么他的手臂过度内旋（见图5.10）（Betts et al., 2013）。

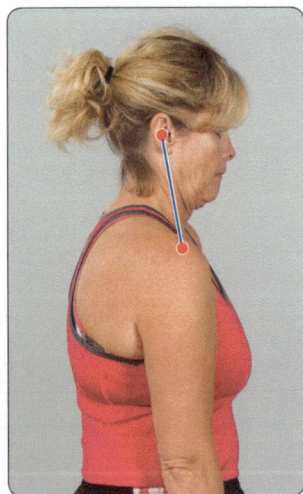

图5.8 肩峰与耳屏相对位置的视诊

图5.10 内旋臂示例

指导客户使胸椎和肩胛带达到中立位置

正如腰椎-骨盆髋带一样，矫正胸椎和肩胛带运动功能障碍的关键之一，就是要告诉客户在站立的时候如何做到并且保持胸椎和肩胛带及手臂的中立位置。你可以使用以下一些方法。

让客户背靠着墙站立，挺直胸椎，直到他的肩部碰到墙壁。同时，让他收回肩胛骨，使手臂向外旋转。让他用躯干、肩部和手臂做这些动作时，不要耸肩或拱起下背部（见图5.11）。你可以把手滑进下背部和墙壁之间的空间，检查他的腰椎是否过度前凸，以此检查他是否用下背部抬起躯干来"作弊"（见第4章的"腰椎-骨盆髋带评估"）。你还应该让客户避免以其他方式进行代偿运动，例如屈膝，以及使足或者髋部远离墙壁。

对于大多数客户来说，要达到并保持胸椎和肩胛带的中立站立姿势是很困难的。但是要鼓励他们进行尝试，这有利于他们知道自己的胸椎和肩胛带与中立位置还有多少差距，以及要实现中立，他们需要动用哪些肌肉。

在开始对颈部和头部进行问诊、视诊和触诊之前，简要总结你对客户胸椎和肩胛带的评估结果，确保你已经填写完成了CAD，并为客户简要描述了胸椎和肩胛带与它们上下结构的关系（见下文）。

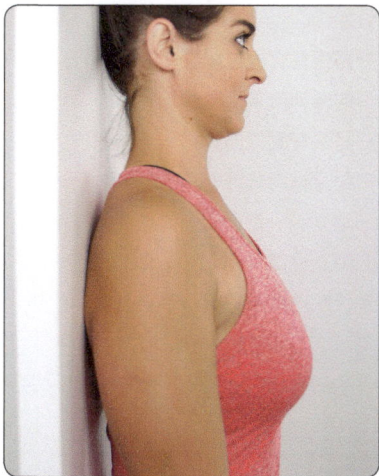

图5.11 胸椎和肩胛带的中立位置

胸椎和肩胛带与身体其他部位的关联方式

当胸椎向后拱起，后凸曲线明显时，腰椎的前凸角度也会加大，以帮助保持身体平衡（Kendall, McCreary & Provance, 2005）。这导致骨盆向前旋转、腿部内旋、膝外翻和足踝复合体过度内旋（见图5.12）（Price & Bratcher, 2010）。

胸椎过度后凸也伴随着肩胛带前伸、高位肩胛以及内旋臂等问题，胸椎和肩胛带失衡也会影响颈部和头部的位置；因为头部与颈部相连，而颈部又与胸椎相连（Palmer, Epler & Epler, 1998）。当胸椎和肩部塌陷时，头部和颈部也随之向前下落。当头部向前向下落时，颈部会向后向上拱起，以保持身体平衡，使眼睛能够保持视线水平（见图5.13）（Palmer, Epler & Epler, 1998）。随着时间的推移，头部向前塌陷以及颈椎过度弯曲会给颈部和上背部的结构带来过度的压力。

重要的是，你要了解这些运动的模式，告诉客户身体某部分出现问题后，是如何在其他部分进行代偿的。这有利于双方更好地了解运动模式和位置、可能加剧的症状，以及阻碍身体进行有效活动的方式。

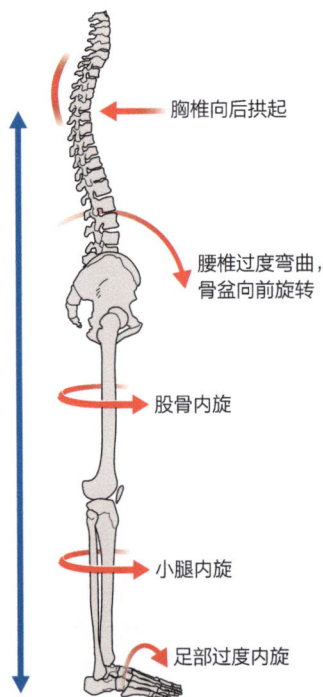

图5.12 胸椎过度后凸如何影响膝和腰椎－骨盆髋带

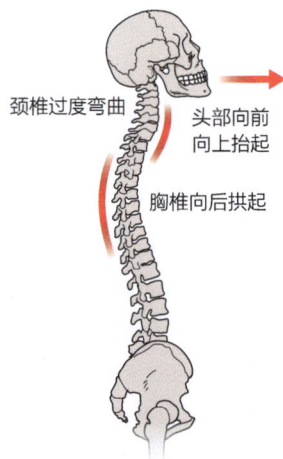

胸椎向后拱起

腰椎过度弯曲，骨盆向前旋转

股骨内旋

小腿内旋

足部过度内旋

图5.13 胸椎过度后凸如何影响颈部和头部的位置

颈椎过度弯曲

头部向前向上抬起

胸椎向后拱起

评估表

在对颈部和头部进行评估之前，你必须回答以下有关胸椎和肩胛带的问题。

☐ 你是否了解客户正在忍受何种类型的疼痛，及其如何影响上背部、肩部以及手臂的功能？

☐ 客户是否曾患有任何关节炎或被诊断有其他影响此次训练计划成功实施的问题？

☐ 客户是否曾受伤或进行手术，以致影响胸椎和肩胛带的功能？

☐ 什么情况下客户的上背部和肩部会感觉更好或更糟？

☐ 客户的上背部和肩部的疼痛是否会以某种方式限制他的某些动作？

☐ 客户的上背部和肩部的疼痛会影响睡眠吗？

☐ 当客户的上背部和肩部疼痛时，身体的其他部分是否会受到影响？

☐ 客户是否有胸椎过度后凸？

☐ 客户的肩胛带是否前伸？

☐ 客户是否有高位肩胛？

☐ 客户是否有内旋臂？

☐ 客户站立时，是否知道如何使胸椎和肩胛带达到中立位置？

☐ 你是否知道胸椎和肩胛带与身体其他部分的关联方式？你能向客户解释清楚吗？

在客户评估表中写入你对此部分的评估结果（见图5.14的示例）。

胸椎和肩胛带	√	细节说明
疼痛?	√	有时在右肩顶部
关节炎/病情?	√	未说明
功能正常与否?	√	长时间使用计算机后会疼痛
怎样才能感觉更好/更坏?	√	计算机鼠标,睡觉,按压
因果关系?	√	躯干会影响下背部吗?
过度后凸?	√	是
肩胛带前伸/高位肩胛?	√	在右边多一点
是否有内旋臂?	√	在右边多一点
肌肉是否紧张?	√	右侧
客户是否知道中立位置?	√	可以做到——注意腰椎处"作弊"

图5.14 在客户评估表上完成胸椎和肩胛带评估的示例

要点回顾

胸椎和肩胛带区域包括脊柱中部和上部、胸腔、肩胛带以及上臂。身体的每一个动作都涉及这些结构,它们还能保护心脏、肺等重要身体器官。

■ 在胸椎和肩胛带部位最常见的紊乱有以下4种。

1. 胸椎过度后凸。

2. 肩胛带前伸。

3. 内旋臂。

4. 高位肩胛。

■ 胸椎呈一条自然的略微后凸的曲线,但是胸部过度弯曲会引起腰椎和颈椎的移动以进行代偿。因此,下背部、髋部和颈部会受到胸椎过度后凸的不利影响。

■ 重要的是,要了解客户一般从事的运动类型和强度,这样你就能知道他的肩部、手臂、上背部会承受多少压力。这一信息除了能确定哪些活动会导致或减轻他的疼痛,还可以帮助你确定哪些软组织结构可能被刺激,或可能需要在纠正性训练计划中加以强化。

■ 当胸椎弯曲前倾,形成一个保护或者防御型的姿态时,慢性(持续的)压力会影响上半身。向客户询问压力水平,可以帮助你确定压力是否会影响他们的肌肉骨骼健康。

■ 内旋臂、高位肩胛、肩胛带前伸都会影响到肩胛带和手臂的功能,进而给日常生活中的运动和活动带来问题。

■ 在客户评估表上记录所有相关信息。

自我检查

为了帮助你更好地感受胸椎过度后凸是如何影响胸椎和肩胛带的功能的，请完成以下动作。每个动作开始时都把你的上背部弯曲到一个过度后凸的位置，然后改正姿势，重复同样的动作。当你分别以正确的姿势（B）和错误的姿势（A）尝试每个动作时，注意动作的水平和活动范围有何不同。

动作1

A尝试：错误的姿势

上背部和肩部弯曲，试着把手臂抬过头顶，向后靠近耳朵，同时保持上背部和肩部向前弯曲。记住手臂靠近耳朵时举起的高度。

B尝试：正确的姿势

现在纠正胸椎和肩胛带的姿势，尝试再次举起手臂，你会注意到当胸椎以正确的姿势直立时，你的手臂能抬得更高，离耳朵更近。

动作2

A尝试：错误的姿势

上背部和肩部弯曲，尝试向右转动躯干，然后再向左旋转，保持上背部和肩部向前弯曲，记住你从右边转到左边的旋转幅度。

B尝试：正确的姿势

现在纠正你的姿势，尝试着向右转动躯干，然后再向左转，你会注意到当胸椎位置正确时，你转动的幅度会更大。

动作3

A尝试：错误的姿势

上背部弯曲，把手臂向身体两侧伸出，使手臂向外、向后旋转，这样手掌就可以对着天花板。当你做这个动作时，一定要保持你的上背部和肩部向前弯曲。记住手臂和肩部向后旋转的幅度。

B尝试：正确的姿势

现在纠正胸椎的姿势，再次尝试同样的动作，你会注意到你的手掌、手臂和手指旋转的幅度更大，而且当你的胸椎排列正确时，你能更轻松地将手臂向后拉。

结构评估技能测试

对其他人进行一次完整的胸椎和肩胛带评估，将你的评估结果记录在下面的客户评估表中。

胸椎和肩胛带	√	细节说明
疼痛？		
关节炎/病情？		
功能正常与否？		
怎样才能感觉更好/更坏？		
因果关系？		
过度后凸？		
肩胛带前伸/高位肩胛？		
是否有内旋臂？		
肌肉是否紧张？		
客户是否知道中立位置？		

第 6 章

颈部和头部评估

人体头部的重量一般为4.09~5.45千克，大概是人体总重量的8%（Louw, 2007）。头部的位置会影响到肌肉骨骼整个系统的排列，甚至是足趾，因为身体必须不断地调整以使头部保持平衡。当头部太靠前时，这种影响会很明显。例如，头部重心即使在身体重心的前方2.5厘米，也会使身体其他部位的实际负重加倍（Eriksen, 2004）。因此，颈部和头部复合体的最佳排列对全身肌肉骨骼健康都至关重要。

基础解剖学

颈部和头部包括颈椎和头骨（见图6.1）。头骨构成了头部的主要框架，它包括两个重要部分：颅骨和下颌骨。颅骨包含几块骨骼，由缝或固定的关节连接在一起。构成颅骨的骨骼包括枕骨、顶骨、颞骨、额骨、蝶骨和筛骨（Adds & Shahsavari, 2012）。下颌骨也称腭骨，通过颞下颌关节与颅骨相连。头骨位于寰椎，即颈椎第一个椎骨（C1）的顶部。颈椎有7个小的椎骨，并且呈略微前凸的曲线，以保持头部直立和视线水平（Clippinger, 2007）。颈部会在头部向前、向后运动或向两侧转动时进行相应的移动，因为颈部通过复杂的神经、肌肉、肌腱、韧带和筋膜系统与头部相联。

常见紊乱

在头部和颈部有以下两种常见的紊乱会导致疼痛、损伤以及出现运动功能障碍（Muscolino, 2011）。

- 头部前倾
- 颈椎过度前凸

当排列完美时，头部应该自然平衡地位于脊柱、躯干和下肢的上部。头部前倾指头部前凸，离身体的垂线和中线较远。当头部前移，离胸椎和肩胛带变远时，为了保持视线水平，颈部拱起幅度会变大（否则头部必

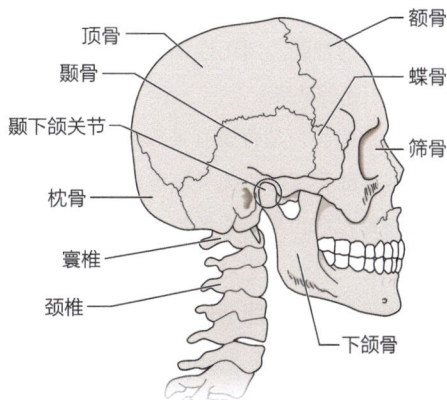

图6.1 头部和颈部的基础解剖学

顶骨
额骨
颞骨
蝶骨
颞下颌关节
筛骨
枕骨
寰椎
颈椎
下颌骨

须仰起）（Palmer, Epler & Epler, 1998）。头部位置失衡会破坏整个肌肉骨骼系统，以及感官系统，如眼睛和耳朵（Jones, 2011）。

颈椎会自然形成一条略微前凸的曲线，颈椎过度前凸指颈部弯曲度增加，并伴有头部前倾。颈椎过度前凸会产生一些问题，因为会压迫颈部的椎间盘或神经，并在这个部位以及躯干、头部和手臂造成疼痛或功能障碍（Kendall, McCreary & Provance, 2005）。

评估过程

在回顾了颈部和头部的解剖结构，以及客户在这方面可能会出现的不平衡情况后，我们可以开始进入具体的评估程序。

问诊

在对颈部和头部进行评估时，最重要的是了解客户在活动时能不能感受到自己的状况和疼痛，不论是在单个的身体部位还是在其他相关的身体部位上。询问以下问题，并且将相关信息记录在客户评估表（CAD）中。

1. 询问客户的颈部和头部是否有过疼痛或者紧张的感觉，并询问疼痛的具体位置和特点（Petty & Moore, 2002）。例如，许多人会因为肌肉紧张感到头疼，因为肌肉会压迫颈部和肩部的神经。纠正性训练有助于减轻这一问题引起的头疼。

2. 询问客户是否患有关节炎或者其他可能影响头部和颈部肌肉骨骼健康的疾病。例如，如果客户的颈部小关节（椎骨之间的关节）患有关节炎，他可能会感到疼痛和有运动功能障碍，这可能会影响纠正性训练计划的顺利进行（Shen & Shaffrey, 2010）。了解这些情况会让你有机会与其他医疗机构建立合作关系，共同处理这些问题。

3. 询问客户过去的伤情或手术情况。例如，两个或者两个以上的颈椎融合术可能影响活动、功能以及计划的制订（Petty & Moore, 2002）。

4. 询问客户的身体活动水平。询问他是否经常运动，如果是，具体是哪一种运动。进行自行车运动的人颈部会受到较大的压力，因为他的肩部必须在自行车手把上方弯曲，而颈部必须向后拱起，以使眼睛能够向前看（Petty & Moore, 2002）。

5. 了解客户的职业。客户是否会在计算机前坐很长时间？如果是，那么相对于他坐的位置而言，计算机显示器在什么位置，例如他是不是必须侧视计算机？这份工作是否需要他经常往下看，弯腰趴在桌子上，还是要长时间地从肩部上面回头看？随着时间的推移，重复的工作姿势会导致肩部、背部和颈部疼痛（Price & Bratcher, 2010）。

6. 询问颈部或头部疼痛是否曾妨碍客户从事某项活动，或限制他的活动。这有利于帮他察觉出他没有注意的活动，并帮助你了解他来找你寻求帮助的原因（Price & Bratcher, 2010）。

7. 询问客户在疼痛时是否会出现其他疼痛或某些症状。这最终会提高双方对身体各部分之间关联性的认识，有利于你确定客户肌肉骨骼存在问题的原因，并且找出解决方案。例如，如果客户因为站立数小时而感到头疼，那么她会注意到自己的这种疼痛其实与她背部的疼痛和穿的高跟鞋有关。然后，你可以告诉她鞋子的选择是如何影响她下背部和颈部的位置的，以及为何会引起疼痛（Price & Bratcher, 2010）。

8. 询问客户什么情况下会加剧他的病情，什么情况下会让他感觉好一些（Petty &

Moore, 2002）。例如，如果客户告诉你久坐或者看电视时间太长会使颈部疼痛加重，你可以告诉他如何改善坐姿（参阅第18章"静态姿势的注意事项"）。

9. 询问客户，疼痛是否让他难以入睡。例如，如果客户告诉你趴着睡觉更容易引起颈部疼痛，你可以指导他如何改正睡姿（参阅第18章"静态姿势的注意事项"）（Price & Bratcher, 2010）。

10. 询问客户，疼痛是否会随着压力的增加而加重，或者现在他是否压力很大。慢性应激反应，例如磨牙，会引起头疼、紧张、下巴疼痛，还会影响颈部和头部的排列。由于长期的压力，颈部和头部的排列问题也会影响颞下颌关节，最终表现为当张开或者合住下巴时，会有令人感觉疼痛的爆破声和磨牙声（Grimsby & Rivard, 2008）。

完成问诊之后，你就可以开始进行视诊和触诊。

视诊和触诊

在评估颈部和头部时，重要的是你要清楚地了解你正在评估的结构。如果需要，请客户摘下帽子，把颈部的头发扎起来。在进行各项触诊之前，记得先征得客户的同意。

对头部的位置进行评估

在评估客户的头部相对于身体其他部位是否处于最佳位置时，让客户坐在健身球上，或者坐在椅子的边缘，双足和头部朝前，然后从侧面观察他。在这个位置，找出他眼睛下方颧骨最突出的部位，把你的一根食指放在这一突出部分，另一根食指放在客户锁骨的正下方。放好手指后，站立，从手指的正上方向下看，评估两根手指的相对位置（见

图6.2）。理想情况下，它们在垂直方向上是对齐的，一根手指位于另一根手指的正下方（Chek, 2001；Palmer, Epler & Epler, 1998；Price & Bratcher, 2010）。如果颧骨上的手指相比锁骨上的手指太靠前，那么他的头部就过度靠前，不在最佳的对齐位置上（Chek, 2001；Price & Bratcher, 2010）。

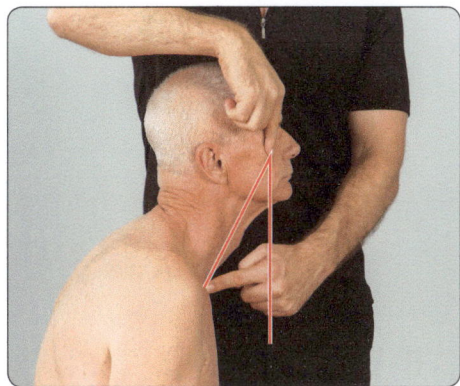

图6.2 头部前倾示例

评估颈椎过度前凸

在评估客户颈部是否过度弯曲时，让他背靠着墙站立，足跟、臀部和肩部紧靠墙。让他伸直双腿，将骨盆向后倾斜，减小下背部的弧度，以找到一个中立的位置（参阅第4章的"对腰椎-骨盆髋带进行触诊"，有更多的信息让你指导客户做到这一姿势）。

当他站好保持这个姿势后，让他用头的后部轻触墙面（当头部的后部与墙壁接触时，没有必要把头使劲向后靠），确保他在收回头部时没有拱起下背部，因为这是一个常见的代偿动作。

接下来，当他头部的后部轻轻接触墙壁时，从眼角到眼球中央画一条假想的线，然后延伸到房间中，评估他的视线。如果颈部向后拱起、眼窝向上倾斜，这条假想线就无

法与地面平行，这表明客户有颈椎过度前凸的问题（见图6.3）（Johnson, 2016；Price & Bratcher, 2010）。

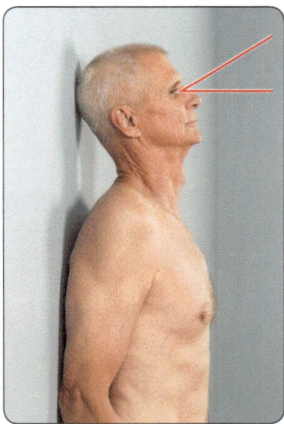

图6.3　颈椎过度前凸示例

指导客户使颈部和头部达到中立位置

与其他身体结构一样，颈部和头部也有最佳的中立位置。做到并且保持中立姿势有助于消除疼痛和运动功能障碍（Griffin, 2015）。当我们指导客户使头部和颈部达到中立位置时，重要的是要确保客户没有通过其他身体部位进行"作弊"来使颈部和头部达到理想位置。

让客户用足跟站立，臀部、背部和肩部靠着一面平坦的墙；接着，让他倾斜骨盆（膝不能弯曲），在他的下背部和墙壁之间只能放入两个指关节（参阅第4章的"对腰椎−骨盆髋带进行触诊"）。然后让他把头部与肩部向后靠着墙壁，下背部和颈部不要弯曲，当头部的后面轻轻触墙，肩部在耳屏的下方对齐，在客户的下背部和墙壁之间只有两个指关节的

空隙时，客户的颈部和头部则位于中立位置（见图6.4）（Kendall, McCreary & Provance, 2005；Price & Bratcher, 2010）。站立时全身对齐的理想位置示例见图6.5。

图6.4　颈部和头部的中立位置

头部和颈部与身体其他部位的关联方式

当头部从其最佳位置向前移动时，胸椎和肩部也向前拱起以适应这种移动，致使头部负重有所增加。这种情况下，颈部通常会过度地向前弯曲，以保持视线水平（Palmer, Epler & Epler, 1998）。胸椎、肩部和头部的这种前移，会进一步引起骨盆和下背部的代偿性移位。具体而言就是下背部过度拱起，试图使身体保持直立和平衡，而骨盆会向前旋转（Kendall, McCreary & Provance, 2005）。骨盆和下背部的这种移位会导致髋臼后移，腿部和髋部向内旋转，并且为了进一步代偿，造成膝关节向身体中线前移，足部和踝过度内旋（见图6.6）（Price & Bratcher, 2010）。

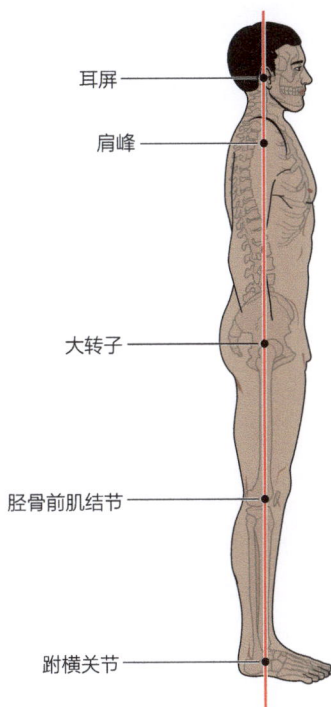

耳屏

肩峰

大转子

胫骨前肌结节

跗横关节

图6.5 站立时身体的最佳对齐位置

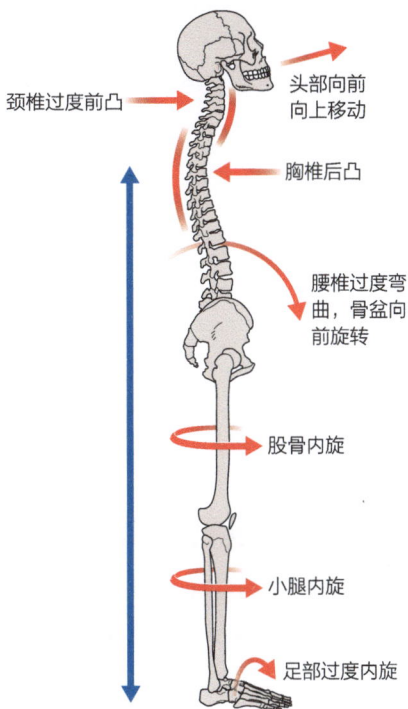

颈椎过度前凸

头部向前向上移动

胸椎后凸

腰椎过度弯曲，骨盆向前旋转

股骨内旋

小腿内旋

足部过度内旋

图6.6 头部前倾是如何影响整个身体对齐的排列的

评估表

在对颈部和头部进行评估之前，你必须回答以下问题。

❑ 你是否了解客户正在忍受何种类型的疼痛，及其是如何影响他上背部、肩部、颈部以及头部的功能的？

❑ 客户是否曾患有任何关节炎或被诊断有其他影响此次训练计划成功实施的问题？

❑ 客户是否曾受伤或进行手术，以致影响头部和颈部的功能？

❑ 什么情况下客户的头部和颈部会感觉更好或更糟？

❑ 客户的颈部和头部的疼痛是否会以某种方式限制他的某些动作？

❑ 客户的颈部和头部疼痛是否会影响他的睡眠？

❑ 当客户的颈部和头部疼痛时，是否会影响身体的其他部位？

❑ 客户头部是否前倾？

❑ 客户胸椎是否过度后凸？

❑ 客户是否知道如何使头部和颈部达到中立位置？

❑ 你是否知道颈部和头部与身体其他部位的关联方式？你能向客户解释清楚吗？

在客户评估表中记录你对此部分的评估结果（见图6.7的示例）。

颈部和头部	√	细节说明
疼痛？	√	颈部右侧
关节炎/病情？	√	未说明
功能正常与否？	√	向右转时会感到疼痛
怎样才能感觉更好/更坏？	√	在计算机前工作疼痛会加剧
因果关系？	√	压力使情况更糟
看起来畸形？	√	无
头部前倾？	√	前倾大约8厘米
颈部是否过度弯曲？	√	是
客户是否知道中立位置？	√	可以做到——通过努力能做到

图6.7　在客户评估表上完成颈部和头部评估的示例

结构评估过程总结

对身体每个部位进行各种问诊、视诊和触诊评估之后，记录评估结果并填入客户评估表中。现在你有一个完整的客户评估表，详细说明了客户的肌肉骨骼失衡及其相关问题。本书将提供一个重要的参考工具，帮助你确定特定的肌肉骨骼失衡问题会影响哪些软组织结构，这是本书第2部分的主题。在你制订和实施纠正性训练计划的过程中，它对你的练习选择和建议都很有帮助，这是本书第3部分至第5部分的主要内容。

要点回顾

颈部和头部的最佳对齐位置和功能对于整个身体的功能纠正至关重要。如果颈部或头部没有对齐，整个肌肉骨骼系统必须对其进行代偿，以使身体保持平衡和直立。

- 颈部和头部的常见紊乱有以下两种。
  1. 头部前倾。
  2. 颈椎过度前凸。
- 人体颈椎天生会有轻微的自然弯曲，但是当头部相比最佳位置靠前时，颈部通常会向前过度拱起，以帮助眼睛保持视线水平。
- 颈椎过度前凸可能会压迫颈部的椎间盘或神经，从而导致手臂、躯干、肩部、颈部和头部的疼痛。
- 重要的是要了解客户一般从事的身体活动的类型和强度，这样你就能知道客户颈部所承受的压力大小。这一信息除了能确定哪些活动会导致或减轻他的疼痛，还可以帮助你确定哪些软组织结构可能受其影响，或需要在纠正性训练计划中加以强化。

- 下颌疼痛，尤其是颞下颌关节处或附近的疼痛，可能是由头部和颈部对齐不当造成的。头部前倾的人通常会感到疼痛，张嘴和闭嘴的时候会听到爆裂声或者摩擦声。
- 头部和颈部的位置会影响全身从上到下的对齐位置，反之亦然。
- 在客户评估表上记录下所有相关信息。

自我检查

你已经知道了站立时全身的各个部位如何达到中立位置，现在全部尝试一次，看看你站立时从头到足能不能同时达到中立位置。

在下面的图片中做好记录，以帮助你更好地理解自己哪个部位存在结构紊乱。例如，如果你感觉足的肌肉很难保持足部的中立位置，这可能说明足部有过度内旋或其他问题。或者当你肩部向后靠向墙壁，尝试使胸椎和肩胛带达到中立位置时，你可能会感到下背部过度弯曲，这可能表明你的胸椎和肩部肌肉太虚弱，你必须通过过度使用下背部的力量进行代偿，来诱使肩部靠向墙壁。

这种自我检查方法有利于你了解在纠正性训练中需要特别注意身体的哪一部分，也能帮助你理解客户在训练课程中尝试做这些动作时的感受。

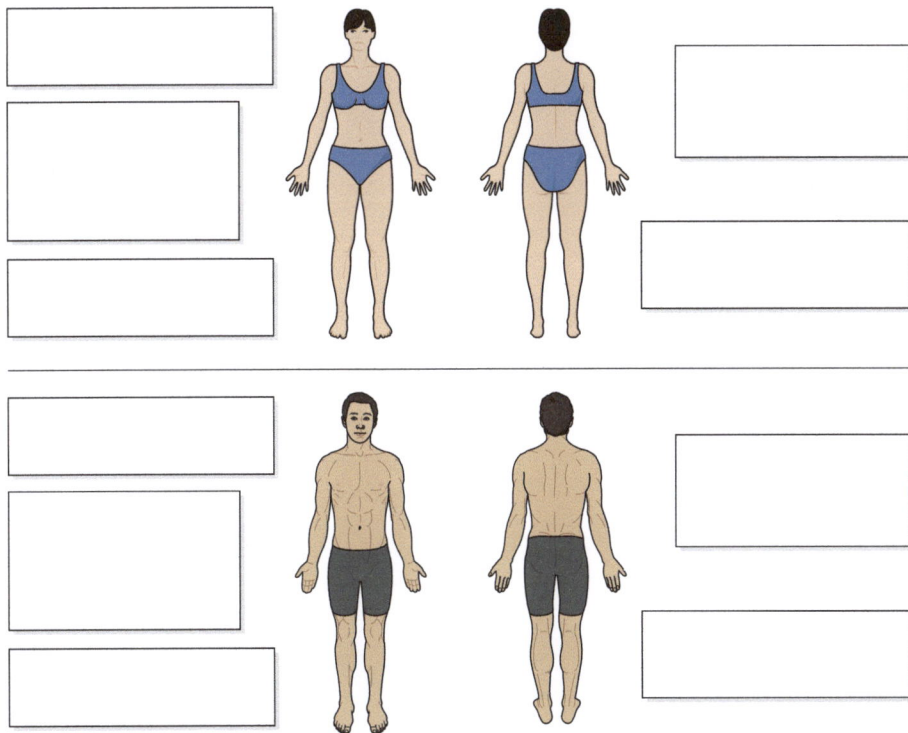

结构评估技能测试

对其他人进行一次完整的颈部和头部评估，将你的评估结果记录在下面的客户评估表中。

颈部和头部	√	细节说明
疼痛？		
关节炎/病情？		
功能正常与否？		
怎样才能感觉更好/更坏？		
因果关系？		
看起来畸形？		
头部前倾？		
颈部是否过度弯曲？		
客户是否了解什么是中立位置？		

第2部分

了解肌肉与运动

在第2部分，你会学习使用评估结果，了解哪些肌肉（和其他软组织）正在引起失衡或受到之前确诊的结构失衡的影响。对功能解剖学的深入理解对你的成功至关重要，因为它能帮助你着重关注那些导致大多数肌肉骨骼失衡的特定的软组织问题。

第2部分介绍100多条肌肉、韧带和肌腱，还将讲述肌肉的位置、起点、止点、动作机制，以及这些要素是如何通过筋膜相互关联的。你将学习这些结构的功能障碍、无力或受限，是如何导致你在第1部分中所了解的常见的肌肉骨骼失衡问题的，同时将了解肌肉在重力和地面反作用力中的表现。这将帮助你理解身体在实际生活中是如何运动的，从而制订出有效的训练计划，不仅帮助客户缓解疼痛，而且帮助客户恢复健康，使他们尽情享受喜欢的身体活动。

重要的是了解主要肌肉及其在过度负荷下的运作机制和解剖学细节。本书后续章节将用通俗易懂的语言、生动的图像和真实案例来指导你完成这一过程。身体的主要肌肉是按照身体部位划分的，例如足部和踝部、腰椎-骨盆髋带等。本书就每一块肌肉做了说明——描述了它们的起点和止点，从传统解剖学的角度（即收缩时）以及功能角度（即在张力下拉伸时）描述了它们的主要动作，说明了它们能够帮助身体完成的运动，并且提供了它们在步行、跑步和深蹲等运动中的作用示例。最后，本书在介绍每一块肌肉时都加入了一些有用的提示，以帮助你进行理解，提高你与客户合作训练的能力。

重要的是，需要知道第2部分并没有涵盖人体的全部肌肉，而且这些信息不可代替专业医师的指导。这些内容旨在简单介绍在常见的肌肉骨骼失衡及其对运动的影响中，许多重要肌肉的位置和功能。

第7章

实际生活中的功能解剖学

解剖学一直是健康和健身专业教育的必学内容。到现在为止，大部分相关内容都来自传统解剖学，也就是骨1与骨2之间的肌肉A，当肌肉收缩时，会拉动这些骨骼。例如，传统解剖学认为腿部的股四头肌会使膝伸直（Gray, 1995；Golding & Golding, 2003；Draves, 1986）。

传统解剖学有其一定的合理之处，但其中大部分内容只来自对尸体肌肉的研究，在尸体上发现每一块特定肌肉的附着位置。这会导致人们对肌肉功能概念的理解并不完整，只能反映出单一肌肉群，如股四头肌在非负重情况下手动收缩会发生什么情况。然而在实际生活中，健身者不会一动不动地躺在检测台上。他们是站立的，会向各个方向移动，并且不断处理不同环境中的压力，包括重力和地面反作用力。因此，健身教练必须了解肌肉在这些活动中的运动方式。遗憾的是，实际生活中的功能解剖学与传统解剖学完全不同，要想了解实际生活中肌肉的运动方式，关键是要完全了解运动功能障碍和肌肉骨骼失衡的原因，因此，这也成为制订有效的纠正性训练计划的核心内容。

本章中你将了解肌肉骨骼系统的组成，包括骨骼、肌肉、肌腱、韧带和筋膜，还将了解重力和地面反作用力影响肌肉的方式及其对常见的肌肉骨骼失调产生预防或促进作用的方式。

重力如何影响运动

重力是地球释放出的一种引力，它把地球表面上的一切东西都拉向地球的核心。为了帮助你理解重力对人类运动的影响方式，你可以把地球的中心想象成一块巨大的磁铁，想象你的整个身体都被一层薄薄的金属覆盖着。磁铁自然会吸引金属物体，也能防止身体掉入黑暗深远的太空。但是，由于地球的核心与你生存的地球表面距离非常远，你可以暂时摆脱磁力，向四周运动。然而，尽管你尝试着摆脱磁力，但是它总是比你更强大，会不断地把你拉回来。当你抬起足走路，跳起来接球，或者爬到床上时，可以暂时离开地面，但是几乎立刻会被重力拉向地面。

重力很强大，它在任何时候都会对人体产生作用，这意味着虽然重力有助于保持人体留在地面上，但身体结构必须努力抵抗这种向下的拉力才能保持直立。如果我们不能做到这一点，就会像铝罐一样被挤压在地上，而人体最重要的部分之一——骨骼系统，为我们提供了一个强大的、不易摧毁的框架来支撑身体抵抗重力。

人体中还配备有一系列的软组织系统（肌肉、韧带、肌腱和筋膜），它们的作用就是帮助骨骼运动。正如你在传统解剖学中了解到的情况，当肌肉收缩时这些软组织会把骨骼拉在一起。我们在后续章节中还会探讨，当骨骼和关节进行运动时，某些肌肉也会拉长以减缓这种运动。软组织结构还有助于将重力对骨骼系统的压力降到最低（Siegfried, 2016）。例如，如果你站立着，而且身体结构的对齐位置很完美，你的骨骼系统连同韧带都会帮助你保持直立，你的重心会在一个稳定的基础上保持平衡，而且你的肌肉也不需要费力抵抗重力的作用。但是当你身体前倾去捡地上的一支铅笔时，你的重心会前移，躯干背部的肌肉（带有张力）会拉长，在你触及地面时减缓骨骼的运动（Price, 2014）。

地面反作用力如何影响运动

我们可以用牛顿第三运动定律来解释地面反作用力，这一定律认为，每个力都有一个大小相等、方向相反的反作用力。简言之，当你走路时，你的身体会通过你的双足对地面施加力，而地面也会通过双足对身体施加大小相同、方向相反的反作用力（Ayyappa, 1997）。

也就是说，我们的肌肉骨骼系统不仅要不断地应对重力对我们的牵引，而且当身体的任何部分与另一个物体或表面接触时，身体也必须抗衡所产生并且转移到肌肉骨骼系统中的冲击力。肌肉、肌腱、韧带和筋膜通过拉长和伸展来帮助调节这种来自地面反作用力的应力，以减缓能量通过身体传递到人体关节和深层骨骼系统中的速度（Myers, 2008；Price, 2010）。

重力和地面反作用力对骨骼、关节、韧带、肌腱、肌肉和筋膜的影响非常大。如果肌肉骨骼系统的每个组成部分都处于完美的运转状态，那么身体就能承受巨大的压力，而不会产生任何负面影响。但是一旦有任一部位的功能没有发挥出最佳水平，那么肌肉骨骼失衡可能会随着时间的推移而影响运动和表现。为了帮助人们识别并克服肌肉骨骼失衡，健身专业人员必须了解身体及其软组织结构是如何单独运作，或者如何共同运作，以抵抗重力和地面反作用力的。这有利于我们选择一种合适的纠正性训练方式，以矫正身体失衡，保护客户的肌肉骨骼系统，有效应对这些始终存在的自然力（Price & Bratcher, 2010）。

肌肉骨骼系统概述

在深入研究特定肌肉和其他软组织的功能之前，我们将概述肌肉骨骼系统的所有主要结构，并简要描述它们如何一起运作，以促进人体的运动。了解单个肌肉的解剖学知识，尤其是这些肌肉的起点和止点，有利于理解从头到足连接形成的完整肌肉和筋膜链。当你把身体看作一条完整的骨骼、韧带、肌腱、肌肉和筋膜链时，你会更好地理解身体某一部位肌肉骨骼功能障碍的根源。第2部分的剩余章节将介绍单个肌肉（及其他软组织结构）的作用，及其对一些最常见的肌肉骨骼失衡问题的影响。

骨骼

每个人在刚出生时，身体中有大约300块骨骼（Marshall, 2010）。随着年龄的增长，一些骨骼会融合在一起，例如头骨、骨盆和骶骨。所以，一个成年人体内大约有206块骨骼，确切的数字可能因人而异，因为有些人生来就有额外的骨骼（Gray, 1995）。骨骼是身体的内部框架（见图7.1）。它们能保护重要的器官和神经，与肌肉、韧带、肌腱和筋膜一起构成肌肉骨骼系统。

骨骼是由坚硬、不可屈曲的成分组成的，主要是钙和胶原蛋白（Gray, 1995）。人体内的骨骼主要有5种：长骨、短骨、扁骨、籽骨，以及不规则。顾名思义，长骨的长度大于宽度，所以命名为长骨。长骨的作用是为人体提供一定的活动，例如大腿的股骨、上臂的肱骨、足部的跖骨，以及手部的掌骨都是长骨（Dimon & Day, 2008）。而短骨的长度和宽度近似，具有支撑和稳定人体的作用，其中包括伸向足背方向的跗骨、足舟骨和楔骨（Dimon & Day, 2008）。扁骨通常是扁平的，有助于保护身体及重要器官。肌肉可以附着在扁骨的表面

上（Dimon & Day, 2008）。扁骨包括肋骨、头骨、肩胛骨和骨盆等（Price & Bratcher, 2010）。籽骨通常都嵌在肌腱中，主要作用就是保护宿主肌腱（Gray, 1995）。髌骨就是一种籽骨。不规则骨的形状都不规则。椎骨、骶骨和下颌骨（腭骨）都属于不规则骨（Gray, 1995）。

骨骼两端一般都包裹有光滑的软骨，以防相连的骨骼之间相互摩擦，并且保护关节间隙。由于软骨是一种坚固的、有弹性的组织，所以它也有助于减震，脊椎之间的椎间盘就有这个作用（Gray, 1995）。骨骼之间的关节间隙含有滑液，这是一种分泌出的透明物质，能帮助润滑关节并维持关节活动（Dimon & Day, 2008）。一些骨骼的边缘是圆形的，我们称之为髁，它从骨骼末端突出来，使骨骼之间的结

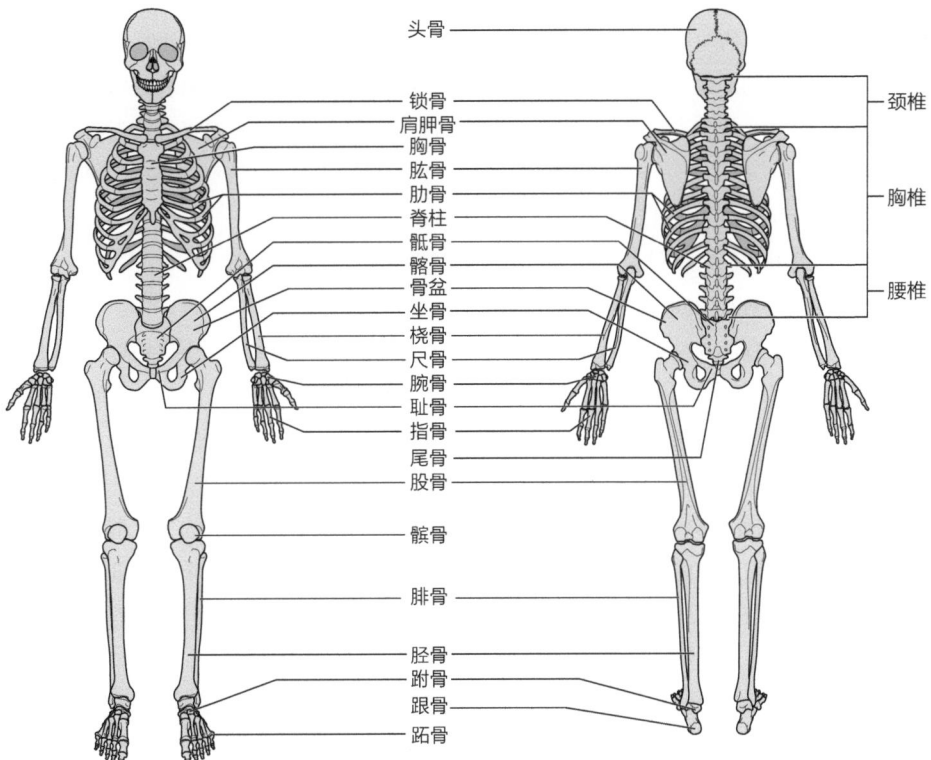

图7.1 人体骨骼系统

合处，尤其是关节间更加光滑（Gray，1995）。

韧带

韧带（ligament）来源于拉丁词（ligare），意思是"连接或者系结"。韧带是坚韧的带状结缔组织，在膝关节这样的关节处将骨骼连接在一起。韧带将骨骼连接在一起，能够防止关节过度活动，维持身体的稳定性（Dimon & Day，2008）。

众所周知，膝关节前交叉韧带是一种保护性韧带。它将大腿的股骨与小腿的胫骨连接起来，防止膝过度向前移动或旋转（Draves，1986）。此外，还有一些韧带用于支撑肝脏、子宫、膀胱和横膈膜等内脏，并使这些器官保持在适当的位置上（Gray，1995）。当人体不移动时，骨骼和韧带是支撑人体的主要结构。但是，只要有任何动作，肌肉、肌腱、筋膜将协作帮助动作的开始、加速和减速。

肌肉

肌肉是一种特殊的组织，由肌束组成，通过收缩（即缩短）或扩张（即拉长）来负责控制身体的运动（Price，2010）。人体内有3种肌肉组织（Martini，Timmons & Tallitsch，2014）。

1. 平滑肌组织调节身体的无意识运动。消化道或肠道就属于平滑肌。

2. 心肌只存在于心脏中，不受意识控制。

3. 骨骼肌处在有意识的控制下，之所以如此命名，是因为它通常附着在骨骼上。

骨骼肌是人体最常见的肌肉类型，也是人们所说的"肌肉"。成人有650多块骨骼肌（Gray，1995）。骨骼肌使我们能够从一个地方移动到另一个地方，因为它既能产生大幅度的活动，又能产生细微的自主运动（Golding & Golding，2003）。骨骼肌包括臀肌、腓肠肌和

腘绳肌等。在后续章节中，你将了解许多主要骨骼肌的功能，以及它们对最常见的肌肉骨骼失衡的影响。

肌腱

肌腱（tendon）这个词来源于拉丁词"tendere"，意思是"拉伸"。肌腱是一种有弹性的、坚韧的结缔组织，能将肌肉附着在骨骼上（Dimon & Day，2008）。肌腱是由纤维聚集在肌肉的末端形成的（本质上类似于把一束玫瑰茎的底部捆在一起）。肌肉的一端能够通过肌腱附着在骨骼的适当部位上（Price & Bratcher，2010）。跟腱就是其中的一个例子。

肌肉可以产生很大的力量，因此与之相连的肌腱必须坚韧而有弹性，以确保肌肉在运动中缩短或者拉长时，不会从骨骼上分离出来。例如，当一个人跟腱断裂时，这意味着跟腱已经从跟骨后部的附着处撕裂。肌腱的过度磨损会导致肌腱发炎和红肿疼痛，我们把这种情况称为肌腱炎（Kendall，McCreary & Provance，2005）。

筋膜

筋膜是一种由结缔组织组成的三维网络，它几乎包裹、支撑和分离着身体的每个结构（Myers，2008）。它是健康的肌肉骨骼系统中最重要，但有时又最容易被忽视的一部分。由于筋膜涉及肌肉骨骼系统的每个部分，筋膜中的任何限制或刺激都会影响那里的结构（即它包裹着的肌肉或者肌肉所附着的一个或多个关节）以及其他部位的功能（Rolf，1989）。因此它对肌肉骨骼系统发挥着非常重要的作用。我们将在第13章进一步学习更多关于筋膜系统的知识。

人体弹力绳系统

大多数解剖学文献都认为肌肉的主要功能是将两块骨骼互相牵拉在一起。但是在实际生活中，肌肉的功能并非总是如此。肌肉其实像一条弹力绳，肌肉中的张力随着骨骼之间的相互移动和肌肉纤维的拉长而增加。这种张力有助于减缓作用在身体上的力量，同时也能储存潜在的能量，以便在纤维收缩时使用（Price, 2016）。例如在你蹲下的过程中你的臀肌会伸展和拉长，在髋部屈曲时减慢臀部动作；当臀肌收缩以帮助你的髋部伸展并使你直立站立时，被拉伸的臀肌中储存的张力就会释放出来（Price & Bratcher, 2010）。

为了更好地理解肌肉与弹力绳之间的联系，我们可以想象一个人在玩蹦极，即将自己的双足系在弹力绳的一端，跳下一座桥（见图7.2）。如果弹力绳的张力大小恰好合适，那么当这个人在靠近水面或者地面的时候，他就不会撞击上去。但是如果弹力绳无法在适当的时候收紧，那么这个人就会撞上水面或者地面，造成严重的后果。肌肉、肌腱和筋膜的作用

方式类似，它们能在适当的时候拉紧，减缓我们运动时身体承受的力，共同保护我们的肌肉骨骼结构（特别是关节）。

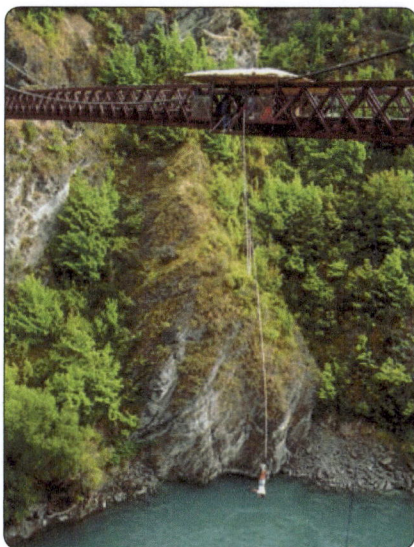

图7.2 蹦极的弹力绳示例

源自：Robert Holmes/Corbis Documentary/Getty Images

除了帮助调节肌肉骨骼系统的张力，这些软组织"弹力绳"还能储存能量，然后在释放能量时，即在随后肌肉纤维收缩时，产生强有力的运动。这类似于当弹力绳达到最

身体部位常见的不平衡问题总结

本书将会多次提及我们在第1部分了解到的肌肉骨骼失衡的有关问题。在我们开始解释特定的肌肉是如何导致肌肉骨骼失衡问题之前，下面列出了身体每个部位常见的紊乱问题，这能够帮助你熟悉这些重要的信息。

足部和踝部

　　过度内旋

　　背屈不足

膝关节

　　侧向对齐问题（例如膝外翻）

　　屈伸过程中的运动轨迹问题

腰椎-骨盆髋带

　　骨盆前倾

　　腰椎过度前凸

胸椎和肩胛带

　　胸椎过度后凸

　　肩胛带前伸

　　内旋臂

　　高位肩胛

颈部和头部

　　头部前倾

　　颈椎过度前凸

大伸展度，然后收缩，将人有力地拉回到弹力绳所固定的位置。

要点回顾

　　肌肉骨骼系统由错综复杂的几种不同类型的骨骼和软组织结构组成，它们协调一致地控制运动，共同应对始终存在的重力，并分散地面反作用力。

- 传统的解剖学文献强调肌肉收缩对骨骼的拉动功能。但是，肌肉还能通过拉长或者离心运动来调节能量在身体内的转移。
- 骨骼主要分为5种类型：长骨、短骨、扁骨、籽骨，以及不规则骨。
- 韧带是一种连接骨骼的结缔组织，有助于为关节提供稳定性和灵活性。
- 人体有3种类型的肌肉：平滑肌、心肌和骨骼肌。
- 人体内有超过650块骨骼肌，它们能给骨骼提供力量，以产生和调节人体的运动。
- 肌腱是一种结缔组织，将肌肉纤维连接起来，使单一肌肉能附着在骨骼上。肌肉通过肌腱附着在骨骼上，从而产生运动。
- 筋膜将身体内的各个部分连接起来。由于筋膜相互连接并包裹身体各个部位，因此筋膜中的任何限制或刺激都会影响身体该区域和其他区域结构的功能。
- 人体肌肉系统的工作方式与弹力绳类似，肌肉和软组织结构必须在张力下以适当的速度拉长，以帮助减缓运动和防止受伤。肌肉和软组织结构还能使用它们中储存的势能，这样它们就可以通过张力伸长，然后在收缩时产生强有力的动作。

自我检查

　　将下面的字母填写在各个肌肉骨骼结构所对应的横线上。

a. 附着在骨骼上的结缔组织

b. 支撑身体的钙化组织

c. 产生运动的特定纤维

d. 包裹于全身中的三维结缔组织

e. 将肌肉附着在骨骼上的结缔组织

_____ 肌腱

_____ 韧带

_____ 骨骼

_____ 肌肉

_____ 筋膜

第8章

足部和踝部的功能解剖学

当身体与地面相互作用时，足部和踝部能起到减震的作用，以帮助身体适应地面情况。其中还有几个关键的软组织和肌肉，有助于抵抗重力和减小地面反作用力（Davis, Davis & Ross, 2005；Frowen et al., 2010）。

骨骼和关节

足踝复合体中的许多骨骼和关节能为足踝提供框架和坚韧的支撑，并且有助于足踝形成自己的形状和结构（Dimon & Day, 2008）。当骨骼在运动和其他负重活动中承受压力时，软组织帮助骨骼结构维持足踝的形状。通过控制人体活动，这些软组织结构可以保护基层骨骼结构不受损伤，并且将接触面特定的相关信息反馈给身体（Page, Frank & Lardner, 2010）。

软组织结构

在此我们会描述几个关键的软组织结构，这样你就可以了解它们是如何帮助和影响运动的。这些结构在一定程度上由足和踝的肌肉支撑（并与之有着错综复杂的联系），因此肌肉骨骼失衡会给它们带来一些负面影响。

足弓

足部有3个足弓（见图8.1），它们由骨骼、肌肉、筋膜、韧带和肌腱组成。

1. 内侧纵弓。
2. 外侧纵弓。
3. 横弓。

两个纵弓沿足部两侧贯穿足跟到足趾。这两个拱形结构设计巧妙，能分散身体的重量，当足向前迈时，地面的反作用力作用于人体，弓形能够分散这种反作用力。足部也有横弓（横跨足部），在重心从一侧向另一侧移动时，横弓能与地面发生轻微的相互作用，并为足部提供额外的稳定性和灵活性，以此适应接触面的地形特征。足弓也能使足从地面上抬起以远离地面，帮助足部区域免于受伤（Clemente, 2011）。

内侧纵弓是沿足部内侧从足跟到大足趾底部的明显的弓形。它是由足部内侧的骨骼、韧带、肌腱、肌肉和筋膜组成的。这个弓形是一个极好的减震器，它有助于分散身体重量，以及向前和向身体中线的力量（Dimon & Day, 2008）。

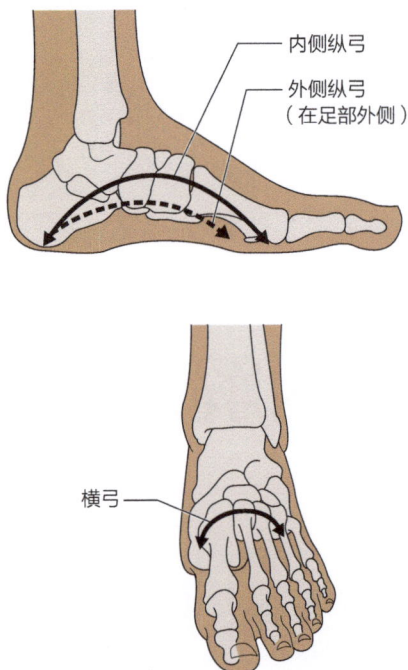

图8.1　足弓

外侧纵弓位于足部外侧，由足部外侧的骨骼、韧带、肌腱、肌肉和筋膜组成。这一足弓由许多包裹在足部外侧下方的肌肉支撑（Dimon & Day, 2008）。这个足弓看起来比内侧纵弓更平。它比内侧纵弓更加稳定，但运动能力要弱得多。外侧纵弓与内侧纵弓在负重活动中共同支撑身体的重量（Clippinger, 2007）。

足部的纵弓由多种结构共同支撑和维持，每个足弓顶点下方不同肌肉上的肌腱都有利于保持足弓的高度。其他沿着足部纵向肌肉上的肌腱能够为这些足弓提供一定的张力（Snell, 2008）。足部骨骼的形状和排列顺序，以及将它们连接在一起的韧带，会形成一个连锁机制，使足弓更加稳定。位于足底的致密筋膜也有助于支撑和维持这些重要结构的形状（Dimon & Day, 2008）。

当你的足在走路过程中与地面接触时，肌肉（即胫骨后肌、胫骨前肌、姆长屈肌、姆展肌、腓骨肌群）支撑这些弓形结构，纵弓会像弹力绳一样拉紧，因被拉长而产生张力。这种紧绷感可以减缓和分散重量，将重量转移到足的前部，同时还可以使足部骨骼更加稳定，反过来，可以为足弓提供额外的结构性支撑（Dimon & Day, 2008）。激活的肌肉和软组织结构会进一步帮助足部从足跟到足趾转移和分散重量，而且当你向前迈步，重心转移到另一只足时，这有利于将重力转移到身体的另一侧（Clippinger, 2007）。随着步态循环的继续，两只足交替与地面接触，触地足的纵弓会持续减震，并且进行重量的转移循环。

足中部的横弓是由骨骼（及其支撑的韧带和肌肉）构成的，位于足中段区域（Clippinger, 2007）。除了主横弓，在足中段还有一系列圆拱状的小横弓，在足趾根的后方，横跨足的两侧。这些横弓有利于消除从一侧到另一侧的冲击力，并且当重心发生横向转移时能提供支撑体系（Dimon & Day, 2007）。

跟腱

跟腱是小腿的一个非常重要的结构，连接小腿后部肌肉（腓肠肌和比目鱼肌）和跟骨（见图8.2）。该肌腱有助于产生大量的能量，以在深蹲、弓步、步行、慢跑和跑步等需要爆发力的活动中发挥辅助作用。

当一个人进行步行、深蹲或弓步运动时，小腿的移动先于触地足的足跟。在这些类型的运动中，足部上方的小腿在向前移动时，膝总会随之屈曲，当比目鱼肌拉长时，在跟腱处就会产生张力。跟腱和比目鱼肌的张力会使这些结构发挥"弹力绳"的功能，以减缓双膝和

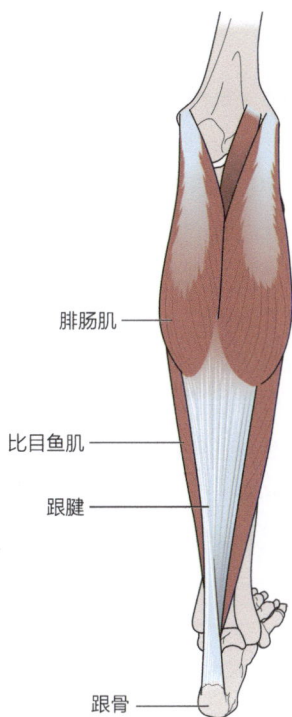

图8.2　跟腱

踝关节屈曲时承受的力（见图8.3）（Hyde & Grenbach, 2007）。

图8.3　比目鱼肌和跟腱的弹力绳动作减缓踝关节和膝的屈曲示例

在步行或者跑步运动的过程中，足部会不断与地面发生接触，腿也会伸到身体后部，髋部伸展，腿部伸直。在这个动作中，当膝伸直时小腿仍会在足上继续这一动作。这种运动会使腓肠肌被拉长，并使跟腱承受更大的张力，以减缓踝关节持续背屈和膝伸直时产生的张力（见图8.4）。当足趾向下压以产生向前的进阶力时，这些肌肉和跟腱中储存的势能就可以将足跟拉离地面。因此，跟腱和小腿后部相关的肌肉在帮助减缓足部、踝关节和膝的张力，以及在步态中提供能量以推动身体向前中，发挥着重要作用（Kelikian, 2011）。

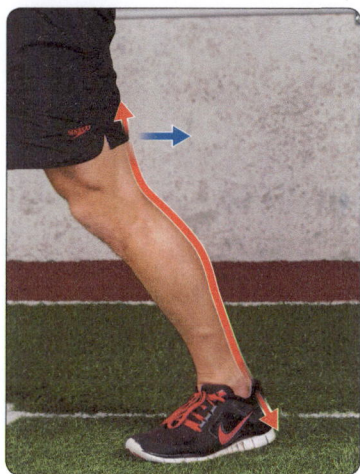

图8.4　腓肠肌和跟腱的弹力绳动作减缓踝关节的屈曲和膝关节的伸直示例

足部牵拉

本章所描述的多数肌肉都起源于小腿（或膝盖上方，如腓肠肌的位置），并且包裹在足两侧的足弓处或者足的后部。这些肌肉就像吊索一样将足部和踝部拉起，为它们提供极好的支撑（Snell, 2008）。这种吊索支撑机制非常重要，能够帮助身体与接触表面相互作用，并调控向前转移或从一侧向另一侧转移的身体重量。

为了更好地理解足部和踝部肌肉类似吊索的动作机制，你可以想象从你的足上拉袜子。当你把袜子拉到腿上时，袜子会拉你的足底，使足底拉紧。在你拉袜子的整个过程中，这种拉动的动作会一直支撑着你的足。小腿、足部和踝部肌肉的工作方式与此类似。它们都包裹在你的足底和足的四周，以确保你的足有支撑点，不会因承受身体重量而塌陷（Price & Bratcher, 2010）。

肌肉

在检查完足部和踝部肌肉的一般功能后，我们将进一步详细讨论身体这一部分的关键肌肉。其中包括以下这些。

- 姆长屈肌
- 姆展肌
- 腓骨长肌
- 胫骨后肌
- 胫骨前肌
- 比目鱼肌
- 腓肠肌

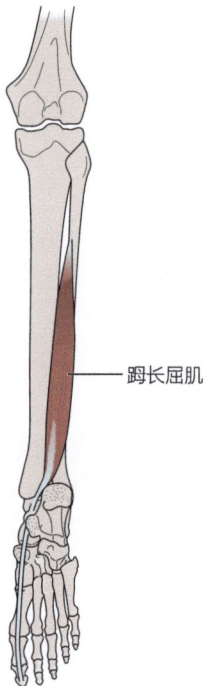

姆长屈肌

肌肉特点：这一肌肉比较长，起源于小腿后部的腓骨外侧。它向下穿过小腿后部，并且被踝骨包裹。然后它沿着足底延伸，止于足底表面大足趾尖端的附近（Gray, 1995）。

肌肉动作：将大足趾向下压（即屈曲大足趾），将足部和踝部向下（即跖屈），并且将足踝朝外旋转（即足踝翻转）（Clippinger, 2007）。

实际运动：姆长屈肌的弹力绳动作有利于支撑内侧纵弓。在支撑这一足弓时，它恰好有助于减缓足部过度内旋，从而增大踝关节背屈。在运动时产生并且储存在肌肉中的势能，随后又可以帮助足部和踝部进行跖屈，同时可以在行走和跑步的过程中帮助足部产生强大的推力。

实际运动示例：在一些负重活动中，例如行走、深蹲、弓步、慢跑、跑步等运动，它可以为足部提供支撑，并且防止足部过度内旋。

实用提示：姆长屈肌类似于一个刹车装置，能够防止足部和踝部出现过度内旋。

姆长屈肌

姆展肌

肌肉特点：这是足底相对较小的一块肌肉，它位于足部内侧，从跟骨延伸到大足趾的第一根骨（Gray，1995）。

肌肉动作：把大足趾向上拉，离开足部和其他足趾（即大足趾外展和屈曲）（Muscolino，2010）。

实际运动：姆展肌的弹力绳动作有助于大足趾保持伸直状态，并指向前方，以辅助支撑内侧纵弓。这一运动有助于防止足部和踝部过度内旋，并且促进其更好地背屈。

实际运动示例：有利于维持足底结构的完整性；在负重活动中，例如行走、深蹲、弓步、慢跑、跑步等运动，大足趾能够向外扩展来增加足部表面积。

实用提示：姆展肌与姆长屈肌共同运作，以支撑内侧纵弓，确保大足趾正确对齐和运动。

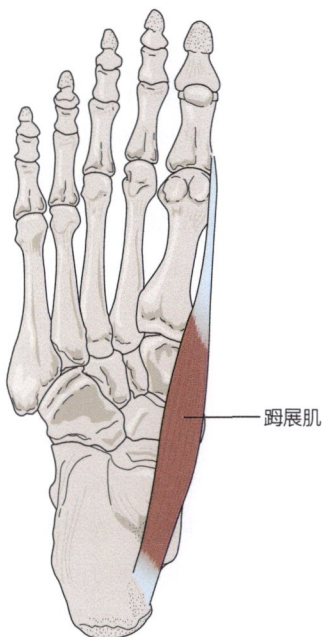

姆展肌

腓骨长肌

肌肉特点：这是腓骨肌群中的一部分，起源于小腿外侧。腓骨长肌沿着小腿延伸，包裹在足踝后部和足底，止于大足趾底部（Gray，1995）。

肌肉动作：帮助足部和踝部向内旋转（外翻），并推动足部向下（跖屈）（Golding & Golding，2003）。

实际运动：腓骨长肌的弹力绳动作有利于支撑足部的所有足弓，因为它包裹着足外侧的底部，横跨中线，最后止于内侧。它具有重要的作用，有助于足部承重，减弱来自上、下两个方向的力量。

实际运动示例：在一些负重活动中，例如站立、步行、跑步时，有利于保持足弓的完整性和强度。

实用提示：腓骨长肌类似于奔跑时足下的马镫，有利于支撑足弓。

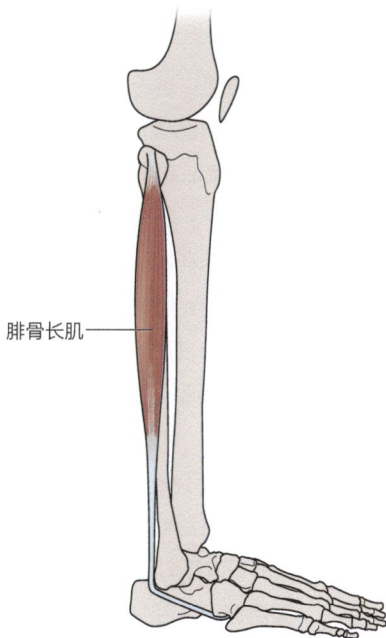

腓骨长肌

胫骨后肌

肌肉特点：这是一种长肌肉，起源于小腿的外侧，位于胫骨和腓骨的后部。它穿过并且沿着小腿后部延伸，包裹在踝骨的内侧，然后止于足底的中部（Gray, 1995）。

肌肉动作：使足部和踝部向外旋转（内翻），并推动它们向下（Golding & Golding, 2003）。

实际运动：胫骨后肌的弹力绳动作有利于支撑足部内侧纵弓和横弓，并且减缓足踝内旋，由此使踝关节和足部旋转减速，有助于防止其过度内旋。在肌肉拉伸的过程中，它能储存能量，使足踝向外旋转，将足部推离地面。

实际运动示例：类似于一条弹力绳，在足部内旋时减慢小腿的旋转速度。在一些负重活动中，例如深蹲、行走、慢跑等运动中，它可以防止内侧纵弓和横弓塌陷。

实用提示：胫骨后肌受到刺激而引起的疼痛，类似于足底筋膜炎（即跟骨前部足底发炎）。

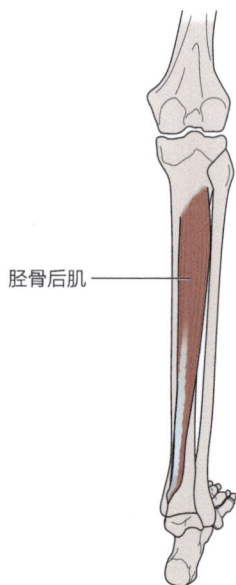

胫骨后肌

胫骨前肌

肌肉特点：这一长肌起源于小腿前方的外侧，靠近胫骨顶部。它沿着胫骨前部延伸，并穿过胫骨和足踝的前部，包裹在内侧纵弓的下方，最后止于足中段（Gray, 1995）。

肌肉动作：将足部和踝部向外旋转，拉动足趾和足向胫骨抬起（背屈）（Kelikian, 2011）。

实际运动：胫骨前肌的弹力绳动作有助于支撑内侧纵弓，这有助于防止足过度内旋和足弓塌陷。在步态循环中，为了有力地将足部推离地面，当足部产生内旋（旋后）时，肌肉中存储的势能拉伸胫骨前肌，使胫骨向外旋转。

实际运动示例：类似于弹力绳，在足部过度内旋时减缓速度。在所有的负重活动中都会有这种运动，尤其是当足部没有鞋子或者矫形器等支撑时，例如赤足跑步。

实用提示：胫骨前肌与胫骨后肌共同运作，有助于控制胫骨内旋和足部内旋的程度。

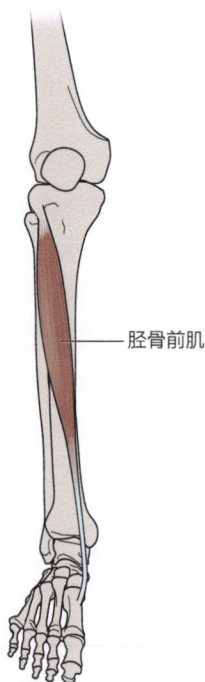

胫骨前肌

比目鱼肌

　　肌肉特点：这是组成小腿后部的大肌肉之一。这是一种深层肌肉，起源于小腿后部胫骨和腓骨的上端。它沿着小腿后部延伸，通过跟腱止于足跟（Gray, 1995）。

　　肌肉动作：有利于足部和踝部的跖屈，尤其是当膝发生屈曲时（Muscolino, 2010）。

　　实际运动：有些运动需要踝部和膝同时向前屈曲，比目鱼肌在负重时会像弹力绳一样拉伸，减缓足踝和膝向前运动的速度。这有助于在肌肉中储存势能，使足部和踝部跖屈，并且伸膝。

　　实际运动示例：类似于弹力绳，在诸如深蹲或园艺活动中蹲下时（膝和踝关节同时向前屈曲），能减缓小腿向前移动的速度。

　　实用提示：比目鱼肌与腓肠肌可以协同运作，在负重活动中使膝和踝关节免受过大的压力。

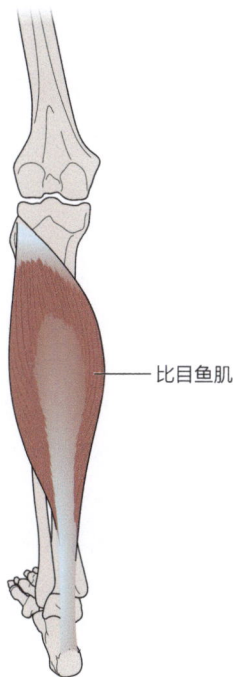

比目鱼肌

腓肠肌

　　肌肉特点：这是组成小腿后部肌群的另一块大肌肉，起源于大腿上端的股骨底部。它沿着膝后部一直延伸到小腿后部，并通过跟腱止于足跟（Gray, 1995）。

　　肌肉动作：有助于足部和踝部跖屈，有利于膝屈曲（Golding & Golding, 2003）。

　　实际运动：当腿部和膝在身体后方伸直（伸展），并且足踝向前屈曲（背屈）时，腓肠肌的弹力绳动作可以帮助它们减慢速度。腓肠肌和比目鱼肌在负重活动中协作储存势能，以使足部和踝部发生跖屈（下推）。

　　实际运动示例：类似于弹力绳，在所有功能性活动，例如行走和跑步时（腿会向身体后部移动，足踝屈曲，膝伸直），能减缓膝伸展和足部背屈的速度。

　　实用提示：腓肠肌与比目鱼肌协同运作，有助于使膝和踝关节免受过大的压力。

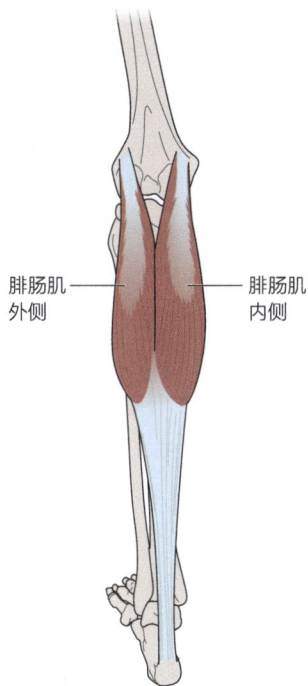

腓肠肌外侧　　腓肠肌内侧

足部和踝部肌肉对最常见肌肉骨骼失衡的影响

我们刚刚所描述的肌肉具有非常重要的作用，可以缓解足部和踝部最常见的两种紊乱。它们可以为减震提供力量和支撑，在负重活动中旋转时，可以将身体的重量向前转移，或从一侧转移到另一侧。它们还可以储存势能，有助于进阶和产生更强有力的动作。但是当肌肉骨骼失衡影响足部和踝部时，它们就不能正常执行这些任务。足部和踝部的结构可能会被拉紧，变得紧张，加剧身体其他部位的肌肉骨骼代偿模式，从而影响人们的日常活动，并且造成运动功能障碍和疼痛。

为了说明足部和踝部肌肉帮助防止过度内旋和背屈不足的方式，我们可以想象一个人走路时的情况。在正常的步态循环中，足部和踝部可以共同维持身体重心的稳定性，并且当足部上方的身体移动时，将重量进行分解（Chinn & Hertel, 2010）。这有利于身体保持直立姿势，并且保持前进的动力。当人开始向前走时，足跟外部首先接触到地面。在步态循环的这个时刻，足踝内翻，重量都集中在足和足跟的外侧。当重量向前转移到足部并与地面完全接触时，踝关节向内旋转（内旋）或向前屈曲（背屈），从而将重量转移到整个足部（Donatelli & Wooden, 2010）。

这些动作非常关键，有利于确保足部和踝部的肌肉能像弹力绳一样在活动时减缓压力。当足部和踝部开始内旋时，支撑足弓的肌肉在紧张状态下拉长，因为这些肌肉的止点（足底）移动远离它们的起点（小腿上）。这就产生了势能，然后促使足部和踝部向外旋转，将足向下推离地面，完成一次步态循环。当足部和踝部过度内旋时，这一动作就

会出现问题，当限制内旋的肌肉不能正常工作或有效拉长时，弹力绳就会失效。因此，肌肉就不会产生任何张力，无法避免足部和踝部的过度内旋。这会导致踝关节无法向前屈曲（背屈），无法正确地将重量转移到足部（Donatelli & Wooden, 2010）。

在此有两个例子可以说明某些特定肌肉的弹力绳动作控制过度内旋和背屈的方式。

示例一：胫骨前肌和胫骨后肌

当足部内旋时，内侧纵弓会稍微变平，足趾向前移动，远离足跟。这会导致胫骨前肌的止点（在足趾正后方的足中段区域）拉离胫骨前部的起点。这种拉力运动会产生张力，并引发弹力绳效应，支撑内侧纵弓，同时减缓足、踝和小腿向内旋转的速度。胫骨后肌位于足下，向上穿过小腿后部，到达位于胫骨后部的起点，当足部内旋时也会拉伸，它的弹力绳效应可以防止小腿内旋过快。这两种肌肉动作有助于协调小腿内旋的时间，并确保足部以适当的速度内旋。由于小腿向内侧运动会影响膝的位置和移动时间，这些肌肉也会间接影响膝的位置和功能。

示例二：比目鱼肌和腓肠肌

足跟在步态循环中与地面接触，然后小腿和膝在足部上方移动，重心会前移。比目鱼肌起源于小腿后部，通过跟腱与足跟后部相连。当膝关节和足踝屈曲的时候，比目鱼肌的止点与起点相互远离，使其发挥弹力绳功能，以协助进行运动控制。随着步态循环的继续，当腿伸展到身体后面时，足仍然与地面接触。在这一运动过程中，腓肠肌会像一根弹力绳一样延长，当小腿继续向前移动、伸直至足部和踝部上方时，肌肉的张力会减

缓小腿的速度。

如果小腿肌肉和足踝的其他肌肉（例如示例一中提到的胫骨前肌和胫骨后肌）不能阻止足部过度内旋，那么足部和踝部就会塌陷，小腿就不会像正常的那样向前移动，而是会内旋速度过快。小腿对足部前移的这种干扰就可以解释过度内旋和背屈不足的原因，及其内在的联系。此外，当本章提及的足部和踝部的其他肌肉无法正确移动时，都可能导致过度内旋和背屈不足。这可能导致足部和踝部结构受压，在身体的其他地方出现代偿模式，长久以往会造成疼痛和损伤。

要点回顾

在身体与地面相互作用时，足部和踝部的肌肉和软组织结构在帮助支撑和平衡身体方面起着重要的作用。

- 大部分对足部和踝部功能具有至关重要作用的肌肉起源于小腿，包裹在足踝周围，并附着在足底。它们的作用就像一个吊索支撑系统来控制足踝在3个运动平面上的运动，而且在负重活动中重量从足部转移到踝部时，它们也会参与其中。
- 足部包含着3个足弓，当足和接触面相互作用时，它们能够分散身体的重量和地面的反作用力，足弓也有助于在步态循环中提供向前的动力。
  1. 内侧纵弓。
  2. 外侧纵弓。
  3. 横弓。
- 足部和踝部的肌肉类似于弹力绳，当肌肉拉伸时它们会产生张力。肌肉的这种弹性特性使它们能减缓足踝关节上的力量，并储存势能以促进运动。
- 跟腱是一种强大而有弹性的软组织结构，能将比目鱼肌和腓肠肌附着在足跟上。当踝背屈时，跟腱的张力有助于减弱足部和踝部受到的力，并产生向前的爆发力。
- 当足部和踝部的肌肉和其他软组织结构健康且功能良好时，它们有利于防止过度内旋和背屈不足。

自我检查

　　完成以下表格中列出的每个常见活动和动作。做每个动作时可以试着把拉伸的肌肉想象成弹力绳，如果你能看到或者感受到弹力绳特性被激活，请在每个动作或者肌肉对应的框中进行勾选。

动作	肌肉	能否看到
站立，双腿分开，与髋同宽，身体前后晃动	跗长屈肌	☐
慢走	跗长屈肌	☐
单腿蹲	胫骨前肌	☐
深蹲	比目鱼肌	☐
慢走	腓肠肌	☐
站立，双足分开，与肩同宽，身体左右摇动	腓骨长肌	☐
向后走	腓肠肌	☐
下楼梯	胫骨后肌	☐
慢跑	足部和踝部的所有肌肉	☐

第9章

膝关节的功能解剖学

膝关节是人体内最大的关节（Schloss-berg & Zuidema, 1997）。其主要功能就是利用铰链型关节将大腿和小腿连接起来。虽然膝关节可以在所有3个运动平面上运动，但其主要功能是进行屈曲和伸展（Hyde & Gengenbach, 2007）。因此，膝关节在所有负重运动中具有至关重要的作用，这些运动包括向前、向后和垂直运动。

骨骼和关节

膝关节是胫骨、腓骨与股骨连接的地方，它使小腿和大腿连接起来（Dimon & Day, 2008）。髌骨位于膝关节中间，它通过股四头肌肌腱与大腿相连，通过髌韧带与小腿相连。两个软骨盘，即内侧和外侧半月板，为小腿骨和股骨之间提供了一层缓冲带。

软组织结构

下面将讨论膝关节中几个关键的软组织结构，以便你了解它们是如何帮助或影响运动的。这些结构在一定程度上由膝关节上的肌肉支撑，因此会受到肌肉骨骼失衡的负面影响。

侧副韧带与交叉韧带

膝关节内有4条主要韧带，连接小腿骨和股骨，有助于稳定运动。内侧副韧带连接胫骨和股骨，外侧副韧带连接腓骨和股骨。这些韧带的主要功能是为膝关节提供两侧支撑。膝关节内侧有前交叉韧带（ACL）和后交叉韧带（PCL），它们以交叉的方式连接胫骨和股骨。这些韧带的主要功能是从前后和两侧，以及在旋转中稳定膝关节（Hyde & Gengenbach, 2007）。

髂胫束

髂胫束（iliotibial band, ITB）是一条沿着大腿外侧延伸的密集的结缔组织（见图9.1）。它起源于臀大肌和阔筋膜张肌的纤维处，目的是将肌肉连接到小腿上（Clippinger, 2007）。由于起源于膝关节上方，连接膝关节下方，所以ITB对膝关节功能有直接影响。具体来说，ITB与臀大肌和阔筋膜张肌协作，有助于减轻腿部内旋。然而，当臀大肌因为肌肉骨骼失衡而状态恶化时，它就无法有效发挥作用。这会致使ITB负荷过大，承受过大的张力和应力，常常引发疼痛。

肌肉

　　在大腿和小腿上有很多肌肉使膝关节更加稳定。在第8章中我们已经了解到小腿上的一些肌肉（比目鱼肌和腓肠肌）不仅会影响足部和踝部，还会影响膝关节。在本章中，我们将了解大腿上的肌肉，这些肌肉都起源于膝关节上方（并且附着于膝关节或者膝关节下方），并且还直接影响膝关节功能（Gray，1995）。本章讲述的肌肉有以下几个。

- 股外侧肌
- 股中间肌
- 股内侧肌
- 股直肌
- 臀大肌
- 半膜肌
- 半腱肌
- 股二头肌
- 大收肌
- 长收肌
- 短收肌
- 耻骨肌
- 股薄肌

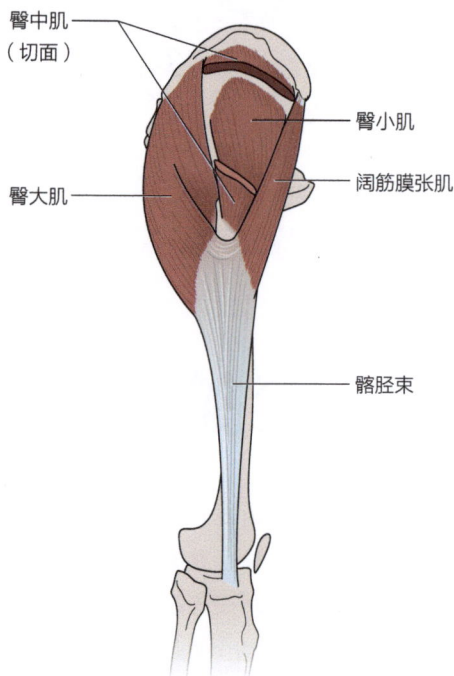

图9.1　髂胫束

股外侧肌（股四头肌）

肌肉特点：这一大块肌肉起源于股骨上部，沿着大腿外侧向下延伸，通过股四头肌肌腱止于膝关节（Kulkarni，2012）。

肌肉动作：伸直膝关节（即膝伸展），使膝关节保持一定的位置（Gray，1995）。

实际运动：在深蹲等闭链动作中，足部会与地面接触，这时股外侧肌的弹力绳动作会在膝关节屈曲时减缓膝关节的动作。当膝关节屈曲时，该肌肉拉长并储存势能，然后用来帮助膝关节伸直。

实际运动示例：它像一根弹力绳，会在弓步或者弯腰准备跳跃时减弱通过膝关节的力量。当膝关节屈曲时，肌肉中产生的张力可以帮助膝关节伸直，使人跳得更高。

实用提示：当膝关节因深蹲屈曲时，它会在股外侧肌产生张力。这种张力有助于拉紧膝关节，帮助它正确移动，从而为膝关节提供保护，并提高稳定性。

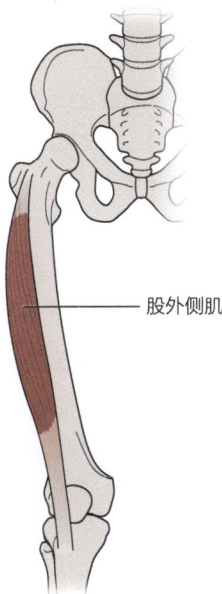

股外侧肌

股中间肌（股四头肌）

肌肉特点：这是位于大腿前部股直肌下方的一大块肌肉，它起源于股骨上部，沿着大腿前部的中间向下，通过股四头肌肌腱止于膝关节（Kulkarni，2012）。

肌肉动作：伸直膝关节（即膝伸展），使膝关节保持一定的位置（Gray，1995）。

实际运动：股中间肌的弹力绳动作在膝关节屈曲时会减缓屈曲程度。当膝关节屈曲时，该肌肉拉长并储存势能，然后帮助膝关节伸直。

实际运动示例：它像一根弹力绳，会在下蹲捡起重物时减弱通过膝关节的力量。当膝关节屈曲时，肌肉产生的张力可以让人伸直膝关节，以使人站立时后背直立。

实用提示：在健身房时坐在器械上进行腿部伸展时，由于没有做充足的准备，不足以使股四头肌发挥更多功能，无法在足部与地面接触时使膝关节屈曲减速。

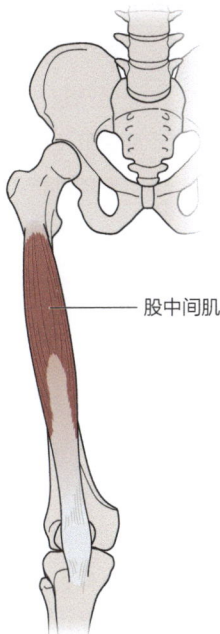

股中间肌

股内侧肌（股四头肌）

肌肉特点：这是位于大腿前部靠近身体中线的一大块肌肉。它起源于股骨顶端，沿着大腿前部的内侧向下延伸，通过股四头肌肌腱止于膝关节（Kulkarni, 2012）。

肌肉动作：伸直膝关节（即膝伸展），使膝关节保持一定的位置（Gray, 1995）。

实际运动：股内侧肌的弹力绳动作有助于减缓膝关节的屈曲程度，当膝关节屈曲时，该肌肉拉长并储存势能，然后帮助膝关节伸直。

实际运动示例：它像一根弹力绳，例如在网球运动中人们下蹲击打较低处的球时，它可以使膝关节减速。膝关节屈曲时肌肉产生张力，然后有助于伸直膝关节，使人们在击球时恢复站立姿势。

实用提示：股四头肌的肌肉纤维位于大腿的前部、外侧及内侧，向下延伸，它们在股四头肌肌腱处紧密相连在一起，有助于使膝关节保持一定的位置。

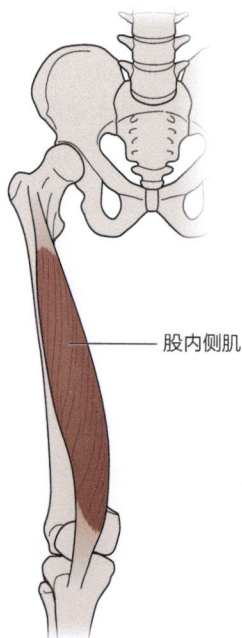

股内侧肌

股直肌（股四头肌）

肌肉特点：这是腿部前侧的一大块肌肉，起源于骨盆前部的一个骨凸起，沿着大腿前部向下延伸，然后通过股四头肌肌腱止于膝关节（Kulkarni, 2012）。

肌肉动作：伸直（伸展）膝关节，将腿伸向躯干位置（即屈曲髋关节），使膝关节保持一定的位置（Gray, 1995）。

实际运动：股直肌的弹力绳动作有助于减缓膝关节的屈曲程度。由于股直肌是股四头肌唯一一个起源于骨盆的肌肉，随着肌肉的拉长，它有助于减缓髋关节和腿部伸展。

实际运动示例：在弓步向前这类运动中，它会像弹力绳一样减缓膝关节的屈曲程度。由于它起源于骨盆前部，也有助于减缓髋部和膝关节伸展，例如当人们步行或者跑步时，腿移动到人体后方的位置。当膝关节屈曲或髋部伸展时，肌肉中产生的张力可以用来伸直膝关节或使髋关节屈曲。

实用提示：股直肌与髋屈肌一起减缓髋部和腿部的伸展。很多人出现髋屈肌紧张的问题，是由于股直肌会对功能失衡的髋屈肌进行过度代偿。

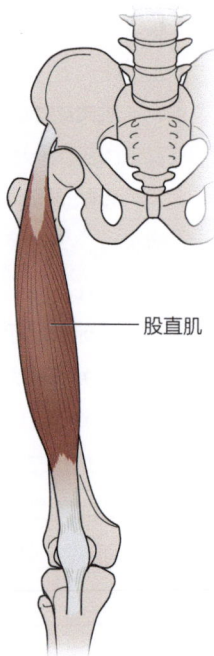

股直肌

臀大肌

肌肉特点：这是位于髋部和骨盆后面的一大块表层肌肉，它起源于骨盆后部、脊柱底部（即骶骨和尾骨），以及下背部的胸腰筋膜处。它通过髋部和骨盆的后部，在股骨上端有一个小的插入点。但是臀大肌的大部分都与ITB相互结合，止于胫骨外侧的膝关节下方（Clippinger，2007）。

肌肉动作：伸展腿部和髋部，将腿部向外旋转（Gray，1995）。

实际运动：臀大肌的弹力绳动作有助于减缓髋部屈曲程度以及大腿向内旋转程度。

实际运动示例：在坐下或者深蹲等髋关节屈曲运动中，它会像弹力绳一样减缓髋部运动，同时在一些负重活动中，例如步行、弓步、深蹲等，足部内旋，踝关节和腿部也会相应旋转以转移身体重量，此时，它能够减缓腿部的内旋。

实用提示：臀大肌通过ITB附着在小腿上，功能正常的情况下，它是一种重要的肌肉，可以减弱腿部向身体中线的内旋和移位。足过度内旋或者膝关节向中线移动的人，臀大肌往往比较虚弱，因而会刺激ITB。

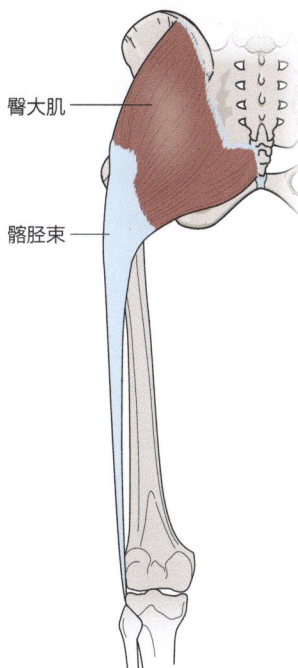

半膜肌（腘绳肌）

肌肉特点：这一肌肉位于大腿后侧，起源于骨盆的坐骨结节，沿着大腿后部向下延伸，穿过膝关节，然后止于胫骨内侧（Agur & Dalley，2013）。

肌肉动作：屈曲膝关节，伸展髋关节。当膝关节屈曲时，也有助于小腿内旋（Gray，1995）。

实际运动：半膜肌的弹力绳动作有助于减缓膝关节拉伸或者髋关节屈曲程度。该肌肉拉长时产生的张力，有助于伸展髋关节。

实际运动示例：在坐位体前屈（双腿伸直，弯腰触足尖）等运动中，它会像弹力绳一样减缓髋关节的屈曲程度。由于半膜肌止于胫骨，它也有助于在步行或者跑步等负重活动中控制小腿运动。

实用提示：半膜肌是3条腘绳肌中最内侧的肌肉，有助于使膝关节、髋关节以及下背部免受过大的压力。

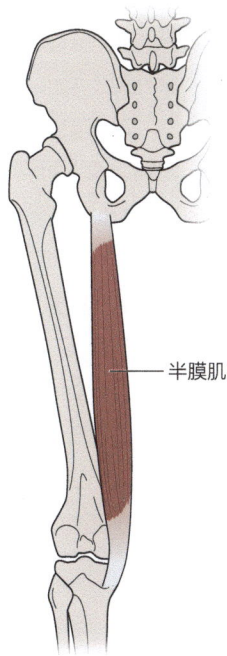

臀大肌

髂胫束

半膜肌

半腱肌（腘绳肌）

肌肉特点：这一肌肉位于腿后部。它起源于骨盆的坐骨结节，沿着大腿后部向下延伸，穿过膝关节，止于胫骨内侧，略低于半膜肌（Agur & Dalley, 2013）。

肌肉动作：屈曲膝关节，伸展髋部。当膝关节屈曲时，有助于腿部内旋（Gray, 1995）。

实际运动：当膝关节相对较直时，半腱肌的弹力绳动作有助于减缓髋关节的屈曲程度。这一动作可以使肌肉储存势能，直立时可以拉伸髋关节。

实际运动示例：在向前弯腰摸狗或者系鞋带的时候，像一根弹力绳一样减缓髋关节屈曲程度。由于半腱肌止于胫骨，所以在步行或者跑步等负重活动中，它也有助于控制小腿旋转。

实用提示：半腱肌和半膜肌协同工作，一起减少膝关节、髋关节以及下背部承受的压力。

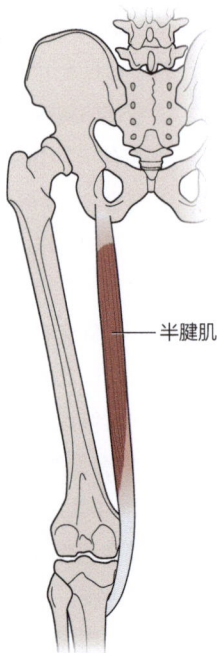

半腱肌

股二头肌（腘绳肌）

肌肉特点：这一肌肉位于腿后部，它有两个起点：长的一端起源于骨盆的坐骨结节，短的一端起源于股骨下方。肌肉沿着大腿后部向下延伸，穿过膝关节，止于腓骨外侧（Agur & Dalley, 2013）。

肌肉动作：股二头肌的长头和短头都可帮助膝关节屈曲，长头可帮助髋关节拉伸。当膝关节屈曲时，两端都能帮助腿部向外旋转（Gray, 1995）。

实际运动：股二头肌的弹力绳动作有助于减缓髋关节的屈曲和膝关节的拉伸程度。它还有助于减缓小腿内旋。

实际运动示例：在诸如坐位体前屈或者弯腰采花的动作中，像弹力绳一样减缓髋关节的屈曲程度。同时，它还有助于在步行或者跑步等负重活动中控制小腿内旋。

实用提示：在负重活动中，所有腘绳肌协调工作，如同从小腿伸出的引导绳，有助于控制髋部、骨盆和下背部的运动。

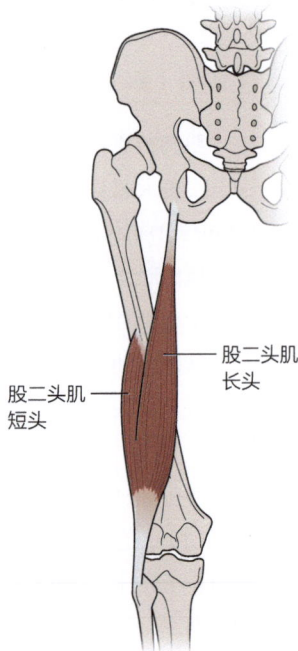

股二头肌长头

股二头肌短头

大收肌（髋内收肌）

肌肉特点：大收肌位于大腿。它分为两部分：大腿内侧部分和大腿后侧部分。这两个部分都起源于骨盆的底部和前部（坐骨和耻骨），沿对角线斜穿过腿部，并止于股骨中线后面的多个区域，一直延伸到膝关节（Antevil, Blackbourne & Moore, 2006）。

肌肉动作：使髋关节和腿部向身体中线靠拢（即髋部和腿部内收），此外，大腿后侧部分可以伸展，同时大腿内侧部分可以使腿部向前抬起（Antevil, Blackbourne & Moore, 2006）。

实际运动：大收肌的弹力绳动作有助于减缓腿部外展远离身体中线。行走时，肌肉也会储存势能，以协助髋关节进行屈曲和伸展（取决于运动中重点使用的肌肉部分）。

实际运动示例：当腿在骨盆外侧移动（以及骨盆在腿部内侧移动），如进出汽车时，它像一根弹力绳，使重力从一条腿转移到另一条腿，减缓腿部的运动。在行走或跑步时，腿部在身体后方运动，大腿内侧部分有助于减缓腿部运动，而大腿后侧部分则有助于在弯腰系鞋带这样的动作中减缓髋部屈曲。

实用提示：当髋部伸展时，感受该肌肉的弹力绳作用，然后准备屈曲，双腿分立。将手放在身后大腿的内侧，足跟抬离地面，然后再把它放低，感受肌肉的缩短和拉长。

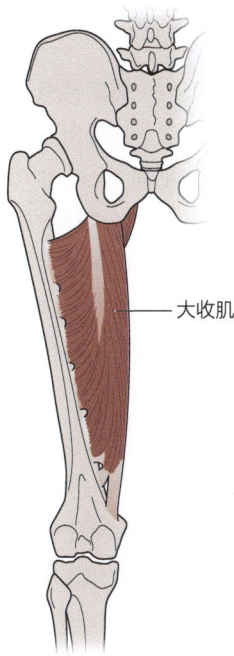

大收肌

长收肌（髋内收肌）

肌肉特点：长收肌是一块位于大腿内侧的髋内收肌。它起源于骨盆前部靠近耻骨底部的位置，沿对角线穿过大腿，然后在大约大腿中间的位置止于股骨内侧（Antevil, Blackbourne & Moore, 2006）。

肌肉动作：将腿拉向身体的中线（即腿部内收），并向外旋转腿部。它还有助于髋关节和腿部的弯曲（Gray, 1995）。

实际运动：在负重活动中，当髋关节和腿部向远离身体中线的位置移动（即外展）时，长收肌的弹力绳动作有助于减缓髋关节和腿部的运动。

实际运动示例：在侧弓步动作中，像一根弹力绳减缓腿部向身体一侧的移动；当一个人进行向前弓步时，它对后腿在身体后面的运动也有同样的影响。

实用提示：所有的髋内收肌共同帮助髋屈肌减缓髋关节和腿部的伸展。在髋部伸展时，腿部内旋，当腿在身体后面进行伸展时，髋内收肌也在一定程度上减缓了腿部内旋。

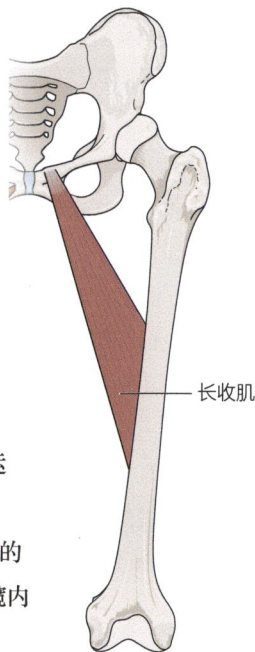

长收肌

短收肌（髋内收肌）

肌肉特点：这是一种小型髋内收肌，起源于骨盆前部，耻骨底部附近的位置，沿对角线方向穿过腿部，止于股骨上部（Antevil, Blackbourne & Moore, 2006）。

肌肉动作：使腿靠近中线（内收），屈曲髋关节和腿部（Gray, 1995）。

实际运动：短收肌的弹力绳动作有助于减缓髋关节和腿部远离身体中线的运动（即外展）。同时当后腿落地，位于身体后方时，它也会在步态循环中减缓髋部伸展的程度。

实际运动示例：当骨盆在腿部上方和前方移动时，如行走、跑步、爬楼梯等此类活动中，像弹力绳一样帮助髋部和腿部完成许多复杂的动作。

实用提示：髋关节伸展（伴随腿部内旋）过程中髋内收肌产生的张力产生势能，因而可以将腿抬离地面，屈曲髋关节，腿部外旋并向前摆动，开始后续步态循环。

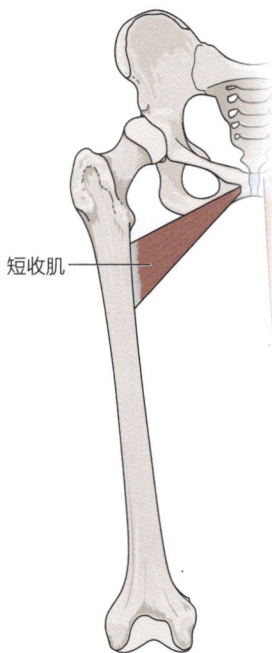

短收肌

耻骨肌（髋内收肌）

肌肉特点：这是一种小型髋内收肌，起源于骨盆底部前方靠近耻骨顶部的位置，沿对角线方向伸向腿部，止于股骨顶部略微靠后的位置（Clippinger, 2007）。

肌肉动作：使髋关节和腿部向中线靠拢（内收），使腿向外旋转，帮助髋关节屈曲。

实际运动：当髋关节和腿部远离中线时（外展），耻骨肌的弹力绳动作有助于减缓髋关节和腿部运动，同时也能减缓负重活动中的腿部拉伸运动（伴随腿部内旋）。

实际运动示例：在进行步行、弓步或者椭圆机上的负重活动时，腿部落地，它像弹力绳一样减缓髋部和腿部在身体后方远离身体中线的复杂运动。

实用提示：运动器械，如大腿内收训练器等类似器械，主要是以向心方式锻炼髋内收肌。然而，为了强健肌肉，使肌肉功能保持良好状态，必须通过拉长肌肉的运动来增强髋内收肌，例如弓步或者侧向行走。

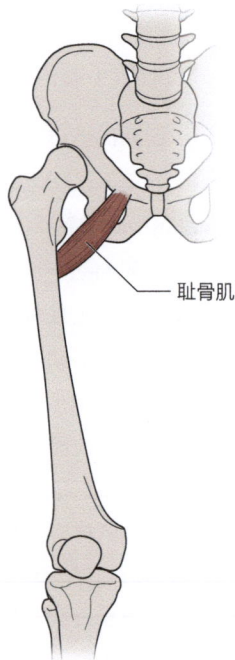

耻骨肌

股薄肌（髋内收肌）

肌肉特点： 一块长条形肌肉，起源于骨盆底部前方耻骨内侧的位置，按照一定角度沿着大腿向下延伸至大腿内侧，在膝关节下方止于胫骨内侧（Antevil, Blackbourne & Moore, 2006）。

肌肉动作： 使髋关节和腿部内收、屈曲、向外旋转。由于附着于膝关节的下方，也可以辅助膝关节屈曲（Gray, 1995）。

实际运动： 当髋关节和腿部远离身体中线（髋部和腿部外展）时，股薄肌的弹力绳动作有助于减缓髋关节和腿部动作。它还有助于减缓腿部内旋和髋部、腿部的伸展。由于它附着在小腿上，因而当腿部拉伸时，它也有助于膝关节的稳定性。

实际运动示例： 虽然与其他髋内收肌类似，但是股薄肌的特点在于它穿过膝关节，附着在胫骨上。因此，在后腿伸展的活动中，如爬梯、攀登陡峭的山坡或滑冰时，股薄肌为膝关节提供了稳定性。

实用提示： 所有的髋内收肌可以一起工作，这样在负重活动中可以使大腿顶部的骨盆更加稳定。

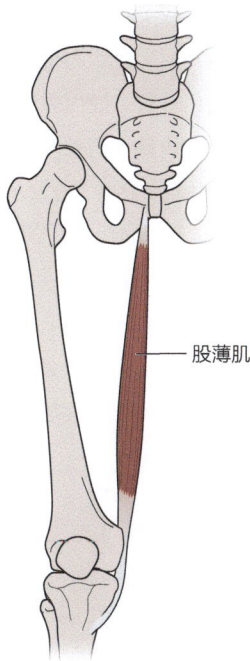

股薄肌

膝关节肌肉对最常见肌肉骨骼失衡的影响

本节中描述的肌肉在缓解膝关节两个最常见的紊乱（侧向对齐和屈伸运动问题）时具有至关重要的作用。它们会直接加强膝关节的力量，并且支撑膝关节，同时还通过控制身体重量在足部、踝部、腿部和骨盆上的转移，来减缓膝关节的受力（Price & Bratcher, 2010）。

当考虑膝关节周围肌肉的实际功能时，我们通过将这些软组织结构想象成木偶拉线，从骨盆和大腿下垂，连接大腿、膝关节、小腿的不同部位，来加强我们的理解。这些"拉线"的位置及其适当的运动，可以控制那些影响膝关节的骨骼（股骨、髌骨、胫骨和腓骨），同时还可以促进膝关节在所有运动平面上的稳定性、减速和加速运动。

以下3个例子可以说明特定肌肉和肌肉群的弹力绳特征可以防止两个最常见的膝关节紊乱。

示例一：臀大肌和髋内收肌

臀大肌和髋内收肌都有助于防止膝关节侧向位移（以及足踝复合体的过度内旋）。

当一个人行走时，步态循环的一部分是腿向前摆动，足撞击地面。在这个过程中，腿部臀大肌的止点会被拉离骨盆后部、脊柱底部的起点。随着步态循环的继续，压力转移到足部，腿向内旋转，臀大肌的止点被拉动远离起点。这种运动使肌肉（和髂胫束）中产生张力，减缓腿部内旋和膝关节向身体中线的移动，并防止膝关节外翻、运动轨迹问题，以及足部和踝部的过度内旋（见图9.2）。

随着步态循环的继续，当大腿在身后伸

展时，膝关节和腿部会拉直。当腿在骨盆后面运动时，足跟与地面接触，足部内旋，腿也向内旋转。髋内收肌主要附着在小腿和大腿骨的内侧，拉长时减缓髋部伸展和腿部内旋。体重转移时，骨盆从腿部内侧向身体中线运动，可以减缓髋关节伸展和腿部内旋。当骨盆向腿内侧移动靠近中线时，髋内收肌拉长还能减缓骨盆运动。因此，髋内收肌的有效延长主要可以减少骨盆、髋部、膝关节、足部和踝部承受的压力（见图9.3）。

示例二：股四头肌

股四头肌对于防止膝关节运动轨迹问题有着重要的作用。股四头肌通过股四头肌肌腱附着在髌骨上。当膝关节屈曲时，股四头肌拉长，在这些肌肉中产生张力，股四头肌肌腱和髌韧带有助于拉动髌骨紧靠膝关节，这样它就可以在股骨槽（在股骨底部）上正确地滑动（见图9.4）。当膝关节伸直时，髌骨上的压力会减少，以完成伸直动作。

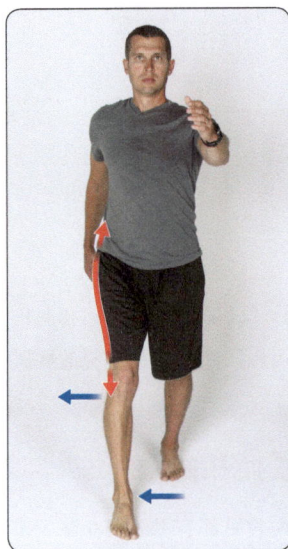

图9.2 臀大肌的弹力绳动作减缓腿部内旋的示例

图9.3 髋内收肌的弹力绳动作可以减缓腿在身体后方移动，以及骨盆在后腿内侧移动的示例

图9.4 当膝关节屈曲时，股四头肌的弹力绳动作有助于髌骨保持一定的位置的示例

示例三：腘绳肌

腘绳肌有助于防止膝关节侧向对齐问题。这些肌肉就像来源于骨盆底部的引导绳，沿着腿的后部连接小腿两侧。当髋部屈曲，腿部相对伸直时（例如坐位体前屈时的腿部形态），腘绳肌在张力下拉长，控制膝关节的侧向运动，以防出现足外翻或者足内翻（见图9.5）。同时，当骨盆底部向远离膝关节的方向旋转（即骨盆前倾）时，它们也可以通过拉长来进行自下而上（从止点到起点）的活动，以控制骨盆。

当经过膝关节的所有肌肉正常工作时，在膝关节处相连的骨骼就能以一种可控的方式移动，从而减少膝关节的紊乱或运动功能障碍。

图9.5　骨盆前旋时，腘绳肌拉长可以：a. 减缓骨盆运动；b. 控制膝关节的侧向运动

要点回顾

膝关节受小腿和大腿肌肉的控制和影响。经过膝关节的肌肉既能产生运动，也能减缓运动，以使膝关节及其软组织结构免于承受不必要的压力。

- 尽管膝关节是一个铰链型关节，但是它可以在所有3个运动平面上进行移动。
- 股四头肌由大腿前部的四块肌肉组成，这些肌肉因拉力而伸长，以减缓膝关节屈曲时的受力。当它们拉长时，也有助于拉动髌骨紧贴在股骨槽中，以进行正确的滑动。
- 部分臀大肌附着在股骨和胫骨上，能减缓髋部屈曲和大小腿的内旋。臀大肌无力就无法防止腿部和足部出现过度内旋。因此，制订纠正性训练计划时，臀大肌是要重点训练的肌肉，能解决身体常见的失衡问题。
- 在步态循环中，人体向前屈曲，缓缓拉伸膝关节，膝关节伸直或进行侧向移动时，腘绳肌所处的位置和它的附着点能够使它更有效地控制躯干运动。
- 大腿上的其他肌肉往往与股骨平行，而髋内收肌不同于这些肌肉，它们往往是沿着从骨盆到股骨的对角线方向延伸。它们的主要任务是在骨盆进行侧向运动时，维持骨盆的稳定，减缓腿部内旋和伸展运动。
- 股薄肌是唯一一个没有附着在股骨上的髋内收肌，它附着在胫骨顶部的内侧，因而对膝关节功能有直接影响。

自我检查

在大腿上有许多不同的肌肉群，它们穿过膝关节，影响膝关节的功能。在接下来的动作中，尝试描述每一个肌肉或者肌肉群的活动，这样有利于减缓膝关节上不必要的压力，或者使动作更加规范。下面提供了一个示例。

动作：从车中出来

臀大肌：稳定膝关节，使髋部拉伸，帮助你从座位上起来。

股四头肌：确保膝关节运动正常，帮助膝关节拉伸，然后站起来。

髋内收肌：当你开始站起来，抬起另一条腿准备从车中走出时，为还在车中的那条腿上部的骨盆提供稳定性。

腘绳肌：减缓髋部屈伸程度，这样当你试着站起来的时候就不会过度前倾。

动作：侧跨水坑

　　臀大肌：

　　股四头肌：

　　髋内收肌：

　　腘绳肌：

动作：坐在椅子上

　　臀大肌：

　　股四头肌：

　　髋内收肌：

　　腘绳肌：

动作：弯腰捡硬币

　　臀大肌：

　　股四头肌：

　　髋内收肌：

　　腘绳肌：

第10章

腰椎－骨盆髋带的功能解剖学

腰椎－骨盆髋带由腰椎、骨盆以及髋部组成。这个部位有强壮的骨骼、韧带和大型肌肉为整个身体提供支撑和平衡。它们也能在所有动态负重活动中，当力量产生或力量从下部运动链转移到上部运动链（反之亦然）时，为运动提供灵活性（Gamble, 2013）。

骨骼和关节

腰椎－骨盆髋带包括骨盆处的骨骼（髂骨、坐骨和耻骨）、腰椎段、骶骨和尾骨（见图10.1）。它还有两个非常重要的关节，脊椎、腿部和骨盆的骨骼在这两个关节处汇合，它们就是骶髂关节和髋关节。骶髂关节位于骶骨和骨盆后部（髂骨）的结合处。髋臼是髋关节的关节窝，是在骨盆形成的杯状凹陷，

坐骨、髂骨和耻骨在那里与股骨末端汇合。许多韧带将骨盆、脊柱和股骨的骨骼固定在适当的位置，使腰椎－骨盆髋带能进行多种活动（Clark & Lucett, 2011）。

软组织结构

在这里，我们将讨论腰椎－骨盆髋带的几个关键的软组织结构，以便你了解它们如何相互协助共同影响运动。它们由躯干和腿部肌肉支撑，因此这些区域的肌肉骨骼失衡会对它们产生负面影响。

胸腰筋膜

胸腰筋膜有时又被称为腰背筋膜，这是一个三层筋膜的集合，这些筋膜有助于将许多韧带以及下背部、骨盆和胸腔所涉及的一些强大的肌肉互相束缚、连接、结合（见图10.2）。该筋膜系统能提供更多稳定性，并通过腰椎－骨盆髋带肌肉的拉长和收缩，在骨盆和下背部周围产生局部张力。尽管胸腰筋膜有利于提供韧性和支撑身体，但它的灵活性也可以帮助腰椎－骨盆髋带完成许多必要的动作（Middleditch & Oliver, 2005）。

为了理解胸腰筋膜如何增强该部位的稳

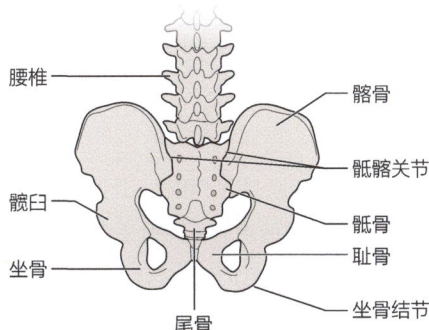

图10.1 腰椎－骨盆髋带解剖

腰椎

髂骨

骶髂关节

髋臼

骶骨

坐骨

耻骨

坐骨结节

尾骨

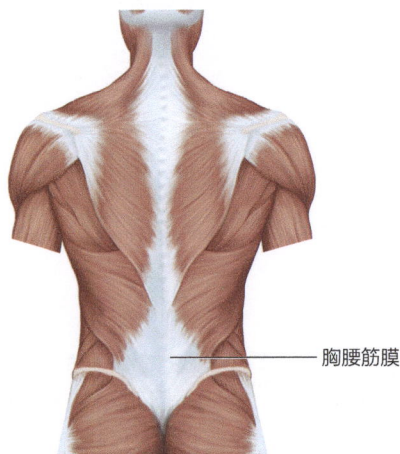

——胸腰筋膜

图10.2　胸腰筋膜

定性，我们可以想象给气球吹气和给足球打气之间的区别。给气球吹气时它会膨胀，对进入的空气没有很大的阻力。而在给足球打气的时候，足球膨胀越大，足球外面皮套产生的阻力和张力就越大。这与胸腰筋膜这种致密结缔组织的工作原理相似。当腰椎-骨盆髋带的肌肉收缩时，其周围的膜（即胸腰筋膜）就会像足球的外膜一样绷紧，因而使腰椎-骨盆髋带更加稳定（Price & Bratcher, 2010）。

　　胸腰筋膜附着在下背部的肌肉和结构上，当这些肌肉或结构移动时，也有助于提高其稳定性（Middleditch & Oliver, 2005）。例如，胸腰筋膜附着在骨盆后部，因此当骨盆后部开始运动时（如骨盆后倾），它会拉起胸腰筋膜，并在整个组织中产生张力，以帮助稳定该区域。

韧带

　　在腰椎-骨盆髋带区域有许多韧带，这些韧带有助于提供稳定性，并有助于通过髋部、骨盆和脊柱的关节传递力量（见图10.3）（Muscolino, 2011）。这些韧带不仅为腰椎-骨盆髋带区域提供局部稳定性，同时由于它们

与许多大型肌肉共享结缔组织，有助于通过一些最重要的关节将张力传递到身体，如骶髂关节。例如，骶结节韧带从脊柱的底部（骶骨）延伸，穿过骨盆的坐骨结节（见图10.4）。对大多数人来说，这一韧带是股二头肌（腘绳肌）肌腱的一种直接延续。因此，鉴于腘绳肌起源于坐骨结节，并沿着腿后部延伸，恰好附着在膝关节下方，所以能通过腘绳肌将下半身直接连接到脊柱（Gray, 1995）。当腘绳肌在张力下被拉长时，它不仅能够减缓髋部屈曲程度，而且还通过骶结节韧带向骶髂关节和脊柱提供稳定性和支撑（Myers, 2008）。

肌　肉

　　许多肌肉都起源于腰椎-骨盆髋带。本章研究的肌肉都起源于骨盆和脊柱（Gray, 1995）。它们主要包括以下这些。

- 臀小肌
- 臀中肌
- 阔筋膜张肌
- 棘肌
- 最长肌
- 髂肋肌
- 腰方肌
- 腹直肌
- 腹内斜肌
- 腹外斜肌
- 腰大肌
- 髂肌

　　注意：臀大肌起源于腰椎-骨盆髋带，并且会影响该区域的功能，同时还会影响腿部和膝关节的运动。第9章已对臀大肌进行了详细的描述。

髂腰韧带

骶棘韧带

骶结节韧带

a

髂腰韧带

骶棘韧带

骶结节韧带

b

c

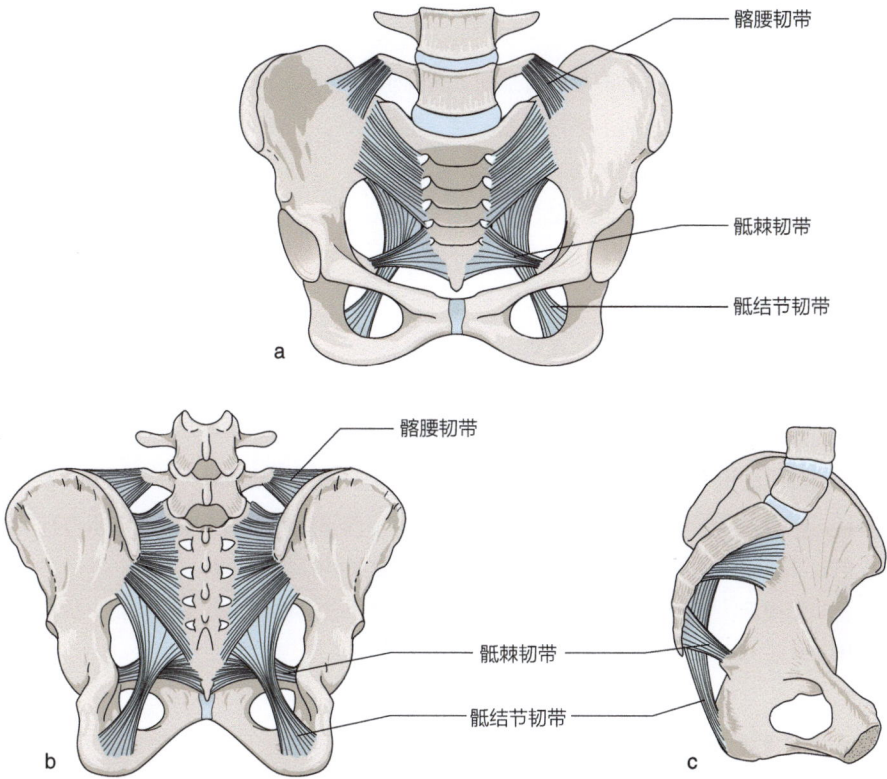

图10.3　腰椎 - 骨盆髋带区域韧带：a. 前视图；b. 后视图；c. 骨盆内侧的左视图

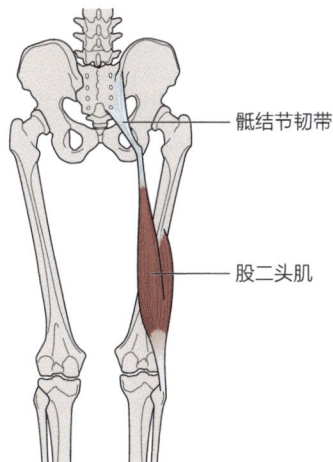

骶结节韧带

股二头肌

图10.4　骶结节韧带与股二头肌相连，从而将下半身直接连接到脊柱

臀小肌（髋外展肌）

肌肉特点：这是一种深层髋外展肌，起源于髂骨外侧和骨盆一侧，向下穿过骨盆一侧，止于股骨外侧的顶部（Gray, 1995）。

肌肉动作：移动髋部和腿部，使其远离中线位置（即让髋部和腿部外展）。肌肉前部纤维有助于髋部和腿部内旋（Muscolino, 2011）。

实际运动：当足部和地面接触时，骨盆会在腿部上方和外侧移动（即腿部的内收和外旋），臀小肌的弹力绳动作有利于减缓骨盆的动作。

实际运动示例：在步行、跑步等活动中，足部初次撞击地面时，它可以像弹力绳一样，减缓髋部的侧向运动以及腿部外旋。该肌肉在这些侧向运动中产生的张力有助于把髋部拉回身体中线，并帮助腿部内旋，以将重量转移到另一侧。

实用提示：在所有负重活动中，当髋部向身体外侧移动时，臀小肌和臀中肌共同作用，从而减缓髋部动作。

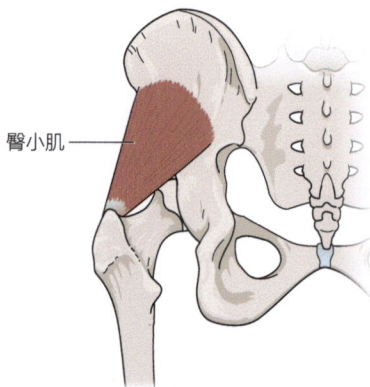

臀小肌

臀中肌（髋外展肌）

肌肉特点：这是髋部的一块扇形肌肉，起源于骨盆的侧面和后部，刚好位于髂嵴下方，从骨盆的侧面向下延伸，并向外止于股骨的外侧（Gray, 1995）。

肌肉动作：使髋部和腿部远离中线（即让髋部和腿部外展）。通向肌肉后面的纤维有利于腿部外旋，而通向肌肉前部的纤维则帮助腿部内旋（Muscolino, 2011）。

实际运动：当足部与地面接触时，臀中肌的弹力绳动作有助于减缓骨盆在腿部上方和外侧的移动（即腿部和髋部的内收）。通向肌肉前部的纤维在拉长时也有助于减缓腿部外旋，而通向后部的纤维在拉长时有助于减缓腿部内旋。

实际运动示例：在一些步行、跑步、侧移、跳萨尔萨舞（Salsa dancing）等活动中，膝关节会朝着中线位置移动，髋部朝着外侧移动，此时它会像弹力绳一样减缓髋部和腿部的内收。在所有动态负重活动中，当腿向内向外旋转时（取决于正在拉伸的肌肉），臀中肌也有助于减缓腿部动作。

实用提示：臀中肌是髋部和腿部复合体的最佳外侧稳定肌肉之一。

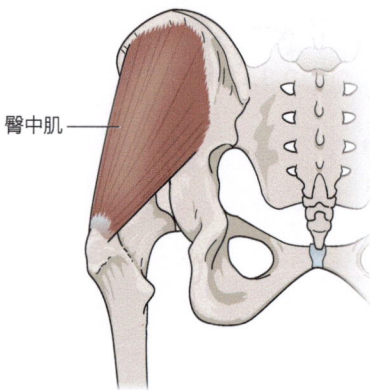

臀中肌

阔筋膜张肌（髋外展肌）

肌肉特点：这是一种起源于髂嵴骨盆一侧的髋外展肌，从骨盆的一侧向下延伸，并与髂胫束汇合，继续沿大腿一侧下行，止于胫骨外侧（Gray, 1995）。

肌肉动作：使髋部和腿部离开中线（即让髋部和腿部外展）。肌肉后部的纤维有助于髋部伸展和腿部外旋。肌肉前部的纤维有助于髋关节屈曲和腿部内旋（Muscolino, 2011）。

实际运动：阔筋膜张肌弹力绳动作使髋部和腿部在向中线移动（即内收）时减速。前面的肌肉有助于减缓髋部和腿部拉伸时的外旋和伸展。后面的肌肉有助于减缓髋部和腿部的内旋和屈曲。

实际运动示例：在一些诸如步行、跑步或者跳草裙舞的活动中，膝关节会向中线移动，髋部会向外侧移动，此时该肌肉像弹力绳一样，可以减缓髋部和腿部的内收。在跨栏等活动中，阔筋膜张肌也有助于减缓髋部的屈曲和伸展，并在负重活动时控制腿部的内外运动。

实用提示：阔筋膜张肌紧绷或运动功能障碍可引起腰部、髋部一侧和膝关节一侧的疼痛。

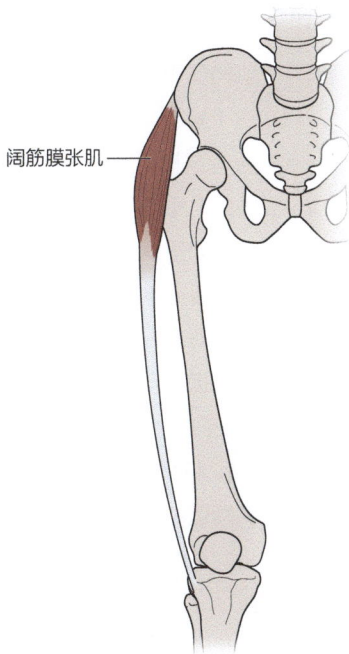

阔筋膜张肌

棘肌（竖脊肌）

肌肉特点：这一肌肉分为3个部分。底部起源于腰椎上部和胸椎底部，沿着胸椎延伸，并且在胸椎顶部附近止于棘突。另外两个靠上的部分分别从胸椎顶端延伸到颈部顶端，从颈椎底端延伸到颈部顶端（Gray, 1995）。

肌肉动作：使脊柱和头部向后弯曲（即伸展），当仅有一侧脊柱收缩时，会使脊柱和头部向一侧屈曲（Cramer & Darby, 2014）。

实际运动：当脊柱和头部向前弯曲（即屈曲）或者向两侧屈曲（只有脊柱一侧的纤维拉长）时，棘肌的弹力绳动作可以减缓脊柱和头部的运动。

实际运动示例：在脊柱前弯或者侧屈时，例如靠在桌台洗盘子或者做饭，此时该肌肉像一根弹力绳一样与另一条竖脊肌相连，可以减缓脊柱运动。

实用提示：棘肌是离脊柱最近的直立肌。

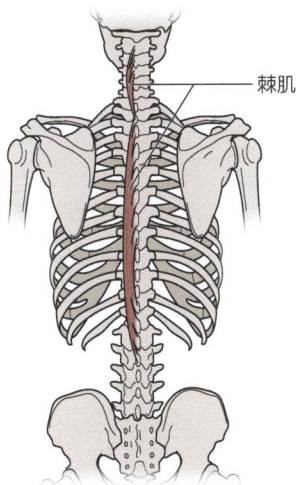

棘肌

最长肌（竖脊肌）

肌肉特点：这一肌肉可以分为3个部分。腰和胸段起源于胸腰筋膜和腰椎、下胸椎的横突，并止于较远的所有胸椎横突；颈部段和头部段起源于上胸椎，沿脊柱向上延伸，并止于颈部和头部（Gray, 1995）。

肌肉动作：使脊柱和头部向后弯曲（即伸展），或向两侧屈曲（即侧屈）。当只有一侧肌肉收缩时，上半部分也有助于头部旋转（Cramer & Darby, 2014）。

实际运动：最长肌的弹力绳动作有利于减缓脊柱和头部的向前弯曲（即屈曲），以及脊柱一侧纤维拉长时颈部和头部的侧屈动作（即侧屈）。

实际运动示例：与另一条竖脊肌共同发挥其弹力绳作用，有助于减缓脊柱向前屈曲或者向两侧屈曲的动作，例如弯腰捡起散落在地上的东西。

实用提示：最长肌与下背部的胸腰筋膜相融合。这使肌肉的起点十分牢固，因而能为骨盆和腰椎提供强大的支撑作用。

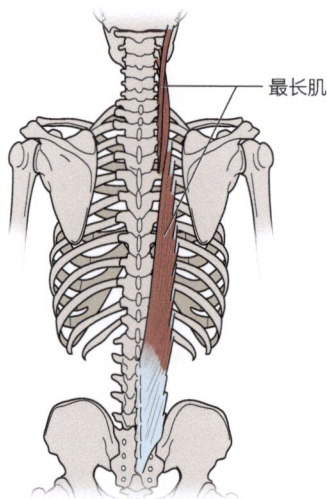

最长肌

髂肋肌（竖脊肌）

肌肉特点：这一肌肉可以分为3个部分。腰段起源于骨盆和腰椎的背部，沿着脊柱向上延伸，止于肋骨下面的6根肋骨；胸段起源于胸腔，并且止于胸腔；颈段起源于肋骨上部，并止于颈部（Gray, 1995）。

肌肉动作：当脊柱只有一侧纤维收缩时，使脊柱向后弯曲（即伸展），或使脊柱侧屈（即侧屈）（Cramer & Darby, 2014）。

实际运动：髂肋肌的弹力绳动作有利于减缓脊柱的向前弯曲（即屈曲）动作，脊柱只有一侧纤维拉长时，可以减缓脊柱的侧屈动作。

实际运动示例：在一些脊柱向前屈曲或者侧向屈曲的动作中，例如步行、跑步或者弯腰从烘干机中取衣服，它与其他竖脊肌一同发挥弹力绳作用，以减缓脊柱动作。

实用提示：髂肋肌是距离脊柱最远的竖脊肌，它与最长肌一样，在下背部的底部与胸腰筋膜融合。

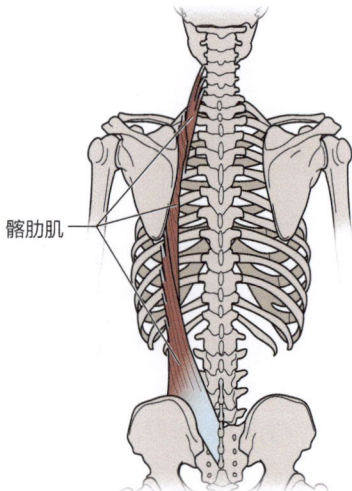

髂肋肌

腰方肌

肌肉特点：这是一个起源于骨盆背部的扁平状肌肉，沿着下背部向上延伸，并且穿过下背部，止于前四个腰椎和最后一根肋骨的两侧（Gray, 1995）。

肌肉动作：使脊柱向一侧屈曲（即侧屈），使其向后拱起扩张，以辅助呼吸。仅有一侧肌肉收缩时，有利于骨盆向胸腔提升（Clippinger, 2007）。

实际运动：在脊柱侧向弯曲（即侧屈）以及向前弯曲（即屈曲）时，腰方肌的弹力绳动作有利于减缓脊柱动作，（当一侧纤维拉长时）使骨盆一侧的下方更加稳定。

实际运动示例：如同一根弹力绳，减缓脊柱向一侧屈曲的动作，例如伸手捡起掉在椅子旁边的东西；或者减缓腰椎向前弯曲的动作，例如弯腰捡球。

实用提示：我们可以站在一段楼梯的边上，一只足站在台阶上，另一只足悬在下面的台阶上，这样就能感受到腰方肌的动作。把手放在下背部两侧，交替抬起或放下悬垂的腿，感受腰方肌的缩短和拉长。

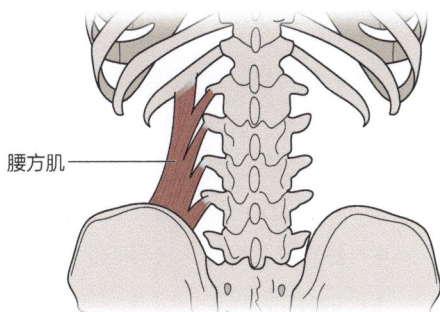

腹直肌（腹肌）

肌肉特点：这是一种长而扁平的腹肌，起源于骨盆底部，位于耻骨，从躯干前部向上延伸，止于胸骨底部和第5到第7肋骨的软骨处（Gray, 1995）。

肌肉动作：使脊柱向前弯曲（即屈曲），腹部收缩（Clippinger, 2007）。

实际运动：腹直肌的弹力绳动作有利于减缓脊柱向后弯时（即伸展）的动作。

实际运动示例：进行一些需要脊柱屈曲的典型活动，例如从床上坐起来。在网球运动中前后接球、发球，或者在足球比赛中进球时，它像一根弹力绳可以减缓脊柱伸展（并储存脊柱屈曲的势能）的动作。

实用提示：完成常规仰卧起坐时，脊柱屈曲可以持续缩短腹直肌。但是在有些运动中要求腹肌能够减缓脊柱的拉伸动作（见第21章的"球上仰身屈伸"），这些能够帮助肌肉的离心运动，使其向后伸时还能有效减缓脊柱伸展动作。

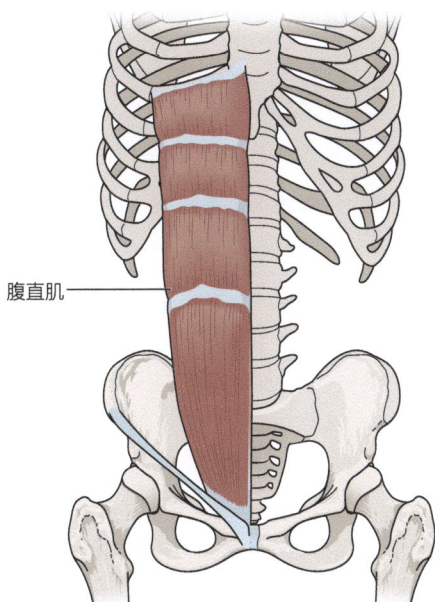

腹内斜肌（腹肌）

肌肉特点：该腹肌发源于躯干后部胸腰筋膜和骨盆髂骨的两侧，包裹躯干的正面和侧面，止于腹肌中线和底部3根肋骨之间的结缔组织（Gray, 1995）。

肌肉动作：帮助脊柱向前弯曲（即屈曲）和旋转。只有一侧纤维收缩时，它们还能帮助腹部压缩和脊柱侧屈（Clippinger, 2007）。

实际运动：当脊柱向后弯曲（即伸展）、旋转、侧屈时，腹内斜肌的弹力绳动作能够减缓脊柱的这些动作，在这些运动中，肌肉也会储存势能，以协助脊柱在相反的方向上进行屈曲和旋转。

实际运动示例：在传统意义上，它能够帮助脊柱屈曲、旋转以及侧屈（例如在劈柴中产生爆发力）。在一些诸如高尔夫、网球以及在车中转身从后座拿东西等动作中，它可以像一根弹力绳一样减缓拉伸、旋转以及侧屈动作。

实用提示：众多腹肌协作，帮助减缓脊柱的拉伸、旋转以及侧屈动作。它们是多功能肌肉，能够发挥多种功能。

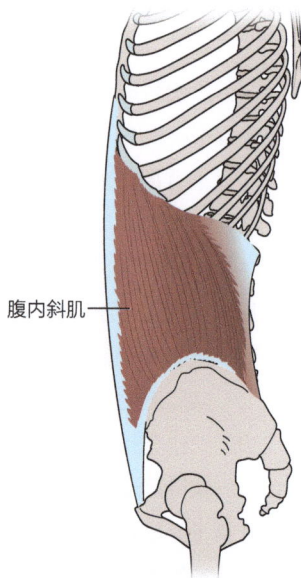

腹内斜肌

腹外斜肌（腹肌）

肌肉特点：该腹肌起源于下面8根肋骨两侧，向下延伸，微微穿过躯干的前部，然后止于腹部中部的白线以及骨盆的前面和侧面（Gray, 1995）。

肌肉动作：帮助脊柱向前弯曲（即屈曲）和旋转。它们还能协助脊柱侧屈（只有一侧的纤维收缩）和腹部压缩（Clippinger, 2007）。

实际运动：当脊柱向后弯曲（即伸展）、旋转以及侧屈时，腹外斜肌的弹力绳动作能够减缓脊柱的这些动作。

实际运动示例：在步行、跑步、高尔夫向后挥杆等运动中，挥动手臂、旋转躯干时，腹外斜肌与腹内斜肌可以一起减缓躯干的拉伸、侧屈和旋转动作。同时，这些肌肉还能在这些运动中存储势能，以在相反方向的运动中产生强有力的动作（例如高尔夫球挥杆的后续动作）。

实用提示：腹外斜肌通过旋转在躯干中产生的动作，能够使腹部筋膜获得更多血液，帮助它保持良好的健康、弹性以及功能性。

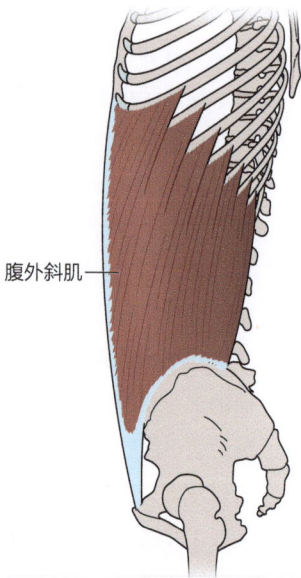

腹外斜肌

腰大肌（髋屈肌）

肌肉特点：这是一种髋屈肌，起源于所有腰椎和最后一节胸椎的两侧，穿过骨盆，然后止于股骨后方顶部的内侧（Gray, 1995）。

肌肉动作：使髋部和腿部屈曲和外旋。同时，当人在站立的时候，它还能够帮助腰椎－骨盆髋带更加稳定（Gray, 1995）。

实际运动：腰大肌的弹力绳动作有助于减缓髋部和腿部的伸展和内旋。这一动作可以使肌肉储存势能，然后用来帮助腿部在髋部屈曲时向外旋转。

实际运动示例：在行走和跑步等活动中，当腿部移到骨盆后面时，这一肌肉可以像弹力绳一样减缓腿部动作。这一肌肉的拉长会产生势能，在这些活动中帮助腿部向前摆动和屈曲髋部。

实用提示：髋屈肌紧绷可以将腰椎向前拉，导致（并加剧）腰椎过度前凸和骨盆前倾。

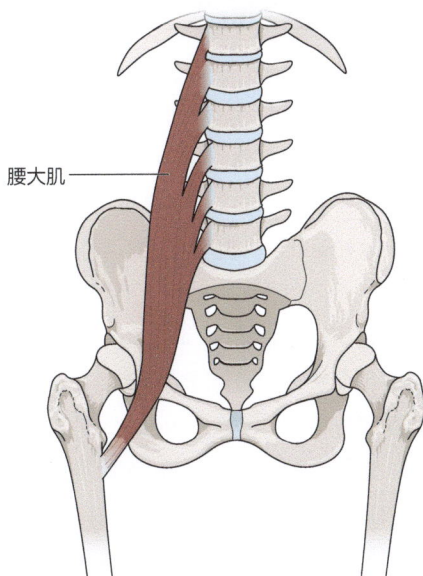

腰大肌

髂肌（髋屈肌）

肌肉特点：这是一种髋屈肌，它起源于骨盆前部靠近上方的内侧，沿着骨盆向下延伸，穿过髋臼之后，向后止于股骨顶部的内侧（Gray, 1995）。

肌肉动作：使髋部和腿部屈曲和外旋（Gray, 1995）。

实际运动：髂肌的弹力绳动作有利于减缓髋部和腿部的伸展和内旋。

实际运动示例：当腿部移动到身体后方时（即伸展），这一肌肉可以像弹力绳一样减缓髋部和腿部的动作。同时，它还可以在步行、跑步、爬楼梯等活动中减缓腿部的内旋。该肌肉的拉长同时也可以产生势能，以帮助抬腿和向外旋转（即髋部屈曲）。

实用提示：髂肌穿过髋臼与腰大肌的肌肉纤维相连，确保髋部和腿部在屈曲、伸展以及旋转时，腿部和骨盆可以一起运动。

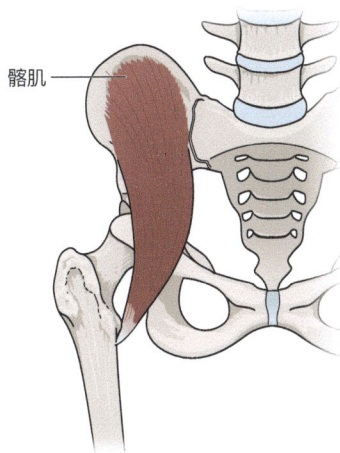

髂肌

腰椎-骨盆髋带对最常见肌肉骨骼失衡的影响

本节中讨论的肌肉在帮助控制腿部、髋部、骨盆和腰椎的运动时，都起到了一定的作用。它们为身体提供了一种结构和支撑，并在上半身和下半身之间形成一种重要的联系，这样腿就可以在下半身自由移动，躯干、手臂、颈部和头部也会保持平衡，并且在上半身自由移动。腰椎-骨盆髋带的任意部位一旦出现问题，都会破坏运动链任一部位的运动和功能（Price & Bratcher, 2010）。

这里有4个例子，可以说明本章介绍的肌肉群的弹力绳特征对两个腰椎-骨盆髋带最常见紊乱的影响方式。

图10.5 髋外展肌的弹力绳动作示例

示例一：髋外展肌

传统解剖学告诉我们，当髋外展肌收缩时，它们会把腿从身体的中线移开（DeLisa, Gans & Walsh, 2005）。其中一个例子就是当我们手里拿了很多东西，不得不用腿部的外侧把门推开时，就是髋外展肌的运动方式。然而，当这些肌肉被拉长时，例如在某种步态中，力量会转移到负重腿上，这时肌肉的功能就会发生变化。这种情况下，髋外展肌会因张力而拉长，以减缓身体外侧髋部和腿部上方的动作（见图10.5）。当膝向身体中线移动以使足外翻时，它会减缓膝的动作（DeLisa, Gans & Walsh, 2005）。这些肌肉在这些运动中产生的张力也有助于稳定髋臼，以确保整个腰椎-骨盆髋带的功能正常。如果这一肌肉群的功能不正常，腿部、膝、髋部和骨盆就会不稳定，这会导致髋部和腿部的过度旋转，也会使骨盆过度旋前（Price & Bratcher, 2010）。

你可以两腿分开站立，像弓步一样右腿

向前，这样你就可以感受到髋外展肌的实际功能。把你的左手直接放在左侧，右手放在右髋一侧。当你的右髋向右移动时，进行一次小幅度的弓步。你越往右推你的右髋，你就越能感觉到髋部两侧的髋外展肌在运动。由于你的右髋关节向外移动，远离右膝，使髋部和腿部内收，你的臀大肌、臀小肌、臀中肌和阔筋膜张肌都会像弹力绳一样拉长，以防止你的髋部过度向右移动（同时可以防止你跌倒）。

示例二：竖脊肌

顾名思义，竖脊肌有助于保持脊柱在骨盆上方直立。当脊柱必须向前弯曲时，该肌群会像弹力绳一样在张力下拉长，以帮助减速向前运动。这种拉长的肌肉也有助于产生张力，可以用来拉动脊柱保持直立。但是如果这些肌肉无法正常运动，它们就无法在站立、步行、跑步等活动中防止躯干前倾，也无法在必要时使躯干恢复直立姿势。因此，当身体重心向前移动时，身体的其他部位必须进行代偿以保持身体平衡。这会破坏腰椎－骨盆髋带的骨骼位置，因为骨盆会自然前倾，然后会进一步旋转，导致骨盆过度前倾（见图10.6）和下背部过度拱起，以帮助保持躯干直立（Price & Bratcher, 2010）。

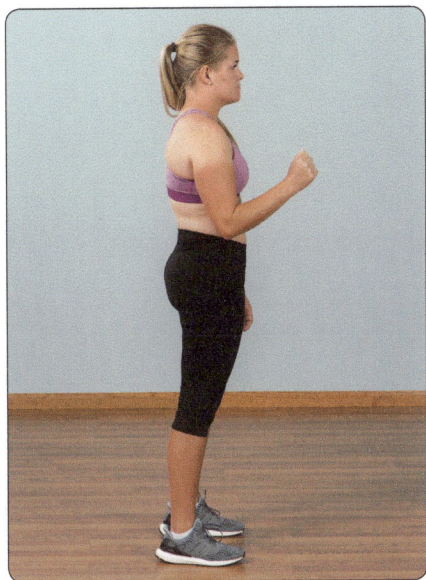

图10.6 当人体重心前倾时，腰椎和骨盆会进行转移和代偿示例

示例三：腹肌

腹部肌肉的传统解剖学功能是使脊柱向前和向两侧屈曲及进行旋转。然而，腹部肌肉不仅会使脊柱屈曲和旋转，而且它们也会像弹力绳一样拉长，以减缓脊柱伸展、侧屈和旋转的动作。例如，当一个人在步行时，地面冲击力会通过下肢传到骨盆、胸腔和脊柱，腹直肌在张力的作用下拉长（见图10.7）。这样，当它伸展以减少腰椎的受力时，还可以减少腰椎过度前凸带来的不利影响。同时，当躯干左右移动和旋转时，腹斜肌在张力下像

弹力绳一样拉长，这也减少了腰椎的受力（见图10.8）（Price & Bratcher, 2010）。

图10.7 腹直肌的弹力绳动作减缓脊柱伸展示例

示例四：髋屈肌

在对髋屈肌的传统描述中这样说明：这一肌群能使髋部和腿部屈曲和向外旋转，以便抬腿或向前摆腿。虽然这一描述还算准确，但是这一肌群还有其他功能。当足部与地面接触，髋部和腿部移到身体的后方时，它可以通过在张力下拉长来减缓髋部和腿部的伸展和内旋。然而，如果髋屈肌无法进行有效的拉长，下背部会随着腿部的伸展而过度前凸（见图10.9）。由于髋屈肌起源于腰椎和骨盆，附着在股骨上端，这些肌肉的慢性收缩（或运动功能障碍）导致腰椎被向前拉向腿部，加剧了常见的腰椎过度前凸的失衡问题（并伴有骨盆前倾）。

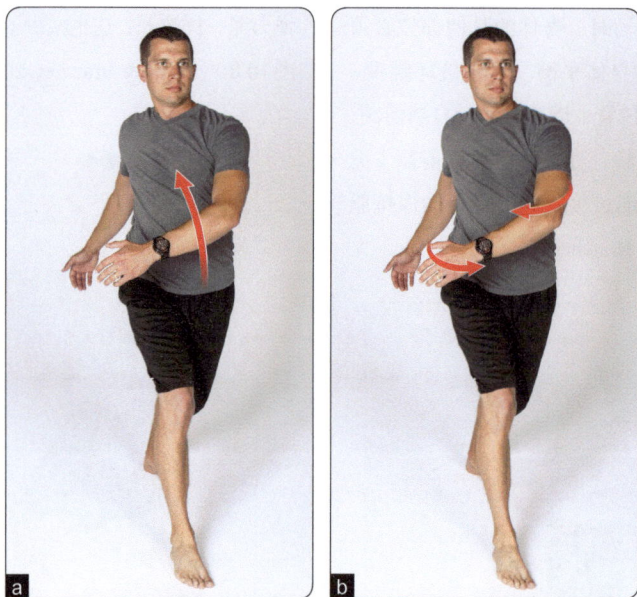

图10.8　拉长腹斜肌：a.脊柱的侧向屈曲示例；b.脊柱的旋转示例

图10.9　由髋屈肌过紧导致的腰椎过度前凸（及相关的骨盆前倾）示例

　　如果髋屈肌无法有效拉长，这会导致所有负重运动出现问题，尤其是那些要求髋部和腿部伸展的运动，因为髋屈肌需要更多的灵活性，以帮助调节伸展运动（Price & Bratcher, 2010）。

要点回顾

腰椎 - 骨盆髋带部位的肌肉和其他软组织，为髋部、骨盆和腰椎提供了极好的稳定性。同时，它们还通过促进腿部和躯干的高水平运动，在身体移动中发挥了关键作用。

- 胸腰筋膜是一个宽大、致密、多层的筋膜系统，位于下背部、骨盆和脊柱的骨骼、肌肉和软组织中。它为腰椎 - 骨盆髋带区域提供了令人难以置信的支持和稳定性。

- 许多重要的韧带有助于将腰椎 - 骨盆髋带区域连接在一起。例如骶结节韧带可以连接骶骨与骨盆，同时也连接腿部（通过腘绳肌的起点）和脊柱的底部。这一韧带使腘绳肌与脊柱之间产生配合，使髋部、腿部和脊柱能够协同工作，以控制屈曲和伸展。

- 当力量在步态中转移到负重腿时，髋外展肌会拉长以减缓髋部和腿部的内收程度。

- 竖脊肌有助于使脊柱直立，但当脊柱向前和左右屈曲时，它们也会拉长以减缓脊柱向下的动作。

- 腹肌可以帮助脊柱屈曲、侧屈和旋转。在通常情况下，它们以向心方式运动，如仰卧起坐或卷腹。但是，既然它们的功能是在拉伸时帮助减缓脊柱的旋转、侧屈和伸展动作，它们应该可以通过一些离心运动得以加强。

- 髋屈肌在行走时收缩以向前摆腿，但它们也会拉长来减缓髋部和腿部的伸展动作。足过度内旋、膝外翻或骨盆前倾等肌肉骨骼失衡问题，会影响腿部在髋臼的排列位置，进而影响髋屈肌应有的正确拉长和负重的能力。

自我检查

要想对弹力绳概念的理解有所提升，你需要更深入地了解肌肉是如何通过拉长来减缓运动（然后储存势能产生运动）的。以这种方式对肌肉进行分解和整合，可以确保关节承受较小的自然力量的压力，而且运动会更加高效。

试着为下面的每一块肌肉想一种运动，让肌肉减少重力、旋转力的影响，或二者皆有。例如，当有人弯腰捡硬币时，棘肌会帮助减缓脊柱的动作，因为它是在重力的作用下向前旋转。

肌肉	运动示例	可以减缓的力量 （重力、旋转还是两者都可以）
腹内斜肌		
髂肋肌		
腹直肌		
腰大肌		
髂肌		
臀中肌		
腹外斜肌		

第11章

胸椎和肩胛带的功能解剖学

胸椎位于脊柱的中部，与胸腔肋骨相连。肩胛带通过肌肉、肌腱、韧带和关节与身体的这一区域相连，并与身体一同移动（McMinn, 2005）。

骨骼和关节

胸椎和肩胛带由上半身的许多骨骼和胸椎的12个椎体组成。肩胛骨位于胸腔的背面。肩峰从肩胛骨的顶部向外延伸（见图11.1）（Middleditch & Oliver, 2005）。

胸骨是一根宽而平的骨骼，位于众多肋骨聚集的胸前，形成胸腔的前部。

锁骨附着于胸骨顶部并向外延伸（即胸锁关节），与肩峰一同形成了肩胛带的上部（即肩锁关节）。肱骨末端与关节盂相连，构成了主要的肩关节（即盂肱关节）（Siegel, 2002）。

肩胛带的所有运动都非常复杂，而且依赖于该区域所有骨骼、肌肉、肌腱、韧带和筋膜的完美协调运作。

软组织结构

胸椎和肩胛带的几个软组织结构能够协助并影响运动。这一区域还包含其他有助于维持基本生命功能（如呼吸）的软组织结构，这些结构可能受到肌肉骨骼失衡的不利影响。

膈肌

膈肌是一种圆拱状的肌肉，它穿过胸腔的底部（见图11.2）。膈肌与其他骨骼肌不同，

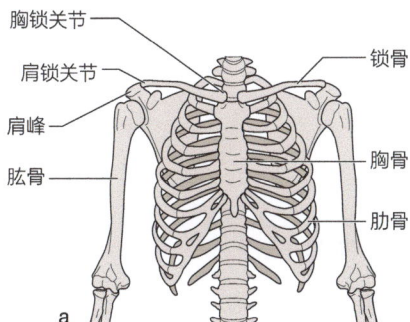

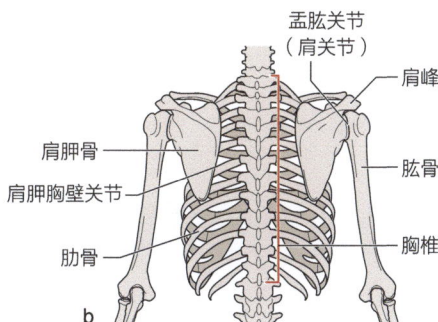

图11.1 胸椎和肩胛带解剖图：a. 前视图；b. 后视图

是一种由肌肉纤维包围的膜，分隔开躯干的胸腔（包括心脏和肺）与腹腔（包括消化器官）。它可以像其他肌肉一样扩张和收缩，它和肋间肌一样，是主要的呼吸肌（Rhoades & Bell, 2009）。

呼吸（吸气）时胸腔的膈肌和肋间肌收缩，胸腔空间增大，使肺部可以扩大到因这些肌肉收缩而产生的空间中。一旦肺部充满了空气，膈肌和肋间肌就会放松。这会缩小胸腔可用的空间，迫使空气回到肺部（呼气）（Rhoades & Bell, 2009）。

除了呼吸作用，在一些诸如咳嗽、打喷嚏、排便等需要排出的活动中，通过按压腹部，膈肌会收缩，此时膈肌具有增加腹内压力的作用（West, 2000）。吸气时这种压力的增加有助于稳定腰椎，帮助抬起重物，并增加对器官的血液供应，使它们保持健康（Middle-ditch & Oliver, 2005）。

肋间肌

我们把位于肋骨间的，能促进呼吸的一组肌肉称为肋间肌（见图11.3），共有22块单个的肋间肌，其中11块肋间内肌，11块肋间外肌。肋间外肌收缩时使胸腔扩大，使空气进入肺部；肋间内肌位于肋间外肌下方，压缩胸腔以使空气排出肺部（Singh, 2005）。

胸椎和肩胛带中常见的肌肉骨骼失衡会对人的呼吸方式产生不良影响。例如，胸椎过度后凸会导致肋骨向前和向下塌陷，长期挤压肋骨、肋间肌和膈肌，使其更难吸入空气。我们需要依靠空气生存，如果出现失衡问题，其他结构可能会代偿，例如上胸腔和肩部向上耸使肺部扩大。这种功能失衡引起的适应性动作可能加剧肩部和颈部的肌肉疲劳和肌肉骨骼代偿模式。因此，胸椎和肩胛带必须对齐，功能正常，这样才能辅助呼吸

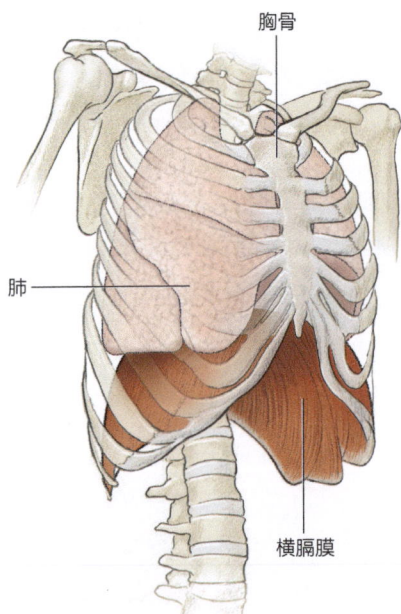

图11.2　横膈膜

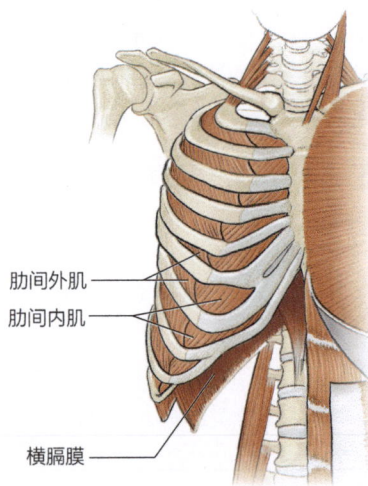

图11.3　肋间肌

动作（Karageanes, 2005）。

肌　肉

有很多肌肉都起源于胸椎、胸腔和肩胛带（Gray, 1995）。本章将讨论以下肌肉。

- 背阔肌
- 胸大肌
- 胸小肌
- 菱形肌（大菱形肌和小菱形肌）
- 前锯肌

- 斜方肌（上部纤维）
- 斜方肌（中部纤维）
- 斜方肌（下部纤维）
- 肩胛下肌
- 冈上肌
- 冈下肌
- 小圆肌
- 肱二头肌

背阔肌

肌肉特点：这是躯干后部一块宽阔的肌肉，顺着下背部两侧向上到达手臂的顶部。它起源于底部5个胸椎和腰椎的棘突、骨盆的顶部和侧面的棘突、胸腰筋膜的棘突、4根肋骨底部和肩胛底部的棘突，并且止于肱骨上端的前部（Gray, 1995）。

肌肉动作：将手臂向下推到身体后面，使其内旋。当手臂固定好位置后，背阔肌会使躯干和骨盆向手臂靠拢（Gray, 1995）。

实际运动：背阔肌的弹力绳动作能减缓手臂上移和离开身体时的动作。同时当手臂位置固定、躯干远离手臂时，背阔肌可以帮助减缓躯干的运动。由于它起源于下胸腰椎部位和下背部筋膜，它有助于脊柱的稳定性。

背阔肌

实际运动示例：在传统的解剖学中，它可以将手臂向身体下方拉，例如走路时摆动手臂、用斧头向下砍或者游泳。它就像弹力绳一样，例如当人从树上爬下来时，两只手臂距离较远，此时这一肌肉可以减缓手臂和躯干的运动。

实用提示：如果一个人长期缩短背阔肌，他通常会出现内旋臂以及肩胛带前伸的问题。

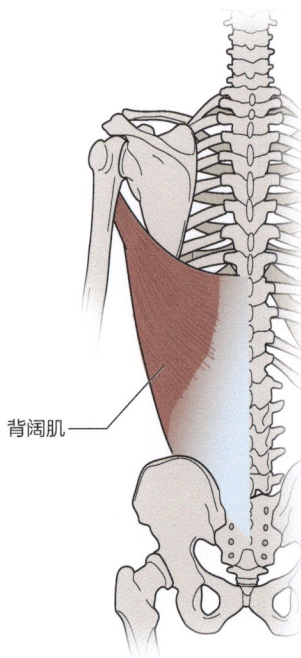

胸大肌

肌肉特点：这一肌肉位于上身前部，呈扇状穿过胸部。它起源于腹外斜肌筋膜、前6根肋骨的软骨、胸骨和锁骨的内侧半部，止于上臂前部的肱骨（Di Giacomo, Pouliart, Costantini, et al., 2008）。

肌肉动作：将手臂向上举过身体，帮助手臂向内旋转（Di Giacomo, Pouliart, Costantini, et al., 2008）。

胸大肌

实际运动：当手臂上下移动并且远离身体中线时，胸大肌的弹力绳动作使手臂动作减缓，同时，它还能减缓手臂的外旋。

实际运动示例：它会像一根弹力绳一样，在运动中放慢手臂的速度，例如网球中的正手向后摆臂，或者从汽车后座上拿东西。

实用提示：长时间使用计算机时，手臂必须向前越过身体在键盘上打字。随着时间的推移，这种动作会使胸大肌变短。

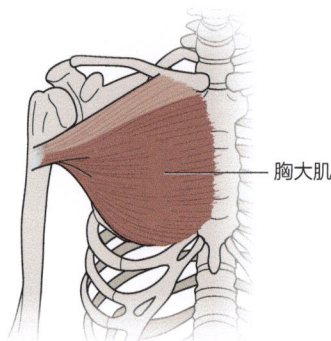

胸小肌

肌肉特点：这是位于躯干上部前方的一块肌肉，起源于第 3、第 4、第 5 根肋骨的前部，止于肩胛骨的喙突处（Di Giacomo, Pouliart, Costantini, et al., 2008）。

肌肉动作：将肩胛向下、向前拉动。如果肩胛固定，胸小肌还通过提升第 3、第 4 和第 5 根肋骨来帮助呼吸（Di Giacomo, Pouliart, Costantini, et al., 2008）。

实际运动：胸小肌的弹力绳动作有助于在肩胛骨收缩，手臂位于身体后方时，使肩胛骨相对胸腔更加稳定。

实际运动示例：在像高尔夫球运动向后挥摆时，胸小肌类似于弹力绳的运动有助于减缓（及加固）肩胛骨在肩胛带承受的压力。

实用提示：长时间绷紧胸小肌可以使肩胛骨前伸，使脊椎边缘和肩胛骨底部远离胸腔。

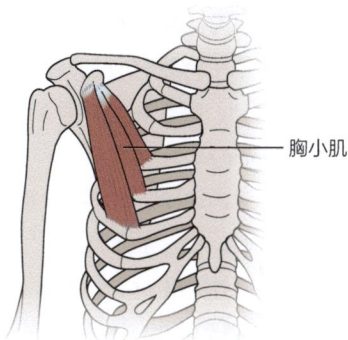

胸小肌

菱形肌（大、小菱形肌）

肌肉特点：该肌肉位于胸椎上部和肩胛骨之间的躯干后方，小菱形肌和大菱形肌都起源于胸椎上部，沿肩胛骨向下延伸，止于肩胛骨最接近脊柱的边缘处（Rockwood & Matsen, 2009）。

肌肉动作：使肩胛骨向脊柱靠近（即使之内收）（Rockwood & Matsen, 2009）。

实际运动：菱形肌的弹力绳动作可以减缓肩胛骨远离脊柱的运动（即肩胛骨前伸）。

小菱形肌

大菱形肌

实际运动示例：在划船等这类将肩胛骨拉向脊柱的运动中，这一肌肉可以发挥一般的常规作用。就像弹力绳一样，当肩胛骨远离脊柱时，可以帮助它们减速，例如当把箱子放到地面上时，或者当手臂向前摆动时。

实用提示：肩胛带前伸的人，菱形肌通常会慢慢变长，无法有效地进行收缩动作。

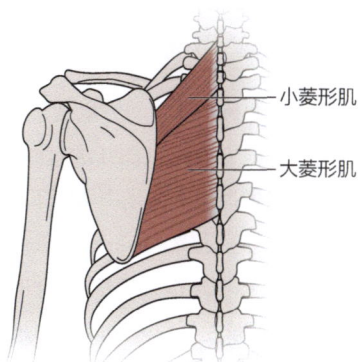

前锯肌

肌肉特点：这一肌肉包围躯干上部的两侧，它起源于胸腔前8根肋骨的上部，在肩胛骨下方延伸，附着在肩胛骨最接近脊柱的边缘处（Clippinger, 2007）。

肌肉动作：使肩胛骨更为稳定，当它离开脊柱时，使它在胸腔持平，这样脊椎的边缘就不会向外突出（Clippinger, 2007）。

实际运动：当肩胛骨移向脊柱时，前锯肌的弹力绳动作可以减缓肩胛骨的动作，以使整个肩胛带更为稳定。

实际运动示例：在一些手臂的闭链运动（例如俯卧撑和爬行）中，当肩胛骨移向脊柱时，它可以发挥弹力绳的作用，减缓肩胛骨的动作。

实用提示：前锯肌是菱形肌的拮抗肌。

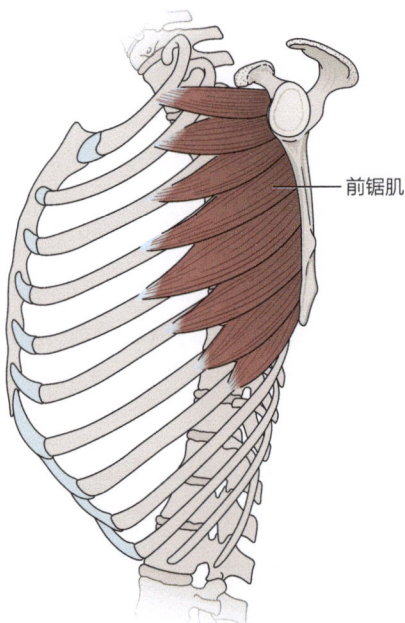

前锯肌

斜方肌（上部纤维）

肌肉特点：斜方肌是位于躯干背部的一大块三角形肌肉。斜方肌的上部纤维起源于颅底、颈部后面的项韧带，以及颈椎底部，呈刷状向下延伸，止于锁骨、肩峰和肩胛骨的外侧边缘（Palmer, Epler & Epler, 1998）。

肌肉动作：使肩胛骨抬升。当肩胛骨固定时，它可以通过将颅底拉近肩胛骨顶部来使颈部和头部得以延伸（Palmer, Epler & Epler, 1998）。

实际运动：斜方肌上部纤维的弹力绳作用可以减缓肩胛骨的凹陷程度。当头部向下、向前弯曲时，斜方肌上部纤维拉长，可以减缓颈部和头部的动作。

实际运动示例：就像一根弹力绳，在活动中减缓肩胛骨的向下运动，例如从一个高高的架子上取下一个箱子。在发短信之类的活动中，当向前点头或向下看时，斜方肌上部纤维也会发挥弹力绳的作用。

实用提示：斜方肌的这3个部位都可以发挥不同的功能，以帮助控制肩胛骨向下、向上、向内、向外的活动。

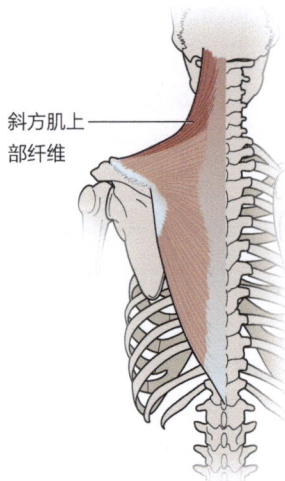

斜方肌上部纤维

斜方肌（中部纤维）

肌肉特点：躯干背部一大块三角形肌肉的一部分。斜方肌的中部纤维起源于最后一块颈椎和胸椎的上部，向肩胛骨外部延伸，止于肩胛骨顶部（Palmer, Epler & Epler, 1998）。

肌肉动作：将肩胛骨拉向脊柱，使肩胛骨收回（Palmer, Epler & Epler, 1998）。

实际运动：斜方肌中部纤维的弹力绳作用可减缓肩胛骨远离脊柱时的动作。

实际运动示例：它就像弹力绳一样，当肩胛骨在一些活动中远离脊柱时，帮助减缓肩胛骨的运动，例如弯腰把重物放到地上，或者在拔河比赛中用手臂拉绳子。

实用提示：斜方肌的中部纤维与菱形肌一同工作，以稳定、减速和收回肩胛骨。

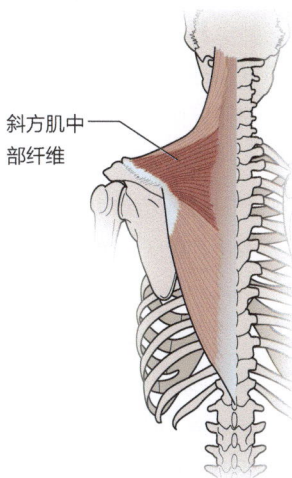

斜方肌中部纤维

斜方肌（下部纤维）

肌肉特点：躯干后部一大块三角形肌肉的一部分。斜方肌的下部纤维起源于胸椎的中下部，向上、向外延伸至肩胛骨，止于肩胛骨的顶部（Palmer, Epler & Epler, 1998）。

实际运动：斜方肌下部纤维的弹力绳动作能够减缓肩胛骨的上移动作。

实际运动示例：像一根弹力绳一样，可以在一些活动中减缓肩胛骨的上移运动，例如在引体向上中身体下降，或者将药球举过头顶在头后抛掷。

实用提示：一般情况下，肩胛骨抬高的人，斜方肌的下部纤维会慢慢伸长和变弱。

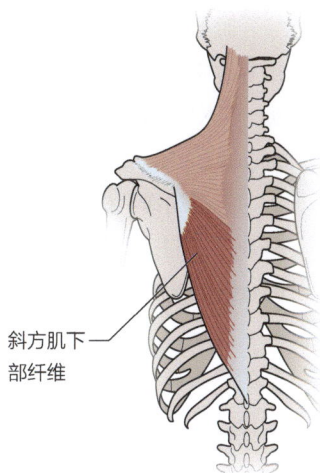

斜方肌下部纤维

肩胛下肌（肩袖肌）

肌肉特点：这是肩部4块肩袖肌之一，起源于肩胛骨离脊椎最近的下侧边缘，在肩胛骨和腋窝下延伸，止于肱骨前部（Clippinger, 2007）。

肌肉动作：负责手臂内旋，并且将手臂移动到身体后方（内收和外展）。同时有利于保证肱骨上部位于肩关节（盂肱关节）处（Maffulli & Furia, 2012）。

实际运动示例：在传统意义上，它可以将肱骨向内和向后旋转，例如我们把衬衫的背面塞进裤子时的动作。这种弹力绳动作可以在手臂前摆时减缓上臂的速度，就像我们拍手时，它也有助于将肱骨稳定在盂肱关节内，例如做俯卧撑这样的动作。

实用提示：棒球投手、网球运动员、举重运动员、排球运动员和其他运动员经常出现肩袖肌损伤，因为他们的肩胛带和手臂经常会承受很多压力。

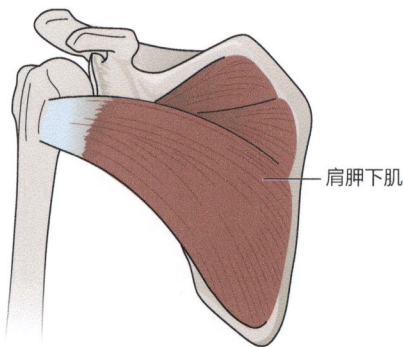

—— 肩胛下肌

冈上肌（肩袖肌）

肌肉特点：这是肩部4块肩袖肌之一，起源于最靠近脊柱的肩胛骨上缘，沿着肩胛骨的上方延伸，卷入肩峰的下方，然后向外止于肱骨顶部（Clippinger, 2007）。

肌肉动作：提起肩部，使手臂离开身体（即外展），同时可以稳定盂肱关节肱骨顶部的动作（Maffulli & Furia, 2012）。

实际运动：当手臂下垂到身体两侧时，冈上肌的弹力绳动作可以减缓手臂的动作。它还有助于稳定肱骨上端在盂肱关节的位置。

实际运动示例：在传统意义上，可以在举起手臂挥手告别这样的动作中发挥作用。在一些需要上臂减速的动作中，它可以发挥弹力绳和肩关节稳定器的作用，例如挥手告别后把手放回身体两侧。

实用提示：冈上肌是4块肩袖肌中最容易受伤的肌肉，因为它的肌腱从位于活动度较大的肩胛带区域的肩峰下穿过。

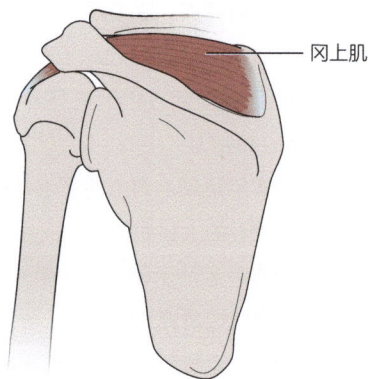

—— 冈上肌

冈下肌（肩袖肌）

肌肉特点：这是肩部4块肩袖肌之一。起源于肩胛骨靠近脊柱一侧的边缘处，向上穿过肩胛骨，然后止于肱骨外部附近上臂的顶部（Gray, 1995）。

肌肉动作：使手臂向外旋转，能够在盂肱关节处使手臂更加稳定（Maffulli & Furia, 2012）。

实际运动：冈下肌的弹力绳动作可以减缓手臂的内旋，也可以使盂肱关节处的肱骨顶部更加稳定。

实际运动示例：传统意义上，在一些手臂外旋的活动中，例如我们把手臂伸到汽车斜后方的座位上时，它有助于使上臂动作更加稳定。它可以像弹力绳一样，减缓上臂的内旋动作，例如我们在走路或者在网球中打正手上旋球时，手臂会在身体两侧摆动。它还有助于在坐姿划船等活动中，使肱骨在盂肱关节处的运动更加稳定。

实用提示：如果人们手臂总是向前、向内旋转，例如长时间从事驾驶或者与计算机有关的工作，很有可能会导致冈下肌长期拉长。

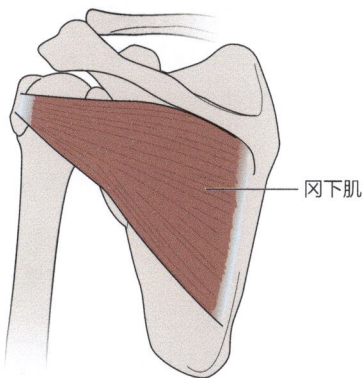

冈下肌

小圆肌（肩袖肌）

肌肉特点：这是肩袖肌群的4块肌肉之一，它起源于肩胛骨的外缘，并止于肱骨靠近肩胛骨顶部的外侧（Gray, 1995）。

肌肉动作：使上臂外旋，有助于盂肱关节处的肱骨更加稳定（Clippinger, 2007）。

实际运动：当手臂向前、向内旋转时，小圆肌的弹力绳动作有助于减缓手臂的动作，同时，它还可以使盂肱关节处的肱骨顶部更加稳定。

小圆肌

实际运动示例：在传统意义上，它可以在手臂和手上抬时发挥作用，它像一根弹力绳一样，当手臂越过身体或者在身体前方时，它可以减缓上臂的运动，例如高尔夫球或者棒球运动中摆臂之后的随球动作。同时，在引体向上这类运动中，它也有助于使肩部更加稳定。

实用提示：小圆肌和冈下肌又被称为外肩袖肌，因为当它们收缩时，肩部会向外旋，有助于使肩部更加稳定。这两块肌肉会因长时间圆肩姿势而过度拉长，并感到刺激疼痛。

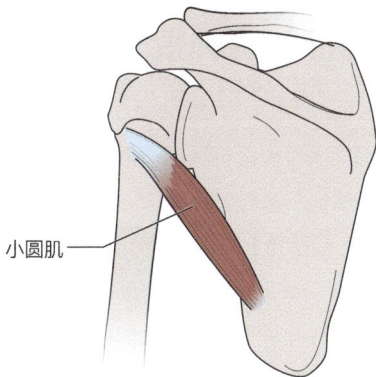

肱二头肌

　　肌肉特点：这是上臂前面的一个双头肌肉，起源于肩胛骨顶端，沿着手臂向下，穿过肘部，附着在下臂桡骨处（Gray, 1995）。

　　肌肉动作：使肘关节弯曲，并使前臂旋后（即手掌朝上）。它起源于肩胛骨，有利于使手臂在肩部抬升（Gray, 1995）。

　　实际运动：当肘部伸展，前臂旋前（即手掌朝下）时，肱二头肌的弹力绳动作可以减缓肘部的动作。肱二头肌同时也可以使肩胛骨更加稳定。

　　实际运动示例：在一些步态或投球动作中，手臂会在身体后方摆动，手臂伸直并向内旋转，这时肱二头肌会像弹力绳一样减缓手臂的动作，同时使肩胛骨在这些活动中更加稳定。

　　实用提示：长时间处于坐姿和肘部弯曲的人，例如打字或开车时，肱二头肌长期缩短。当他们在行走时试图伸展肘部时，肱二头肌不能有效地拉长，这会使肩胛骨向外偏离直线。

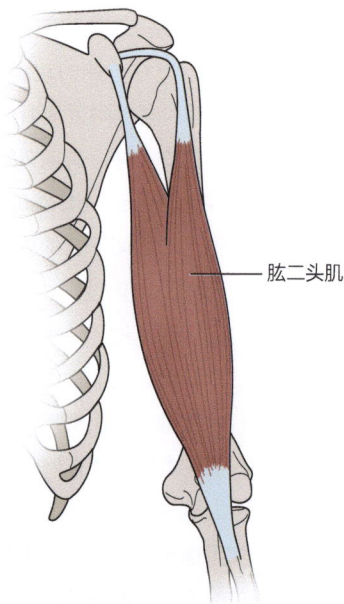

肱二头肌

胸椎和肩胛带肌肉对最常见肌肉骨骼失衡的影响

　　当今的高科技环境可能会对胸椎和肩胛带结构产生不良影响。当人们使用计算机设备时，肩部和上背部通常向前拱起，手臂也向内旋转（Plotnik & Kouyoumdjian, 2014）。当他们不在计算机前时，他们可能经常开车或者坐在电视机前。许多人醒着的时候通常是坐着的，呈弯腰弓背姿势。这些姿势如果持续时间过长，就会导致慢性肌肉骨骼失衡，破坏肩胛带和胸椎的功能，使人感到疼痛，并且影响手臂和躯干的动作（Sahrmann, 2002）。最终，颈部、下背部、髋部、膝及足踝都必须对肩胛带和胸椎的失衡和运动功能障碍进行代偿。对身体其他部分的过度使用会导致更多的不平衡和疼痛，因此胸椎和肩胛带的排列对整个身体都很重要。

　　以下3个案例可以说明特定肌肉群的弹力绳动作是如何防止胸椎和肩胛带出现最常见的骨骼偏离的。

示例一：背阔肌和胸肌

　　背阔肌和胸肌共同运作来控制手臂和躯干的动作，背阔肌可以像弹力绳一样拉长，在步态中当手臂向前摆动时，它会减缓手臂的动作。在手臂向前移动的过程中，背阔肌的张力有利于使下胸椎保持直立（见图11.4）。

　　相反，在步态中当手臂摆动到身体后方时，胸肌（胸大肌和胸小肌）可以像弹力绳一样，减缓手臂的动作。当胸肌拉长时，胸肌的张力也将胸腔的上部上拉，并使胸椎保

图11.4 示例：背阔肌弹力绳动作减缓手臂的向前动作，促进胸椎拉伸

持直立并拉长（见图11.5）。因此，正是这些肌肉在步态中的共同作用，才能帮助控制手臂和肩胛带的运动，使胸椎保持直立，从而减轻胸椎过度后凸（Price & Bratcher, 2010）。

图11.5 示例：胸肌拉长以控制手臂和胸椎的拉伸动作

示例二：菱形肌、斜方肌、前锯肌以及肱二头肌

菱形肌、斜方肌、前锯肌以及肱二头肌共同作用，控制肩胛骨在胸腔的运动，以确保肩胛带和手臂可以正常发挥功能。例如在步态中手臂向前摆动时，肩胛骨会向上旋转并且远离脊柱（即会抬升并前伸），肩胛骨的提升是由斜方肌上部纤维的收缩引起的。肩胛骨抬升的速度取决于斜方肌下部纤维的伸长情况。斜方肌和菱形肌的中部纤维在此运动中也会拉长，以减缓肩胛骨在远离脊柱时引起的前伸（见图11.6）。

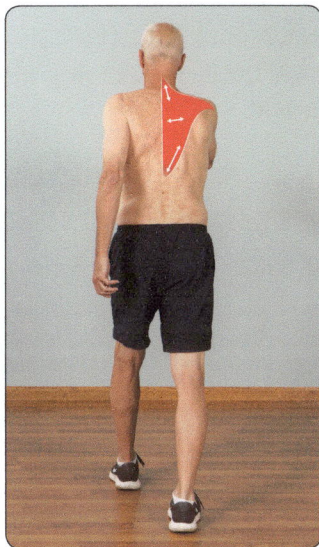

图11.6 示例：斜方肌和菱形肌拉长以控制肩胛骨的提升和前伸

当手臂前摆时，前锯肌也可以通过帮助肩胛骨的脊椎边缘保持平直，来控制肩胛骨的动作。这样使肩胛骨在前伸时也可以在肋骨上流畅地运动。相反，当手臂在身体后方摆动时，前锯肌就像弹力绳一样伸长，以帮助控制肩胛骨在胸腔上的位置。而肱二头肌则会拉长，以控制手臂的伸展，并保持肩胛骨的稳定性

（Hertling & Kessler, 2006）（见图11.7）。

图11.7 示例：肱二头肌和前锯肌发挥弹力绳动作以控制肩胛骨和手臂的伸展

斜方肌、菱形肌、前锯肌以及肱二头肌如果能正常发挥功能，可以尽可能减少失衡情况，例如肩胛骨抬高和肩胛带前伸。此外，

由于肩胛带的功能会直接影响胸椎的位置，这些肌肉也会影响胸椎过度后凸的出现或消失（Price & Bratcher, 2010）。

示例三：肩袖肌

所有肩袖肌共同工作以控制肱骨在盂肱关节处的运动。例如，当手臂在步态中向前摆动时，它会向内旋转，并向身体的中线略微移动。手臂的内旋受到肩胛下肌、冈下肌和小圆肌弹力绳作用的控制，并且其动作会减缓。如果这些肩袖肌肉长期拉长或功能失调，它们就不能有效地控制手臂向前移动或越过身体的程度。因此，这些肌肉必须正常工作，以尽量减少内旋臂的影响。

如果因手持重物而增大手臂的负重时，或是完成一个动作（例如俯卧撑）而与某物体接触时，重要的是所有肩袖肌都能在盂肱关节处有效地稳定肱骨，使肩胛带和胸椎的其余部分都能正常发挥其功能（Hertling & Kessler, 2006）。

要点回顾

胸椎和肩胛带的最佳排列对身体长期保持健康非常重要，由于肩胛带与胸椎和肋骨相连，所以这些部位的失衡会影响肩部和手臂。

- 横膈膜和肋间肌附着在肋骨上，是呼吸的关键肌肉。胸椎失衡会直接影响胸腔，进而影响一个人正确呼吸的能力。
- 菱形肌有助于收回肩胛骨，并使胸椎和肩胛带正确对齐。长时间处于坐姿会导致肩胛带前伸，以及菱形肌持续拉长。
- 斜方肌会形成一个大菱形，从头颈部向下延伸到肩部外侧，然后向内返回到胸椎底部。斜方肌的上部、中部和下部纤维有助于肩胛骨的抬高、下降和内收。斜方肌上部纤维同样有利于颈部和头部的拉伸。
- 肩部有4块肩袖肌，它们协同运动，有利于手臂的移动，并且将手臂稳定在盂肱关节处。

自我检查

下面的练习是为了帮助你了解有哪些日常活动可能加剧胸椎和肩胛骨的失衡。

想想你一整天都在做的3个静态的姿势。写下你保持每个姿势的时长，列出胸椎和肩胛带（如有能力，也可以写出身体的其他部位）肌肉可能会受到的不利影响以及原因。下面有一个示例。

姿势/位置	持续时长	受到影响的肌肉以及原因
手臂交叉，坐在沙发上看电视	2小时	• 胸椎竖脊肌拉长 • 胸肌缩短 • 腹肌缩短 • 菱形肌和斜方肌中部纤维拉长 • 冈下肌和小圆肌拉长
姿势1		
姿势2		
姿势3		

第12章

颈部和头部的功能解剖学

大部分人的头部是由几块骨骼组合而成的，这些骨骼形成了一个圆拱形的空腔，被称为颅骨。颅骨保护着我们的大脑和许多感觉器官，如眼睛、耳朵、鼻子和舌头（Halim，2009）。头部与颈部关节，以及肌肉、肌腱、韧带和身体这部分的其他软组织相结合，一起构成一个非常灵活的结构，帮助我们保持平衡、视觉、姿势和肌肉骨骼的正确排列（Clarkson，2000）

骨骼和关节

颅骨在颞骨处与下颌骨两侧相连（Adds & Shahsavari，2012）（见图12.1；更多相关信息，可参见本章后文"颞下颌关节"部分）。同时，颅骨也可以通过寰椎［这是颈部最上面的椎骨（即C1）］连接颈椎（Gray，1995）。颈部其余部分由6块椎骨组成。头部上下、左右和旋转的位置变化都取决于颈部运动（Peterson & Richmond，1988）。

软组织结构

在这里，我们将谈论颈部和头部的一些关节结构，使你可以了解这些结构是如何影响运动和参与日常活动的。这些结构与颈部

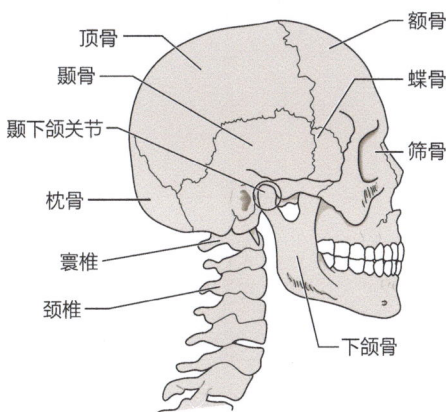

图12.1 颈部和头部的功能解剖学

和头部肌肉有复杂的联系，因此，这些部位的肌肉骨骼失衡会对其有负面影响。

颞下颌关节

颞下颌关节是颈部和头部最重要的关节之一。这个关节是在下颌骨与颅骨的颞骨相连处形成的（见图12.2）。在下颌骨末端和颞骨之间有一小片纤维软骨，位于下颌骨的两侧，使下颌骨在谈话、咀嚼食物、通过口腔吸入氧气（例如打哈欠）这类活动中能流畅地运动（Willard，Zhang & Athanasiou，2017）。这些软骨附近的组织都受到了高度神经支配，因此当颞下颌关节因头部前倾或者颈椎过

度前凸而被拉出时，常常会产生疼痛和不适（Salvo, 2009）。

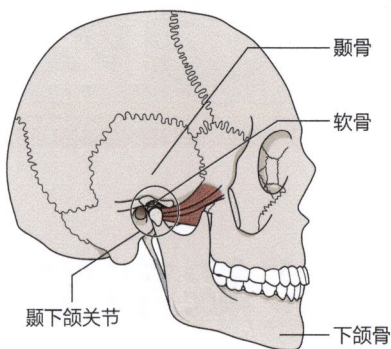

图12.2 颞下颌关节

颞骨

软骨

颞下颌关节

下颌骨

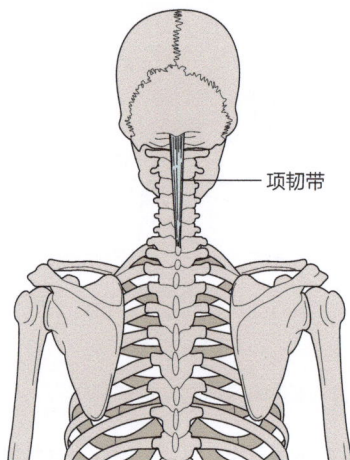

图12.3 项韧带

项韧带

项韧带

项韧带从颅底向下延伸到身体的第7个颈椎处（见图12.3）。这一结缔组织的作用就像一根导索，可以帮助支撑头部，防止颈部过度屈曲（例如低头看书）。项韧带也有助于分离颈部两侧的肌肉（McGowan, 1999）。由于颈部的一些肌肉也附着在项韧带上，因而项韧带的疼痛会妨碍颈部和头部的运动。

肌 肉

有许多肌肉可以使颈部弯曲、伸展、侧屈以及旋转（Clarkson, 2000）。本章将会对源于或者附着在颅骨或颈椎上，有助于这些运动的肌肉进行检测。这些肌肉包括以下几个。

- 颈长肌
- 头长肌
- 胸锁乳突肌
- 头半棘肌
- 颈半棘肌
- 头夹肌
- 颈夹肌

颈长肌

　　肌肉特点：这是颈部前面的一块肌肉。它分为 3 部分（上斜肌、下斜肌和垂直肌），起源于胸椎顶部和颈椎底部，沿着颈部延伸，止于颈椎顶部（Gray, 1995）。

　　肌肉动作：使颈部和头部向下弯曲，向前靠近胸部（即颈部和头部屈曲）。根据颈部两侧肌肉的位置，当只有一侧的肌肉活动时，它也有助于颈椎的侧屈和旋转（Palastanga, Field & Soames, 1994）。

颈长肌

　　实际运动：颈长肌的弹力绳动作使颈部和头部在弯曲或向后倾斜时减缓动作（即颈部和头部伸展）。当颈部和头部伸展时，还有助于减缓侧屈和旋转动作。

　　实际运动示例：传统意义上，在仰卧起坐这类头部和颈部靠近胸部的运动中，它可以促使颈部和头部产生动作，就像一根弹力绳，当你把头向后倾斜，或是躺在地板上或床上时，减缓头部和颈部的动作。

　　实用提示：当头部突然被爆发性后仰时，颈长肌最容易受损，例如在车祸中突然出现的颈部撞击动作。

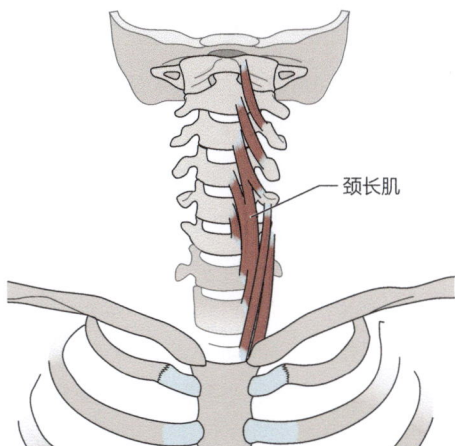

头长肌

　　肌肉特点：这是位于颈部前面的一块肌肉，起源于颈椎中部，沿着颈部延伸，止于枕骨底部（Gray, 1995）。

头长肌

　　肌肉动作：使上颈椎和头部向前向下弯曲（即颈部和头部屈曲）（Palastanga, Field & Soames, 1994）。

　　实际运动：头长肌的弹力绳动作可以在颈部向后弯曲（即伸展）以及头部向后倾斜时减缓动作。

　　实际运动示例：传统意义上，使颈部和头部的上部向胸部弯曲，例如低头看衬衫是否洒上了东西。当颈部和头部被突然后抛时，例如，如果一个人被别人从后面猛推了一下，头长肌像一根弹力绳一样减缓颈部和头部的速度。

　　实用提示：拉丁文中，头长肌直译为"头部的长肌肉"，它位于颈部的上部，处于有利的解剖学位置，可以控制头部的动作。

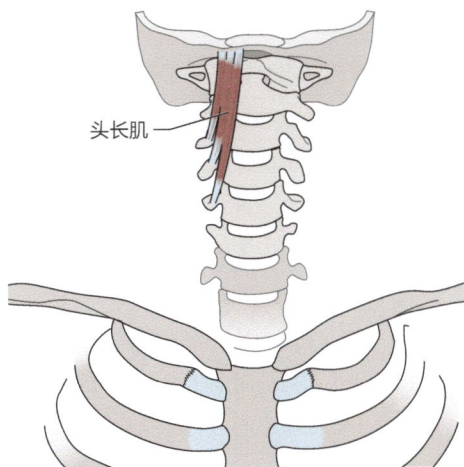

胸锁乳突肌

肌肉特点：这是位于颈部前面的一块肌肉。它起源于胸骨最上端和锁骨内侧，沿着颈部一侧向上延伸，在耳朵下面止于颞骨乳突和枕骨的上方（Gray, 1995）。

肌肉动作：当两个胸锁乳突肌一起收缩时，会使颈部向前弯曲（即颈部屈曲），头部后倾（即头部伸展）。如果只有一个肌肉收缩，颈部和头部向同侧屈曲，并向对侧旋转（Palastanga, Field & Soames, 1994）。

实际运动：当颈部向后弯曲（伸展）时，胸锁乳突肌的弹力绳动作可以减缓下颈部的动作，当头部和颈部向下或者向前倾斜时，它可以减缓头部和上颈部的动作。同时，当只有一侧肌肉拉长时，它有助于减缓颈部的侧屈和旋转动作。

实际运动示例：传统意义上，使头部抬起，例如仰卧起坐或侧仰卧起坐这些活动。在需要收起头部和下巴的动作中，例如仰卧起坐的下降阶段，它会发挥弹力绳作用。

实用提示：颈长肌和胸锁乳突肌共同运动，以减缓颈部的拉伸动作，在身体受到击打并且颈部向后弯曲（伸展）时，例如一个人被汽车的保险杠从后面撞击时，它们的作用非常重要。

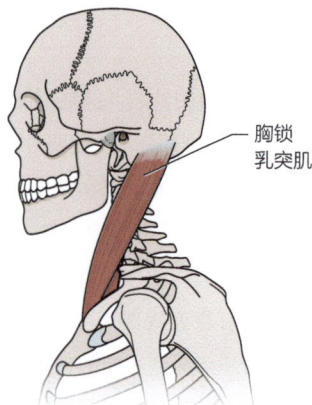

胸锁
乳突肌

头半棘肌

肌肉特点：这是位于颈部后方的一块肌肉，起源于胸椎上方和颈椎下方，沿着颈部向上延伸，从颅骨后部止于枕骨上方（Gray, 1995）。

肌肉动作：使颈部和头部伸展，只有一侧的头半棘肌收缩时，头部会向同一侧屈曲，并向对侧旋转（Chaitow & DeLany, 2008）。

实际运动：头半棘肌的弹力绳动作有助于减缓颈部和头部向前弯曲（屈曲）的动作。当颈部和头部处于屈曲状态时，它还能减缓颈部和头部的侧屈和旋转动作。

头半棘肌

实际运动示例：在传统意义上，坐着时，头部和颈部都是向后倾斜，向上直立，这样眼睛就可以像坐在地板上看电视时那样仰视。当头部向前或向两侧低下，例如人们在椅子上睡着时，这时它可以像弹力绳一样减轻头部的负重。

实用提示：人体实际有3种半棘肌，即头半棘肌、颈半棘肌和胸半棘肌。顾名思义，胸半棘肌主要参与胸椎的伸展和旋转，而头半棘肌和颈半棘肌分别影响头部和颈部的运动。

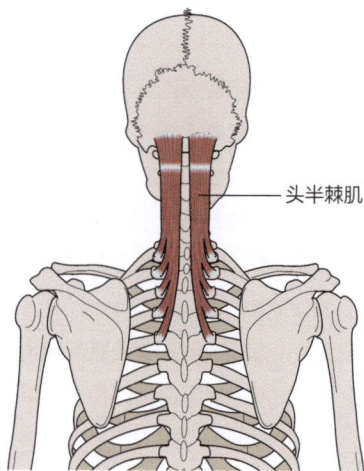

颈半棘肌

　　肌肉特点：这是位于躯干上背部和颈部的一块肌肉，它起源于胸椎中上部的脊椎骨，沿着脊柱向上延伸，止于颈椎中上部的椎骨（Gray, 1995）。

　　肌肉动作：使颈部伸展。只有一侧肌肉收缩时，颈部才会向同一侧屈曲，并向对侧旋转（Chaitow & DeLany, 2008）。

颈半棘肌 ——

　　实际运动：颈半棘肌的弹力绳动作可以减缓颈部的向前弯曲（颈部屈曲）动作。同时，当颈部屈曲时，它还有利于减缓颈部的侧屈和旋转。

　　实际运动示例：传统意义上，在骑自行车等活动中，它能通过伸展颈部来抬头，因为这种情况下你必须抬头看向你要去的地方。就像弹力绳一样，当它向前或向左右两侧屈曲时，例如低头看脚，它能帮助减缓头部的弯曲动作。

　　实用提示：颈部肌肉对这个部位的许多疼痛感受器有反应。这也许可以解释为什么颈部肌肉紧张是如此常见（Ferrari, 2006）。

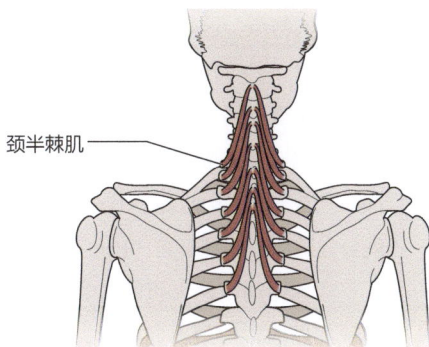

头夹肌

　　肌肉特点：这是位于颈部后方的一块肌肉。它起源于胸椎上部、颈椎的最后一块椎骨和项韧带，并沿颈部向上和向外延伸，在耳朵下方的后部止于颅骨（Gray, 1995）。

　　肌肉动作：有助于伸展颈部和头部。如果头夹肌的一侧收缩，而另一侧没有收缩，那么头部就会侧屈并向同侧旋转（Lee, 2017）。

头夹肌 ——

　　实际运动：头夹肌的弹力绳动作有利于减缓颈部和头部的屈曲（即向下点头）动作。同时，在颈部和头部屈曲时，它也能减缓颈部和头部的侧屈和旋转。

　　实际运动示例：传统意义上，在所有需要抬头、眼睛平视地平线的动作中（例如步行），都需要这一肌肉发挥作用。在向前低头的活动中，如低头抚摸一只狗时，它会发挥弹力绳的作用，减缓颈部和头部的动作。

　　实用提示：头夹肌如同一种扣件，保持头部和颈部的稳定。事实上，它的名字来源于拉丁文单词 "splenium"，意思是 "绷带"，而 "capitis" 则表示 "头部"。

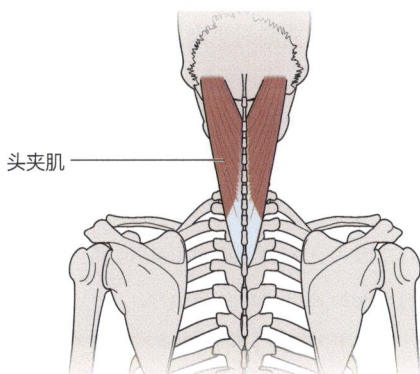

颈夹肌

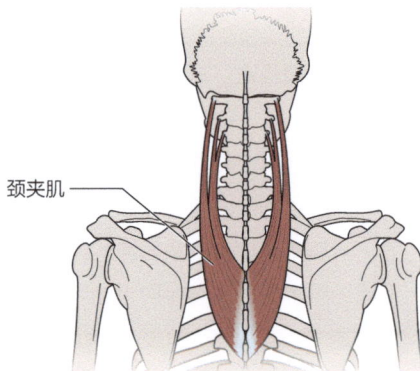

颈夹肌

肌肉特点：这是位于上躯干和颈部后方的一块肌肉。它起源于胸椎中部，沿着颈部向上延伸，止于颈部上端（Gray, 1995）。

肌肉动作：帮助颈部向后弯曲（伸展）。如果只有一侧肌肉收缩，另一侧不收缩，头部就会向同侧屈曲和旋转（Lee, 2017）。

实际运动：颈夹肌的弹力绳动作可以减缓颈部屈曲。当颈部屈曲时，它还有助于减缓颈部侧屈和旋转。

实际运动示例：传统意义上，它可以保持颈部伸展，在所有直立和负重动作中（例如跑步和行走），使头部都能处于肩部上方的正确位置。当你阅读或者坐着看膝关节时，它可以像一根弹力绳一样减缓颈部的旋转动作。

实用提示：颈夹肌起源于胸椎，并附着在颈部。因此胸椎失衡会影响这块肌肉的功能，以及颈椎和头部所处的位置。

头部和颈部肌肉对最常见肌肉骨骼失衡的影响

颈部和头部的肌肉骨骼失衡会影响整个身体的位置，因为下面的结构必须进行代偿，以保持眼睛和内耳正确运动的平衡机制（Lieberman, 2011）。同样，颈部和头部以下的运动功能障碍会使颈部和头部肌肉承受压力，因为它们会试图代偿其他部位出现的问题（Price & Bratcher, 2010）。

以下3个例子将说明本章所介绍的特定肌肉的弹力绳特征，及其引起最常见的肌肉骨骼失衡的方式。

示例一：颈长肌与头长肌

颈长肌和头长肌有助于颈部屈曲。但是颈椎过度前凸（颈部伸展）会导致这些肌肉持续拉长，并且影响它们的功能。特别是这些肌肉的功能失衡会妨碍颈部的合理屈曲，使头部无法处于理想的位置。例如你可以想象与一位潜在客户进行讨论，当你坐着倾听时，你的拳头放在下巴下面来支撑头部，在这种姿势下，你的颈部一定会向后弯曲（伸展）以使你的眼睛看着客户。当你试图在谈话结束时调整姿势，坐直身体，把头往后拉，下巴内收，弯曲颈部时，这时颈长肌和头长肌因为受到刺激而很难做到这些动作（Price & Bratcher, 2010）。

示例二：胸锁乳突肌

胸锁乳突肌起源于肋骨的前部，并附着在耳后的颅骨底部。当胸椎向前旋转时，它会导致胸骨和锁骨随着肋骨的移动而下降。肋骨的向下移动使颅骨后部的胸锁乳突肌产生了拉力，这也引起头部向后倾斜，使颈椎上部呈拱形，导致颈椎过度前凸（见图12.4）。

随着时间的推移，这一系列的代偿模式会影响胸锁乳突肌的功能，使头部、颈椎和胸椎很难恢复到最佳位置。但是如果胸锁乳突肌功能正常，它们可以用来拉升肋骨前部，纠正胸椎和颈椎中发现的许多肌肉骨骼失衡问题。例如，当头部往后拉，下巴内收以达到头部的中立位置时，胸锁乳突肌在颅骨后部的止点会远离其胸骨和锁骨的起点。这会导致胸椎伸展，上颈椎屈曲，并且使头部位于正确的位置（见图12.5）（Price & Bratcher, 2010）。

示例三：头半棘肌、颈半棘肌、头夹肌以及颈夹肌

颈部和头部肌肉骨骼失衡会导致肌肉拉伸，并长期缩短。因此，当你试着做一些日常动作，例如颈部向前旋转或头部向下倾斜时，它们就不能有效地拉长。这可能会产生功能失调的代偿，例如胸椎向前旋转（见图12.6）。当颈部和头部的伸肌柔软而健康时，它们可以弹力绳的方式运作，以帮助颈部和头部（同时也包括胸椎）保持应有的正常功能（Price & Bratcher, 2010）。

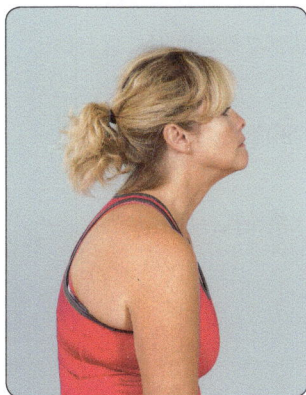

图12.4 胸椎过度后凸，通过胸锁乳突肌造成颈椎过度前凸

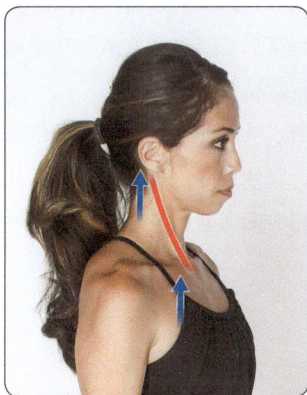

图12.5 健康的胸锁乳突肌能够减缓颈椎过度前凸、胸椎过度后凸以及头部前倾等问题

图12.6 胸椎过度后凸是对颈部伸肌受限的代偿

要点回顾

　　头部包含着我们最重要的器官——大脑，它使我们能够通过感官感知我们周围的环境，并通过前庭系统保持平衡。为了使身体的这一部分正常运行，颈部和头部解剖学位置必须正确对齐，并发挥其有效功能。

- 头部前倾会使身体重心向前移动，会严重地增加头部相对于身体的重量。头部每向前远离其最佳位置1英寸（1英寸约为2.54厘米）头部的重量对身体的影响会加倍。

- 颈部和头部的肌肉骨骼失衡会影响颞下颌关节的排列和功能，从而引起下颌骨发出爆裂和研磨音、咀嚼困难、下颌骨疼痛、头痛或该部位疼痛或运动功能障碍。

- 胸锁乳突肌可以帮助调整头部、颈部和胸椎。将头向后拉和下巴内收，可以将肋骨向上提起，促进颈部和头部的屈曲和胸椎伸展。

- 颈椎过度前凸会导致颈部后部肌肉受刺激。在颈部和头部必须弯曲时，这会妨碍这些肌肉和软组织正常拉长。

- 当颈部屈肌，如颈长肌、头长肌和胸锁乳突肌帮助颈部向胸部弯曲时，它们也会像弹力绳一样拉长，以使颈部免受不必要的压力。

- 颈部和头部的肌肉骨骼失衡会通过身体其他部位产生代偿模式，反之亦然。

自我检查

下面的练习是为了帮助你了解身体不同部位的姿势对头部和颈部的影响。

站在一个能照出完整身体的镜子前，完成下表列出的动作。观察这些动作中你的头部和颈部的姿势变化。运用结构评估知识，以及对肌肉运动的了解，在你改变身体不同部位的排列时，确定头部和颈部的哪些结构会受到影响，把你的发现记录在下表中。参见示例。

动作	头部和颈部的反应	这种动作为何会影响颈部和头部
肩部旋转并抬头仰视	向后仰头，颈部伸展，下巴上抬	颈伸肌缩短并受到限制，颞下颌关节向外移动偏离其位置
身体前倾，将重心放在足趾上		
下背部拱起		
弯曲膝关节，稍微下蹲		

第13章

筋膜

筋膜是一种结缔组织，它将全身的每一个肌肉、器官和软组织交织、连接在一起，使它们共同发挥作用。因此，当身体的某一部位发生肌肉骨骼失衡问题时，整个系统都会受到影响，因为筋膜网络使各个部分相互联系（Myers, 2008；Rolf, 1989）。

人体中有两层筋膜。第一层叫作浅筋膜，它位于身体表面附近，有利于皮肤与肌肉或者其他皮下结构相连。第二层叫作深筋膜，它有助于将不同层次的肌肉连接在一起，也有助于保持我们的神经、血管和器官处于正确的位置（Myers, 2008；Rolf, 1989）。

为了进一步了解身体中的筋膜，你可以想象从一只鸡腿上把皮剥下来，皮肤通过一层薄膜附着在下面的肌肉上，这层薄膜就是浅筋膜。当你试图从鸡腿上取下肉时，你会发现肌纤维束上包裹着另一层薄膜，并连接骨骼，这层薄膜就是深筋膜。

筋膜具有弹性，通过吸收和分散身体受到的冲击，帮助身体应对重力和地面的反作用力（Karageanes, 2003）。当肌肉骨骼系统运转良好时，筋膜比较柔韧，在运动过程中会像弹力绳一样拉长，以帮助减轻压力。相反，肌肉骨骼的失衡、损伤、肌筋膜受限（例如

扳机点、粘连或疤痕组织）、疼痛以及炎症等，都不利于筋膜发挥其减缓张力的作用（Houglum, 2016）。

筋膜位于肌肉、骨骼、韧带、肌腱等一系列系统中，上下延伸，遍布全身，使肌肉骨骼系统和筋膜之间的联系不可分割。专门围绕肌肉的筋膜系统称为肌筋膜网络。这些肌筋膜网络是为了帮助身体在所有3个运动平面上完成前后、左右和旋转动作。然而，无论是在不平衡的部位，还是在身体的其他部位，肌肉骨骼失衡都会破坏这些肌筋膜系统，造成更多的运动功能障碍和疼痛（Myers, 2008；Rolf, 1989；Price & Bratcher, 2010）。

了解筋膜对全身的影响，能够使你认识到虽然有些部位会经历疼痛和运动功能障碍，但肌肉骨骼失衡的长期纠正性治疗方法，可以改善身体的整体功能（Price & Bratcher, 2010）。

伸缩运动中的筋膜系统

在许多运动中，身体都需要长时间进行弯曲和伸展。例如，当你髋部和脊柱前屈从地上捡东西时，你必须将髋部和脊柱伸直才能使身体再次直立。我们在前几章中已经了解到，肌肉和其他软组织结构既可以帮助完

成一些动作，又可以减缓力量的传导。

筋膜有3种将肌肉及其伴随的身体前、后的其他软组织结构连接起来的系统（或筋膜链），即前表线、前深线、后表线（见图13.1）。

- 前表线沿身体向下移动，连接的软组织包括胸锁乳突肌、腹直肌、股四头肌和胫骨前肌。
- 前深线连接的软组织包括颈长肌、头长肌、横膈膜、髋屈肌、髋内收肌和胫骨后肌。
- 后表线连接的软组织包括棘肌、骶髂韧带、腘绳肌、腓肠肌和足底筋膜。

这些筋膜系统都有助于肌肉的同步运动，主要是在矢状面的同步运动（即身体向前或者向后弯曲的动作）（Myers, 2008）。

当这些肌筋膜系统有效运作时，它们能确保这些系统的所有肌肉骨骼结构协同工作，并进行整合和协调运动。通过这种方式，它们能够使身体的各个部分以及运动链的其他部分免

受不必要的压力（Starlanyl & Sharkey, 2013）。

最常见的肌肉骨骼失衡会影响屈伸的肌筋膜系统的健康和功能。例如，腰椎过度前凸和颈椎过度前凸会导致下背部、颈部和头部后部的筋膜被拉长和活动受限（Hyde & Gengenbach, 2007）。因此，当脊柱必须弯曲时，脊柱的其他部分，如胸椎，必须代偿下背部和颈部的运动不足。随着时间的推移，这些反复的代偿模式会导致其他肌肉骨骼失衡，例如胸椎过度后凸（DiGiovanna, Schiowitz & Dowling, 2005）。

横向运动中的筋膜系统

除了矢状面运动，许多日常活动和体育运动需要进行左右运动（额状面）。例如在步行时，重力要从一边移到另一边，因此骨盆必须从左向右移动，髋部和腿部会进行外展和内收，脊柱会从一边弯曲到另一边。

当我们的身体进行横向运动时，许多肌

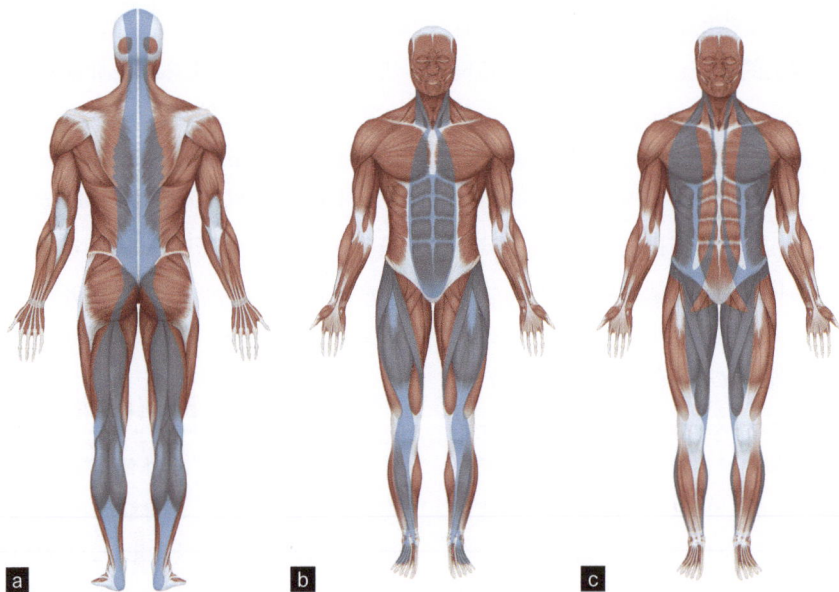

图13.1 筋膜系统的弯曲和伸展：a.后表线；b.前表线；c.前深线

肉和其他软组织结构有助于产生横向运动，减缓力量的传导。参与这些运动的肌肉骨骼都是筋膜外侧线的一部分，筋膜外侧线是一种肌筋膜系统，能将身体两侧的结构连接在一起，促进额状面上的运动（Myers, 2008）。这里有左右两条外侧线，每一条线都是从足底开始，包裹足踝的外侧和小腿的一侧的上端，与腓骨肌相连；然后，与髂胫束相连，向上延伸到大腿外侧，嵌入阔筋膜张肌和臀大肌；随后，通过腹斜肌和肋间肌沿躯干的一侧继续向上延伸，最终到达颈部一侧（见图13.2）（Myers, 2008）。

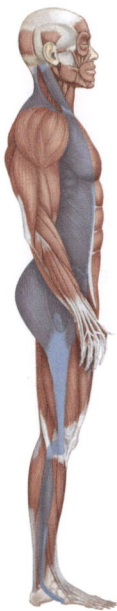

图13.2 筋膜外侧线

许多常见的肌肉骨骼失衡也会影响身体两侧肌筋膜系统的健康和功能（Houglum, 2016；Price & Bratcher, 2010）。例如，足过度内旋会导致足和踝向内塌陷。随着时间的推移，这种不平衡会使足和踝关节的运动受限，导致身体的其他部位进行代偿，例如膝关节过度偏离中线，从而造成膝外翻（Hutson & Ward, 2016）。

旋转运动中的筋膜系统

除了向前、向后和横向运动外，身体还要执行旋转的运动（即水平面运动）。在一些动作中，例如在步行、高尔夫球运动的后挥杆和随挥动作，网球正手击球时的摆臂、转身，这些都需要身体旋转。参与水平面运动的肌肉骨骼都是肌筋膜网络中的一部分，这些肌筋膜网络被称作螺旋线，包围着全身（Myers & Earls, 2017）。

从头到脚有两条螺旋线，从前到后缠绕着身体（见图13.3）。从足底开始，围绕着足踝的内外侧，通过胫骨前肌和腓骨肌向小腿上部和前部延伸，通过髂胫束和股二头肌与大腿的两侧和后部相连，通过竖脊肌继续沿着脊柱向上延伸，并通过腹斜肌和前锯肌包裹躯干和肋骨。然后，这个系统通过菱形肌横跨上身的后部，并止于颅底（Myers, 2008）。筋膜的这些螺旋线系统连接所有的软组织结构，能够使身体作为一个完整协同的链进行旋转。

许多常见的肌肉骨骼失衡会影响身体周围肌筋膜网络的健康和功能（Houglum, 2016；Price & Bratcher, 2010）。例如一个人走路的时候，双臂摆动和双腿相反时，肩胛骨的前伸和后缩可以帮助维持身体平衡。然而，肩胛骨过度前伸会使肩胛骨向前远离肋骨（手臂的内旋角度也会改变）。随着时间的推移，这会刺激肩胛骨周围的筋膜，并影响菱形肌适当收缩和延长的能力。这反过来会影响手臂相对于对侧腿的摆动，导致腿部、膝关节和足踝在步行中远离中线，以进行代偿（即膝外翻和足过度内旋）（Giangarra & Manske, 2011）。

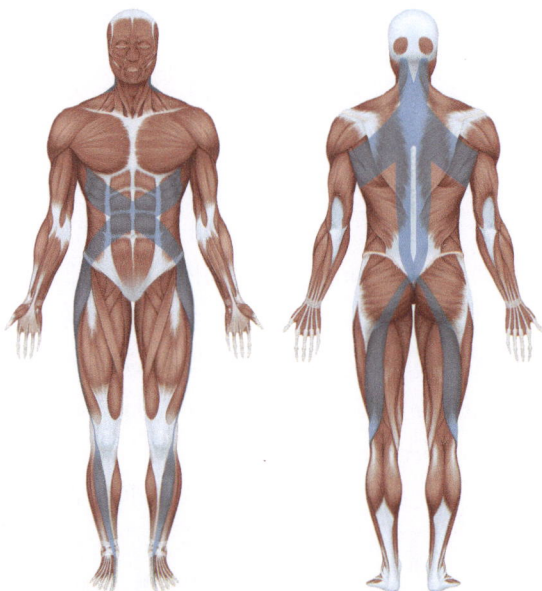

图13.3 筋膜螺旋线

筋膜系统和复杂运动

肌筋膜系统能够帮助人们进行前后、左右两侧或旋转运动，一个完整的运动需要身体向多个方向同时移动（Myers, 2008; Price & Bratcher, 2010）。例如当我们跑步或者步行时，我们同时进行向前、向两侧或者旋转运动。当腿向内和向外转动（内旋和外旋）时，腿会向前和向后摆动（屈曲和伸展）。当重心从左向右转移时，脊柱从一侧向另一侧移动，同时随着手臂的摆动，脊柱也在旋转（Swinnen et al., 1994）。这些多平面动作完全有可能同时发生，因为和肌肉骨骼系统一样，身体的筋膜系统也是相互连接的。事实上，一个肌筋膜网络中的许多肌肉和软组织结构，同时也会包含在其他肌筋膜网络中。例如腹斜肌同时属于外侧线和螺旋线，竖脊肌同时属于后表线和螺旋线。这些复杂的肌筋膜网络的协调运作，能够在负重活动中帮助身体在多个平面上完成精细动作（Myers, 2008）。

我们要想取得成功，必须了解筋膜及其如何影响整个身体的运动，这样我们才可以帮助那些有肌肉骨骼失衡问题的人。当你开始选择纠正性训练时，你必须考虑肌筋膜系统，并设计一些方案来找出客户疼痛和有运动功能障碍的原因。

要点回顾

筋膜是一个由结缔组织组成的三维网络，包裹着身体的每一个结构，包括肌肉、肌腱、韧带和内脏。筋膜的相互联系有助于我们实现多平面和多方向的运动，但也意味着身体某一部分的肌肉骨骼失衡，会对身体其他部分的运动和功能产生直接的影响。

- 筋膜分为两层：浅筋膜和深筋膜。浅筋膜主要连接肌肉与皮肤，深筋膜则将肌肉结合在一起。
- 受限、粘连和疤痕组织都会影响筋膜的拉伸和柔韧度，这会引起疼痛并限制人体运动。
- 肌筋膜是指与肌肉相连的特殊筋膜。
- 在身体的前、后、侧面都有肌筋膜系统，肌筋膜系统包裹着身体的其他部位。
- 身体前方和后方的筋膜系统被称为前线和后线，侧面的被称为外侧线，包裹身体周围的被称为螺旋线。
- 肌筋膜系统相互交织，3个平面的运动就可以协调进行。
- 肌肉骨骼失衡可以限制身体的一个区域或者某一个特殊肌肉和肌肉群的动作。这些限制会影响整个肌筋膜系统的功能，导致身体其他部位出现代偿效应，并造成更多的肌肉骨骼失衡。

自我检查

向客户解释什么是筋膜以及肌筋膜系统影响整个身体的方式，是一个成功的纠正性训练计划的重要组成部分。以下活动能够使我们帮助客户真正理解身体各部位之间的相互联系，并亲身体验适当的纠正性训练策略对肌肉骨骼系统的惊人影响。在向客户介绍这一活动之前先进行练习，这有利于你提升自己的指导和沟通策略，你会自信地用它来解释恢复和维持健康的肌筋膜系统的重要性。

动作执行过程

站立时身体慢慢向前弯曲，伸出双手触摸地面，大腿要保持直立，但不要强迫自己完成这个动作。注意你的手能达到哪一位置（例如只能到达膝关节，或者能摸到足趾，或者能摸到地面）。

回到正常的站姿，将高尔夫球或网球放在左足的下方。将它在你足下滚动，寻找酸胀的点，进行按摩减缓张力，然后继续寻找下一个酸胀点。做一分钟后把球移到右足下方，并重复上述练习。

放松完双足之后，将球放在身体一侧，重复我们最初进行的前弯动作。你会发现手可以触碰到更远的地方。

向客户解释结果

动作幅度增加的原因在于足底筋膜放松。这一筋膜是后表线筋膜的一部分，它从你的足底向上延伸至腿后，穿过骨盆后部，向上到达背部和颈部，最后通过头部到达额头顶部。通过提升足底筋膜的柔韧性，我们能够提升身体背部肌筋膜系统的动作潜力。这就是为什么现在能够更轻松地弯曲，并触到更远位置（Myers, 2008）。

第3部分

纠正性训练的基本原理

在第3部分，你将会了解到成功的纠正性训练计划的要素和如何选择并调整训练，以解决你在第1部分学到的最常见的肌肉骨骼失衡问题。你的结构评估结果以及你从第2部分学到的功能解剖学知识，都将让你能够对备选计划的适用性进行评估。然后，你可以为客户的纠正性训练计划提出合理的建议。

第3部分将详细地讲解3种高效的纠正训练：自我肌筋膜放松训练、拉伸训练和强化训练。你将会了解到这些训练的背景、独特优点以及如何解决并矫正肌肉骨骼失衡。我们将对各种不同的筋膜放松训练、拉伸训练和强化训练进行介绍，使你了解到如何根据客户的需求选用合适的训练方式。你还将学习到如何缓解客户的关于纠正性训练表现的焦虑，以及如何增加客户对纠正性训练计划的信任度。另外，你也会学到进阶客户训练计划的时机和方式，以及在相反情况下，在必要时进行退阶的时机和方式。你也将了解到为了保证安全和效果，每种纠正性训练所对应的具体禁忌。

除了选择合适的纠正性训练外，你一定还会教给客户一些与训练无关的事项，但是这些细节也有可能造成慢性问题，例如鞋子的选择、支架的使用，还包括站姿、坐姿和睡姿相关的知识。第3部分的最后一章解释了长时间持续性静态姿势的负面影响，并提供了一些技巧，有助于客户养成更有益的生活方式和长期保持更理想的身体姿势。

第14章

纠正性训练计划的要素

慢性失衡会影响所有肌肉骨骼结构（包括骨骼、关节、肌肉、筋膜、肌腱和韧带）的健康状况。因此，在评估过程中，你所推荐的纠正性训练必须能够促进有问题的身体结构进行休养、恢复和康复。然后，你必须通过加入纠正训练对这些部位进行重新训练、改善或强化，以恢复其功能、健康和柔韧性，从而改善肌肉骨骼系统的整体健康状况，并减少未来出现问题的可能性。

在为你的客户制订合适的纠正性训练计划时，应该考虑许多因素。除了选择安全、高效的技术外，你一定要解决客户的实际需求和情感需求，以及考虑客户的能力，纠正性训练应该能够帮助他们树立信心（Price & Bratcher, 2010）。你必须设立以合理的顺序来进行纠正性训练的目标，让客户能在最短的时间内获得最大的益处。

帮助客户树立信心

当客户首次和你讨论他们的目标或他们正在经历的肌肉骨骼问题时，你会明白他们可能已经对这些问题有很长一段时间的考虑。因此，他们已经没有信心参与某些活动，尤其是

该活动会引起身体某些部位疼痛时（Bandura, 1986）。

你要记住一点，当你第一次向客户介绍纠正性训练时，让客户树立信心非常重要。最好的办法是花时间倾听他们的顾虑，诚实地回答他们的问题，避免说行话。一开始要逐步深入，在解释每一种常用技术和纠正性训练过程时，要使用不同的教学方法。如果你注意到一个客户看起来很困惑，也没有提问，或者只是同意你所说的一切——如果他看起来太过热情——不要认为他理解了你所说的内容（Fuller, 2004）。这类反应通常表明了相反的情况。客户对自己的能力缺乏信心时，不太可能在不懂的时候告诉你。学会识别客户何时感到焦虑或力不从心，会让你及时解决相应的问题，并赢得客户的信任，与他们建立积极、持久的关系（Whitworth et al., 2007）。

除了要解决客户对他们身体状况的担忧，你还可以在计划开始时选择简单易行的训练方式来增强他们的信心。当他们能够尝试并成功地进行新的纠正性训练时，他们的自信心就会增强。这将促使他们重复这一行为（例如，这可以增加他们继续坚持的动力），

还能促使他们按照你的要求进行下一项训练（Feltz, 1992；Rejeski, 1992）。

记住，纠正性训练计划的指导原则与传统的健身计划相同，要循序渐进（Bryant & Green, 2010）。这种策略适用于心理和生理两个方面。通过可控制节奏引入一些概念和训练，客户才更有可能坚持执行计划，最终实现目标。

训练顺序

一个成功的纠正性训练计划一定以合理有序的方式处理客户的不平衡和障碍。在进行拉伸训练或强化训练之前，必须先让受破坏和受力的结构进行恢复和再生（Price & Bratcher, 2010）。因此，在设计一个纠正性训练计划时，所选用的训练内容必须能够按照以下顺序实现对应的目标。

1. 让有炎症的关节休息，同时结合一定的技术恢复筋膜、肌肉和肌腱。

2. 增加血液流动和运动幅度。

3. 强健肌肉，挑战神经系统。

换言之，每一个纠正性训练计划都应该从自我肌筋膜放松训练开始，然后是拉伸训练，最后是强化训练。

■ 自我肌筋膜放松："肌筋膜"（myofascial）一词中的"myo"指肌肉，"fascial"指筋膜。这种自我按摩技术可以用来恢复和再生已经受到慢性肌肉骨骼失衡影响的软组织（Rolf, 1989；Myers, 2008；Travell & Simons, 1992）。自我肌筋膜放松也有助于客户减轻疼痛，释放软组织上的过度张力。客户开始每次锻炼时都要进行自我按摩，并且可以在家、办公室或任何他们觉得舒适的地方进行。

拉伸：随着软组织结构变得更加健康，纠正性训练过程的下一步是提升肌肉和筋膜的柔韧性，并增大关节的活动范围。许多不同类型的拉伸训练可以增大运动的安全范围，并对因慢性肌肉骨骼失衡而功能失调的身体部位进行再次训练（Walker, 2011）。

■ 强化：一旦客户的软组织结构有所改善，就应该在计划中加入强化训练。这些训练将强化软组织结构，并使客户有信心克服以前出现的某些运动功能障碍。强化训练也能重塑客户的身体，以消除肌肉骨骼失衡（Price & Sharpe, 2009）。

适当的自我肌筋膜放松、拉伸和强化训练的合理运用和进阶（或在适当情况下的退阶），对于纠正性训练计划的设计是至关重要的。在后面的章节中我们会对每一种模式进行更详细的讨论。

训练评估

选择高效的纠正性训练意味着你所推荐的技术必须有效和实用。如果不能轻易取得训练所需的器材，客户不太可能继续坚持训练。因此，在选择训练之前，你应该评估训练的实用性和有效性。

在下面一些简单的训练评估过程中，我们可以通过确定客户的身体结构、目前存在的失衡问题、客户的运动能力、实用性以及可能的替代方案、退阶和进阶，来确定训练是否适合客户。

■ 结构：这个训练针对的是哪些结构（肌肉、筋膜、关节、骨骼）？

■ 失衡：这个训练可用于改善哪些肌肉骨骼失衡问题？

■ 力学：这个训练的正确力学机制是什么（这样失衡问题就会得到解决而不会加剧），客户能正确地执行吗？

■ 实用：客户是否会定期有效地进行这个训练？（训练的限制是否合理，器材需求是否符合实际？）

■ 水平：这个训练是应该进阶还是退阶，以应付不同的挑战，来满足客户的需求？

■ 训练的替代方案：是否有相似的训练？该训练也可以解决相同的失衡问题，它更可能提高客户的忠诚度，也就是说，如果客户喜欢该训练，那么他越可能将该训练作为日常生活的一部分。

用这个简单的程序来评估你建议的每一个纠正性训练，这样可以确保你能满足每个客户的需求。

要点回顾

在选择高效的纠正性训练时需要考虑许多因素。

■ 成功选择纠正性训练有3个最重要的部分。

– 评估客户的肌肉骨骼失衡问题和软组织结构。

– 能够识别客户的焦虑，并使用适当的沟通策略树立他们的信心。

– 了解每个客户应该使用哪些纠正性训练，以及训练的顺序。

■ 如果你首先推荐的策略能够促进受损组织的愈合和再生，并且让客户能够轻松地坚持训练，那么这样的纠正性训练计划将是最成功的。

■ 有肌肉骨骼失衡、损伤或疼痛问题的客户可能会对自己的状况感到焦虑。当你和他们讨论训练和其他计划变化时，寻找焦虑水平可能上升的迹象。你可以根据需要调整你的策略，以帮助他们保持舒适、自信和专注。

■ 帮助客户树立信心的最佳策略如下。

– 语言坦率真诚，避免使用复杂的技术性术语。

– 用简单有效的训练来开始一个计划。

– 把循序渐进的指导原则运用于纠正性训练计划。

■ 每种纠正性训练计划应该包含自我肌筋膜放松训练、拉伸训练和强化训练，并以此为顺序。

■ 用简单的程序来评估每种纠正性训练，让你的选择变得恰当、高效、实用。

自我检查

　　客户的焦虑是由慢性肌肉骨骼失衡和疼痛造成的，因此在向客户解释纠正性训练时，重要的是不要使用专业术语。为了帮助你学习这项有价值的技能，你可以用下面表格里简单的日常语言来解释自我肌筋膜放松训练、拉伸训练和强化训练的概念和益处。以自我肌筋膜放松训练为例。

训练类型	非术语性描述
自我肌筋膜放松训练	自我肌筋膜放松只是自我按摩的一种流行名称。自我按摩通常是将血液输送到紧绷的肌肉，以及在评估中发现的受失衡问题影响的其他组织中。这些技术将使你的身体得到恢复或康复，缓解症状，当时机成熟时为进行下一步计划做好准备
拉伸训练	
强化训练	

第15章

自我肌筋膜放松

本章将介绍不同的自我肌筋膜放松方式，以及为什么需要在针对客户需求的方案开始时，即在拉伸训练和强化训练之前，使用自我肌筋膜放松训练。（"自我肌筋膜放松"和"自我按摩"这两个术语可以互换。许多客户更喜欢"自我按摩"这个词，因为他们熟悉按摩，而且更热衷于学习按摩技巧。）你将学习这些技术如何恢复和修复软组织结构，并解决肌肉骨骼失衡问题，缓解肌肉骨骼运动功能障碍和疼痛。你还将学习关于以上技术的教学和指导技巧，及进阶和退阶的方法。

什么是自我肌筋膜放松

自我肌筋膜放松听起来很复杂，很有技术性，但它是一个非常简单的概念。术语"肌筋膜"是指相互包裹的肌肉和筋膜。自我肌筋膜放松是一种按摩技术，对一些出现受限、紧张、僵硬、粘连、扳机点、疤痕或缺乏运动的肌筋膜组织部位，施加持续的压力。持续的压力可以刺激该部位的血液循环，缓解血液流动不畅和毒素造成的压力，提高组织弹性和柔韧度（Travell & Simons, 1992; Simons, Travell & Simons, 1998）。在使用自我肌筋膜放松训练

之前，我们有必要了解肌肉和筋膜的特性。这将使你了解如何通过这些技术的运用来提供帮助。

肌肉

骨骼肌是人体最常见的肌肉组织形式。除舌头之外的骨骼肌的两端通过肌腱连接至骨骼。肌肉由一些成束的组织构成，这些组织的延伸方向通常和它们作用于骨骼和关节的力的方向是一样的。例如，肱二头肌的组织起源于肩胛骨的一部分，止于桡骨末端和肘部附近的前臂筋膜（Scheumann, 2007）。这条肌肉的纤维束沿着上臂纵向延伸，因为它们的功能是在收缩时，将前臂拉向肩部。还有的肌肉，例如臀大肌，它有多种功能，其中的纤维沿多个方向延伸。肌肉的起点和止点，以及肌肉纤维延伸的方向，决定了每一块肌肉或肌群的动作（Hyde, 2002）。肌肉中的粘连、囊肿、结节、疤痕组织和僵硬会影响肌肉正确完成这些动作的能力。定期运用自我肌筋膜放松训练，能帮助这些肌肉纤维重新排列，使肌肉能够高效地发挥其功能（Clark & Lucett, 2011）。

骨骼肌可以延长和拉伸，缩短和收缩，还能恢复到正常形状。这些特性分别被称为弹性、收缩性和延展性（Hyde, 2002）。从纠正性训练的角度来看，这3个特性都非常重要。肌肉的收缩功能使骨骼运动。肌肉拉长和适当拉伸的能力有助于"弹力绳效应"发挥功效，减缓运动并减轻关节的压力。肌肉恢复到正常形状的能力使身体的各个部位恢复正常，得到休息，并防止肌肉骨骼出现负面变化。定期运用自我肌筋膜放松训练可以通过改善肌肉组织的敏感性、恢复及修复、生长和机能，来改善这3种肌肉功能（Beck, 2010）。

筋膜

筋膜是一种结缔组织，它包裹并分离肌肉纤维束、整个肌肉以及身体的每一层组织。它贯穿全身，把所有的结构连接成一个不可分割的运动链（见图13.3）（Myers, 2008; Scheumann, 2007）。

任何纠正性训练计划的开始都应是对筋膜的整体情况和健康状况的评估和处理。这是因为筋膜的受限或紧绷通常表现为肌肉骨骼的代偿模式和失衡，即肌肉紧张和疼痛。定期进行自我肌筋膜放松训练有助于调节全身肌筋膜张力，减轻运动压力，改善血液流动，并增大活动范围（Rolf, 1989）。

不健康的筋膜和肌肉纤维容易造成功能紊乱（有时是疼痛），如过度紧绷、结节、粘连和僵硬（Scheumann, 2007）。这些症状可能表明，自我肌筋膜放松训练可用于恢复那些需要使用此技术的组织的健康和活力。自我

肌筋膜放松训练可以缓解或消除客户的疼痛症状，客户通常都会喜欢。

自我肌筋膜放松的起源

自我肌筋膜放松训练并不是一个新理念。大约5000年来，自我按摩以各种形式被用来促进健康、缓解压力和减轻疼痛。自我肌筋膜放松训练被认为起源于公元前3000年至公元前2500年。19世纪中叶，"按摩"一词正式引入西方医学界。按摩在瑞典变得非常流行，许多在那个时期发展起来的技术至今仍在使用（Calvert, 2002）。在芬兰和俄罗斯，按摩技术被进一步推广至运动按摩和神经肌肉治疗领域。

从水疗中心到医院，按摩和自我肌筋膜放松作为一种治疗和恢复策略，被运用于世界各地的多种场所。目前，以矫正为目的的按摩方式是指使用较大的工具（如泡沫轴）或用较小的按摩器材（如网球或按摩杖）来精确定位肌肉或筋膜的特殊区域（Price, 2013; Price & Bratcher, 2010; Simons, Travell & Simons 1998; Travell & Simons, 1992）。

自我肌筋膜放松的益处

许多研究者对定期进行自我肌筋膜放松有益于客户纠正性训练的原因进行了研究。针对最常见的肌肉骨骼失衡所影响的肌筋膜结构进行按摩，已被证明有以下作用（Abelson & Abelson, 2003; Brummitt, 2008; Calvert, 2002; Inkster, 2015; Price, 2013; Simons, Travell & Simons, 1998; Travell & Simons, 1992）。

- 促进循环，使氧气和其他营养物质到达重要的组织、肌肉和器官。
- 增加关节的灵活性，为增大关节的活动范围以及增加拉伸训练和强化训练的负荷做好准备。
- 减少粘连和疤痕组织，并提高肌肉和其他软组织的弹性。
- 减轻延迟性肌肉酸痛。
- 消除肌肉紧张。
- 释放内啡肽以帮助减轻疼痛。
- 减轻心理压力。

图15.1　一般自我肌筋膜放松技术示例：泡沫轴放松胸椎

自我肌筋膜放松的类型

自我肌筋膜放松技术有两种：一般技术和特殊技术。这两种技术对肌肉骨骼失衡所影响的肌肉的恢复和再生非常有效。它们可以用来修复和恢复软组织结构，为纠正性训练后续环节的开展做好准备，也可以在进行身体锻炼或剧烈运动后促进恢复。

一般技术

一般自我肌筋膜放松技术是可以作用于大面积身体部位的技术（Inkster, 2015）。表面积较大的器材，如泡沫轴，非常适合这种类型的按摩（见图15.1）。

这些一般技术通常运用于纠正性训练计划的初期，以解决大范围的肌肉和软组织运动功能障碍（Myers, 2008；Rolf, 1989）。例如，如果评估显示客户膝关节外翻，你就应该知道他的腿向身体中线旋转。根据你对肌肉和运动的理解，你会知道这种失衡会影响使腿部内旋的肌肉群，例如髋旋转肌、臀肌、髋内收肌和髋屈肌。每一个肌肉群都由几个单

独的肌肉组成。在计划开始时不要让客户按摩肌肉群的每一块肌肉，这会让人难以承受，而且没有必要（这种失衡可能对肌肉群的某些肌肉影响更大）。因此，一般自我肌筋膜放松技术非常有利于计划的初期阶段。

由于一般自我肌筋膜放松技术对身体大范围的影响时间较短，如果客户说没有时间完成纠正性训练的家庭练习，仍然应该建议他们运用自我肌腱膜放松技术。一般技术可以作为训练前热身活动的内容，有益于增加血液供应和灵活性，还可以作为放松活动以促进休息和恢复（Clark & Lucett, 2011）。

特殊技术

特殊自我肌筋膜放松技术针对单个肌肉和肌肉或筋膜区域内精确的"扳机点"。这种更为严格的自我按摩方式通常需要对身体的特定部位持续施加压力，以帮助恢复单个肌肉及相关筋膜的运动能力和弹性（Abelson & Abelson, 2003；Price, 2013）。特殊自我肌筋膜放松技术使用表面积较小的按摩工具［例如网球、高尔夫球、长曲棍球、棒球和扳机点治疗棒（如按摩杖）］，可以精确定位肌肉或筋膜的区域（见图15.2）。

图15.2　特殊自我肌筋膜放松技术示例：按摩杖按摩后颈

特殊自我肌筋膜放松技术针对较小的身体区域，如足或小腿肌肉。随着纠正性训练计划的进阶和更精确的需求，特殊自我肌筋膜放松技术也能针对单独的肌肉，或肌肉和筋膜的特殊部位。例如，当你和一个患有胸椎过度后凸和肩胛骨前伸的客户一起运动时，你可能会注意到他的右肩胛骨相对左肩胛骨前伸。用一个网球滚压他的右菱形肌，将是解决这种特殊失衡的最佳方法。

当一般自我肌筋膜放松技术不太实用时（例如客户旅行时无法携带泡沫轴，或购买的泡沫轴不实用，客户不能成功执行你推荐的泡沫轴训练），就应该使用特殊自我肌筋膜放松技术（Price & Bratcher, 2010）。

自我肌筋膜放松
技术的教学方法

自我肌筋膜放松训练从生理角度来看非常适合纠正性训练计划的开始阶段，它还提供了额外的益处，使你能够通过快速减轻疼痛症状来树立客户的信心。因此，选择适用于客户的方案，能迅速减轻客户疼痛，对于促进客户长期坚持和完成目标的运动是至关重要的。

在此，有一些让你的客户成功实施自我肌筋膜放松技术的教学建议。

1. 当你第一次向客户介绍自我肌筋膜放松技术时，他们通常会询问"量"的问题，例如动作组数、重复次数、持续时间和频率。重要的是要记住每个客户都有不同的需求，所需的时间因人而异。本书的第4部分包含了练习库中每个练习的概要指南，但是你应该调整自我肌筋膜放松训练的参数变量，以适应每个客户的需求和能力。

2. 确定了一个肌筋膜受限的区域，并选择了一种自我肌筋膜放松练习后，给客户足够的时间去寻找紧绷的区域或痛处。客户对网球或泡沫球的第一反应通常是紧张，这是由受限组织的不适或压力造成的。然而，如果给他时间来适应这些新的感觉，他就会开始放松，他的身体会释放激素以得到进一步的放松。此外，允许客户寻找需要自我肌筋膜放松的区域，可以让他们自己找到痛点。这种自我发现的过程将使他们感到能够控制这个新的训练和总体计划，从而更有可能坚持训练计划（Price, 2016）。

3. 你建议的自我肌筋膜放松技术必须具有实用性。不要推荐难以购买或不实用的器材。例如，一个全尺寸泡沫轴是一个很有用的自我肌筋膜放松工具，但是它不适合放在一个随身携带的手提箱里。如果你的客户经常坐飞机，而且不喜欢托运行李，那么要求使用全尺寸泡沫轴的训练并不合适。

4. 告诉客户他们要进行特殊自我肌筋膜放松训练的原因，以及这与他们的状况有什么关系。你要了解所建议的训练的基本原理，给他们一个很好的理由来使他们定期进行训练（Whitworth et al., 2007）。

5. 当客户进行自我肌筋膜放松训练时，你会发现他们的自信心随着肌筋膜张力的释放而增加。这种日益增长的信心通常会让他们思考接下来的纠正性训练计划（Feltz, 1992）。你可以利用他们不断增强的自信心，并通过解释正在进行的训练与下一阶段训练计划的关系，来让他们坚持训练。这有助于保持他们的热情，并让他们为下一步的目标做好心理准备（Pappaioannou & Hackfort, 2014）。例如，随着客户对特殊练习更加自信，你可以为准备下一项训练而这样描述："用泡沫轴让你的髋部和下背部进行热身后，我们可以整合一些拉伸训练，来让这些部位周围的肌肉进行正确的运动。这将帮助你重新参加所有你喜欢的活动，例如徒步旅行和园艺。"

何时退阶自我肌筋膜放松训练

无论是在你的监督下，还是在客户自己完成时，客户必须能够感觉到你所推荐的自我肌筋膜放松训练是有效果的。因此，如果你的客户感到不安、犹豫或不能正确地进行训练，你需要知道何时以及如何退阶这些训练，也就是说，让训练变得更加容易。

1. 不论何时，当客户感到不舒服或紧张时，都应该退阶自我肌筋膜放松训练。例如，如果一个客户在做泡沫轴训练时，身体一直在滑落或显得不舒服，那么应该降低技术难度（退阶），让他更容易完成训练（见图15.3）。退阶训练可以让客户在训练过程中保持对身体的控制，这是增强客户信心的关键。降低难度还可以帮助客户享受这个过程，并轻松地开始每个训练，这能让他们所按摩的肌筋膜结构放松并获得释放。

2. 如果客户出现任何类型的疼痛，就应该退阶自我肌筋膜放松训练。由于自我肌筋膜放松技术旨在恢复不健康的软组织结构，当客户第一次使用泡沫轴、网球或深度按摩杖时，会很自然地感到一些不适或疼痛。然而，如果这种感觉很强烈，或者在训练过程中没有缓解，那么就应该停止训练，并适当地退阶自我肌筋膜放松训练。你要与客户沟通，了解他们在进行训练时的感受，并观察他们的身体语言，从而监控他们的不适程度，这有助于你确定是否需要退阶自我肌筋膜放松训练。

3. 如果客户不知道如何执行你推荐的自我肌筋膜放松技术，就需要退阶该训练。例如，如果客户在进行泡沫轴训练时，继续把身体放在错误的位置，你必须找到一个更适合他的训练，并让他能够正确地完成（例如类似的网球训练）。

4. 如果自我肌筋膜放松技术导致客户身体其他部分出现疼痛或不适，也要退阶自我肌筋膜放松训练。例如，一些泡沫轴训练要求

图15.3　从泡沫轴放松臀肌（a）退阶到网球放松臀肌（b）

客户在放松腿或髋部时，用一只手臂保持平衡。用一只手臂支撑身体可能会对肩部造成过大的压力或引起疼痛。如果发生这种情况，告诉客户停止训练，让他退阶至另一种不需要单臂支撑的训练方式。

5. 如果客户没有特殊的器材（或者不愿意购买），也应该退阶自我肌筋膜放松训练，并建议一个更舒适的训练。例如，如果客户没有深度按摩杖，也不想买一个，你需要推荐另一种替代训练，例如使用一个网球。

自我肌筋膜放松训练的退阶方法

这里有很多自我肌筋膜放松训练的退阶方法。

1. 允许客户使用更软的工具来施加压力，例如一个密度较小的滚轴或一个更软的球。

2. 告诉客户坐着或躺着完成训练。例如，在使用高尔夫球滚动技术时，客户可以坐着并使用一个网球（见图15.4），从而减少客户足部的压力。

3. 告诉客户用他们的手指按摩脆弱的部

位，而不是用一个较硬的自我肌筋膜放松工具。你可以通过指导客户用电热垫给受影响的部位加热，来进一步退阶自我肌筋膜放松训练。

有许多不同的可行的退阶自我肌筋膜放松训练。在第19章的"自我肌筋膜放松训练动作库"中可以找到关于退阶的训练和建议。

何时进阶自我肌筋膜放松训练

很明显，大多数客户都希望尽快改善肌肉骨骼的健康状况，这样可以减轻疼痛，改善功能。一旦他们掌握了一项训练，就开始进阶训练计划，这样做是最有效的方式。

1. 如果客户在对目标区域施加压力时不再感到任何压迫感，就可以进阶自我肌筋膜放松训练。例如，如果客户在滚压股四头肌时该部位没有感到任何压力或敏感，那就可以进行合适的进阶，即对该部位使用一个更硬的泡沫轴，或进行适当的拉伸训练（见图15.5）。

2. 如果客户抱怨他们的训练时间过长，可以采用退阶训练或寻求自我肌筋膜放松技

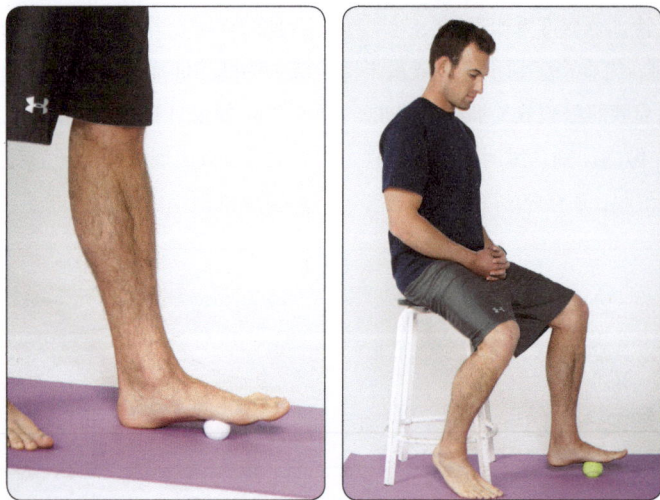

图15.4 高尔夫球滚动的退阶训练，可以让客户以坐姿完成网球滚压

图15.5 股四头肌拉伸训练是泡沫轴滚压该肌肉群的进阶训练

术的替代方法。例如网球的表面积很小，按摩身体的大片区域时就需要很长时间；而泡沫轴则是一个更省时的工具，因为它的表面积更大。

3. 如果自我肌筋膜放松术让目标组织获得了足够的放松，且能达到所期望的活动范围，以正确的技术完成动作，那么自我肌筋膜放松技术就可以进阶为拉伸训练。例如，如果客户已通过高尔夫球滚动放松足底组织，那么你可以让他进行拉伸训练（例如，第20章的"足部和足趾拉伸"）来评估足部的灵活性和动作。如果你发现客户肌肉足够灵活，可以正确地进行拉伸训练，那就继续进阶，并将其纳入计划。但是，如果在进阶到拉伸训练的过程中，你发现客户不能正确完成这个动作，你需要更多的时间让他使用适当的自我按摩技术来重新放松这个部位。

进阶自我肌筋膜放松训练的方法

这里有很多你可以进阶自我肌筋膜放松训练的方法。

1. 指导客户使用较硬的泡沫轴或球对需要放松的部位施加压力。

2. 把拉伸训练纳入训练计划。例如当一个客户用泡沫轴放松臀肌时，你可以指导他把膝拉到胸部，以同时拉伸臀肌（见图15.6）。

图15.6 将臂肌拉伸整合进来

3. 指导客户以不同的角度调整身体，从而对按摩部位施加更大的压力。例如，如果客户使用泡沫轴按摩他的髂胫束，你可以指导他将另一条腿放在与泡沫轴接触的腿上（见图15.7），增加的重量会增加目标部位的压力。

图15.7 双腿叠放，用泡沫轴滚压髂胫束

自我肌筋膜放松训练的进阶有许多不同的可能性。在第19章"自我肌筋膜放松训练动作库"中可以找到完整的训练和建议。

何时不可使用自我肌筋膜放松技术

虽然自我肌筋膜放松（self-myofascial release，SMR）技术一般对大多数客户来说是安全的，但是在纠正性训练中需要注意以下禁忌（Clark & Lucett, 2011; Price & Bratcher, 2010）。

- 不要在身体肿胀或水肿的部位使用SMR技术（例如严重擦伤或有急性炎症的部位）。
- 不要在瘀血块上或其附近使用SMR技术。
- 不要让患有急性类风湿性关节炎的病人使用SMR技术。
- 不要在开放的伤口上或附近使用SMR技术。
- 不要让患有动脉瘤的客户使用SMR技术。
- 不要让患皮肤过敏、荨麻疹、湿疹或皮疹的客户使用SMR技术。
- 让患有高血压的客户谨慎使用SMR技术。如果你对客户使用SMR技术是否安全有疑问，请联系他们的医生以获得许可。
- 对身体过度紧张或痉挛的部位保守使用SMR技术。
- 怀孕的妇女在孕晚期应该避免持久的俯卧和仰卧姿势。对该人群不建议采用要求长时间俯卧或仰卧的SMR技术。
- 客户发高烧时不能使用SMR技术。
- 患有严重疾病或患有流感等传染病的客户，在身体有症状时，不应使用SMR技术。
- 如果客户有疝气或最近做过腹部手术，不要在腹部使用SMR技术。
- 不要在骨折处使用SMR技术。
- 让患有骨质疏松症的客户保守使用SMR技术。如果你确实建议使用SMR技术，那么应选择那些不会对受影响部位造成直接压力的训练。例如不要让客户躺在网球上按摩他的上背部，而是指导他站着按摩这个部位，把网球放在他的背部和墙壁之间。这将使他能够更好地控制对球施加的压力，并降低他症状恶化的风险。
- 在使用SMR技术时，不要对静脉曲张处施加直接压力。
- 患有某些癌症的客户应该避免使用SMR技术。如果你的客户患有癌症，首先与他的医生一起进行检查，以获得许可。
- 如果你对是否应该为客户使用SMR有任何疑问，请先咨询他的医生以获得许可。

其他要求

当你把自我肌筋膜放松训练纳入客户的纠正性训练计划时，必须认识到以下一些要求和安全提示。

1. 当客户进行自我肌筋膜放松训练时，观察他们的肢体语言，观察是否有任何疼痛或不适的迹象。观察他们的面部表情以寻找不适或不安的表现，倾听他们的声音或呼吸以寻找疼痛的可能，观察他们的身体以寻找他们对你建议的姿势感到不舒服的信号。如果客户因任何原因感到不舒服，你都要改变训练方式，以确保他们可以放松，并且不会伤害自己。在进行任何形式的纠正性训练时，绝不要鼓励客户耐受疼痛。

2. 当客户体验到通过自我肌筋膜放松训练可以缓解疼痛时，许多人会想要针对按摩的区域增大压力。虽然有时这是一个进阶计划的好方法，但重要的是，你要指导客户保持

警惕性，不要施加太大的压力或在一个痛处停留太久。过大的压力可能会在无意中损害肌肉组织或周围的筋膜（Fritz, 2013）。

3. 一些自我肌筋膜放松训练可能会在客户的训练计划中持续数月甚至数年。对于那些有严重的身体功能紊乱或身体承受着极大物理应力的客户来说尤其重要。例如，长跑运动员可能几乎每天都需要用泡沫轴滚压髂胫束和臀大肌，以确保这些结构从高强度的跑步计划中得到恢复。

要点回顾

自我肌筋膜放松训练适用于客户训练计划的开始阶段，可用于不健康的肌肉和其他软组织进行恢复和再生，为之后的拉伸训练和强化训练做准备。这些自我按摩术可以在健身房、家里、办公室或路上采用低成本的小器材进行，而且应该定期进行，以解决肌肉骨骼的潜在问题。

- 本章描述了两种自我肌筋膜放松技术，即一般技术和特殊技术。
- 具有较大表面积的泡沫轴或按摩工具，适用于针对身体的大面积部位使用一般的自我肌筋膜放松技术。
- 网球、高尔夫球、长曲棍球、棒球、按摩棒以及深度按摩杖都是表面积较小的按摩工具，可用于治疗特殊的软组织结节和粘连。
- 了解客户的肌肉骨骼失衡情况和功能解剖特征，对了解肌筋膜结构需要运用自我按摩来解决的问题起至关重要的作用。
- 虽然使用自我肌筋膜放松技术有很多理论上的益处，但也有不适合使用的时候。要注意这些重要的注意事项，这样你推荐的技术才会对客户有所帮助。
- 自我肌筋膜放松训练有多种可以进阶或退阶的方法。观察客户在执行每一项技术时的动作，以确保他们能够在家里正确地完成。如果训练中有任何困难，可以采用退阶训练或替代训练。

自我检查

了解自我肌筋膜放松训练的退阶或进阶方法，是设计纠正性训练计划的一个重要部分。为了帮助你检验自己调整训练内容的能力，请在下方表格的空白处列出每项练习的退阶和进阶练习。（这些练习可以在第19章的"自我肌筋膜放松训练动作库"中找到。）

练习名称	可能的退阶	可能的进阶
泡沫轴放松臀肌复合体		
网球放松肩胛骨周围		
泡沫轴放松胸椎		
泡沫轴放松髂胫束		
高尔夫球滚动		
小腿按摩		

第16章

拉伸

在这一章中，你将学习从自我肌筋膜放松训练开始，如何通过引入拉伸训练，来进阶客户的纠正性训练计划。你将学习各种拉伸训练，以及如何运用其进行再训练、恢复，并增大那些因肌肉骨骼失衡而受阻的结构的活动范围。你还将学习教学和指导技术，以此来帮助你掌握与客户沟通的策略，同时你还会学习如何根据需求对这些技术进行进阶和退阶。

什么是拉伸

长期位置不正的骨骼结构会导致关节疼痛和发炎。为了应对这种炎症，关节周围的肌肉和其他软组织结构可能会收紧或变硬，以避免活动，防止进一步的损伤或疼痛。随着时间的推移，这些长期紧张的肌肉会失去收缩、拉伸和放松的能力，这不仅会影响局部的运动，而且会限制周围部位的运动（Clark & Lucett, 2011；Kovacs, 2015）。这些长期疼痛或紧绷的肌肉限制了其功能，由于身体要对活动不足进行代偿，所以可能导致其他部位的肌肉骨骼失衡。长期疼痛的肌肉也可能会产生受限、结节或疤痕组织，导致额外的疼痛（Rolf, 1989）。

拉伸是一个伸展并拉长肌肉纤维（及其周围的肌腱和筋膜）的过程，以恢复血液流动，修复或再训练受损组织，以提高软组织的弹性（Karageanes, 2005）。有规律的拉伸训练有助于突破疼痛肌肉因受限而不能有效收缩、拉伸和放松的循环。拉伸训练也是一种理想的方法，可以安全地增大身体的活动范围，并恢复受到肌肉骨骼失衡的不利影响的部位（Kovacs, 2015）。

拉伸训练是指身体的某些部位在正确运动时，模仿其应有的运动方式，按照相应的方向移动。当正确完成动作时，拉伸训练不仅能改善身体的健康状况，还能让神经系统形成正确的传导方式（Clark & Lucett, 2011）。在这方面，拉伸训练（与自我肌筋膜放松计划结合时）有助于为肌肉骨骼、肌筋膜和神经肌肉系统进入纠正性训练计划的强化阶段奠定基础（Price & Bratcher, 2010）。

拉伸训练的起源

在过去几个世纪里，人们一直使用拉伸训练来增大运动幅度，改善健康状况和减轻疼痛。古代中国被认为最早发展和使用了以拉伸训练为主的身体锻炼方法（Calvert, 2002）。

古代印度的瑜伽练习也能说明拉伸训练的益处，并使之广为流传。

如今，拉伸训练是一种标准练习方式，用来提高运动表现水平，增大活动范围，帮助身体在受伤后得以恢复和再生，并为身体训练做好准备，在剧烈运动后帮助身体恢复，防止损伤，减轻疼痛（Hyde，2002）。

拉伸训练的益处

有许多文献指出拉伸训练有益于纠正性训练计划。如果合理进行有规律的拉伸训练，就可以实现以下目标（Clark & Lucett，2011；Hyde，2002；Karageanes，2005；Price & Bratcher，2010）。

- 帮助肌肉或肌肉群恢复正常运动模式。
- 增大活动范围。
- 增加肌肉力量和爆发力。
- 防止肌肉受伤。
- 缓解肌肉紧张或痉挛。
- 帮助身体放松。
- 提高肌肉协调性。
- 重新训练神经系统，以"释放"因训练导致的肌肉或身体部位的过度紧张。

拉伸训练的类型

拉伸有很多不同的类型。用于解决肌肉骨骼失衡问题的拉伸，有以下3种运用最广泛的技术。

1. 被动拉伸。
2. 主动拉伸。
3. 动态拉伸。

当客户为下一阶段的纠正性训练计划或训练环节做准备时，每种技术都提供了独特的益处。

被动拉伸

被动或静态拉伸是指保持一个固定的姿势（在你的手、墙壁、地面或其他人的帮助下），在预定的时间内增大关节或关节周围结构的活动范围（Kovacs，2015；Walker，2011）。身体的其他部位没有受到刺激，无法在被动拉伸中进行收缩、稳定或协调运动，因此身体处于被动放松状态（Ackland，Elliott & Bloomfield，2009）。一个被动拉伸的例子是卧姿股四头肌拉伸，即拉伸一条腿的股四头肌，同时保持卧姿（见图16.1）。我们通常在纠正性训练计划开始时使用这种可控的拉伸，因为它能让客户感到安全，而且客户在进行新的运动时，不需要控制身体的其他部位或对新运动感到焦虑。

主动拉伸

主动拉伸基于一个被称为"相互抑制"的概念，即当一个肌肉或肌肉群收缩以完成一个动作时，其相反的肌肉或肌肉群就会受到抑制，不能收缩以完成动作（Muscolino，2009）。例如，臀大肌收缩会抑制髋屈肌，使其得以伸展，从而使髋部能够更有效地拉伸（见图16.2）。被动拉伸不涉及肌肉的主动收缩，主动拉伸则要求目标肌肉在相反肌肉收缩的同时，保持拉伸的姿势（Muscolino，2009）。

对解剖学有一个全面的了解非常重要，这样你就能确定哪些肌肉或肌肉群需要收缩，以便让相反的肌肉群进行拉伸。以刚刚描述的髋屈肌拉伸为例，你应该知道髋屈肌收缩有助于弯曲髋部，你也应该知道臀大肌可以完成相反的动作（例如臀大肌收缩是为了伸展髋部）（Golding & Golding，2003）。因此，在髋屈肌拉伸时臀大肌收缩，有助于髋屈肌放

图16.1 被动拉伸训练中的卧姿股四头肌拉伸

图16.2 在进行髋屈肌拉伸的同时，臀大肌收缩是主动拉伸的一个例子

松，以促进更好的拉伸。

如果你对肌肉解剖学和运动知识还不自信，花点时间复习第2部分的内容。随着你更深入地掌握解剖学和运动知识，你为客户选择有效训练的能力会大大提高。

主动拉伸是被动拉伸进阶的一种很好的训练方式，因为它能指导客户通过同时拉伸和收缩肌肉来协调运动，从而促进目标关节的运动（Price & Bratcher, 2010）。主动拉伸训练也有助于神经系统重新放松，并让先前受伤或疼痛的部位不间断地运动。同时，主动拉伸训练也可以让身体为之后的动态拉伸训练和活动做准备。

动态拉伸

在客户的纠正性训练计划中，动态或整合拉伸用于模拟或引入日常运动和功能性活动（Kovacs, 2015；Walker, 2011）。这些类型的拉伸训练提升了动态柔韧性，使客户通过逐步增大正在进行的训练的活动范围或速度，来达到更大的活动范围（Kurz, 2003）。

不过，动态这个术语可能会产生误导，因为这类拉伸训练并不需要进行强有力的、不受控制的运动。相反，它们的设计目的是强调精确和可控的运动，以鼓励客户达到幅度更大或更具动态的活动范围（Walker, 2011）。这类拉伸训练将个别部位的正确动作（客户之前已经通过完成这些部位的被动和主动拉伸，掌握了这些动作）整合成涉及身体多个部位的协调的、功能性的动作（Alter, 1998）。动态拉伸是拉伸训练计划的最后阶段，是让客户过渡到强化训练或让身体为运动和其他活动做准备的一种理想方式。由于这类拉伸需要全身协同运动，以稳定、控制、加速和减速运动，许多动态拉伸训练也被认为是强化训练。

为了避免在动态拉伸过程中受伤，千万不要让客户使用弹跳或其他剧烈的动作，来迫使肌肉或关节超出舒适的活动范围。此外，当客户过度疲劳或无法保持正确的姿势时，不要让他们过多地重复一个动作。

动态拉伸的一个例子是在腘绳肌拉伸等主动拉伸训练中加入躯干旋转动作（见图16.3）。你可以通过指导客户做躯干旋转动作来进行动态拉伸，同时还可以使骨盆在站立的腿上保持稳定。这种动作变化不仅可以拉伸腘绳肌，同时还强化了臀部、髋部、站立的腿的肌肉以及斜方肌（使躯干旋转的肌肉）等稳定肌。

图16.3 动态拉伸的一个例子是在腘绳肌拉伸等主动拉伸训练中加入躯干旋转动作

拉伸训练的教学方法

你必须彻底了解肌肉及其功能，这样才能确定需要拉伸的软组织结构，以及这些肌肉能够完成的动作。这有助于你指导客户如何进行正确的拉伸，他们应该在什么部位感受到拉伸，以及如何退阶、进阶或调整拉伸训练，以使其更合适或更有效。

在你教授拉伸技术时，需要考虑以下因素，以确保这些类型的训练可以成功地应用于客户的训练计划。

1. 一些客户可能认为，要想达到效果必须拉伸很长时间。然而，事实并非如此。研究表明，与拉伸30秒到60秒相比，拉伸超过60秒通常不会产生更大的活动范围（Bandy,

Irion & Briggler, 1997；Taylor et al., 2011）。此外，损伤、粘连、疤痕、撕裂以及肌肉疲劳也会影响一个人完成和保持拉伸的能力。因此，虽然在第20章中我们为每个训练提供了一般指导方针，但是每个客户的体能条件最终决定了拉伸应该保持的时间和频率。

2. 当客户进行拉伸训练时，一定要告诉他们哪个部位应该感受到拉伸。让他们了解应该感受到拉伸的部位，主要出于以下目的：让客户监控自己的拉伸训练计划，在自己进行拉伸训练时减少伤痛发生的可能性，提升他们的内在动机，帮助他们更快地进阶拉伸训练计划（Price & Bratcher, 2010）。例如，当拉伸梨状肌（见第20章的"梨状肌拉伸"）时，客户应感觉到臀部后方从脊椎底到髋部外侧的拉伸（因为梨状肌起源于骶骨，在髋部的后方延伸，附着于大腿上部的外侧）（Gray, 1995）。

然而，如果在做这个拉伸动作时，客户的腹股沟部位有一种奇怪的感觉（拉伸动作不正确是常见问题），你需要检查他的技术并进行相应的调整。如果你不能调整他的姿势以正确针对梨状肌，那就指导客户在该部位退阶自我肌筋膜放松训练。在进行适当的肌肉按摩后，再回到梨状肌拉伸，你会发现这个部位已经放松，客户现在可以正确地进行拉伸训练，而且在身体的正确部位也能感受到拉伸。你应该与客户沟通，了解他们在哪些部位感受到拉伸，这可以为你提供一些重要的进展信息，你还要鼓励客户积极参与并反馈情况，帮助他们改进技术，以确保计划的成功。

3. 与任何训练建议一样，重要的是给客户说明详细的基本原理，包括你为什么要在他们的计划中加入具体的拉伸训练。你的建议要有合理的论据，并且与客户的评估结果相关，这会提升客户完成训练的动机。你要强调一项规定的训练是如何改善某些偏离和失衡的，或说明一项特殊的拉伸训练是如何放松肌肉或组织的，使客户能够进行更有挑战性的拉伸训练或强化训练。这些沟通策略有助于让客户参与训练计划的制订过程，并激励他们充分地参与计划的实施（Bandura, 1986；Mason, 2004）。

4. 推荐恰当且有效的拉伸练习，可以帮助客户进行难度更大的强化训练。谨慎使用选定的拉伸练习，让客户相信自己能够完成某项练习，使他们的身体更加协调。这将有助于他们乐观地尝试一些更复杂的练习，这些练习是在强化训练中需要完成的。

何时退阶拉伸训练

对于客户来说，无论是在你的监督下还是自己完成，重要的是成功地完成你所推荐的拉伸训练。因此，你应该了解何时应退阶这类训练。

1. 如果客户感到疼痛或不适，一定要退阶拉伸训练。如果肌肉或组织还没有准备好拉伸，或者没有提前做好充分的准备，那么与目标肌肉相关联的关节可能会在训练过程中感到紧张或有压力。如果客户在做拉伸训练时表示某个关节或部位受伤，就需要退阶到一个更柔缓的拉伸动作，或者进一步退阶到自我肌筋膜放松训练。如果客户表示疼痛，就不要执行任何拉伸（Clark & Lucett, 2011）。

2. 如果客户很难正确地进行拉伸训练或控制该运动，则需要退阶拉伸训练。例如，如果一个拉伸训练中包含较多的动作，客户很难记住动作要领，或者不能正确地完成动作，出现这种情况，也需要退阶拉伸训练，直到客户可以完整、正确地完成动作。

3. 许多站姿或跪姿拉伸需要客户在训练过程中保持身体的稳定性，然而，如果客户在拉伸过程中很难保持平衡，可以退阶动作，让他们可以保持平衡，并专注于训练的要点。

4. 如果客户认为拉伸训练所需的器材不实用，则退阶拉伸训练。例如，当需要特殊的器材（例如特殊的拉伸带或皮带）进行拉伸训练，而客户没有这种器材时，客户就可能无法在家进行有规律的训练。

退阶拉伸训练的方法

下面介绍几种退阶拉伸训练的方法。

1. 允许客户使用平衡辅助工具完成动作（见图16.4）。

2. 指导客户以坐姿或卧姿进行训练。例如，以卧姿进行腘绳肌拉伸（见图16.5），或者通过指导客户仰卧并胸前抱膝来进行下背部拉伸（这两项都在第20章中有所介绍）。

3. 通过重新进行自我肌筋放松训练来退阶拉伸训练，这会使客户准备好进行更精确的拉伸训练。例如，如果客户在进行小腿拉伸时感到踝关节前部或跟腱周围疼痛，则可退阶到小腿按摩（见图16.6）。然后当客户恢复小腿拉伸时，小腿肌肉会更好地拉长，不会对踝关节或跟腱造成过大的压力。

我们可以通过很多种方式退阶拉伸训练。关于退阶的其他想法和建议可以参考第20章的拉伸训练。

何时进阶拉伸训练

客户希望快速进阶，这样他们就可以进入计划中的强化训练阶段。明白何时以及如何进阶拉伸训练，将有助于他们尽快地实现目标。

1. 当客户表明他们可以正确地进行拉伸（并且将拉伸训练定期融入日常生活），但却看不到任何益处时，建议改为更复杂或更

图16.4 泡沫轴辅助股四头肌拉伸

图16.5 卧姿拉伸是一种退阶方式

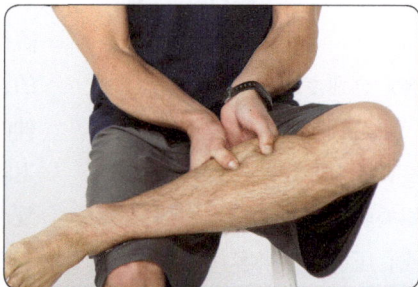

图16.6 从拉伸训练退阶到自我肌筋膜放松训练

动态的拉伸训练，从而刺激身体的其他部位（Walker, 2011）。

2. 当客户掌握拉伸训练后，尤其是如果他们觉得拉伸训练耗时太多，他们可以进阶到动态拉伸，将几个部位相结合（Price & Bratcher, 2010）。

3. 如果客户已经达到了拉伸训练所需的活动范围并掌握了相关技术，就可以进阶训练，针对目标肌肉或软组织结构介入强化训练。

4. 当客户已经精通了此项训练，并且不再进步时，是时候继续进阶纠正性训练计划。

进阶拉伸训练的方法

下面介绍几种进阶拉伸训练的方法。

1. 要进阶拉伸训练，可以告诉客户需要激活正在拉伸的肌肉的相对肌肉（拮抗肌）（参阅本章前面关于主动拉伸的信息）。例如，当一个客户在拉伸腘绳肌时，指导他主动收缩股四头肌，使他的腘绳肌得到更大程度的拉伸（Muscolino, 2009）。

2. 指导客户从坐姿或跪姿拉伸转到相应的站姿拉伸。例如，坐姿下背部拉伸（见第20章）进阶到站姿拉伸（见图16.7），不仅可以拉伸下背部的肌肉和软组织结构，还可以拉伸腘绳肌（Myers, 2008）。

图16.7 从坐姿拉伸转到站姿拉伸是一种进阶

3. 通过移除平衡辅助工具来进阶拉伸训练。例如，当客户进行股四头肌拉伸时，如果他的手放在一个泡沫轴上以保持平衡，那么就把泡沫轴拿开，这样他就可以开始加强腿部肌肉的力量以保持平衡。然而，如果你的客户需要平衡辅助工具才能正确地完成训练，或者客户在没有平衡辅助工具的情况下无法自信地完成训练，就不应该拿走辅助工具。

4. 将身体的其他部位纳入拉伸训练（请参阅本章前面关于动态拉伸的信息）。例如，如果一个客户能够熟练地完成小腿拉伸、髋屈肌拉伸和门框拉伸（见第20章），并且动作达到了合适的水平，则可以进阶到动态拉伸训练，如抬臂后退（见图16.8），这个动作可以拉伸小腿、髋屈肌和躯干肌肉，解决整个腰椎－骨盆髋带的问题（McGill, 2002）。

我们可以通过多种方式进阶拉伸训练。更多的想法和建议请参阅第20章的拉伸训练。

图16.8 一旦客户准备好就可以结合几个身体部位进阶到动态拉伸

何时不可进行拉伸训练

拉伸训练是一种非常有益和安全的方法，可以将拉伸训练纳入客户的训练计划。但在纠正性训练中采用拉伸训练时，需要注意以下的禁忌（Clark & Lucett, 2011; Karageanes, 2005; Kisner & Colby, 2012; Price & Bratcher, 2010）。

- 如果客户抱怨目标部位或周围感到剧烈的疼痛，应该停止拉伸。
- 不要拉伸骨折部位或仍在愈合的骨折部位周围的软组织或肌肉。
- 不要在灵活性过大或有持续创伤的关节周围进行拉伸训练（例如肩部脱臼或撕裂）。
- 不能拉伸最近有急性损伤的肌肉或软组织，如撕裂或瘀伤。
- 不要在有急性炎症的关节周围进行拉伸训练。
- 对于患有类风湿性关节炎或骨质疏松症的客户，要谨慎使用拉伸训练。
- 对有抗凝药物使用史的客户谨慎使用拉伸训练。
- 对于目前使用或有类固醇药物使用史的客户，谨慎使用拉伸训练。
- 不要在受伤或手术后立即建议客户进行剧烈的拉伸训练。
- 患有瘫痪或慢性神经肌肉疾病的客户在进行拉伸之前，要先获得医生的许可。

其他要求

当你把拉伸训练纳入客户的纠正性训练计划时，需要注意一些更安全的调节技巧。

1. 拉伸可用来促进组织逐渐地生长，增大运动幅度，促进被拉伸组织所包围的关节进行重新定位，因此适度拉伸非常重要。弹振式拉伸涉及弹跳或跳动，会对患有慢性或严重肌肉骨骼问题的客户造成进一步的伤害（Walker, 2011）。

2. 身体各部位的肌肉和组织如果紧绷或受限，那么就无法进行拉伸。这些受限的肌肉或软组织结构可能需要收紧，以保护受伤或功能失调的部位（Micheli, 2011）。如果你坚持拉伸持续受限的肌肉或组织，或者你试图调动有炎症或受伤的关节，该部位周围的肌肉可能会进一步收紧，以避免该部分移动，从而可能导致进一步的损伤。你必须了解肌肉和软组织结构的保护机制，这适用于所有具有长期紊乱问题的客户。当你向一个长期存在肌肉骨骼问题的客户推荐拉伸训练时，关键是你需要循序渐进地介绍拉伸运动。这会降低一些部位进一步收紧的风险。

3. 被动拉伸可以增强客户的信心，因为它们相对容易完成，而且受伤的风险很低。虽然这看起来很理想，但客户提高了自信可能会进行过度的被动拉伸。过度拉伸会损伤肌肉组织，导致肌肉在第二天过度酸痛，所以要告诉客户不管他们在进行拉伸时感觉有多好，都不要进行过度的被动拉伸（Alter, 1998）。

4. 客户在开始拉伸训练之前，对需要拉伸的肌肉和组织进行彻底的热身非常重要（Bryant & Green, 2010）。在拉伸训练前进行自我肌筋膜放松训练，有助于提高组织的核心温度。你也可以建议客户在家进行拉伸训练之前，洗个热水浴，帮助他们充分热身。

5. 人体软组织中含有大量水分，其功能和性能取决于充分的水合作用。客户在开始纠正性训练计划的任何阶段之前，必须充分补水，并且在训练期间和训练后都必须保持补水（Hoffman, 2014）。那些脱水的客户（例如，因为训练前一天晚上喝了太多的酒，或者长时间高烧）可能需要推迟训练，直到他们能够充分地补充水分。

要点回顾

在成功应用自我肌筋膜放松训练后，应将拉伸训练纳入客户的训练计划中。拉伸训练旨在安全地增大那些功能失调或之前受伤的身体部位的活动范围。

■ 本章描述了3种拉伸形式：被动拉伸、主动拉伸和动态拉伸。被动拉伸用于拉伸训练的初始阶段，是一种安全、可控的增大活动范围的方式。主动拉伸通过整合目标拉伸肌肉的拮抗肌群的收缩，来进阶客户的拉伸计划。动态拉伸涉及同时拉伸（和协调）身体的多个部位，这是拉伸训练的最后阶段。

■ 在彻底理解功能解剖学后，你可以为客户选择合适的拉伸训练，并能够指导客户哪些部位应该感受到拉伸。

■ 将拉伸训练纳入客户的纠正性训练计划，已有很多被证明的益处。但是，你应该始终保持小心谨慎。慢性肌肉骨骼运动功能障碍或失衡可能会影响客户安全增大活动范围的方式，因为身体功能障碍（或疼痛）的时间较长。

■ 有很多方法可以进阶或退阶客户纠正性训练计划中的拉伸部分。客户在训练时要特别注意，以确保自己能够正确地完成训练。如果你预见到客户对一个训练有任何困难，对这个练习进行退阶，或者换成另外一个练习。

自我检查

在这一章中，你学习了如何进阶或退阶各种拉伸训练。用几分钟考虑A列中列出的每一个拉伸动作，然后分析并确定B列中的替代练习是进阶还是退阶（写在C列中）。注意：在A列中列出的所有练习动作都可以在第20章的"拉伸训练动作库"中找到。

A 拉伸动作	B 替代练习	C 进阶或退阶
小腿拉伸（站姿）	站姿小腿拉伸与胫骨前肌激活	
腘绳肌拉伸（站姿）	站姿腘绳肌拉伸与旋转	
下背部拉伸（坐姿）	站姿下背部拉伸	
股四头肌拉伸（站姿）	卧姿股四头肌拉伸	
胸部拉伸（站姿）	胸部拉伸与菱形肌激活	
手掌墙上拉伸	前臂肌肉的自我按摩	
"为什么"拉伸（坐姿）	"为什么"拉伸（站姿）	
肱二头肌拉伸（站姿）	肱二头肌的自我按摩	

第17章

强化

在这一章中，你将学习如何从拉伸训练进阶到强化训练，从而对肌肉骨骼失衡影响的肌肉和其他软组织结构进行强化。你将了解几种不同类型的强化训练，以及如何使用它们来修复、重新训练并改善身体的某些部位，以解决客户肌肉骨骼失衡的潜在问题。你还将学习教学和提示技巧，以帮助你了解与客户沟通的策略，以及如何进阶和退阶这些技术。

什么是强化

肌肉骨骼失衡对骨骼和软组织结构都有很大的影响。它们会导致肌筋膜受到限制，影响关节的活动范围或功能。肌肉长度和张力也会受到影响，从而影响肌肉的收缩、伸展和适当放松的能力。随着各种各样的肌肉和其他软组织结构失去其正常功能，身体中的其他肌肉骨骼结构取代了这些功能失调的部位，导致进一步的代偿和更多的失衡（Fritz,2013；Houglum, 2016）。

适当且渐进地把自我肌筋膜放松训练和拉伸训练纳入客户的训练计划，这有助于恢复肌肉的功能和活动范围。一旦软组织结构恢复到合理的健康和柔韧水平，你就可以通过强化训练来引入负重和抗阻训练（Clark &Lucett, 2011）。强化训练是指在负重或张力下挑战肌肉骨骼和神经肌肉系统来激活、协调并持续强化正确的动力和运动模式（Clark &Lucett, 2011；Price & Bratcher, 2010）。强化训练促进这些系统进行改变，产生生理适应，如提升神经放电水平、肌肉大小水平、耐力、爆发力和力量（Clark & Lucett, 2011）。

当正确地完成抗阻训练并坚持训练时，抗阻训练有助于增强肌肉，以支持骨骼的正确对齐和运动，并改善神经肌肉的协调性。这些训练的成功进行也可以增强客户的信心，使他们有能力让之前受伤、疼痛或功能失调的身体部位进行活动。强化训练还可以解决并纠正肌肉骨骼失衡问题，而不是加剧症状，并且减少身体其他部分不必要的压力，同时使过度运动或发炎的部位得到休养、恢复并康复。引入并定期进行纠正性强化训练，对于帮助客户达到短期和长期的健康和体适能目标至关重要（Price & Bratcher, 2010）。

强化训练的起源

抗阻训练已经在世界不同地区使用了3500多年，它可以更好地让人们为一项任务做好准备，例如运动或战斗（Kraemer & Häk-kinen, 2002）。尤其是古希腊人，他们经常把结构化的负重训练融入日常生活，以形成健康、强壮的体格（Price, 2008）。

然而，直到19世纪末、20世纪初工业革命之后，人们才开始发展精确而特殊的训练方式，帮助人们从伤痛和肌肉骨骼失衡问题中恢复（Kraemer & Häkkinen, 2002；Price, 2008）。随后，物理治疗的现代练习被纳入医学领域，主要是运用强化训练，这成为受伤士兵恢复运动能力和身体功能的方法（Price, 2008）。

从那时起，物理疗法就用来治疗丧失行动能力的病人，帮助他们从伤痛中恢复。然而，在过去的几十年里，出现了一种流行趋势——越来越多的人因常见的、并非由损伤引起的肌肉骨骼失衡问题而感到痛苦。这些失衡是由环境因素造成的，例如长时间的静态姿势、鞋子的选择和久坐的生活方式（Price & Bratcher, 2010）。许多患有常见肌肉骨骼失衡问题的人不需要物理治疗，因此纠正性训练领域正在发生演变，以填补这一人群在护理方面的空白。因此，在健康健身领域，开始更频繁地使用肌肉骨骼评估、自我肌筋膜放松、恢复性拉伸和纠正性强化训练。

强化训练的益处

对于纠正性训练的客户来说，强化训练有很多已被证实的益处。纠正性强化训练的特殊益处包括以下几方面（Clark & Lucett, 2011；McGill, 2002；Miller, 1995；Stone, Stone & Sands, 2007）。

- 增强肌肉力量。
- 增强肌肉耐力。
- 促进结缔组织的生长并增强其力量。
- 提升关节的稳定性。

- 改善关节的灵活性。
- 促进关节软骨的生长。
- 增加骨密度。
- 提升肌肉的协调性。
- 改善运动技能。
- 改善运动单位和神经肌肉激活。

强化训练的类型

本章强调了7种强化训练。

1. 等长。
2. 向心。
3. 离心。
4. 单关节。
5. 多关节。
6. 运动链。
7. 多平面和多维度协调运动。

客户通过纠正性训练计划或训练环节取得进步时，每一种类型的强化训练都为客户提供了独特的益处。

等长

当肌肉被神经输入激活时（例如通过大脑神经传递信息），就会发生等长收缩。但在收缩过程中肌肉的长度会保持不变，也就是说，既不会缩短也不会被拉长（Higgins, 2011）。这是神经系统最容易协调的动作。一旦神经系统产生了等长肌肉收缩，它通常可以继续向所涉及的肌肉发出强烈的信号，以保持激活状态。等长训练的一个示例是在指定的时间内，以静态收缩状态保持直臂举高（见图17.1）。

当肌肉不能正常激活，或者因慢性肌肉骨骼问题而中断神经输入时，客户需要在进阶到更具挑战性的强化训练之前，让肌肉重新激活。你绝不应该认为一个肌肉即使无法独自正确工作，它也可以在一个复杂的多关节运动或者运动链中进行运动。

图17.1 等长强化训练示例

向心和离心

向心肌肉动作包括缩短肌肉，使肌肉的起点和止点相距更近，并导致关节处骨骼的运动（见图17.2）（Fishman, Ballantyne & Rathmell, 2009）。向心肌肉收缩通常很容易让客户看到和感觉到，因为正在收缩的肌肉通常会在收缩或缩短时显得更大（或摸起来感觉更大）。反过来，一个离心肌肉动作，涉及肌肉的拉长，并在身体部位运动时减慢动作速度（Fishman, Ballantyne & Rathmell, 2009）。例如，将一个哑铃从肩部降低到腰部高度时，需要肱二头肌的离心动作来平衡哑铃的重量，以及肘部伸直时的重力。

向心强化训练通常涉及单关节（见下文的"单关节"部分）或多个关节（见下文的"多关节"部分）。向心强化训练对客户来说比离心训练更安全，因为向心动作通常在关节

处开始运动。反过来，一个离心动作需要减弱关节上的力。如果客户不能正确完成一个离心动作，可能会对关节造成更大的压力或疼痛。因此，在开始纠正性训练计划的强化阶段时，最好先进行涉及向心肌肉动作的强化训练。记住一点，始终要注意并推动客户安全地做离心动作，以训练他们的肌肉骨骼系统减缓运动，并将对身体的压力降至最低的能力。

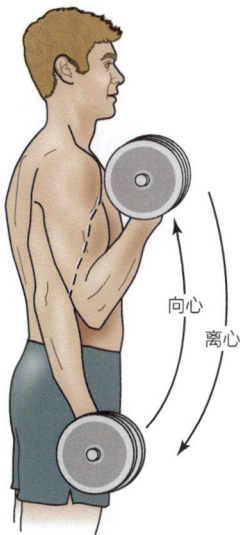

图17.2 向心收缩产生运动，离心收缩减速运动示例

单关节

单关节强化训练可以强化移动一个关节的肌肉（Ackland, Elliott & Bloomfield, 2009）。当你将单关节强化训练引入客户的纠正性训练计划时，客户受伤的风险通常更低，因为运动是受控制的，而且仅限于一个骨关节。然而，只有当你确信客户能熟练地激活和控制目标关节运动所需的肌肉或肌肉群时，才能让客户进行单关节强化训练。例如，一个客户必须能够向心激活股四头肌以拉伸膝关节，以及离心减缓膝关节屈曲。在引入向心或

离心单关节强化训练之前，可用等长强化训练（见本章前文"等长"部分）评估肌肉或肌肉群收缩的质量或强度。

如果你向客户推荐一项运动，然后发现肌肉或肌肉群没有被正确激活，你可能需要通过提供向心或离心负荷来刺激肌肉做出反应，从而增加或减少对这些肌肉的输入。例如，在进行"侧卧抬腿"这种单关节训练时，如果你注意到客户的髋外展肌（例如，臀中肌和臀小肌）没有收缩，或者他没有感觉到收缩，你可以在他完成动作时用手对这些肌肉施加少许压力来激活肌肉（见图17.3）。这种额外的压力将有助于提高神经对肌肉的要求，并刺激肌肉做出反应（Reider, Provencher & Davies, 2015）。

图17.3 单关节训练增加外部负荷示例

以一种可控的方式增加负荷，是一种安全调控专项训练的方法，因为当客户躺在地上移动单关节时，他受伤的风险很小。然而，在训练中增加负荷时，不要施加太大的压力，不要超过客户可控制的能力，否则，力量太大，他将不得不调动身体的其他部位来帮助运动（即他必须"作弊"）。

建议在强化计划开始时让客户进行单关节强化训练，因为它们不会有太多的信息给神经系统带来过多的压力负荷，而且很容易进行

协调（Ackland, Elliott & Bloomfield, 2009）。客户可以迅速熟练地进行单关节强化训练，从而使他们有信心移动以前疼痛或受伤的部位。

多关节

多关节强化训练包括多个关节的运动（Ackland, Elliott & Bloomfield, 2009）。多关节运动的设计目标是能够移动多个关节的一块肌肉，但它们通常也包括影响目标关节的辅助肌肉的强化和整合。例如，瑞士球臀肌激活训练（见图17.4）是一种多关节运动，专门加强臀大肌。然而，它也可以在一定程度上等长强化腘绳肌和股四头肌的力量，因为在这项运动中，它们与稳定膝和保持腿伸直有关。只有当你确信客户能够控制参与运动的肌肉或肌肉群时，多关节训练才能被引入客户的训练计划。

图17.4 多关节训练示例

运动链

运动链式训练由一系列连续的运动或动作组成，这些运动或动作相互依赖，以产生所需的运动。这种类型的训练是为了教给客户如何使用一些肌肉（或肌肉群），来创建一个涉及身体多个部位的运动链。只有当客户能够控制向心和离心序列中涉及的肌肉，以及这些肌肉涉及的所有关节时，才能够使用

图17.5 a. 开放运动链训练示例；b. 闭合运动链训练示例

运动链训练。运动链运动可以是开放的（例如，链的末端——手或足，可以自由移动）或闭合的（链的末端——手或足，受约束或固定）（Ellenbecker & Davies, 2001）。例如，挥手再见式训练（见图17.5a）是一种开放运动链训练，因为它需要协调降低肩胛骨和弯曲肘部的肌肉，同时，肩袖肌向外旋转手臂，而手臂也不是固定的（或闭合的）。

反过来，单腿支撑转动训练（见图17.5b）的目的是强化许多肌肉，这些肌肉横跨下身的所有关节。然而，链条的一端（足）在运动中与地面接触。因此，这是一个闭合运动链强化训练。闭合运动链强化训练通常比开放运动链训练需要更多的神经肌肉协调性，因为运动链末端增加了对施力的需求。因此，闭合运动链训练可能会给目标肌肉和关节带来更大的压力，因为任何失衡或限制都会导致其他部位的代偿运动（Ellenbecker & Davies, 2001）。因此，在使用运动链训练以减少受伤的可能性时，应该首先引入开放运动链训练，因为你要指导客户协同多个关节和多个肌肉，将它们作为一个整体一起运动。

多平面和多维度协调运动

多平面运动是指身体在不同方向进行运动，如前后、左右、旋转等（见图17.6）。当肌肉群作为运动链的一部分有效运动时，你可以采用全身的动态运动，整合多个平面和多个维度，以确保整个身体的协调功能（Houglum, 2016）。相比运动链和多平面训练，多维度训练的应用范围更广，例如通过站在不稳定的表面（如BOSU球）上移动身体以抵抗阻力（见图17.7）（Shumway-Cook & Woollocott, 2007）。

多平面和多维度训练是为了模拟现实生活中的活动而设计的。它们可以用来帮助客户为参加跑步或其他体育活动做准备。然而，在将多平面和多维度强化训练引入客户的纠正性训练计划之前，你必须评估他是否能够正确地完成你所建议的多平面运动所需的所有动作。一旦你确信他具备了必要的技能，就可以进阶到多平面和多维度训练，促进其提高

图17.6　多平面训练示例

图17.7　多维度训练示例

动作技能，完成所选择的活动或运动。例如，当客户是一名右手网球选手时，你可以通过指导他完成持药球或网球拍的左腿弓步向前动作使他做好准备，然后让他进阶至弓步拉膝训练（见图17.8）。这是在模拟网球运动中的反手击球。

你可以通过增加外部负荷、各种手臂和腿的运动、躯干旋转或多方向上肢运动，来模拟现实生活中的动作，进阶到各种多平面和多维度的运动链训练。客户的最终目标就是能够正确并有效地完成这些训练。当他们达到这个水平时，就不会感到疼痛，也完全可以正常发挥功能，并且还能够完成协调、动态的运动。

图17.8 弓步拉膝练习可以模仿网球运动的动作

强化训练的教学方法

在此有许多提示、调节和沟通技巧，可以帮助你在客户的训练计划中加入强化训练。

1. 客户很少会在第一次尝试时就能完美地完成强化训练。允许客户在尝试新动作和训练时出现错误，给他们一个很好的学习机会，这将帮助他们长期掌握这项训练。当他们尝试训练时，客户将开始学习如何协调之前的功能失调或受伤的部位，他们的大脑和神经肌肉系统将变得更强，因为他们学会了纠正错误并做出改进（Coyle, 2009）。但是非常重要的一点是，要密切观察他们，在他们尝试任何类型的新训练时提供详细的反馈，以尽可能减少导致疼痛、受伤或恶化的错误。

2. 此处所述的强化训练是用来训练神经肌肉系统的，与仅仅用来重塑肌肉质量的强化训练相比，它使用了不同的训练变量（Hoffman, 2014）。虽然在第21章中提供了一般指导方针，但是所有纠正性强化训练的变量（例如组数、重复次数和频率）都应该符合客户的个人需求和能力。当你设定这些变量时，你需

要记住，训练的正确执行比完成具体数量的动作组数或重复次数更重要（Price & Bratcher, 2010）。随着客户能力的提高，每种训练的变量应该随之调整。

3. 当你与客户建立了教学关系后，试着熟悉他们的学习方式。例如，你可能会发现一个客户通过观察你的演示可以更有效地学习；而另一个客户可能需要你用语言来解释这个训练，这样他就可以在尝试这个动作前，先对获得的信息进行处理；然而，另一个客户可能想通过实际行动来知道它是什么感觉。当你开始了解不同客户的学习风格时，你可以通过使用与他们的学习方式相匹配的风格来指导后续训练（Wrisberg, 2007）。更多有关学习风格的信息可参考第23章。

4. 当客户进阶到纠正性训练计划的强化阶段时，你可以通过提醒他们此刻正在做的动作是过去难以完成或不可能完成的动作，来刺激他们训练的动机（Wrisberg, 2007）。例如，一个客户最初来找你可能是因为他在把手臂上举时会感到肩部疼痛。然而，在他完成直臂上举的强化训练时，你提醒他现在可以抬高手臂，而且不会感到肩部疼痛。这不仅会让他知道自己取得了多大的进步，也会给他一个在家里继续进行这些训练的理由。

5. 当给客户介绍各种强化训练时，重要的是你应该将他们进行特定训练的原因和你在评估过程中发现的肌肉骨骼失衡建立联系（Price & Bratcher, 2010）。例如，在你教客户做骨盆倾斜训练时，你需要提醒他：评估结果显示他存在骨盆前倾问题，而这个训练正有助于解决这种失衡（减轻背部疼痛）。请注意，他的腰椎肌肉现在已经足够灵活，可以让他的下背部旋转，允许他正确完成骨盆倾斜训练。这表明他的腰椎－骨盆髋带正在

变得更加灵活，放松对他下背部结构的"控制"。以这种方式描述运动选择，有助于你的客户更加关注他们的习惯运动模式和姿势，并给他们一个坚持纠正性训练计划的理由。

6. 这也有助于将你推荐的具体的强化训练与那些自我肌筋膜放松和拉伸训练相联系，帮助客户为这种进阶做好准备。例如，如果一个客户已经进阶到强化训练中的仰撑提臀练习（见第21章），你应该告诉他如何正确地进行这个训练，因为他首先使用了泡沫轴放松臀肌来使臀肌进行恢复并再生，然后拉伸臀肌和拉伸下背部。因此，他的下背部已经有所放松，在这一训练中，他的臀肌也可以有效地完成提臀动作。这种教学技术不仅能帮助你的客户了解自己的进步方式，而且还能提供解决问题的方法。如果他们自己在进行强化训练时遇到困难，他们就可以自己进行退阶。

何时退阶强化训练

不管是在你的监督下，还是客户自己进行训练，重要的是他们能够顺利完成你推荐的强化训练。因此，你需要知道何时能恰当地退阶强化训练。

1. 当你正在指导一项训练时，客户如果感到任何疼痛，那么就退阶到他可以没有疼痛就能完成的训练（Price & Bratcher, 2010）。例如，如果你想指导客户进行单腿支撑转动训练，但是客户的身体感到疼痛，那么就要返回到一个合适的训练，如鸭式站立，以帮助激活臀肌（见图17.9），或进行自我肌筋膜放松训练，如果有必要，可以在影响膝部结构的臀部或髂胫束先进行泡沫轴放松（见第19章）。

2. 如果客户无法正确地执行或协调某些动作，则退阶强化训练。在他们进行强化训练时，你必须注意他们的肢体语言。如果他们的呼吸速率有不必要的增加，或者他们咬嘴唇，把舌头伸到上嘴唇，看起来不舒服，或者表现出其他焦虑和不适的肢体（非语言）信号，这可能意味着他们的身体运动过度。如果你发现有神经肌肉超负荷和混乱的迹象，退阶训练更加明智，而不是让客户坚持训练（Chaitow & Delany, 2005）。

3. 如果客户在第二天或当天晚些时候感到严重的疼痛，那么你也应该退阶强化训练。

图17.9 退阶强化训练

纠正性训练的目的是循序渐进地重新训练神经肌肉和肌肉骨骼系统，慢慢恢复身体的运动方式（Bryant & Green, 2010）。训练的目的并不是让肌肉、神经系统、关节或结缔组织过度疲劳。如果在训练环节中，某一部位的肌肉感到过度酸痛或关节疼痛，就会造成额外的肌肉骨骼失衡，要注意在后续训练中避免疼痛。

退阶强化训练的方法

下面介绍几种退阶强化训练的方法。

1. 如果客户在进行训练时难以保持平衡，那就让他们使用平衡辅助工具（McGill, 2002）。例如，客户在进行单腿支撑转动时，可以用另一只足轻触地面以保持身体平衡（见图17.10），或者他们可以在墙壁或椅子旁边进行训练，以便在训练过程中能抓住一些东西，从而感到更加安全。

2. 另一种退阶方式是可以让客户进行卧姿强化训练（McGill, 2002）。例如，仰卧直臂上举（见图17.11）就是一种很容易的退阶训练。

3. 强化训练也可以通过重温或重复自我肌筋膜放松训练或拉伸训练来实现退阶，这有助于客户有更加充分的准备来恢复强化训练（Price & Bratcher, 2010）。

有许多其他退阶强化训练的方法，更多的退阶建议参阅第21章。

何时进阶强化训练

当客户的功能能力提高时，客户移动时的疼痛也会减少很多，他们就可以感受到通过强化训练的各个阶段所取得的进步。重要的是，一旦他们精通了这个动作或计划的某个阶段的所有练习，他们就会进阶到下一个训练。

1. 当客户达到适当的能力水平，并能令人满意地完成动作时，就应该进阶强化训练。如果你发现客户可以采用正确的技术成功完成需要的重复次数，就可以进阶强化训练，以让他们的肌肉骨骼和神经肌肉系统保持挑战性。

2. 如果客户已经达到了一定的熟练程度，而且表示他已经在这个训练上投入了太多的时间，那么你需要进阶该强化训练。例如，当

图17.10 使用平衡辅助工具进行退阶训练

图17.11 以卧姿进行训练也是一种退阶训练的方式

你和客户一起复习家庭练习时，你发现他经常无法完成训练，因为课后训练所用的时间太长，那就应该执行进阶计划（Price & Bratcher, 2010）。如果客户表明自己能够熟练完成瑞士球臀肌激活（目标是臀大肌）和侧卧抬腿（目标是臀中肌和臀小肌）练习，你就可以用单腿支撑转动练习替换这两个练习（见第21章），而这些目标肌肉可以同时作为运动链运动的一部分。

3. 随着客户训练计划的进阶，他们通常很快就能实现许多最初减轻疼痛的目标（例如，站立、坐着、行走而不感到疼痛）。因此，他们会开始对自己的身体能力感到更加自信，并可能表明他们也愿意参加高尔夫球或网球运动，或参与其他运动。如果客户在身体和精神上都准备好了参加一个活动，就可以进阶强化训练，这样他们就可以开始模仿所要求的动作（Shumway-Cook & Woollocott, 2007）。例如，一个客户如果说她想继续打网球，你可以结合侧弓步旋转练习（见图17.12a）和站姿"曝光式"练习中的右臂动作（见图17.12b），来创建一个全身的运动链训练（见图17.12c），该训练模拟了正手击球的动作（假定客户是右利手）。

进阶强化训练的方法

下面介绍一些进阶强化训练的方法。

1. 你可以通过从一种训练过渡到一种更有挑战性的训练来进阶强化训练。例如，可以从等长单关节训练进阶到向心和离心的多关节训练。类似地，你可以将强化训练从多关节训练进阶到运动链或多平面和多维度协调运动训练。

2. 也可以通过增加训练的外部负荷来进阶强化训练（Clark & Lucett, 2011）。一个例子就是指导客户在做抬臂后退动作时增加一点重量（见图17.13）。因此，腰椎－骨盆髋带、躯干和肩胛带的肌肉都必须更加努力地运动，以增加和减轻额外的重量。

3. 使用更少的道具、支撑物或触觉反馈，也是一种用来进阶强化训练的有效方法（Starkey & Johnson, 2006）。例如，客户能够保持正确的脊椎姿势完成靠墙直臂上举后，你可以告诉他应该离开墙壁进行训练（见图17.14）。如果无法依靠墙来指导他的姿势和动作，他就有必要调整自己的身体来正确地进行训练。

图17.12　通过结合各种训练来模仿运动员的动作，从而进阶强化训练

图17.13 通过增加外部负荷来进阶强化训练

图17.14 通过移除触觉反馈（如墙壁）来进阶强化训练

4. 强化训练的最终目标是以现实生活中的速度完成某一动作（Price & Sharpe, 2009）。因此，当客户在执行特定训练并提高他们的技术水平时，你需要让他们更快地完成动作。例如，抬臂后退要像一个人伸手去接球的动作。让客户循序渐进地进行训练，直到他们能以与现实生活中相同的速度正确地完成动作，才能确保他们的神经肌肉和肌肉骨骼系统模拟现实生活的速度，来协调正确的肌肉和动作。

我们可以通过许多不同的方法进阶强化训练。关于退阶的意见和建议可以参考第21章"强化训练"的内容。

何时不可进行强化训练

强化训练是一种安全有效的方法，可以进阶客户的训练计划。但是对于纠正性训练计划中的强化训练，有以下一些具体的禁忌（Clark & Lucett, 2011；Houglum, 2016；Price & Bratcher, 2010；Price & Sharpe, 2009）。

- 客户抱怨疼痛或不适时，需要停止强化训练。
- 不要尝试对正在愈合的骨折部位或周围的肌肉进行强化训练。
- 在获得专业医学人员的许可之前，不要尝试对患有冠心病、高血压或类风湿性关节炎等疾病的特殊人群进行强化训练。
- 不要在有持续创伤的关节周围进行强化训练（如肩部脱臼或撕裂）。
- 不要对最近遭受急性损伤，如撕裂或可见瘀伤的肌肉或软组织进行强化训练。
- 不要对有急性炎症的关节进行强化训练。
- 对于骨质疏松症患者需谨慎并保守地进行强化训练。
- 在客户受伤或手术后，或在客户被诊断为患有慢性肌肉骨骼或神经肌肉疾病后，在进行强化训练之前，要获得医生的许可。

其他要求

当你把强化训练纳入客户的纠正性训练计划时，在此要注意更多的安全和调节技巧。

1. 强化训练不仅仅是为了锻炼肌肉。这些训练中有许多是用来重塑身体神经肌肉和肌肉骨骼系统的协调运动。这种重塑过程需要耐心和毅力。让客户在每次训练课程之间有足够的时间和你进行沟通，以确保客户能够充分地进行练习，并对在每次训练中提升表现充满希望。一段时间后再安排进阶训练课程，这有助于确保客户为进行下一阶段的课程做好准备（Price & Bratcher, 2010）。

2. 不要高估客户重复的次数或你推荐训练动作的组数。当客户在课程中感到疲劳时，他们的技术水平将会降低。如果你看到出现了这种情况，不要鼓励他们完成更多的重复次数或组数。指导客户完成较少的重复次数和组数好于加大训练量，有助于减少存在不利或受伤的风险（Bryant & Green, 2010）。

3. 当你进阶客户训练计划中的强化训练时，你应该结合运用主要的闭合运动链运动，将重心放在运动的离心部分（特别是通过训练来加强腰椎−骨盆髋带、膝关节、足部和踝部的结构）。身体的减速能力也是纠正性训练的一个重要方面，它有助于增强身体抵抗重力和冲击的能力，减少受伤的可能性（Magee, Zachazewski & Quillen, 2007）。然而，由于离心动作易使身体疲劳，可能会给客户带来受伤的风险，因此你为客户的训练计划推荐的离心动作的数量应较为保守，不能过多。

4. 如果客户难以继续完成强化训练或运动，那可能是因为他的大脑或神经系统还没有准备好放弃旧的运动模式。在此情况下，你必须退阶到自我肌筋膜放松或拉伸训练，来帮助其身体准备接受新的训练方式（Price & Bratcher, 2010）。

关于强化训练的更多信息，以及关于如何构建客户训练计划中强化训练部分的详细信息，可以参阅第21章的"强化训练"的内容。

要点回顾

强化训练是纠正性训练计划的最终阶段。它们可以强化肌肉和其他软组织，重新训练神经系统，并教会身体如何协调动态的整合性运动，以解决肌肉骨骼失衡的潜在问题。

- 本章介绍了7种强化训练：（1）等长；（2）向心；（3）离心；（4）单关节；（5）多关节；（6）运动链；（7）多平面和多维度协调运动。

- 将强化训练纳入纠正性训练计划有很多已被证实的益处。但是，在进阶各种训练时，重要的是应该小心地进阶各种类型的训练，仅采用客户能够成功执行，而不会让身体其他部位产生代偿模式，并对身体造成不适的技术。

- 当你将强化训练引入客户的纠正性训练计划时，不要推荐那些需要大量器材的技术，也不要推荐那些不适合在家或旅行时练习的技术，因为这会阻碍计划的继续执行。

- 了解如何以及何时进阶或退阶，对纠正性训练计划的强化部分至关重要。结合或减少多余的身体部位，引入或取消不稳定的训练，消除或增加平衡辅助工具，减少或增加负重，这些都是控制客户努力程度（以及随后成功与否）的方式。

自我检查

用几分钟时间考虑一下你在本章所学习的每种强化训练的独特之处。在接下来的列表中，你会看到在下面列出了强化训练的类型。你需要将左侧的训练类型与右侧强化训练的适用示例（摘自第21章）进行连线匹配。每种训练都有匹配的训练类型。

向心单关节	大足趾下推（下推足趾部分）
离心单关节	挥手再见式（保持姿势）
多维度	侧卧抬腿（下降阶段）
等长	球上仰身屈伸（下降阶段）
运动链	弓步向上踏步（在BOSU平衡训练器上）
离心多关节	抬臂后退

第18章

静态姿势的注意事项

人们每天会采用很多常见的姿势，包括睡姿、坐姿和站姿，并持续较长的时间。这因人而异，取决于人们的职业、生活方式和习惯。然而，从肌肉骨骼、运动和肌筋膜的角度来看，某些静态姿势的长时间累积效应可能是毁灭性的。研究发现，持续的姿势会对软组织结构、关节位置和运动产生负面影响，导致肌肉骨骼失衡和疼痛（Sahrmann,2002）。客户的纠正性训练计划中必须综合考虑非运动策略，这可以帮助客户应对并防止出现长时间持续的姿势。

普通人每天睡6到9小时（Plotnik & Kou-youmdjian, 2014）。如果我们的睡眠姿势对某些身体结构造成压力，或者加剧肌肉骨骼失衡问题，这些睡姿最终会导致疼痛或运动功能障碍（Sahrmann, 2002）。当我们醒着时，我们可能还会用7到9小时以一种非正常的姿势趴在桌子上、开车，或者站在桌子、工作台、柜台旁边。每天剩下的6到10小时里，常用身体姿势，例如坐在沙发上看电视或玩计算机可能也会加剧肌肉骨骼问题。

站　姿

虽然人体结构最初是为了直立行走形成

的，但在我们今天所处的环境中，姿势本身与我们祖先早期所经历的情况有很大的不同（Donatelli & Wooden, 2010）。随着工业革命的到来，工作速度变得至关重要，特别是在制造业、农业和贸易领域，人们为了提高生产效率重新设计工作环境。这一历史革新的最终结果是在日常工作中人们无须执行不必要的动作，为了提高生产效率，清理了多余任务。长时间站立不动，特别是在一个重视速度的压力环境中，会增加肌肉、肌腱、关节、滑液和神经的生物力学压力（Hillstrom & Hillstrom, 2007）。为了提高生产效率，设计一种限定的站立环境，也同样会导致肌肉骨骼失衡。例如在工作台旁长时间前倾站立，随后会出现骨盆前倾这一典型的代偿模式。脊椎和肩部过度弯曲、手臂内旋、头部前倾也是当代站立工作环境中常见的适应姿势（DeLisa,Gans & Walsh, 2005; Karwowski, 2006; Price & Bratcher, 2010）。

现代环境中电子信息设备的出现，加剧了以不良姿势持久站立的问题。在当今高科技社会中，人们会以肩部拱起、头部前倾、双臂交叉环抱的站姿，用手机和其他手持设备进行数小时的信息浏览或交流。这一现象已日益普遍，随处可见。许多研究都致力于研究这类活动引起的问题姿势偏差和疼痛（Atkins, Kerr & Goodlad, 2015）。

机器、电子设备和工作岗位并不是影响我们站立姿势和肌肉骨骼健康的唯一因素。一二百年前，世界上的路通常都是泥土地面、碎石小道和凹凸不平的小路。根据历史观点，这意味着人们总是在动态且不断变化的环境中进行站立和直立行走。这与今天平滑的混凝土室内地面、人行道有很大的区别。在周围环境的变化过程中，对于身体来说，不论是在静止不动的状态下，还是在四处走动的状态下，平滑的表面都是一个非常剧烈的变化。当足接触地面或踩在一个不稳定的表面上时，肌肉骨骼和神经肌肉系统会本能地与地面进行更温和的互动（Donatelli & Wooden, 2010）。这是因为足必须适应它所遇到的情况，并向大脑发送信号，以小心接下来可能遇到的未知地形。相反，由于地表平坦光滑，始终可以预测和地面的互动，足部（以及大脑和身体）不再需要预测地表情况，所以身体和地面之间的接触就不再刺激和更加有力。

为了适应这些可预测的表面，足失去了根据动态情况和起伏地形进行调整的能力。更准确地说，足部能很好地适应平坦的表面，以至于它们开始习惯性地变平，或者过度内旋。因此，当人们必须在不稳定的表面上行走时，足部和踝部就不再能够发挥最佳功能。你甚至可能观察到足部和踝部功能的退化。例如，你是否有过这样的经历：去海滩度假，踢掉鞋子，直奔沙滩，却在当天晚些时候或晚上发现你的足和腿抽筋、疼痛，或者甚至你的背部受伤？这可能部分是因为在沙滩这类表面上时，你的足无法进行有力的支撑，需要运用足趾、足、腿、髋部和背部的所有肌肉。

当足不能正常工作或有疼痛且发生肌肉骨骼失衡时，足部便很难支撑人体的全部重量甚至会感到不适。因此，人们养成了一种习惯，即将自己的体重过多地转移到一条腿上，以努力使自己的体重分配不同，减轻不适。然而，仅靠髋部、腿或足支撑身体的重量，可能会导致身体所有结构的不良变化，因为它们会进行调整以确保身体以长期不稳定的姿势保持平衡。不出所料，这种步行环境变化所造成的累积压力，正通过各种肌肉骨骼失衡问题而有所显现（Karwowski, 2006）。

改善站姿的技巧

有很多与训练无关的建议，可以帮助客户缓解长时间处于不良站姿导致的一些问题。

1. 帮助客户意识到他们必须在站立时将重心从一侧移到另一侧，或用髋部、腿部或足部支撑体重。例如妈妈们经常用一侧髋部抱起孩子，这可能会对身体产生根深蒂固的代偿性变化，尤其是在抱起孩子的一侧。这些模式会在孩子长大后的很长一段时间内继续存在。

2. 指导客户挑选鞋子，并鼓励他们选择合适的鞋子。然而，突然变换鞋子或立刻使用矫形器也会造成额外的压力，并可能由于组织和结构没有足够的适应时间而造成其他不适或疼痛。因此，与训练计划的其他要素相同，提醒客户逐渐改变穿鞋的习惯，采用所建议的鞋子。有关选用合适的鞋子建议的更多信息，请参阅本章后面的"鞋类和矫形器的作用"。

3. 提醒客户在站立时有意识地关注自己的手和手臂的姿势。这些肢体长期不动可能导致肌筋膜和肌肉骨骼的变化，以及代偿性运动模式。例如，交叉双臂或将双手放在口袋里会造成双肩向前弯曲；用一只手拿着智能手机发信息会使头部、颈部和脊椎向一侧移动；单肩背包会使身体向一侧倾斜，身体重心发生转移；站着时，把手机放在一只耳朵上，这样会使头部向一侧倾斜，导致侧向移动。随着时间的推移，这些习惯会导致功能障碍和疼痛。

4. 如果客户的工作环境迫使他们长时间站立，鼓励他们不断调整自己的身体位置，使身体的许多部位分担保持站立姿势时的运动负荷。例如，在完成重复性任务时，你可以建议客户在一天内交换使用双手，不时改变座位的高度，提高或降低他们的计算机显示器，打电话时用免提，用身体两侧交替提袋或拿工具。这些微妙的变化将对身体产生不同的刺激，并避免长期的不良姿势模式成为一种习惯。

5. 指导客户保持正确的站姿以矫正姿势。站立时要目视前方，收回头和下巴（尽量减少头部前倾和颈椎过度前凸），使胸椎直立和肩部后拉（尽量减少胸椎过度后凸和肩胛骨前伸），骨盆向下收拢（尽量减少骨盆前倾和腰椎过度前凸），并且意识到体重压到足上（避免膝外翻和足过度内旋）。这些细微的调整会使他们的重心重新移回足跟，允许骨骼结构更正确地支撑体重，使软组织结构得以休息，并帮助保持更好的站立姿势。要了解更多关于站姿的详细信息和理想站姿的图示，请参阅第6章"头部和颈部与身体其他部位的关联方式"。

鞋类和矫形器的作用

不合适的鞋子会加剧站立时的疼痛和功能失调。带跟的鞋子，如高跟鞋、跑步鞋和靴子，足跟一般设计得比前面高，这些类型的鞋子会使身体的重心向前倾（Greene & Roberts,

2017）。因此当足放在与地面不平行的鞋子里时，整个身体必须进行代偿，以避免向前倾斜。穿高跟鞋的人在站着或走路时，膝会不停地弯曲以防止自己向前摔倒。随着时间的推移，这种持续的膝关节屈曲，可能会导致炎症和疼痛，以及其他肌肉骨骼失衡问题。高跟也会导致骨盆后部向上倾斜，前部向下倾斜（如骨盆前倾），腰椎过度前凸，以及从身体其他部位一直向上到头部形成代偿性移位（见图18.1）。

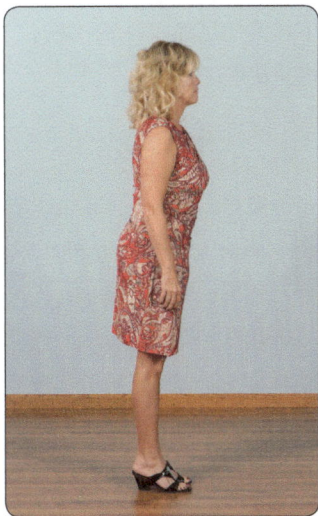

图18.1 高跟鞋导致骨盆前倾示例

高跟鞋（以及几乎所有以时尚为目的的鞋子）对肌肉骨骼系统来说也是个问题，但是原因不同。这类鞋子通常前部设计得狭窄，这样足趾就会被压在一起。足趾的挤压缩小了足的宽度，减小了整个身体的支撑基础。因此，身体的平衡会受到影响，身体的其他部分必须进行代偿，以保持直立和稳定的姿势（Greene & Roberts, 2017）。

使客户了解有关高跟鞋对人体力学机制的影响，并鼓励他们穿更合适的鞋，如中底或平底鞋，使足趾有较宽敞的空间，这也是他们纠正性训练计划的一个重要补充。

在某些情况下，除了换另一种类型的鞋子外，在纠正性训练开始时，还应建议客户使用足弓支撑物或矫形器来缓解疼痛症状。在计划开始时，他们的足部和踝部可能受益于人工支撑。然而，随着纠正性训练的进阶，他们应该能够逐渐停止使用人工支撑物，开始依靠自己的身体自然地支撑自己的足部和踝部（Chinn & Hertel, 2010; Price, 2014）。通常只有当执业医师认为有必要将足弓支撑物、支撑鞋和矫形器作为长期解决方案，以解决具体的和确定的足部和踝部问题时，你才可以建议客户使用这些东西。

坐 姿

久坐的姿势，会对各种软组织结构和肌肉造成不利影响（Sahrmann, 2002）。与前面讨论的步行环境的变化相类似，人类的日常活动在过去几百年里发生了巨大的变化。大多数人的日常生活曾经充满了各种各样的活动，需要整个身体的协调运动。然而，许多任务的标准化和自动化，加上过去50多年来技术的进步，使人类在这个新时代中减少了大量多平面和动态运动。人们不必一整天为了完成各种任务而进行负重活动，相反，人们现在更多地保持坐姿。坐下来吃早餐，开车去上班，整天坐在办公桌前看计算机，骑自行车或在健身房里坐着训练，开车回家，坐下来吃晚饭，看电视（或阅读），这些典型的日常活动对人体肌肉骨骼系统造成了损害（Hertling & Kessler, 2006）。

人体的独特设计使人们可以做到所需要的任何实用的姿势。但事实上，人体的独特设计是为了在直立姿势（例如行走）下完成基本的负重工作。当一个人坐着时，腰椎－骨盆髋带、胸椎和肩胛带、腿部、足部不再需要发挥一些重要功能，例如伸展髋部以支撑躯干，保持脊柱在髋部的上部直立，并由足部和踝部负重。相反，髋部保持屈曲状态，体重也由人所坐的椅子支撑。由于臀大肌不再需要伸展髋部，它们的功能很快就会失常，无法再正常工作。髋屈肌也会因持续的髋关节屈曲而长期缩短和功能失调（McGill, 2016）。因此，当我们长时间久坐再站立时，臀大肌无法有效地伸展髋部，而髋屈肌太紧，无法让髋部和脊椎正常伸展。因此，运动到直立位置的方式不正确并且参与的肌肉较少，例如腰椎处竖脊肌的过度运动会使腰椎过度伸展，将躯干拉直（Price & Bratcher, 2010）。

久坐也会导致上半身出现多个问题。例如当一个人坐在计算机前或汽车的驾驶座上时，为了进行操作，需要将手臂和手交叉放在躯干前面。手臂的这种姿势需要肩部向前旋转，胸椎屈曲，最终导致肌肉骨骼失衡，例如胸椎过度后凸、内旋臂、肩胛带前伸和肩胛骨抬高（Frontera, Silver & Rizzo, 2015; Price & Bratcher, 2010）。胸椎和肩胛带的这些变化会影响颈部和头部，导致头部前移，离开最佳位置，同时为了让眼睛与地平线保持一致或是聚焦于某物，颈部会向后弯曲（见图18.2）。随着时间的推移，这些持续不动的姿势会导致头部和颈部失衡（例如颈椎过度前凸、头部前倾），由此引起疼痛和运动功能障碍。

改善坐姿的技巧

有许多与训练无关的建议，可以帮助客户减轻久坐引起的肌肉骨骼问题。

1. 在当今技术发达的世界里，我们无法让客户不坐下，但是你可以让客户减少久坐

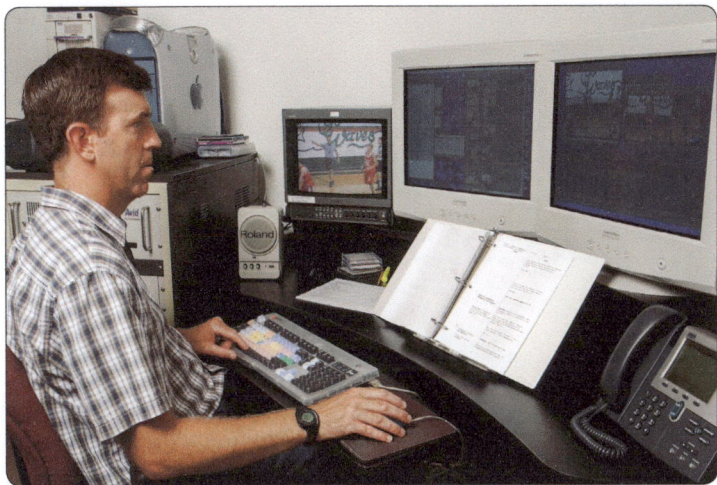

图18.2 坐姿下圆肩（驼背）和头部前倾示例

时间，这将对你的训练内容形成有效补充，减轻久坐对肌肉骨骼的不利影响。鼓励客户每天从椅子上站起来几次，以促进髋部、腿部和脊椎的伸展。

2. 建议客户采取一些积极主动的策略，尽量减少坐着的时间，例如把传统的办公桌和工作空间换成站立式办公桌，或者尽可能走路而不是开车。有些情况下客户必须坐着工作，建议他们每天多次使用拉伸或自我肌筋膜放松训练，以缓解长时间处于坐姿对肌肉骨骼系统造成的不必要的影响（Higgins, 2011; Price & Bratcher, 2010）。

3. 提醒那些必须久坐的客户检查自己的姿势，以及计算机显示器、电话、方向盘、椅子、电视、计算机配件和键盘的位置，以确保这些物品的位置有助于保持脊柱直立，头部中立和手臂放松。

4. 任何时间保持固定姿势不动都会对肌肉骨骼系统造成不利影响。鼓励客户在坐着工作时应该进行轻微的运动，这有助于减少久坐的负面影响（Weisberg & Shink, 2015）。当客户坐着时，提醒他们保持胸椎、颈部和

头部的中立位置，这也是有益的习惯。

睡　姿

长期站着和久坐会加剧肌肉的长期失衡和肌筋膜受限的程度，而糟糕的睡眠姿势则会使这些问题变得更加严重（Sahrmann, 2002）。例如，骨盆前倾和腰椎过度前凸的人，髋屈肌一般都很紧，因此，他们可能会发现自己很难仰卧，尤其是双腿伸直时。这是因为骨盆前倾和紧绷的髋屈肌一起使腰椎进一步向前伸展，在下背部形成一个更大的拱形（见图18.3）。当这些人双腿伸直仰卧时，下背部肌肉和筋膜会被压缩和拉紧。这可能会让他们在早上起床后因腰椎前屈而感到不舒服。此外，骨盆前倾和腰椎过度前凸也会因俯卧（尤其是如果床垫很软）而加剧，因为这会使脊椎伸展和骨盆前倾（Wilmink, 2010）。腰椎过度前凸和骨盆前倾的人有可能感到侧卧最舒服。

遗憾的是，长时间侧卧也会造成肌肉骨骼问题（Simons, Travell & Simons, 1999）。侧卧一整晚也会促使肩部弯曲，因为手臂会越

图18.3 a. 骨盆前倾示例；b. 腰椎过度前凸示例

过前胸放到床垫上。这种姿势也会造成肩胛骨前伸，尤其是为了让上方的手臂放在床上放松，肩胛骨会更加向前移动越过躯干，因而无法接触床垫。另外，由于手臂要承受一定的体重，侧卧会限制下方手臂和肩部的血液供应（Scheumann, 2007）。这些有问题的睡姿会加剧上半身肌肉骨骼的失衡，在醒来和站着时会导致骨盆、下背部、髋部和下半身运动链的其他部位出现代偿性转移。

偶尔你会遇到一些喜欢俯卧睡眠的客户。喜欢这种睡姿的客户可能更加年轻，而且有骨盆前倾、腰椎过度前凸的问题，他们这种失衡状态持续的时间还不足以引起疼痛。然而，鼓励喜欢俯卧睡眠的客户改变这一习惯非常重要，因为这个习惯会导致下背部过度拱起，骨盆前倾，颈部和头部习惯性地向一侧旋转。这些不恰当的脊柱和骨盆位置将加剧（或造成）肌肉骨骼问题，最终可能产生疼痛和运动功能障碍（Ombregt, 2013; Simons, Travell & Simons, 1999）。

改善睡姿的技巧

有许多与训练无关的建议可以帮助客户减轻因不恰当的睡姿而引起的一些问题。

1. 鼓励客户在较硬的床垫上仰卧睡眠。床应该足够硬实，下背部和胸椎都不会陷进床垫。对于那些能够轻松做到腰椎中立的人来说，平躺睡眠且双腿伸直是理想的睡姿。然而，腰椎过度前凸和骨盆前倾的客户会发现难以舒服地保持这种姿势。如果有这种情况，建议他们在膝下放置一个楔形垫或枕头，以帮助骨盆后倾和腰椎屈曲，以保持这些结构更接近中立位置（Sahrmann, 2002）。指导客户从这个姿势开始，每晚只做几分钟，然后逐渐增加保持这种姿势的时间。当腰椎的肌筋膜结构开始调整时，可以降低膝下的枕头的高度。最终，他们将能够仰卧睡眠，双腿伸直，而不会感到紧张或不适。

2. 腰椎过度前凸的人也可能有颈椎过度前凸问题。因此，在仰卧时，应该用一个小枕头帮助头部和颈部保持在中立位置（Simons, Travell & Simons, 1999）。指导客户选择能够使眼睛处于垂直于天花板的位置，以达到适当支撑后脑及对齐颈部作用的枕头厚度。枕头不应该太高，但是应把头部推向前倾位置。

3. 鼓励客户仰卧睡眠，手臂放在身体两侧，这有助于促进胸部伸展，让肩胛骨处于更中立的收缩姿势。此外，仰卧睡姿，掌心朝上，会使手臂向外旋转，有助于减轻整天保持手臂内旋造成的负面影响（Price & Bratcher, 2010）。

4. 虽然你不应该让客户侧卧睡眠，但对一些人来说这是不可避免的。如果你的客户坚持侧卧，让他在两个膝之间放一个枕头，有助于大腿、小腿和髋臼保持对齐，枕头厚度足以让颈部与脊柱成一条直线。如果客户愿意，鼓励他在上方手臂的下方放一个枕头，防止手臂和肩部向内滚向胸部。最后，提醒他注意头部与枕头上颈部位置的关系，以避免在睡眠时头部前倾（Simons, Travell & Simons, 1999）。

不正确的站姿、坐姿、睡姿会导致各种结构和软组织变化。长期静态姿势可以造成深远的影响，并直接影响纠正性训练计划的成功与否。重要的是设计一些在家进行的训练，有助于缓解这些姿势造成的肌筋膜受限，帮助客户意识到一整天中身体的姿势是否正确也非常重要，并使用我们介绍的非训练策略来减少它们的负面影响。

要点回顾

姿势指一个人拉动身体或采用某些静态姿势的方式。

- 人们在一天中会根据他们的活动、职业和生活方式采用不同的姿势。长期静态姿势引起的肌肉和筋膜限制，可能导致身体不平衡，感到疼痛，应该在纠正性训练计划中解决这些问题。
- 技术的进步可能会让生活变得更轻松，但对于肌肉骨骼系统来说，当它必须适应长期保持僵硬的姿势时，就会让生活变得更加困难。这些技术的进步包括以下几点。
  - 光滑、平整的地面供站立和行走。
  - 大多数行业工作的标准化和自动化。
  - 舒适的办公椅、躺椅、长沙发和床。
  - 计算机、电视机、手机、电话和其他手持设备。
- 在动态变化的地面上站立和行走，需要协调运用足踝、足趾和足部的所有肌肉。肌肉和软组织结构因长期暴露在平坦的表面和可预测的地形下而变得不协调，需要在纠正性训练计划的整个过程中给予注意。建议使用足弓支撑物或矫形器，这可以在计划的开始阶段减轻客户的痛苦症状。然而，这些器材的使用很少被认为是一个长期和完整的解决方案，无法彻底解决客户的肌肉骨骼失衡问题。
- 所有鞋跟高于鞋前部的鞋子都会被认为是高跟鞋。这种鞋子会使身体的重心向前倾，从而导致或加剧肌肉骨骼失衡。

- 久坐会导致各种各样的肌肉骨骼问题。

  - 颈椎过度前凸。

  - 胸椎过度后凸。

  - 内旋臂和肩胛带前伸。

  - 臀大肌和胸椎伸展肌虚弱，髋屈肌过紧。

- 理想情况下，人们应该学会在比较硬实的床上仰卧睡眠。但是，客户不可能一直保持这个姿势。建议尽量减少侧卧对姿势的影响，并鼓励客户不要俯卧睡眠。

自我检查1

有许多姿势习惯可能形成肌肉骨骼的代偿模式。为了帮助你意识到一些最常见的姿势，用你自己的身体完成下面的动作，并记下你所体验的感觉。

动作	身体的哪一侧更容易完成动作	有困难一侧的什么部位让你感到受限
交叉你的双臂 1. 首先把你的右臂交叉到左臂上 2. 然后把你的左臂交叉到右臂上		
坐姿时交叉你的双腿 1. 首先把你的右腿交叉到左腿上 2. 然后把你的左腿交叉到右腿上		
单腿支撑重量 1. 首先把你身体的重量转移到左腿 2. 然后把你身体的重量转移到右腿		
站立时从身后触摸对侧臀肌 1. 首先用你的左手触摸右侧臀部（手掌朝下放在臀部） 2. 然后用你的右手触摸左侧臀部（手掌朝下放在臀部）		

自我检查2

所有的肌肉、软组织结构和筋膜，都可能因长期静态姿势而受到不利影响。在下面的表格中，在每个活动的旁边列出两个可能由该活动引起或加剧的肌肉骨骼问题，并确定一个可以用来解决这些问题的自我肌筋膜放松训练、拉伸训练和强化训练。（纠正性训练的完整动作库列于第19章、第20章和第21章。）

持续活动	引起的肌肉骨骼问题	用于解决问题的运动
长距离驾驶	1.	自我肌筋膜放松 –
	2.	拉伸 –
		强化 –
站在可控制的桌子旁	1.	自我肌筋膜放松 –
	2.	拉伸 –
		强化 –
侧卧	1.	自我肌筋膜放松 –
	2.	拉伸 –
		强化 –
在计算机上输入数据	1.	自我肌筋膜放松 –
	2.	拉伸 –
		强化 –
在制图桌上列计划	1.	自我肌筋膜放松 –
	2.	拉伸 –
		强化 –
跳舞时穿高7.62厘米的高跟鞋	1.	自我肌筋膜放松 –
	2.	拉伸 –
		强化 –

第4部分

纠正性训练动作库

在第4部分，你将从训练动作库中学习一系列最有效的自我肌筋膜放松训练动作、拉伸训练动作和强化训练动作以解决最常见的肌肉骨骼失衡问题。训练动作库可以帮助你创建最适合客户的练习计划。从结构评估中获得关于客户的信息，了解其软组织结构状况，以及关于纠正性训练的知识，这些都足以让你从训练动作库中自信地选择合适的训练动作进行训练。

第4部分将重点介绍每类纠正性训练动作的基本原理，强调每个训练动作的关键技巧，描述在向客户介绍各种训练动作时，观察并监督客户取得进步的有效方法。

在本章汇总部分，除了一般原理，你还会找到针对各种情况的训练动作和技术。每个训练动作将包括以下一些注解：处理的身体部位，解决的失衡问题，处理的软组织结构，进行训练的好处，正确完成训练的方式，进阶和退阶方法，建议持续时间和重复次数，技巧提示和注意事项。这样可以确保你和客户从每种训练动作中收获颇丰。

第19章

自我肌筋膜放松训练

在纠正性训练计划的开始阶段，自我肌筋膜放松训练用来恢复或修复受肌肉骨骼失衡问题影响的软组织（Rolf, 1989；Myers, 2008；Travell & Simons, 1992；Price, 2013）。该方法对于直接减轻疼痛症状或运动限制，同时让发炎的关节得到休息并恢复非常有用（Price & Bratcher, 2010）。

一般情况下，在自我肌筋膜放松训练的目标区域，不健康的筋膜和软组织的症状是疼痛和不适。可以利用这些感觉，来帮助判断你推荐的自我肌筋膜放松训练是否减轻了不适，还是在少数情况下加重了症状。当客户在你的监督下进行自我肌筋膜放松训练时，观察他的肢体语言和面部表情，看他是否有不适或不放松的迹象。倾听他的声音和呼吸，看他是否会感到痛苦，观察他的身体是否有迹象表明他对你建议的姿势感到不舒服。如果客户因任何原因感到有压力或不舒服，你必须改变训练，以确保他可以放松，而且不会受

伤。在执行任何类型的自我肌筋膜放松训练时，不要鼓励客户尝试"忍受痛苦"（Price & Bratcher, 2010）。

自我肌筋膜快速放松的技巧

我们可以用以下很多技巧和提示策略向客户介绍自我肌筋膜放松技术。以下是客户在熟悉纠正性训练计划的自我肌筋膜放松训练部分时，你可以使用的策略的简要概述（Barnes, 1999；Price & Bratcher, 2010）。

- 一定要经常向他们解释，为什么要进行特殊的自我肌筋膜放松训练，以及如何应用这种方法解决肌肉骨骼失衡问题。
- 当你向客户教授这些技巧时，给客户时间让他们自己探索出现紧绷或疼痛的部位。
- 不要向客户推荐不适合他们自行练习的自我肌筋膜放松训练。

- 一旦客户感到任何程度的不适或疼痛，就需要重新退阶自我肌筋膜放松训练。可以通过使用更柔软的按摩工具，或对受影响部位进行加热，以及改变身体姿势，例如躺下，来退阶自我肌筋膜放松训练。

- 如果客户不理解或无法正确执行自我肌筋膜放松训练，那就要退阶训练或建议采用替代训练计划。

- 当客户受影响的部位不再感到触痛时，那就可以进阶自我肌筋膜放松训练。可以通过使用更硬的按摩球或泡沫轴，或纳入其他训练来进阶自我肌筋膜放松训练。

- 当客户受影响部位已经达到进阶至拉伸训练所需的关节活动度时，就可以进阶客户的自我肌筋膜放松训练。

- 自我肌筋膜放松训练可以一直作为客户每日家庭纠正性训练的一部分。

提示

在你向客户介绍本章任何练习之前，请先回顾第15章的综合信息，例如教学方法、进阶和退阶方法，以及何时不能进行自我肌筋膜放松训练。

自我肌筋膜放松训练动作库

　　本章所强调的自我肌筋膜放松训练可以用于各种纠正性训练的客户。客户可以在健身房、家里、办公室或者在旅行时很容易地执行自我肌筋膜放松训练，因为它们只需要最简单的设备，大多数人都可以做到。通常情况下，使用泡沫轴的自我肌筋膜放松训练使客户能够按摩面积更大的肌肉和组织部位，而在针对特定部位较小的扳机点时，则使用较小的按摩球或其他工具。

高尔夫球滚动

身体部位：足和踝。

失衡：足过度内旋、足背屈不足。

解决部位：足底筋膜和止点位于足底的小腿肌肉。

训练的好处：这种训练有助于足底筋膜和止于足底的肌肉（这些肌肉可能会因为足过度内旋而受到刺激）的再生和恢复。提升这些组织的柔韧性也有助于提升足背屈程度。

操作步骤

1. 在足底放一个高尔夫球。

2. 用足底来回滚动球，直到你感觉到酸痛点或压痛点。

3. 在每个酸痛点暂停，并施加一定的压力，以帮助每个酸痛点放松。

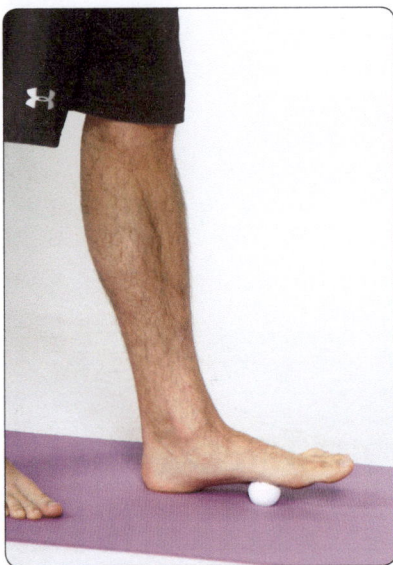

持续和重复：每天在每只足下滚动30秒到1分钟，疼痛更明显的一侧可以增加时间。

提示：为了让客户坚持，鼓励客户把一个高尔夫球放在床边或沙发上，这样他们就可以在早上起床后、晚上睡觉前或看电视的时候做这个训练。

注意：避免使用过大的压力，因为它会刺激足部结构。

进阶：滚动高尔夫球时足趾向上抬，以增加主动拉伸。

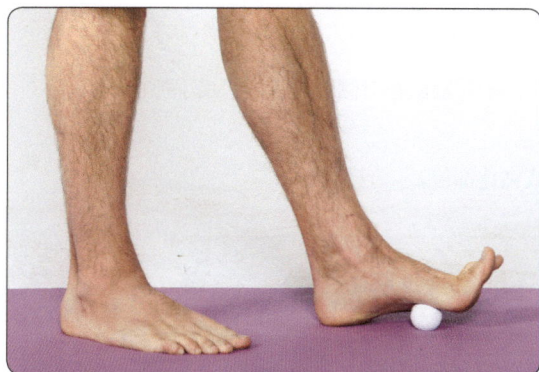

退阶：如果高尔夫球让足感觉太痛，就用网球代替，或者坐着训练。

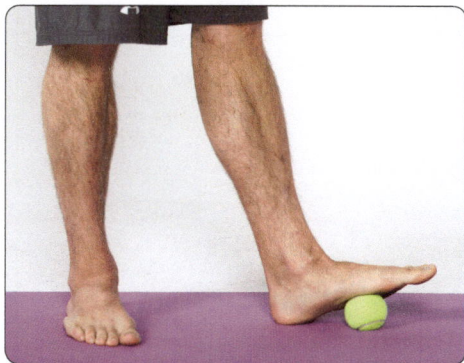

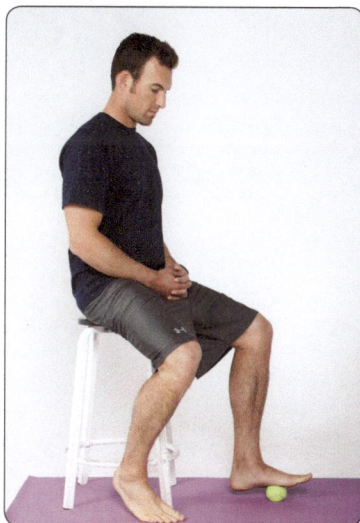

小腿按摩

身体部位：足、踝、膝。

失衡：足背屈不足、足过度内旋和膝关节运动轨迹问题。

解决部位：腓肠肌和比目鱼肌。

训练的好处：按摩小腿后部的肌肉有助于调整和恢复小腿的软组织结构。因为腓肠肌和比目鱼肌附着在足跟上，这项训练有助于改善足背屈程度，从而减少足过度内旋。它还能帮助膝更有效地弯曲［因为在许多负重活动中，如深蹲、步行和弓步，需要踝（背屈）和膝同时弯曲］。

操作步骤

1. 坐下，将按摩一侧的足踝放在对侧腿的膝上，用手抓住小腿肚。

2. 上下按摩肌肉。

3. 按摩目标结节或粘连部位。

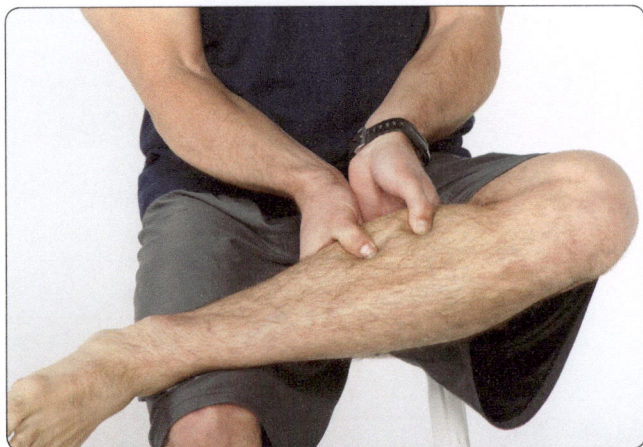

持续和重复：每天按摩1到2分钟。

提示：为了更好地坚持，客户可以在家看电视或者工作的时候使用这种按摩技术。

进阶：在小腿处采用按摩设备或者进行小腿拉伸训练。

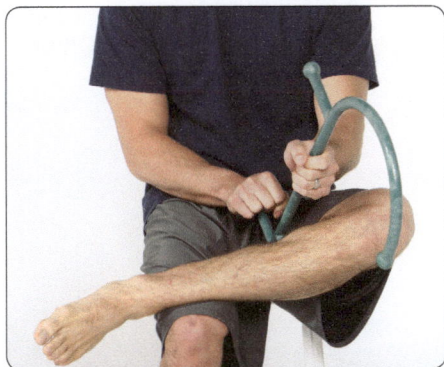

退阶：将硬球（如棒球或长曲棍球）放在书上，把小腿肌肉放在球上面。

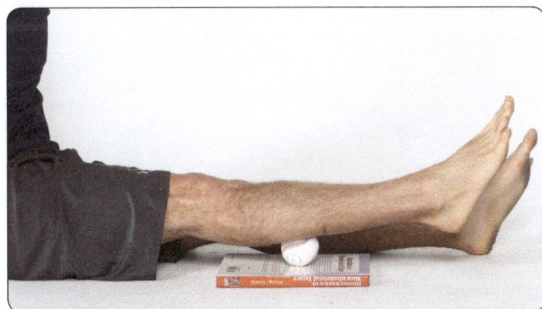

泡沫轴放松股四头肌

身体部位：膝、腰椎－骨盆髋带。

失衡：膝关节运动轨迹问题和骨盆前倾。

解决部位：股四头肌。

训练的好处：这种锻炼有助于股四头肌的恢复再生，使膝和骨盆功能恢复正常。

注意：放松所有的股四头肌部位将有助于髌骨运动。此外，放松股直肌也有助于改善骨盆前倾，因为它起于骨盆的前部。

操作步骤

1. 泡沫轴和腿部垂直，俯卧其上，大腿应该感受到压力。

2. 找到一个酸痛点，将身体重量置于其上几秒，来帮助组织放松。

3. 用上半身将泡沫轴滚到大腿上不同的酸痛点；保持腹部收紧，以确保下背部不会过度拱起。

持续和重复： 每天每条腿滚动1到2分钟。

提示： 沿腿外侧移动（大概在髋部以下15厘米），重点是股直肌。集中放松股四头肌的所有部位。

进阶： 在滚动时弯曲膝，或者进行股四头肌拉伸。

退阶： 俯卧或侧卧，使用半泡沫轴或网球。

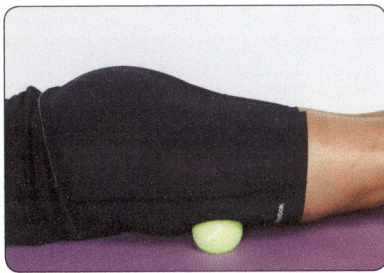

泡沫轴放松髂胫束

身体部位：膝、腰椎-骨盆髋带。

失衡：膝外翻、骨盆前倾。

解决部位：髂胫束。

训练的好处：髂胫束依附在臀大肌、阔筋膜张肌和小腿上。当足过度内旋时，髂胫束会承受压力，把腿、膝和骨盆拉出正确的力学对齐线。泡沫轴放松髂胫束有助于将这些结构对齐，并使其发挥正常功能。

操作步骤

1. 侧卧，髋部呈堆叠式，将下侧前臂放在地板上，把下侧腿上部放在泡沫轴上面，压力集中于腿的外侧。

2. 为了减少髂胫束的压力，把上侧腿放到身体前面，并把足搁在地板上。

3. 从下侧腿髋部滚到下侧腿膝关节处，一次滚动3到5厘米，主要集中于酸痛点。

持续和重复： 每天每条腿滚动30秒到2分钟。

注意： 使用泡沫轴时不要滚动超过膝关节。

进阶： 用一个更硬（密度更大）的泡沫轴，或者双腿叠放。

退阶： 侧卧在半泡沫轴或网球上，按摩髂胫束；当张力降低后，沿着髂胫束移动半泡沫轴或者网球到每一个酸痛点进行放松。

泡沫轴放松大腿内侧

身体部位：腰椎-骨盆髋带、膝。

失衡：膝外翻、足过度内旋、骨盆前倾、腰椎过度前凸。

解决部位：髋内收肌。

训练的好处：在负重活动中，髋内收肌在张力作用下拉长，以减慢腿部的旋转、外展、屈曲和伸展动作。这些组织的恢复和再生有助于髋内收肌更好地发挥作用，以减轻腰椎过度前凸、骨盆前倾、膝外翻和足过度内旋的影响。

操作步骤

1. 面朝下俯卧，弯曲目标腿的膝和髋，将泡沫轴垂直于大腿内侧放置。

2. 在大腿内侧找到酸痛点，在上面压几秒，帮助组织放松。

3. 移动上身，滚动至大腿内侧不同的酸痛点。

持续和重复：每天每侧滚动1到2分钟。

提示：平衡身体另一侧或髋部的重量，用手臂控制施加在泡沫轴上的压力。

注意：在进行这个练习时不要让下背部拱起。

进阶：进行髋内收肌拉伸。

退阶：在髋内收肌上使用加热垫。

泡沫轴放松髋屈肌

身体部位：腰椎–骨盆髋带。

失衡：骨盆前倾、腰椎过度前凸、膝外翻、足背屈不足、足过度内旋。

解决部位：髋屈肌。

训练的好处：髋屈肌的恢复和再生有助于腰椎屈曲，使骨盆能够更有效地向后旋转。髋屈肌也会以离心方式减慢腿部的内旋和伸展。因此，这些组织的柔韧性提升也有助于促进髋部、腿部、膝和足踝更有效地运动。

操作步骤

1. 将泡沫轴垂直于身体放置，俯卧并将髋部置于其上。

2. 在髋部前面找到疼痛部位，在上面压几秒来帮助组织放松。

3. 移动上身，滚动至大腿上不同的疼痛部位，保持腹肌参与，以确保下背部不会过度凸起。

持续和重复： 每天每侧滚动30秒到1分钟。

进阶： 完成髋屈肌拉伸（矢状面）。

退阶： 用网球来按摩髋屈肌（详细内容见下一个训练动作）。

网球放松髋屈肌

身体部位：腰椎-骨盆髋带、膝。

失衡：腰椎过度前凸、骨盆前倾、膝外翻、足过度内旋、足背屈不足。

解决部位：髋屈肌。

训练的好处：使用网球对准腰大肌（腰椎两侧）和髂肌（骨盆的前部和内侧）的起始位置，这会直接有助于改善腰椎和骨盆的功能。这些组织的放松也可以改善腿、膝和足踝的功能。

操作步骤

1. 俯卧，在肚脐旁边的腹部放置一个网球，对准腰大肌（位于腹部下面）。

2. 快速移动你的身体，让球从肚脐旁边一直移动到髋部顶端，滚压所有酸痛点。

注意：只按摩髂前上棘（骨盆前面的骨性突起处）即可放松髂肌。

持续和重复：每个疼痛部位滚动20到30秒。每天在身体两侧练习2到3分钟。

提示：在做这个练习时，腿部内旋（脚朝内侧）有助于拉伸髋屈肌。

注意：如果你感觉网球下面有脉搏跳动，只需轻轻移动球，以减轻对股动脉的压力。

进阶：用一个更大、更结实的球，例如垒球，来帮助增加从腹部到髋屈肌的压力；进行髋屈肌拉伸（水平面）。

退阶：仰卧，腿伸直，为该侧髋屈肌加热。

泡沫轴放松臀肌复合体

身体部位：腰椎-骨盆髋带、膝。

失衡：骨盆前倾、膝外翻。

解决部位：臀大肌和髋旋转肌（如梨状肌）；当泡沫轴与一侧髋部和臀部成一定角度时，也可以对准臀中肌和臀小肌。

训练的好处：骨盆前倾会对髋部后方的肌肉造成不利影响，而泡沫轴滚动这个部位有助于这些组织的再生，使骨盆、髋部和腿移动到正确的对齐位置。

操作步骤

1. 坐在一个泡沫轴上，将身体向一侧倾斜，把重心放在臀肌的一侧。

2. 抬起目标侧的足部，把踝的外侧置于另一条腿的膝上。

3. 按摩时，将目标侧的膝向胸部一侧拉，然后前后滚动，放松并拉伸目标部位的肌肉。

4. 将目标侧的膝向胸部拉，增大拉伸的幅度。

持续和重复：每天两侧分别滚动30秒到2分钟。

提示：髋旋转肌横贯臀部中间。对于骨盆前倾和膝外翻的患者，这个部位很可能会受到刺激和感到疼痛。

注意：如果感到麻木或刺痛，减少对该部位的压力或停止训练。

进阶：换一个更硬的泡沫轴或进行臀肌拉伸。

退阶：用网球或棒球按摩臀肌。

网球放松髋侧

身体部位：腰椎－骨盆髋带、膝。

失衡：膝外翻、骨盆前倾。

解决部位：髋外展肌。

训练的好处：这项训练促使髋部和腿外侧的髋外展肌恢复和再生，有助于髋部和腿部正常发挥功能。

操作步骤

1. 侧卧，头靠在枕头上，头部和颈部保持对齐。

2. 将一个网球放在髋部外侧的下方，即刚好在与地面接触的一侧腿的上部。

3. 找到酸痛点并压住放松。

4. 把球慢慢移动到另一个酸痛点，并压住放松。

持续和重复：每次按压酸痛点20到30秒。每天总共花2到3分钟。

提示：若感到疼痛部位的压力过重，只需要把球轻轻滚离身体，以减轻压力。

进阶：进行髋外展肌拉伸或门框拉伸。

退阶：用泡沫轴而非网球来按摩髋部一侧。

单个网球放松下背部

身体部位：腰椎–骨盆髋带。

失衡：骨盆前倾、腰椎过度前凸。

解决部位：腰椎竖脊肌和胸腰筋膜。

训练的好处：骨盆前倾和腰椎过度前凸会导致下背部的肌肉和筋膜过度疲劳和紧张。这项训练有助于恢复和再生下背部的肌肉和筋膜，以释放该部位的张力，使腰椎屈曲和骨盆后旋。

操作步骤

1. 仰卧，如果需要让眼睛视线和天花板保持垂直，在颈部下放一个枕头。

2. 弯曲膝，使骨盆向后倾斜，将一个网球放在下背部脊柱一侧，调整球的位置，直到找到一个酸痛点，并保持这一动作来释放张力。

3. 来回移动你的身体，滚动球寻找其他酸痛点，并保持这一动作来释放张力。

持续和重复：每个酸痛点按压20到30秒。每天总共进行2到3分钟。

注意：不要把球放在离脊柱太近的部位。同时，当球沿着脊柱向胸腔底部移动时，不要对这个部位施加太多的压力，因为这可能会引起不适。

进阶：弯曲膝，将按摩一侧的足踝放在另一侧腿的膝上，或者坐姿做下背部拉伸。

退阶：用手支撑另一侧髋部，以帮助保持骨盆水平。

泡沫轴放松腰方肌

身体部位：腰椎-骨盆髋带。

失衡：骨盆前倾、腰椎过度前凸。

解决部位：腰方肌。

训练的好处：腰方肌负责将髋部向胸廓方向抬升，以及后伸及侧屈腰椎。放松肌肉有助于骨盆和腰椎发挥其功能。

操作步骤

1. 坐在泡沫轴上，膝弯曲，骨盆向后倾斜。

2. 尽可能缓缓地将泡沫轴下移，直到它刚好位于髋部后方。

3. 使用泡沫轴来放松肋骨底部和骨盆顶部之间的部位，每次以一侧为重点。

持续和重复：每天两侧分别滚动30秒到1分钟。

注意：在做这个练习时要小心，不要用太大的压力滚动底部的两根肋骨。它们是浮肋，没有附着在胸骨上，很容易移位或受伤。

进阶：进行门框拉伸。

退阶：将按摩一侧的足踝放在另一侧腿的膝上，用网球按摩腰方肌。

双网球放松上背部

身体部位：胸椎。

失衡：胸椎过度后凸、肩胛带前伸。

解决部位：胸椎竖脊肌、菱形肌和斜方肌中部纤维。

训练的好处：胸椎过度后凸会导致上背部的竖脊肌和肩部回缩肌持续拉长。这些肌肉的恢复和再生有助于释放这一部位的张力，并让胸椎和肩胛部位的肌肉通过随后的强化训练得到加强。

操作步骤

1. 仰卧，双膝弯曲，将两个网球放在上背部下方脊柱的两侧，大约在胸部的高度或肩胛骨正下方。

2. 用枕头支撑头部，眼睛视线垂直于天花板，使用枕头还可以帮助控制在背部感受到的球的压力（即枕头越大，感受到的压力越小）。

3. 找到酸痛部位并保持，释放张力。

4. 身体上下移动以使球上下移动，以寻找其他酸痛部位，按压释放张力。

持续和重复：在每个疼痛部位保持20到30秒。每天总共进行2到3分钟。

注意：如果感到呼吸困难或者胸部感到紧张，就快速退阶这个练习。

进阶：倾斜骨盆以增加来自球的压力，或做地面缩肩练习。

退阶：用一个高枕头来支撑头部，或者一次只用一个球。

泡沫轴放松胸椎

身体部位：胸椎和肩胛带。

失衡：胸椎过度后凸、肩胛带前伸。

解决部位：胸椎竖脊肌、菱形肌和斜方肌。

训练的好处：这项训练可以缓解胸椎和肩部的过度紧张，有助于矫正胸椎过度后凸和肩胛带前伸，从而恢复胸椎和肩部肌肉的活力。

操作步骤

1. 仰卧在泡沫轴上，双手放在头部后方，收起下巴（泡沫轴应与躯干垂直）。

2. 膝弯曲，收起髋部，骨盆抬离地板。

3. 沿着胸椎前后滚动，按摩酸痛处或压痛点。

持续和重复：每天滚动30秒到2分钟。

提示：在滚动时支撑你的头部，防止颈部遭受压力。

注意：骨盆向后倾斜，以避免下背部过度拱起。

进阶：臀部着地，然后骨盆倾斜，或者做直臂上举练习。

退阶：在上背部放两个网球。

泡沫轴放松背阔肌

身体部位：胸椎和肩胛带。

失衡：肩胛带前伸、内旋臂。

解决部位：背阔肌。

训练的好处：背阔肌过度紧张会使手臂内旋。这种组织的恢复和再生有助于手臂和肩部复合体的其他部位更整齐。它也将为背阔肌随后的强化训练做准备，旨在缩回（和压低）肩胛带。

操作步骤

1. 侧躺，在腋下放一个垂直于身体的泡沫轴。

2. 在泡沫轴上来回滚动，改变身体位置，这样当滚动时，泡沫轴向躯干的后部施加压力。

3. 在任何酸痛点停下来，释放肌肉的紧张压力。

持续和重复： 在每个酸痛点保持20到30秒。每天总共进行2到3分钟的训练。

提示： 在进行这种训练时将下侧的腿和髋部放在地面上会更容易。

注意： 在做该练习时不要在胸腔上施加太多压力。

进阶： 进行门框拉伸。

退阶： 用网球来按摩背阔肌。

网球放松肩胛骨周围

身体部位：胸椎和肩胛带。

失衡：肩胛带前伸、高位肩胛。

解决部位：菱形肌和斜方肌。

训练的好处：按摩肩部的回缩肌将帮助你解决整个胸椎和肩胛带的失衡问题，并为这些组织的后续强化训练做好准备。

操作步骤

1. 仰卧在地板上，膝弯曲，将头部枕在枕头上。

2. 将一只手臂放在胸前，将网球放在上背部的下方，该手臂肩胛骨的旁边，位于肩胛骨和脊柱之间。

3. 找到酸痛点并施压来释放肌肉的紧张压力。

4. 轻轻把球移动到另一个酸痛点并保持，以此来释放紧张压力。

持续的时间和重复次数：在每个酸痛点保持20到30秒。每天至少进行一次练习。

注意：在进行这个训练时不要到处滚球，避免损伤肩关节的神经。在每个酸痛点保持按压直到释放压力。

进阶：进行坐姿划船。

退阶：使用一个更软的球（例如壁球）或用靠墙站姿来放松肩胛部位。

网球放松肩胛骨

身体部位：胸椎和肩胛带。

失衡：高位肩胛、内旋臂。

解决部位：冈下肌、小圆肌和斜方肌。

训练的好处：冈下肌、小圆肌和斜方肌的中部、下部纤维会被高位肩胛和内旋臂慢性拉长。这些肌肉的恢复和再生，可以为强化训练做准备，有助于降低肩胛骨和向外旋转手臂。

操作步骤

1. 仰卧，将一个网球放在肩胛骨上方，在头部下面放一个枕头，让头部和颈部对齐。

2. 按摩侧手握住对侧肩部，使手臂离开原来的位置，并增加对网球的压力，如有必要，请重新调整球的位置以找到酸痛点，并在该位置保持一段时间以释放肌肉的紧张压力。

3. 小心地前后或左右移动你的身体，从而移动球的位置以发现其余酸痛点，施压以释放肌肉的紧张压力。

持续和重复： 在每个酸痛点保持20到30秒。每天总共进行2到3分钟训练。

提示： 轻轻调整握住对侧肩的手臂的位置以按摩不同的肌肉。

注意： 不要到处用力滚球。相反，把网球移到你已经发现的酸痛点，然后用网球抵住那个酸痛点。移动网球时要小心，以免对神经造成直接压力。

进阶： 进行挥手再见式练习。

退阶： 使用加热垫或者用靠墙站姿来进行练习。

腹部按摩

身体部位：腰椎-骨盆髋带、胸椎和肩胛带。

失衡：胸椎过度后凸、肩胛带前伸。

解决部位：腹部肌肉和腹部筋膜。

训练的好处：胸椎过度后凸导致腹肌慢性缩短。在这种情况下，腹部的肌肉和筋膜变得受限和紧张，从而影响躯干和脊柱的运动。放松并再生腹部肌肉和筋膜将使胸椎更有效地伸展，肩部回缩，这样躯干、脊柱和肩部复合体就可以进行幅度更大的运动。

操作步骤

1. 仰卧，膝弯曲，头部靠枕头支撑，头部和颈部保持中立。

2. 用手按摩腹部（从胸腔底部到骨盆），并集中按摩任一酸痛点。

持续和重复：每天总共进行1到2分钟训练。

注意：有些人可能会发现，按摩腹部让他们感到恶心。如果出现这种情况，退阶或减少施加的压力。

进阶：使用手持按摩设备按摩腹部，或趴在按摩球上，例如网球和棒球上面。

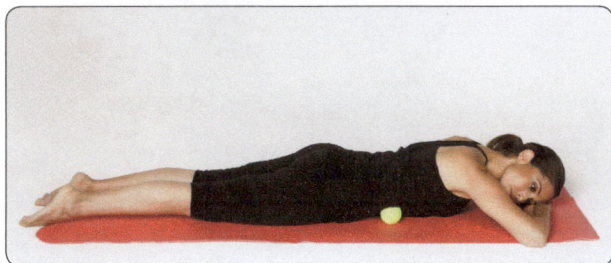

退阶：用一个加热垫进行练习。

胸部按摩

身体部位：胸椎和肩胛带。

失衡：内旋臂、肩胛带前伸。

解决部位：胸肌。

训练的好处：这个训练可以帮助恢复和再生胸部肌肉，并释放因内旋臂和肩胛带前伸引起的紧张压力。针对性地放松胸肌会让手臂向外旋转，肩部回缩。

操作步骤

1. 仰卧，膝弯曲，头部靠枕头支撑，头部和颈部保持中立。

2. 用一只手的手指轻轻按摩另一侧的胸肌。

持续和重复：按摩每个酸痛点20到30秒。每天一次，总共进行2到3分钟训练。

提示：这个训练也可以在坐着工作时进行，以解决长时间伏案工作造成的问题。

进阶：俯卧进行这个训练时，把网球放在胸下，或进行"为什么"拉伸，或进行地面缩肩练习。

退阶：使用一个加热垫进行练习。

肩前部按摩

身体部位：肩胛带。

失衡：内旋臂、肩胛带前伸。

解决部位：冈上肌、三角肌前束和肱二头肌起点。

训练的好处：内旋臂影响肩部和手臂的功能。肩部前面的肌肉放松会使手臂向外旋转，肩胛带收缩。它也会让这些肌肉为后续的拉伸训练和强化训练做好准备。

操作步骤

1. 仰卧，膝弯曲，头部靠在枕头上，保持头部和颈部中立。

2. 用一只手的手指，轻轻按摩另一侧肩前的肌肉。

持续和重复： 按摩每个酸痛点20到30秒。每天至少一次，总共进行2到3分钟训练。

提示： 配合胸部按摩来放松肩部和胸部。

进阶： 将一个网球放在肩部的前面，俯卧做这个训练，或做仰卧肩前部拉伸（用另一只手按摩肩前部以获得最大的益处）。

退阶： 使用一个加热垫进行练习。

网球放松肱二头肌

身体部位：胸椎和肩胛带。

失衡：高位肩胛、肩胛带前伸。

解决部位：肱二头肌。

训练的好处：肱二头肌起于肩胛骨，这块肌肉的过度紧张会抬高和前移肩胛骨。恢复和再生肱二头肌将帮助肩胛骨回到更好的位置。

操作步骤

1. 俯卧，一只手臂伸直，手掌朝下。

2. 将一个网球放在肱二头肌上，然后调整身体位置，找到酸痛点。

3. 快速移动你的身体，把球移动到任一酸痛点，以缓解紧张。

持续和重复： 在每个酸痛点保持20到30秒。每天至少一次，总共进行1到2分钟训练。

提示： 在做这个训练的时候，轻度内旋手臂，以帮助拉伸和放松肱二头肌。

注意： 如果在练习过程中感觉颈部不舒服，只需将头部转向另一侧即可。

进阶： 进行肱二头肌拉伸。

退阶： 以仰卧姿进行手臂伸展时使用一个较软的网球或在手臂上放一个加热垫进行练习。

前臂按摩

身体部位：胸椎和肩胛带。

失衡：内旋臂。

解决部位：前臂肌肉和肱二头肌止点。

训练的好处：上臂或前臂受限会影响肩关节和肩部复合体的功能。这种训练可以放松和恢复前臂的肌肉和筋膜，使整个手臂和肩部更有效地活动。

操作步骤

1. 坐在椅子上，一只手臂放在腹部，用另一只手的拇指和其余手指按摩前臂的内外侧。

2. 对每个酸痛点施加稳定的压力，直到它得以放松，然后移动到下一个酸痛点。

持续和重复： 按摩每个酸痛点20到30秒。每天总共训练2到3分钟。

提示： 对于那些经常使用计算机或前臂的人（如网球运动员、高尔夫球手，或那些经常进行举重锻炼的人）来说，这是一项很棒的锻炼。

进阶： 用放在桌子上的网球或棒球训练，前臂稳定地放在球上，或做手掌墙上拉伸练习。

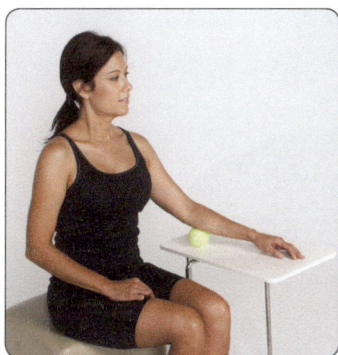

退阶： 用加热垫或手持按摩设备来按摩前臂。

手部按摩

身体部位：胸椎和肩胛带。

失衡：内旋臂、肩胛带前伸。

解决部位：手部肌肉。

训练的好处：手部肌肉通过筋膜链与肩部肌肉相连。这种训练有助于手部肌肉和筋膜的再生，使手腕、手臂和肩部能够正常工作。

操作步骤

用一只手的手指按摩另一只手拇指根部以及拇指根部和食指根部之间的区域。

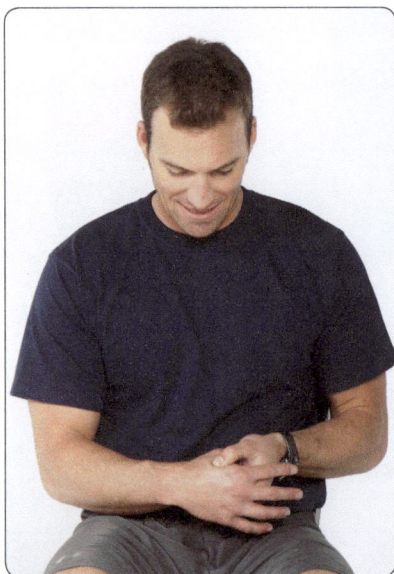

持续和重复：按摩每个酸痛点20到30秒。每天总共进行1到2分钟训练。

提示：对于那些经常用手的人（无论是用鼠标的计算机爱好者，还是园艺之类活动的业余爱好者），这是一个很好的自我按摩技术。

进阶：进行前臂拉伸或手掌墙上拉伸。

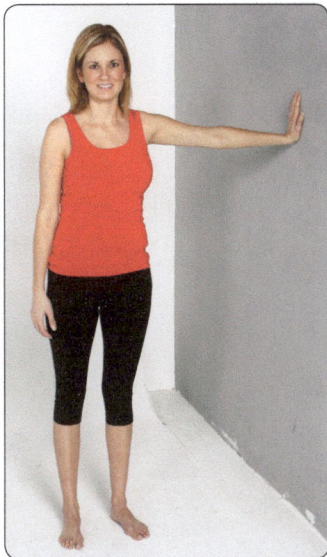

退阶：使用一个加热垫进行练习。

按摩杖按摩斜方肌

身体部位：胸椎和肩胛带、颈部和头部。

失衡：高位肩胛、颈椎过度前凸。

解决部位：斜方肌上部纤维、颈部和头部的伸肌。

训练的好处：由于颈椎过度前凸和高位肩胛，抬高肩胛骨并伸展颈部和头部的肌肉会变得受限和紧绷。这一训练有助于释放斜方肌上部纤维和颈伸肌的紧张压力，使肩胛骨得以下压，头部和颈部更容易弯曲。

操作步骤

1. 坐在一把椅子上，把按摩杖的钩端放在肩顶部（在斜方肌上部纤维处）。

2. 向斜方肌上部纤维施加压力，方法是将按摩杖的手柄向下和向外拉，以对斜方肌和颈伸肌上的任一酸痛点施加压力并保持，来释放肌肉的紧张压力。

3. 将按摩杖的钩端移动到其他酸痛点进行按压并保持，以释放肌肉的紧张压力。

持续和重复： 在每个酸痛点施压20到30秒。每天至少一次，总共进行2到3分钟训练。

注意： 施加稳定的压力，不要剧烈地移动按摩杖，否则该装置可能会从肌肉上滑走或损伤颈部神经。

进阶： 将颈部向一侧屈曲，以增大伸展幅度，或做直臂下拉。

退阶： 使用一个加热垫进行练习。

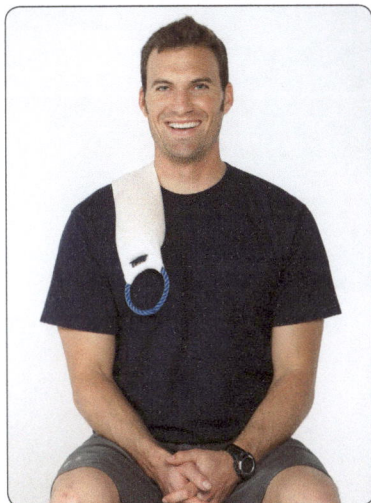

按摩杖按摩后颈

身体部位：胸椎和肩胛带、颈部和头部。

失衡：颈椎过度前凸、头部前倾。

解决部位：颈伸肌、斜方肌上部纤维、颈筋膜。

训练的好处：头部前倾和颈椎过度前凸会导致颈部、背部肌肉和筋膜发炎。这种锻炼有助于这些组织的恢复和再生，使颈部更容易弯曲，头部可以回到更好的对齐线。它也帮助这些肌肉为随后的拉伸训练做好准备。

操作步骤

1.坐到椅子上，把按摩杖的钩端放在颈部后面。

2.通过将按摩杖向下和向外拉，以对该部位的任一酸痛点施加压力并保持，以释放肌肉的紧张压力。

3.将按摩杖的钩端移动到其他酸痛点，按压并保持，以释放肌肉的紧张压力。

持续和重复：在每个酸痛点施压20到30秒。每天至少一次，总共进行2到3分钟训练。

提示：对于那些整天都在看计算机屏幕或电视的人来说，这是一个很好的训练。

进阶：以仰卧姿势完成这个训练，用一只手托起一个球，颈部在球上下压，或做颈伸肌拉伸。

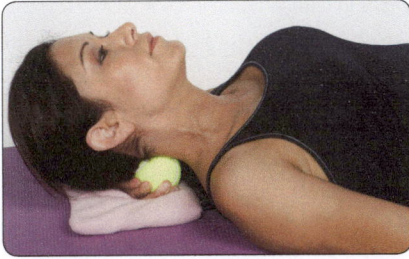

退阶：使用一个加热垫进行练习。

要点回顾

自我肌筋膜放松训练适用于客户纠正性训练计划的开始阶段，在进阶到拉伸训练和强化训练之前，有助于不健康的肌肉和筋膜的恢复和再生。

- 当你向客户介绍一种特定的自我肌筋膜放松训练时，重要的是向他们解释为什么要做这项训练，并给他们时间去探索自己身体的紧张部位。
- 不要推荐不切实际或需要昂贵设备的SMR训练。
- 如果你的客户感到疼痛或不能正确地进行训练，则退阶SMR训练。
- 如果你的客户对目标部位不再有触痛感，或者他们已经达到了拉伸训练和强化训练所需要的活动范围，那么就进阶SMR训练。
- 自我肌筋膜放松训练的应用有许多重要禁忌。第15章列出了这些禁忌，在将这些技术引入客户的纠正性训练计划之前，你应该进行仔细的检查。

自我检查

重要的是根据每个客户的具体需求来选择适合的自我肌筋膜放松训练。在这个自我检查中，考虑客户的失衡问题或情况描述，并确定3个适当的自我肌筋膜放松训练，将它们纳入客户的训练计划。为你的选择提供一个简洁的理由。下面给出了一个示例。

客户的失衡问题或情况描述	SMR训练选择
你的测评结果显示客户右足过度内旋，右膝外翻且疼痛	高尔夫球滚动用来恢复和再生足底结构，有助于客户为计划中后续的强化训练做准备。小腿按摩用来增加足背屈度（有效减少足过度内旋并有助于膝关节正确对齐）。泡沫轴放松髂胫束，放松腿部和膝外侧的结构，从而为适当肌肉的强化做准备，对这些肌肉的强化有助于减少步行和跑步等活动期间膝向身体中线的移动
你的测评结果显示客户骨盆前倾，腰椎过度前凸和下背部疼痛	
你的测评结果显示客户内旋臂、胸椎过度后凸和肩胛骨之间感到疼痛	

第20章

拉伸训练

在使用自我肌筋膜放松训练一段时间后，便可以进行纠正性训练计划的下一步，即拉伸训练（Clark & Lucett, 2011；Price, 2013；Price & Bratcher, 2010）。我们先使用自我肌筋膜放松训练调整功能失衡的软组织结构的整体状况，再进行拉伸训练，以增大受肌肉骨骼失衡影响的部位的活动范围（Kovacs, 2015；Price & Bratcher, 2010）。

在慢性肌肉骨骼失衡的人群中，常见肌肉紧张、过度抑制和运动受限现象。虽然拉伸训练旨在解决这些功能失衡问题，但同样重要的是要记住一旦出现痛感、关节炎或是训练期间受伤，拉伸训练的效果就会受到影响。在某些情况下，拉伸实际上可能弊大于利，因此，重点是应该逐渐引入分离式的、柔和的拉伸训练。你必须持续观察客户的感受和肢体语言，并且只有在客户准备好后才能进行进一步的拉伸训练（Price & Bratcher, 2010）。

拉伸训练小技巧

可以采用很多技巧引导客户进行拉伸训练。下文简要概述了帮助客户进入纠正性训练计划中拉伸训练部分的一些策略。

- 运用相关肌肉和运动的知识，教给客户正确的拉伸方法，告诉他们应该如何感觉拉伸的位置，以及如何根据需要调整技术。
- 向客户解释清楚应完成具体的拉伸训练的原因，并说明该训练对肌肉骨骼失衡问题的纠正效果。
- 如果拉伸训练引起不适或者客户难以正确地完成训练，则应该退阶训练。
- 如果由于设备不能满足实际需求，客户无法定期进行训练，则应该退阶训练。

- 允许客户使用平衡辅助工具或采用卧姿、坐姿退阶拉伸训练，或者调整目标部位进行自我肌筋膜放松训练。
- 通过移除平衡辅助工具，或进行站姿拉伸训练，以及整合其他身体部位参与运动，进阶拉伸训练。
- 如果客户对训练已经表现出掌握状态，那就开始进阶拉伸训练。

提示

　　在用本章中的任何方法引导客户完成纠正性训练计划之前，请查看有关教学方法、进阶和退阶的信息，以及第16章中提及的拉伸训练禁忌。

拉伸训练动作库

　　本章重点讲解的拉伸训练应作为完整的纠正性训练计划的一部分，该计划还涉及自我肌筋膜放松训练和强化训练。这些拉伸训练适用于健身房、私教中心、家中、办公室或旅行期间。这些拉伸训练所需设备很少，大多数人都可以轻松完成。

足部和足趾拉伸

身体部位：足部和踝部。

失衡：足过度内旋和背屈不足。

拉伸部位：足底筋膜和止于足底的小腿肌肉。

训练的好处：足过度内旋和背屈不足对围绕踝和止于足底的肌肉造成持续性压迫，使其紧绷或受限。拉伸足趾和足掌的下侧可以使足部（以及踝部）更加灵活，有效提升局部功能。

操作步骤

1. 赤足站立，一只足向前，足趾朝上推靠墙壁或半泡沫轴，保持前足掌球形区域和足趾的底部与地板接触。

2. 慢慢向前和向内滚动足部和踝部（即内旋）。

3. 朝向墙壁或半泡沫轴慢慢弯曲膝和踝，拉伸足底。

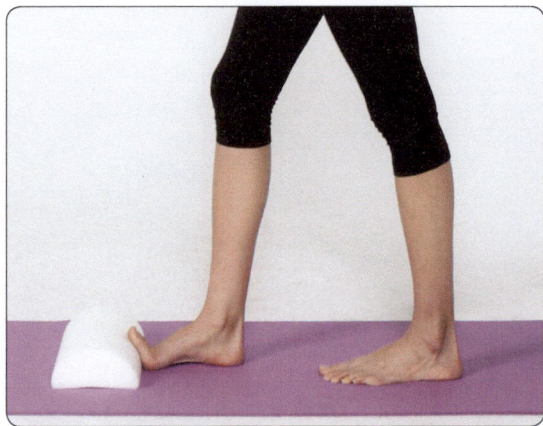

持续与重复：保持拉伸10至15秒，放松，然后重复。双足每天至少进行一次循环，每次循环1至3次。

注意：如果感觉到足底或踝前部抽筋或不适，请马上停止，放松或进行退阶拉伸。

进阶：让膝朝向身体中线下沉，逐渐增大拉伸幅度，从而使足部内旋。在练习时，请尽量保持髋部水平。

退阶：用高尔夫球滚动足底或按摩小腿。

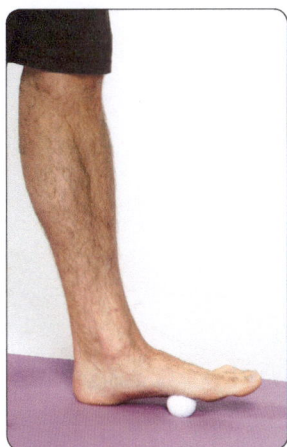

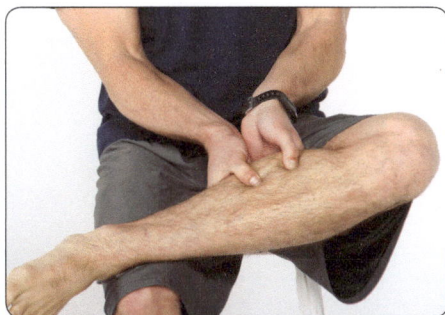

小腿拉伸

身体部位：足部、踝部和膝。

失衡：足背屈不足与足过度内旋。

拉伸部位：当进行腓肠肌和比目鱼肌拉伸训练时，胫骨前肌会被激活及强化。

训练的好处：这种拉伸训练有助于放松与调节小腿肌肉，使足部和踝部更好地背屈，防止足过度内旋。当足过度内旋时，小腿肌肉和跟腱会受到刺激，且有可能无法达到拉伸的效果。

操作步骤

1. 双足前后分开站立。

2. 如果需要，把你的手放在辅助物（例如前面的墙）上以保持平衡。

3. 从左至右放平骨盆，然后向后旋转骨盆。

4. 保持足弓拱起，并轻轻向前倾斜，保持双足与地面接触。

持续与重复：保持拉伸20至30秒，放松，再重复。每天每侧循环练习1至2次。

提示：也可以稍稍屈曲后侧膝关节，这个动作会拉伸到比目鱼肌（有助于在膝弯曲时加强踝关节背屈）。

进阶：利用小腿前侧的胫骨前肌主动发力拉起足趾，或者在BOSU球等不稳定表面上进行拉伸，通过弯曲和伸直后腿来增大运动幅度。

退阶：按摩小腿。

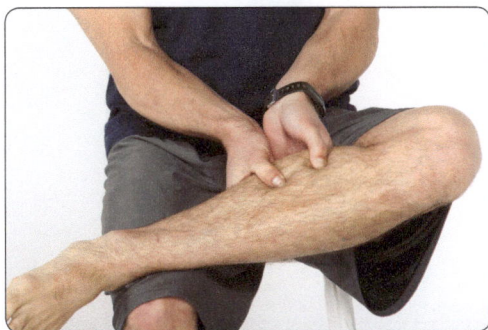

股四头肌拉伸

身体部位：膝、腰部、腰椎-骨盆髋带。

失衡：骨盆前倾与膝关节运动轨迹问题。

拉伸部位：股四头肌。

训练的好处：增加股四头肌的柔韧性有很多益处。如果股四头肌是柔软的（特别是起于骨盆前部的股直肌），骨盆可以后旋，髋关节也可以很好地伸展。此外，由于所有股四头肌都附着在膝上，因此它们会直接帮助髌骨正确地活动。

操作步骤

1. 面对一个较高的物体站立，如桌子或柜台，把一只手放在物体上以稳定你的身体。

2. 用另一只手抓住同侧足，将足跟拉向臀部。

3. 膝向后移动，同时轻轻地向后旋转骨盆，背部挺直。

4. 在进行此项训练时，不要过度弯曲下背部。

持续与重复：每侧拉伸20至30秒，每天至少拉伸一次。

提示：如果手不能触及足，只需将一条毛巾裹在足下，然后将毛巾拉向臀部，以感觉大腿的拉伸。

进阶：将拉伸腿的足部或踝部放在台子上或长凳上。如果需要，可使用平衡辅助工具。

退阶：使用毛巾帮助拉伸，在俯卧或侧卧的时候进行训练。

腘绳肌拉伸

身体部位：足部和踝部、膝、腰椎－骨盆髋带。

失衡：足过度内旋、膝外翻、骨盆前倾、腰椎过度前凸。

拉伸部位：腘绳肌、腓肠肌和髋屈肌；在运动中激活和强化胫骨前肌和股四头肌。

训练的好处：当足过度内旋时，小腿和膝向内旋转，骨盆前部向下倾斜。这会导致腘绳肌受到刺激，因为它们必须通过代偿运动才能稳定骨盆并且防止小腿过度内旋。拉伸腘绳肌可以恢复这些肌肉，帮助改善足部、膝和腰椎－骨盆髋带的功能。

操作步骤

1. 右足放在长凳或椅子上，腿伸直，双侧足尖平行向前。

2. 右踝背屈，同时将骨盆的右侧拉回，远离右足。

3. 换左腿重复。

持续与重复： 保持拉伸20至30秒，每条腿重复2至3次，每天至少一组。

提示： 在这个拉伸过程中，等长收缩股四头肌有助于腘绳肌放松。

注意： 当刺激股四头肌时，避免膝过伸。

进阶： 伸出左手越过右膝，躯干向右旋转，反之亦然。

退阶： 仰卧，将一只足放在墙脚或门框上，旋转躯干以获得最大限度的拉伸。

臀肌拉伸

身体部位：腰椎–骨盆髋带。

失衡：骨盆前倾、腰椎过度前凸、膝外翻、足过度内旋。

拉伸部位：臀大肌、髋外展肌和髋旋转肌（如梨状肌）。

训练的好处：提高臀肌的柔韧性将使其能够更好地进行离心运动，有助于减小下蹲等动作时的髋关节屈曲角度。可以防止骨盆过度前倾，并且可以防止腰部过度弯曲。健康的臀肌也有助于防止腿部内旋，从而控制膝向中线的运动，并有助于防止膝关节内扣以及足过度内旋。

操作步骤

1.坐在地板上，一条腿伸直，另一条腿弯曲并跨过伸直腿。

2.将弯曲腿的足平放在地板上，轻轻将弯曲腿的膝拉向胸部。

3.注意保持臀部平放在地上，不要离开垫子。

持续与重复：每侧拉伸20至30秒，每天至少一次。

提示：拉伸时，保持躯干直立和肩部水平，以实现最好的拉伸效果。

进阶：进行弓步拉膝练习。

退阶：用台面或长凳支撑拉伸腿。

梨状肌拉伸

身体部位：腰椎－骨盆髋带。

失衡：骨盆前倾、膝外翻。

拉伸部位：梨状肌、髋旋转肌。

训练的好处：足过度内旋的人通常臀部肌肉较弱。因此，较小的梨状肌（和其他髋旋转肌）可能会试图取代臀肌的功能，结果往往是受到刺激。放松梨状肌（和其他髋旋转肌），然后加强臀部力量，可以改善整个髋部和腿部复合体的功能。

操作步骤

1. 坐在地板上，使右踝放在左膝上。

2. 让骨盆的右侧远离右肩。

3. 持续拉伸，放松梨状肌和其他髋旋转肌。

4. 换另一条腿重复。

持续与重复： 每天至少做一次，每次持续20到30秒。

提示： 坐骨神经在梨状肌的上方、下方或穿过梨状肌（视个体而定）。受刺激的梨状肌通常会引起坐骨神经痛和其他相关症状。

注意： 如果腹股沟感到不适，请放松或停止此拉伸动作。

进阶： 进行单腿支撑转动练习。

退阶： 用网球按摩臀肌，或躺下进行训练。

髋外展肌拉伸

身体部位：腰椎–骨盆髋带。

失衡：足过度内旋、膝外翻。

拉伸部位：髋外展肌。

训练的好处：这项运动有助于增加髋外展肌的柔韧性，使它们能够更有效地控制股骨在负重活动（如弓步和行走）中向身体中线的移动。

操作步骤

1. 仰卧，膝弯曲，将枕头垫在头部下方。

2. 单膝向身体中线下降，同时保持同侧的骨盆没有大幅度移动。

3. 将另一条腿的踝叠放在向中线下降的膝上，然后轻轻地推膝关节，以增加拉伸张力。

4. 在拉伸过程中保持骨盆水平并保持身体平直压在地面上。

5. 换对侧重复动作。

持续与重复： 每侧拉伸20至30秒，每天至少拉伸一次。

提示： 一定要将臀部的后部压在地板上，同时将膝移向身体中线，应该能在腿和臀部的外侧感觉到拉伸。

注意： 如果腹股沟或腰部感到疼痛，则放松或停止拉伸。

进阶： 把拉伸一侧的手臂举到头上，或者进行弓步侧向伸出练习。

退阶： 用网球或泡沫轴放松臀部及髂胫束。

髋内收肌拉伸

身体部位：腰椎－骨盆髋带。

失衡：膝外翻、腰椎过度前凸。

拉伸部位：髋内收肌。

训练的好处：这项练习有助于增加髋内收肌的柔韧性，使它们能够在负重活动中更有效地工作，以控制腿部和臀部在伸展时的运动（有助于防止腰椎过度前凸），以及腿部在足与地面接触时的内旋运动（有助于防止膝外翻）。

操作步骤

1. 坐在地板上，左腿伸直，远离身体中线（外展），左足背屈。

2. 弯曲右膝，将右足的足底放在左膝内侧。

3. 坐姿保持竖直，避免脊柱弯曲。

4. 换对侧重复动作。

持续与重复：每侧拉伸20至30秒，每天至少拉伸一次。

提示：尝试感觉你的"坐骨"（坐骨结节）与地板接触，拉伸时保持用力。这有助于将骨盆保持在正确的位置。

注意：如果感觉到膝疼痛，把腿稍微弯曲，直到可以将膝伸直为止。

进阶：向前屈髋，手伸向对侧足，或者进行侧弓步旋转练习。

退阶：用泡沫轴滚动大腿内侧。

下背部拉伸

身体部位：腰椎－骨盆髋带。

失衡：腰椎过度前凸、骨盆前倾。

拉伸部位：腰椎竖脊肌；激活腹部，以辅助拉伸。

训练的好处：放松竖脊肌可以使骨盆向后旋转，改善腰骶屈曲。

操作步骤

1. 坐在地板上，双膝弯曲，双足向前。

2. 双臂抱住膝后部，骨盆后倾，躯干前倾以弯曲下背部。

3. 下背部的肌肉应该有拉伸感。

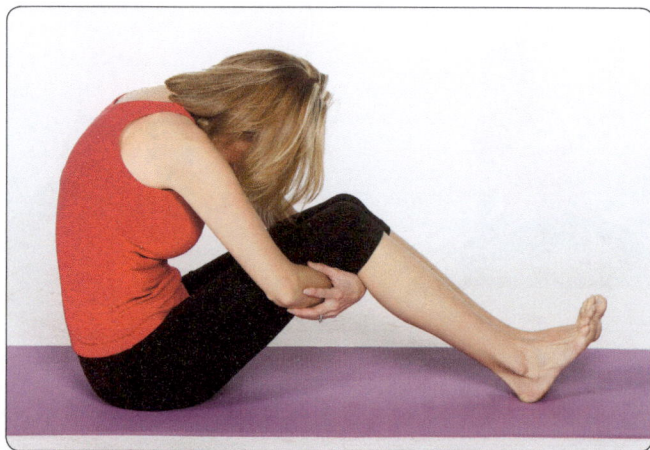

持续与重复：保持拉伸15至20秒。每天重复2到3组。

提示：激活腹部以使骨盆向后倾斜，腰椎弯曲。

注意：下背部疼痛的人应该轻柔地拉伸，并且必须要做好充足的准备。如果感觉到任何疼痛，请立即停止。

进阶：直立并朝向足趾屈曲来完成训练。

退阶：把膝抱在胸前，做仰卧练习。

仰卧旋转拉伸

身体部位：腰椎-骨盆髋带。

失衡：腰椎过度前凸、胸椎过度后凸。

拉伸部位：腹内斜肌、腹外斜肌、肱二头肌和胸肌。

训练的好处：这项运动有助于增加腹斜肌的柔韧性，改善躯干和脊柱的旋转灵活性。充分的躯干旋转灵活性有助于脊柱在行走、打高尔夫球、跑步或投掷飞盘等运动中的旋转，防止腰椎过度前凸和胸椎过度后凸。

操作步骤

1. 仰卧，膝弯曲，将膝关节抬至腹部上方。

2. 在膝之间放置泡沫轴或枕头，以尽可能减少腰部不适。

3. 将膝置于身体的左侧，同时保持肩胛骨、手臂和右手的手掌平放在地板上。

4. 头朝腿的同方向转。

5. 保持髋部弯曲90度，不要让背部拱起。

6. 换对侧重复动作。

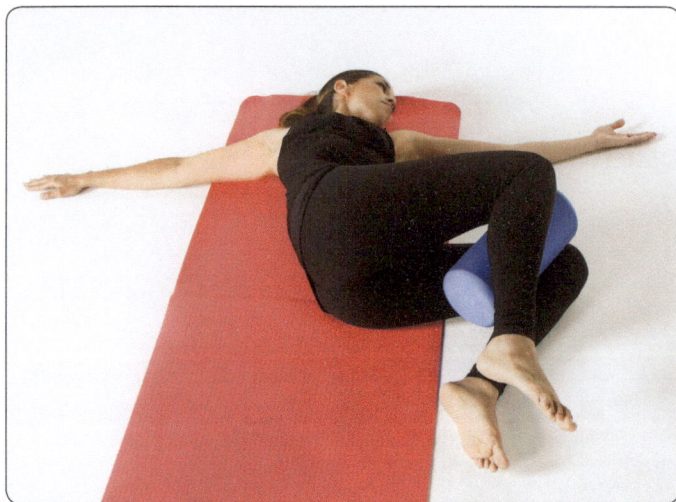

持续与重复： 保持拉伸15至20秒。每天重复2到3组动作。

提示： 保持骨盆倾斜，并鼓励客户在此期间放松呼吸。

注意： 如果感到下背部疼痛，增加腿间支撑物的厚度。如果感到肩部或胸部疼痛，请将两个手掌都向上翻转。

进阶： 取下腿间的泡沫轴或枕头，或进行绕墙拉伸练习。

退阶： 用泡沫轴放松胸椎或进行腹部按摩。

髋屈肌拉伸（矢状面）

身体部位：腰椎-骨盆髋带。

失衡：骨盆前倾、腰椎过度前凸。

拉伸部位：髋屈肌和髋伸肌；在拉伸期间静力性收缩时，也能激活并强化臀大肌和腹肌。

训练的好处：拉伸紧绷或受限制的髋屈肌和髋伸肌使腰椎更易于弯曲，从而减轻腰椎过度前凸，有助于骨盆向后旋转并且改善骨盆前倾。

操作步骤

1. 左足着地，右膝跪地，用臀部和腹部助力，收紧骨盆。

2. 然后将右髋从侧面收起（以保持骨盆和髋部正确对齐），应该在髋部前方（右腿顶部）有拉伸感。

3. 换对侧重复动作。

持续与重复：保持拉伸15至20秒，每侧重复2至3组，每天至少做一次。

提示：髋部保持收缩，臀部激活，保持腰椎－骨盆髋带对齐。

注意：当你抬臂拉伸时，不要弯腰。

进阶：将右臂伸到头上（如果左足向前），反之亦然，或者做门框拉伸。

退阶：转动下背部进行拉伸，腹直肌用力，帮助骨盆向下倾斜。

髋屈肌拉伸（额状面）

身体部位：腰椎-骨盆髋带。

失衡：骨盆前倾、腰椎过度前凸、膝外翻。

拉伸部位：髋屈肌、腰方肌、腹斜肌；激活并强化臀大肌与腹肌。

训练的好处：进行额状面的髋屈肌拉伸训练有助于发展骨盆、髋部和腿部的横向移动能力，从而减轻在散步和跑步等活动中由体重的横向转移造成的背部和膝关节压力。

操作步骤

1.单膝跪下，臀部和腹部用力收紧，以协助这一运动。

2.将手臂举过头（伸出与跪着的腿同侧的手），并将手伸向身体的另一边。

3.换对侧重复动作。

持续与重复： 保持拉伸15至20秒，并且每侧重复2至3组，每天至少一次。

提示： 如果很难激活臀肌，试着转动下背部。

进阶： 进行门框拉伸或做瑞士球臀肌激活练习。

退阶： 不把手臂举过头。

髋屈肌拉伸（水平面）

身体部位：腰椎－骨盆髋带。

失衡：膝外翻、骨盆前倾、腰椎过度前凸、胸椎过度后凸。

拉伸部位：髋屈肌、腹斜肌；激活并加强臀大肌和腹肌。

训练的好处：在行走和跑步等活动中伸展臀部和腿部时，绕前腿旋转躯干。髋屈肌在水平面上（即旋转）的柔韧性有助于通过腿部、腰椎－骨盆髋带和胸椎正确地移位压力。

操作步骤

1. 单膝跪位，臀部和腹部主动收缩，稳定骨盆。

2. 手臂在胸前水平旋转，保持身体平衡，不要向右或向左倾斜。

3. 以前腿为中心旋转上半身，保持头部朝前，伸展手臂以到达更大的拉伸幅度。

4. 拉伸时保持肩部水平。

5. 换对侧重复动作。

持续与重复：保持拉伸15至20秒，每侧重复2至3组，每天至少做一次。

提示：如果在此项训练中膝感觉到压力，在膝下放一个垫子或毯子。

进阶：进行绕墙拉伸练习。

退阶：用泡沫轴按摩髋屈肌。

门框拉伸

身体部位：腰椎-骨盆髋带、胸椎。

失衡：膝关节运动轨迹问题、腰椎过度前凸以及胸椎过度后凸。

拉伸部位：髂胫束、髋外展肌、腹斜肌、背阔肌以及腰方肌。

训练的好处：这项运动有助于增加特定肌肉的柔韧性。这些肌肉有助于促进腿部、髋部和脊柱的侧向运动（以及躯干的旋转），从而改善整个动力链的功能。

操作步骤

1. 站在门框边上，远离门框侧手臂向上举过头顶并用手抓住门框，靠近门框侧手于大腿等高处抓住门框。

2. 靠近门框侧足向远离手的方向尽力伸展，以将髋部"推离"手，从而拉伸远离门框侧身体。

3. 轻轻转动举起的手臂下方的胸骨，以加大拉伸幅度，同时防止髋部旋转。

4. 换对侧重复动作。

持续与重复： 每侧拉伸10至15秒，每天至少一次，每次2至3组。

提示： 为了发挥这项运动的最优效果，请将骨盆置于胸椎和胸腔下方并保持躯干直立。

注意： 如果在运动期间感到下背部不适，请将双足分开，使其与肩同宽，不要将双足交叉。

进阶： 进行仰卧直臂上举练习或弓步手臂上举练习。

退阶： 进行髋屈肌拉伸（额状面）练习。

胸部拉伸

身体部位：胸椎和肩胛带。

失衡：胸椎过度后凸、肩胛带前伸、高位肩胛、内旋臂。

拉伸部位：拉伸胸肌，当其静力性收缩时，菱形肌和斜方肌的下部纤维也会被激活和强化，以协助训练。

训练的好处：增加胸肌的柔韧性，并且加强肩部回缩肌和下沉肌（例如，菱形肌和斜方肌下部纤维）的柔韧性，有助于回缩和下沉肩胛骨，外旋手臂，并有效拉伸胸椎。

操作步骤

1. 站在离墙约两足距离的地方，身体与墙壁成90度。

2. 将左手置于身后，将手掌平放在墙上。

3. 向后向下拉伸左肩胛骨以感受左肩和胸部前方的拉伸。

4. 换对侧重复动作。

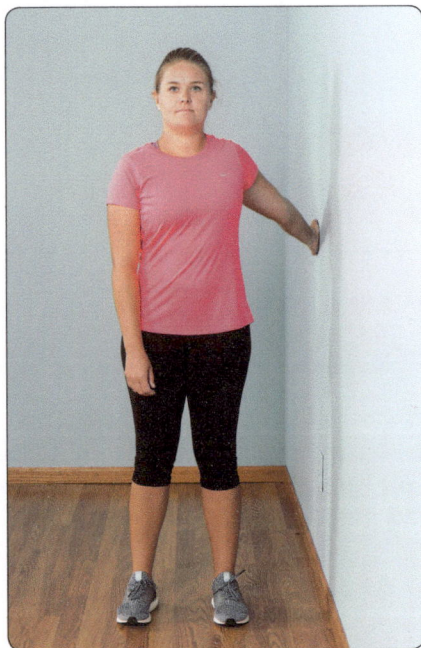

持续与重复：保持拉伸15至20秒，并且每侧重复2至3组，每天至少一次。

提示：在进行这种拉伸运动时按摩胸肌将发挥拉伸的最优效果。这种拉伸也可以借助门框来进行。

进阶：进行站姿挥手再见式练习或坐姿划船练习。

退阶：进行胸部按摩。

肱二头肌拉伸

身体部位：胸椎和肩胛带。

失衡：高位肩胛、肩胛带前伸。

拉伸部位：肱二头肌。

训练的好处：肩胛带失衡可能导致肱二头肌紧张和受限，从而加剧该区域的运动问题。增加这些肌肉（特别是起于肩胛骨的肱二头肌）的柔韧性可以回缩和下沉肩胛骨，以更好地对齐盂肱关节。

操作步骤

1.距离高台面或窗台稍远，旋转一只手臂，将手（拇指朝下）放在台面上，保持手臂伸直。

2.后拉和下拉肩部，屈膝，直到可以感到肱二头肌的拉伸。

3.换对侧重复动作。

持续与重复：拉伸每只手臂20到30秒，每天至少一次。

提示：这项训练非常适合过度用肩的人，如那些整天用计算机办公或开车几个小时的人。

进阶：五指攥拳，手腕旋转上翘（即屈曲并向内旋），以拉伸前臂和手腕的肌肉和筋膜。

退阶：用网球滚动按摩肱二头肌或进行仰卧肩前部拉伸。

"为什么"拉伸

身体部位：胸椎和肩胛带。

失衡：胸椎过度后凸、高位肩胛、肩胛带前伸和内旋臂。

拉伸部位：肩胛下肌和胸肌；激活和强化菱形肌、斜方肌下部纤维、冈下肌和小圆肌。

训练的好处：这项运动通过拉伸胸部和肩部前部，加强菱形肌、斜方肌下部纤维、肩部和手臂的外转肌，有助于纠正胸椎、肩胛带和手臂（盂肱关节）的失衡。

操作步骤

1. 直立站立，骨盆向后倾斜，双臂向两侧外旋。

2. 收缩手臂的菱形肌和外旋肌，以帮助手臂和肩部拉回，同时激活斜方肌下部纤维，以便肩部下沉。

持续与重复： 保持拉伸20至30秒，每天至少一次。

提示： 此项拉伸也可以坐在椅子上，将手臂悬挂在侧面来完成。

注意： 在整个训练过程中保持骨盆向后倾斜，下背部不要发力。

进阶： 做地面缩肩练习。

退阶： 进行肩前部按摩或胸部按摩。

仰卧肩前部拉伸

失衡：肩胛带前伸、高位肩胛、内旋臂。

拉伸部位：肩前部、胸肌、肱二头肌；激活并强化菱形肌和斜方肌下部纤维。

训练的好处：这项运动有助于增加肩部和前臂肌肉的柔韧性。增加该区域的柔韧性将使手臂能够在肩关节中正确旋转，同时保持肩胛骨在胸腔上的正确位置。

操作步骤

1. 仰卧，膝弯曲，如果需要，可以使用枕头保持头部和颈部对齐。

2. 将一只手臂放在地板上，掌心向下，稍微远离身体，保持手臂伸直。

3. 利用回缩和下沉肩胛骨的肌肉（即菱形肌和斜方肌下部纤维），轻轻地将肩部向后和向下拉，直到肩部前部和手臂顶部感觉到拉伸。

4. 可以让头部转离拉伸侧的肩部，从而将颈部拉伸结合到此训练中。

持续与重复：每侧拉伸15至20秒，并且每天至少一次，每次重复2至3组。

提示：在进行此项拉伸训练之前，强烈建议你按摩肩部、胸部、肱二头肌和前臂的前部，以发挥此练习的最优效果。

注意：如果在肩部前部感觉到疼痛，请在此项拉伸训练期间稍微向上转动手掌。

进阶：弯曲肘部并将拉伸一侧的手放在下背部以增大拉伸幅度。

退阶：进行肩前部按摩或肱二头肌拉伸。

颈伸肌拉伸

身体部位：头部和颈部。

失衡：颈部过度前凸。

拉伸部位：颈伸肌；加强颈屈肌。

训练的好处：这项运动有助于缓解颈部过度前凸引起的颈伸肌紧绷，这种拉伸也可以激活并强化颈屈肌。

操作步骤

1. 将双手放在头顶，双肘挨在一起，斜方肌下部纤维用力将肩部向下拉。

2. 将下巴用力拉到胸前，感受颈部和肩部后方的拉伸。

3. 以站姿进行或以坐姿进行此练习均可。

持续与重复：保持拉伸15至20秒，每天至少一次，每次2至3组。

提示：在这项运动中，下拉手臂，将下巴用力拉到胸前，可以激活颈部肌（同时有助于放松颈伸肌）。

注意：请慢慢地进行这项练习。如果颈部有任何疼痛或不适，请立即停止运动。

进阶：躺着或坐着进行颈部屈伸练习。

退阶：用按摩杖放松颈后肌群。

斜方肌拉伸

身体部位：胸椎和肩胛带、颈部和头部。

失衡：高位肩胛、颈椎过度前凸。

拉伸部位：斜方肌上部纤维；拉伸时静力性收缩也可以激活和加强化菱形肌和斜方肌下部纤维。

训练的好处：这项训练针对的是斜方肌上部纤维，由于颈椎过度前凸，它可能会紧绷和受限。提升斜方肌上部纤维的柔韧性可以使肩胛骨更容易下沉、颈部更容易弯曲。

操作步骤

1. 坐在椅子上，牢牢抓住椅子的后腿，肩胛骨往后拉。

2. 保持牢固的抓力稳定，使颈部尽量远离抓住椅子的手。

3. 用力拉伸一侧的斜方肌下部纤维和菱形肌，以帮助把肩部拉到正确的位置，这样斜方肌上部纤维才能放松。

4. 换对侧重复动作。

持续与重复：每一侧拉伸15至20秒，每天至少一组，每组重复动作2至3次。

提示：在拉伸过程中，当颈部弯曲到一侧时，下巴要收拢。

注意：向侧面弯曲时，请勿旋转头部和颈部。

进阶：做直臂下拉练习。

退阶：使用按摩杖按摩斜方肌。

手掌墙上拉伸

身体部位： 胸椎和肩胛带、颈部和头部。

失衡： 内旋臂、肩胛带前伸和高位肩胛。

拉伸部位： 斜方肌、肱二头肌、腕屈肌上部纤维；激活和强化菱形肌和斜方肌下部纤维。

训练的好处： 这项运动有助于增加手臂和肩部肌肉的柔韧性，同时稳定肩胛骨，帮助改善盂肱关节和肩胛带的功能。

操作步骤

1.站在墙边，伸出一只手臂，手掌平放在墙上；手指微微张开，然后把肩部向后、向下拉。

2.试着伸直你的手臂，不要让肩部上移或向前移动。

持续与重复：每侧拉伸15至20秒，并在每一侧重复2至3次，每天至少一组。

提示：可以在多个部位（如手、手腕、前臂、肱二头肌或上臂下侧）感觉到拉伸。记下最能感受到拉伸的部位，并做自我肌筋膜放松训练，来帮助放松这些部位，然后再重复拉伸。

进阶：将手臂向前旋转（手掌不动），同时稳定肩胛骨。

退阶：把你的身体转向墙壁以减小拉伸幅度，或按摩前臂。

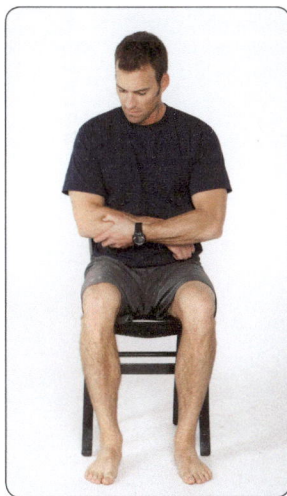

前臂拉伸

身体部位：胸椎和肩胛带。

失衡：内旋臂、肩胛带前伸。

拉伸部位：前臂肌肉。

训练的好处：增加前臂和手腕的柔韧性有助于整个手臂更好地发挥作用，从而无须给肩部增加负担。

操作步骤

1. 将手臂伸到身体前方，让它们保持伸直，一只手搭在另一只手的手背上。

2. 轻轻地将被握住的手的手腕和手指向躯干弯曲，直到前臂的外侧有拉伸感。

持续与重复： 每只手臂拉伸20至30秒，并重复2至3次，每天至少一组。

提示： 保持肩部向下、向后沉，以最大限度地提高训练效果。

进阶： 前臂内旋，以加大拉伸幅度。

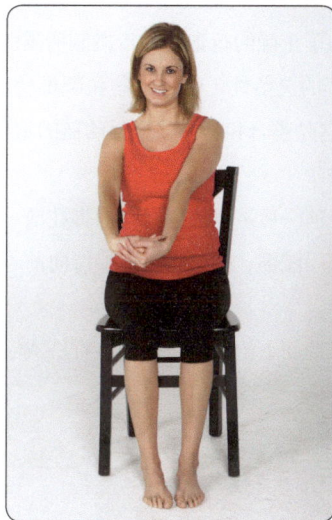

退阶： 按摩前臂。

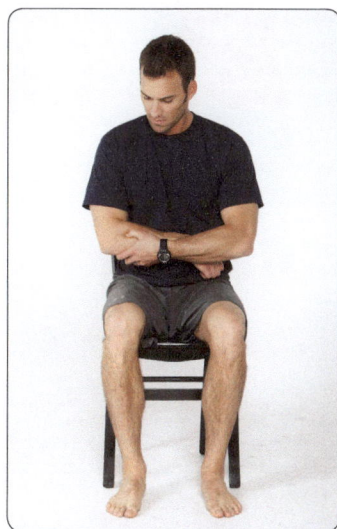

绕墙拉伸

身体部位：整个运动链。

失衡：足背屈不足、骨盆前倾、腰椎过度前凸、胸椎过度后凸、肩胛带前伸。

拉伸部位：腓肠肌、髋屈肌、腹肌、胸肌和背阔肌；激活并强化臀大肌、竖脊肌、菱形肌和斜方肌下部纤维。

训练的好处：这种拉伸模拟了正确的行走和跑步机制所需的许多身体动作。提高踝关节的灵活性（以改善足背屈）和髋部的灵活性（改善骨盆和腰椎功能），以及躯干和肩胛骨的灵活性（以改善脊柱和肩部功能）。这是整合和协调整个运动链的重要推动力。

操作步骤

1. 在墙的一侧双脚分开呈一前一后站立，靠近墙的脚在前。

2. 将上半身朝墙旋转，头部、髋部、腿部和足部保持向前不动。

3. 将两只手掌平撑在墙上。

4. 保持拉伸，不要把足跟从地面上抬起，也不要将脊柱或髋部移到一侧。

持续与重复： 每一侧拉伸15至20秒，重复2至3次，每天至少一组。

提示： 如果在拉伸时很难记住该将哪一只脚放在前方，只需模仿将躯干和手臂向前腿一侧旋转的走路动作。

注意： 在这段时间内屏住呼吸可能会导致躯干肌肉痉挛和紧张。在进行这个练习时，重要的是要持续放松和呼吸。

进阶： 进行弓步向上踏步（加旋转）练习。

退阶： 进行髋屈肌拉伸（水平面）练习或在上背部垫两个网球仰卧放松。

要点回顾

　　一旦客户完成了自我肌筋膜放松训练，使不健康的肌肉和筋膜得以恢复和再生，就可以将拉伸训练纳入纠正性训练计划。

- 拉伸训练增加关节、肌肉和其他软组织的活动范围，为纠正性训练计划的强化阶段做准备。
- 将拉伸训练逐步引入客户的训练计划。以前的疼痛、肌肉紧张、关节炎症、过度抑制和运动受限的经历都会影响所需的拉伸方式和强度。
- 有许多方法可以退阶或进阶客户的拉伸训练，例如添加或移除平衡辅助工具，以及加入或分离其他身体部位的协助。
- 利用功能解剖学知识，选择合适的拉伸动作，并指导客户他们应该感受到哪些部位被拉伸。
- 患有慢性肌肉骨骼失衡、关节炎、骨质疏松症，有类固醇药物使用史以及最近做过手术或受伤的患者应谨慎进行拉伸训练。
- 不要拉伸骨折部位周围的组织、遭受创伤的区域或有重度炎症的关节或软组织。

自我检查

　　充分了解将客户的纠正性训练计划从自我肌筋膜放松训练进阶到拉伸训练的方式和时间，是至关重要的。以下是一些肌肉骨骼问题和适当的自我肌筋膜放松训练的示例。在第二列的空格中为每个客户确定一个合适的拉伸训练，并简要说明选择该拉伸训练的原因。下表给出了第一种情况的示例。

客户情况/肌肉骨骼失衡与适当的自我肌筋膜放松训练	建议的拉伸训练
长距离走路时，踝前部疼痛。评估显示其背屈功能受限。进行小腿按摩	小腿拉伸（站姿），增加小腿肌肉在负重情况下的柔韧性，将使小腿能够在足部上方轻松站立，并提高足背屈能力，从而消除了走路时踝前部的疼痛
长时间坐在计算机前时会感到颈部疼痛。评估显示颈椎过度前凸。在颈后部使用按摩杖按摩	
打网球后右膝内侧疼痛。评估显示足过度内旋。进行高尔夫球滚动	
进行高尔夫运动后下背部疼痛。评估显示骨盆前倾。用泡沫轴按摩臀部肌群	

第21章

强化训练

强化训练是纠正性训练计划的最后部分。只有在对软组织结构不断进行拉伸和自我肌筋膜放松训练之后，才可引入强化训练（Clark & Lucett, 2011；Price, 2013；Price & Bratcher, 2010）。强化训练有助于受到失衡问题影响的软组织结构修复、重建与增强。训练的目的是重新训练神经肌肉、肌筋膜和肌肉骨骼系统，纠正失衡问题，并保护身体不受伤害（Hoffman, 2014；Houglum, 2016）。

正确选择、设计、进阶和退阶纠正性强化训练，有助于提高身体稳定性和灵活性，并恢复之前受伤或疼痛部位的协调性（McGill, 2016；Price & Bratcher, 2010）。肌肉骨骼失衡会导致代偿与功能障碍的动作模式，会影响人们进行强化训练的方式（Clark & Lucett, 2011）。因此必须在客户的能力范围内选择合适的训练，同时确保他们正确地完成训练。否则，现有的肌肉骨骼失衡问题可能会加剧，错误的软组织结构可能会被激活（Price & Bratcher, 2010）。

强化训练小技巧

以下是你可以用来向客户介绍强化训练的策略。

- 虽然确保客户安全、正确地进行训练非常重要，但是当他们第一次尝试新训练时，需要给他们足够的空间去经历一些小错误。这将为你提供更多的反馈，同时帮助他们学会如何纠正自己的技术，并做出改进（Coyle, 2009）。
- 使用视觉、语言和动觉教学方法，使你的教学风格与客户的学习风格相适应（Wrisberg, 2007）。
- 解释清楚推荐强化训练的原因，并强调每个强化练习是如何建立在客户已经完成的肌筋膜放松术和拉伸训练的基础之上的。
- 如果客户在运动时感到不适，难以正确地进行一项训练，或在一节课程之后感到过度酸痛，则退阶强化训练（Bryant & Green, 2010）。

- 引入难度较低的动作，或结合平衡辅助工具等道具，或重新进行自我肌筋膜放松训练、拉伸训练来退阶强化训练。
- 如果动作已经熟练到一定的程度，需要进行综合训练以节省时间，或者制定进一步的目标，那么可以进阶强化训练。
- 通过引入动态的动作练习，使用更少的道具，在运动中增加外部负荷或加入多个平面上的运动来进阶强化训练（Magee, Zachazewski & Quillen, 2007; Price & Bratcher, 2010）。

提示

在客户的纠正性训练计划中引入本章介绍的任何练习之前，请查看第17章中有关教学方法、进阶和退阶的信息，以及何时不可使用本章中提供的强化训练。

强化训练动作库

本章强调的强化训练是循序渐进的（即从单一到整合、向心到离心、单关节到多关节、一个平面到多个平面、从开链到闭链），并且适用于健身房、家里、办公室或旅行期间，几乎不需要任何设备。

大足趾下推

身体部位：足部、踝部、膝。

失衡：足过度内旋、膝外翻、足背屈不足。

解决部位：构成足部内侧纵弓的结构，特别是长屈肌。

训练的好处：习惯性过度内旋会对足部和踝部内侧的结构施加过大的压力，特别是内侧纵弓。这项训练加强了有助于支撑这种足弓的结构，以帮助足部抵抗过度内旋，促进足背屈，并在膝向身体中线移动时减慢膝的速度。

操作步骤

1. 站立，双足朝前，抬起内侧纵弓，使足部和踝部保持中立姿势（也就是说，重量会轻微地向外移动）。

2. 将足趾对齐，保持足趾伸直，并将大足趾用力朝地板下推，不要"扭动"其他足趾。

3. 先进行静力性运动，然后轻轻地前后摇动，加大动作，使用大足趾作为制动机制来控制体重在足部的移动。

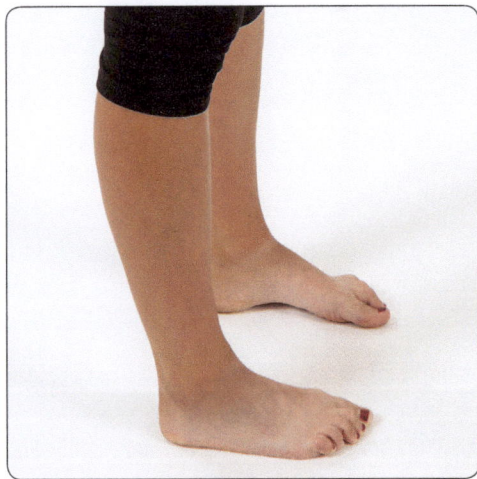

持续与重复：静力性收缩20到30秒，每天重复2到3次，进阶到每次进行10到15次重复的动态运动。

提示：如果动作完全正确，当大足趾向下推时，你应该感觉到足弓下的肌肉在运动。

注意：逐步进行这项运动，以避免肌肉过度疲劳，导致抽筋。

进阶：以足为重心来前后摇摆身体。

退阶：用足趾卷起一条毛巾，激活踇长屈肌，或用高尔夫球滚动放松足部。

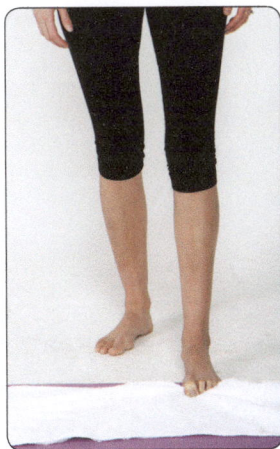

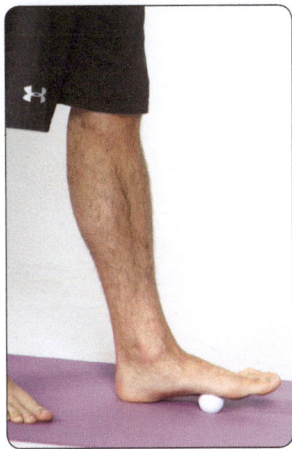

仰卧骨盆倾斜

身体部位：腰椎－骨盆髋带。

失衡：骨盆前倾、腰椎过度前凸。

解决部位：腹直肌、臀大肌、腘绳肌。

训练的好处：这项运动有助于加强弯曲腰椎和使骨盆后旋的肌肉，旨在帮助调动这一部位的灵活性，使其更好地运动。

操作步骤

1. 仰卧在地板上，膝弯曲。

2. 倾斜骨盆，使下背部伸展，并收缩腹部，将耻骨往肋骨的底部方向拉动。

3. 当骨盆倾斜时，肩部和上背部不要弯曲。

持续与重复：每天至少一组，每组重复动作10到15次。

提示：当尾骨离开地面时，不要让骨盆向前旋转。

注意：开始时要温和缓慢地做这个动作，让下背部的结构逐渐适应。

进阶：进行瑞士球臀肌激活练习或仰撑提臀练习。

退阶：用网球或泡沫轴按摩臀部或下背部。

鸭式站立

身体部位：足部、踝部、膝、腰椎－骨盆髋带。

失衡：足过度内旋、膝外翻、骨盆前倾、腰椎过度前凸。

解决部位：臀大肌、髂胫束、腹直肌、臀中肌后侧纤维。

训练的好处：这项运动有助于增强肌肉，帮助腿部外旋（从而提高足弓，使膝与足和踝对齐），并使骨盆向后倾斜。它还有助于弯曲腰椎，以减轻腰椎前凸。

操作步骤

1. 首先，双足站立，并且双足和双腿像鸭子一样向外旋转。

2. 将骨盆向后倾斜（向下收拢），收缩臀大肌，使双腿进一步向外旋转。

3. 当双腿向外旋转时，感觉足弓拱起，重心移到足的外侧和足跟。

持续与重复：保持静力性收缩15至20秒，每天至少一组，每组重复3次动作。

提示：躯干直立，足跟不要离地。

注意：如果感到膝疼痛，把足伸直，这样就会降低难度。如果疼痛持续，则停止进行训练。

进阶：做大足趾下推或做瑞士球臀肌激活练习。

退阶：仰卧骨盆倾斜或用泡沫轴滚压放松臀肌。

瑞士球臀肌激活

身体部位：腰椎–骨盆髋带。

失衡：足过度内旋、膝外翻、骨盆前倾、腰椎过度前凸。

解决部位：臀大肌、臀中肌、臀小肌。

训练的好处：这项运动有助于加强臀肌，并重新训练腰椎–骨盆髋带，使臀部和腿部肌群在不向前倾斜骨盆或过度拱起下背部的情况下可以伸展开（即将腿放在身体后面）。

操作步骤

1. 躺在一个瑞士球的顶部，骨盆顶在球的中心，双手放在地板上，眼睛向下看，这样可以避免颈部过度拱起。

2. 骨盆向后倾斜，腰椎弯曲，将一只足固定在地面上，以稳定身体。

3. 另一足保持踝关节背屈，使腿向外旋转，并保持腿部伸直。

4. 慢慢抬起绷直腿，倾斜骨盆，激活臀肌，防止下背部拱起。

5. 抬起腿慢慢下放一点距离，然后再抬起。

6. 换对侧重复动作。

持续与重复：每侧每天至少重复一组，每组10到15次。

提示：大多数患有腰椎过度前凸的人都会试图通过拱起下背部来抬起腿，所以要注意这种代偿动作。另外，抬起腿向内旋转和向外旋转会加强不同的臀肌纤维。

注意：不要试图通过旋转或翻转骨盆来抬腿。

进阶：进行仰撑提臀练习。

退阶：进行仰卧骨盆倾斜练习或鸭式站立练习。

仰撑提臀

身体部位：足部、踝部、膝、腰椎–骨盆髋带。

失衡：足过度内旋、膝外翻、骨盆前倾、腰椎过度前凸。

解决部位：臀大肌、腹直肌、竖脊肌。

训练的好处：加强臀肌和支撑脊柱的肌肉，引导髋关节和腿部肌群正确伸展，将使整个腰椎–骨盆髋带更有效地移动，而无须代偿机制。

操作步骤

1. 坐在地板上，膝弯曲，双手支撑在背后地面上。

2. 当臀部从地板上抬起时，骨盆向后倾斜，移动到一个中立的位置。

3. 抬起肩部以保持胸部向上，并在臀部抬起时保持下巴收紧。

4. 慢慢放低臀部，不要让臀部接触地板，同时保持骨盆处于中立位置。

持续与重复：首先进行静力性练习，保持向上姿势15至20秒，然后进阶到每天重复10到12次。

提示：如果患者肩部或手腕有问题，在这个训练中可使用一个瑞士球来支撑头部和肩部。

注意：大多数患有骨盆前倾和腰椎过度前凸的人都会在提臀时过度拱起背部。指导这些客户向后倾斜骨盆，在整个过程中保持骨盆中立位置。

进阶：进行弓步拉膝练习。

退阶：进行仰卧骨盆倾斜练习或瑞士球臀肌激活练习。

侧卧抬腿

身体部位：足部、踝部、膝、腰椎－骨盆髋带。

失衡：足过度内旋、膝外翻、骨盆前倾。

解决部位：髋外展肌和深层髋旋转肌。

训练的好处：这项运动有助于稳定骨盆，促使髋部处在一个更加中立的位置，从而更好地排列和移动腰椎－骨盆髋带、腿、膝和足。

操作步骤

1. 侧卧，在头部下面放一个半泡沫轴或枕头，以使头部与脊柱保持在一条线上。

2. 伸直下侧腿，上侧腿屈曲叠放在下侧腿上且膝盖向地面降低。

3. 向后旋转骨盆，保持髋部垂直叠放在一起。

4. 慢慢抬起上侧膝，不要弯曲下背部，抬高髋部，或向前旋转骨盆。

持续与重复：首先进行静力性训练，将腿部抬高并保持在最高位置20至30秒，重复2至3次，每天重复10至12次。

提示：如果患者没有感觉到髋部两侧的收缩，轻轻地增加运动的下降（离心）阶段的阻力，以帮助激活这些肌肉。

注意：在训练中，注意腿部上抬阶段的3种代偿机制问题：髋关节猛提、骨盆前旋、躯干旋转。

进阶：进行弓步侧向伸出练习。

退阶：做髋外展肌拉伸或鸭式站立练习。

地面缩肩

身体部位：胸椎和肩胛带。

失衡：胸椎过度后凸、肩胛带前伸、高位肩胛、内旋臂。

解决部位：菱形肌、斜方肌（中部纤维和下部纤维）、胸椎伸展肌、冈下肌和小圆肌。

训练的好处：这项运动有助于强化伸展胸椎和回缩肩胛骨的肌肉，加强肩袖肌，正确帮助手臂向外旋转，并将肱骨正确地放在盂肱关节处。

操作步骤

1. 仰卧，膝弯曲，头部靠在枕头上或折叠毛巾上（如果需要），以确保颈部处于中立位置。

2. 手臂放置于身体两侧，与身体大约成45度，手掌朝上。

3. 肩部朝地板用力后拉，保持骨盆向后旋转，从而确保下背部与地面保持接触，在运动期间不会拱起来。

持续与重复：每天静力性收缩2至3次，每次20至30秒。

提示：如果客户无法感觉到收缩并压低肩胛骨的肌肉被激活，请使用其他强化训练［如坐姿划船或直臂下拉（在本章后详述）］来帮助激活它们，然后返回此训练。

进阶：进行站姿曝光式练习或站姿挥手再见式练习。

退阶：做"为什么"拉伸练习或按摩肩部前部。

直臂下拉

身体部位：胸椎和肩胛带、头部和颈部。

失衡：高位肩胛、肩胛带前伸。

解决部位：斜方肌（下部纤维）和菱形肌。

训练的好处：这项运动有助于增强斜方肌下部纤维，帮助压低肩胛骨，并使肩胛骨靠近脊柱。此外，许多人的斜方肌上部纤维都承受着过多的张力，如果斜方肌下部纤维较强且灵活性较强，它可以减轻上部纤维的压力。

操作步骤

1. 坐在健身房的瑞士球上，伸出手来抓住悬吊带的杆或把手。

2. 向后下方拉肩胛骨，手臂不要弯曲（此动作会依赖斜方肌下部纤维和菱形肌）。

3. 下拉时不要弯曲手臂。

持续与重复：进行20至30秒静力性收缩，重复2至3次，然后再进行10至15次动态运动。

提示：如果做这个练习有困难，或者难以感受到斜方肌下部纤维的收缩，那么一次先只针对一侧手臂来帮助你感觉到应该发力的肌肉。

进阶：进行仰卧直臂上举练习。

退阶：用网球按摩肩胛骨周围。

坐姿划船

身体部位：胸椎和肩胛带、颈部和头部。

失衡：胸椎过度后凸、肩胛带前伸、高位肩胛、内旋臂、头部前倾。

解决部位：竖脊肌、菱形肌、斜方肌、背阔肌。

训练的好处：这项运动有助于加强肌肉，保持胸椎直立、拉回头部，以及相应的肌肉收缩，下压并稳定肩胛骨。加强这些肌肉会对头部和颈部、胸椎和肩胛带和手臂产生积极的影响。

操作步骤

1. 坐在椅子或划船机上，保持躯干直立。

2. 握住弹力带或划船机的手柄，在做划船动作时将它们拉向躯干。

3. 保持肩部向后下方倾斜，并且在运动过程中下背部不要拱起。

4. 头与脊柱保持对齐，收紧下巴。

5. 将手柄返回起始位置并重复动作，身体不要向前倾斜。

持续与重复：进行10至15秒静力性收缩，并重复2至3次，再进行10至15次动态运动。

提示：当肘部与胸腔两侧成一条直线时，停止拉伸。再往上拉伸可能会使肩胛骨上提，与训练的目的相悖。

注意：在前伸时，引导客户屈髋，以避免脊柱过度拱起。

进阶：以站姿完成这个练习。

退阶：做地面缩肩练习。

"曝光式"练习（仰卧）

身体部位：胸椎和肩胛带。

失衡：颈椎过度前凸、头部前倾、胸椎过度后凸、肩胛带前伸、高位肩胛以及内旋臂。

解决部位：竖脊肌、颈部旋转肌群、头部回缩肌群（站立时）、冈下肌、小圆肌、菱形肌以及斜方肌。

训练的好处：这个练习可以加强那些使躯干和头部直立、收缩和下压肩胛骨以及向外旋转手臂的肌肉，它还能拉伸胸前与肩前的肌肉。

操作步骤

1. 仰卧，手臂弯曲，肘部靠近身体两侧，手指指向天花板，如果需要可以用枕头支撑你的头部。

2. 将肩胛骨向后向下拉。

3. 双臂外旋，手背朝向地板。

4. 在肩胛骨和手臂后部之间，以及靠近手臂顶部的位置，应该能感觉到拉伸。

持续与重复：首先进行静力性训练，保持收缩15至20秒，重复2至3次。进阶至10至15次一组，每次2至3组，每周3至4次。

提示：为了在这个训练中获得更好的姿势，引导客户在靠墙站立时这样做：获得一个中立的足部位置，向后旋转骨盆，直立站立。在整个运动之前和整个运动过程中，下巴收紧。

注意：如果肩部前部有不适感，用卷起来的毛巾把肘部从地板上抬起；运用适当的技巧，必要时退阶训练。

进阶：以站姿完成这个训练，或用弹力带增加阻力。

退阶：躺在地上，一次只做身体一边的训练，在肘部下面放一个枕头，在肩部一侧放一个泡沫轴，以减小肩关节外旋角度，降低难度。

挥手再见式（仰卧）

身体部位： 胸椎和肩胛带。

失衡： 颈椎过度前凸、胸椎过度后凸、内旋臂、肩胛带前伸、高位肩胛。

解决部位： 竖脊肌、颈部旋转肌群、头部回缩肌群（站立时）、冈下肌、小圆肌、菱形肌与斜方肌。

训练的好处： 这项运动有助于加强外旋手臂的肌肉，并在脊柱和头部正确对齐时稳定肩胛骨。

操作步骤

1. 躺在地板上，下背部平放在地板上，肘部弯曲抬高至与肩同高，手掌朝向足部，手指指向天花板。如果需要，可以使用枕头支撑头部和颈部。

2. 把肩胛骨向下、向后压向地板，下巴收紧，不要让颈部向后面的地板过度弯曲。

3. 慢慢地把手背按在地板上，保持肩部向下、向后压向地板。

持续与重复：进行静力性训练，保持收缩15至20秒，重复2至3次。进阶至重复10至15次一组，每次2至3组，每周3至4次。

提示：保持骨盆向后旋转，以防止下背部拱起，并带动胸部的伸展肌。

注意：胸椎过度后凸的客户在转动手臂时可能会耸肩。引导他们使用斜方肌下部纤维，以压低肩胛骨。

进阶：以站姿做这个练习，或用弹力管增加阻力。应该在客户能够以良好的姿势完成10到15次标准的重复动作之后，再增加阻力。

退阶：用枕头支撑肘部，在头部上方放置一个泡沫轴，以减少所需的移动范围，或在斜方肌上使用按摩杖进行按摩放松。

直臂上举（仰卧）

身体部位：胸椎和肩胛带。

失衡：胸椎过度后凸、高位肩胛。

解决部位：竖脊肌、颈部旋转肌群、头部回缩肌群（站立时）、菱形肌以及斜方肌。

训练的好处：这个练习可以指导客户使用胸椎伸展肌，并脱离腰椎伸展肌，以求更好地拉伸胸廓，缓解腰椎过度前凸。它还可以加强稳定肩胛带的肌肉，防止在使用手臂时过度"耸肩"。

操作步骤

1. 躺在地上，膝弯曲，手臂靠在身体两侧，骨盆后倾。

2. 慢慢地把手臂举过头顶，保持手臂伸直，稳定肩胛带的肌肉。

3. 注意下背部在运动过程中不要过度拱起。

持续与重复： 首先进行静力性训练，保持举起手臂的姿势10至15秒，并重复2至3次。进阶到手臂抬高和降低，重复10至15次一组，做2至3组，每周2至3次。

提示： 许多人在把手臂举过头顶时会过度地弯曲背部。要指导他们保持骨盆向后倾斜，并使用上背部肌肉（胸椎伸展肌）伸展脊柱。

注意： 当客户进行这项练习时，需要注意的两种常见代偿机制是耸肩和弯曲手臂。这个训练的退阶需要确保技术正确。

进阶： 以站姿完成这个练习，或者做抬臂后退练习。

退阶： 在头部后方放置一个泡沫轴，以减小运动的动作幅度，或做肩前部按摩。

颈部屈曲

身体部位： 头部与颈部。

失衡： 颈椎过度前凸、头部前倾。

解决部位： 颈部旋转肌群和头部回缩肌群。

训练的好处： 这项运动有助于加强帮助拉回头部的肌肉，要保持眼睛平行于地平线，以减少由颈椎过度前凸和头部前倾造成的不必要压力。

操作步骤

1. 靠墙站立，或坐到椅子上，躯干直立（下背部不要拱起）。

2. 下巴收紧，头向后拉，以拉长颈部的后部。

3. 在整个运动中保持肩部向后和向下，骨盆收紧。

持续与重复：首先进行静力性训练，保持收缩10至15秒，重复2至3次。进阶至重复6到10次，每天至少一次。

　　提示：这种训练可以在办公室工作、开车或任何时候进行，有助于保持颈部肌肉的力量、柔韧性和协调性。

　　进阶：仰卧进行这个练习。

　　退阶：颈部热敷或在颈后使用按摩杖按摩。

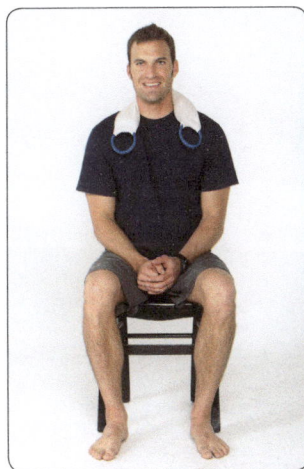

球上仰身屈伸

身体部位：胸椎和肩胛带。

失衡：腰椎过度前凸、胸椎过度后凸以及颈椎过度前凸。

解决部位：腹直肌、颈部旋转肌群、头部回缩肌群、胸椎伸展肌。

训练的好处：这项训练加强了腹直肌，使骨盆向后旋转并帮助腰椎弯曲。颈部旋转肌群也会被加强（同时保持头部向后），并且可以训练腹直肌离心运动，以正确拉伸胸椎。

操作步骤

1. 躺在一个瑞士球上，足靠在墙上，或者足跟放在桌子上。

2. 手放在脑后支撑头部及颈部。

3. 向后倾斜骨盆，同时保持肩部向下，头向后，下巴收紧。

4. 轻轻地向后躺在球上，拉伸胸部，同时保持骨盆向后倾斜。

5. 适应这个姿势后，稍微抬起躯干，然后尽可能地把上背部和头降低（下背部或颈部不要拱起）。

持续与重复：首先进行静力性训练，保持骨盆向上，同时将胸椎在球上伸展15至20秒。进阶到重复轻微抬升和降低躯干8至10次一组，做2至3组，每周3至4次。

提示：辅助客户稳定住球，这样他们就不会觉得很不稳定了。

注意：如果下背部在运动中紧绷或疼痛，这意味着客户是在球上用腰椎拉伸，而不是正确地拉伸胸椎。如果发生这种情况，要引导客户采用正确的技术。如果疼痛持续，需停止此项训练。

进阶：增加球与墙或桌子之间的距离以提高难度，或者增加重复次数。

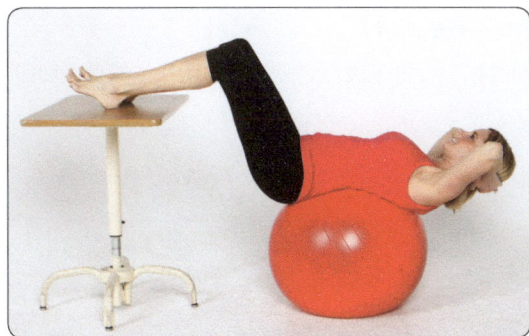

退阶：做腹部按摩。

抬臂后退

身体部位：整个运动链。

失衡：足背屈不足、骨盆前倾、腰椎过度前凸以及胸椎过度后凸。

解决部位：髋屈肌、腓肠肌、股直肌、腹直肌、竖脊肌、肩部肌肉。

训练的好处：这项练习增强了拉伸胸椎和稳定肩胛骨的肌肉，同时也能拉伸腹部肌肉、髋屈肌和小腿肌肉，使腿部、髋部和脊柱在不必弯腰的情况下良好运动。

操作步骤

1. 站立，双足朝前，骨盆收紧。

2. 右腿向后一步，右臂举过头顶。

3. 不要过分耸起举起手臂侧的肩。

4. 右腿向前走，同时把手臂拉下来，完成右侧的动作，然后左腿向后退一步，抬起左臂，在左侧完成同样的动作。

5. 两侧重复进行。

持续与重复：首先进行静力性训练，保持手臂向上和腿向后的姿势10至15秒。进阶到双侧重复10至12次的动态练习，每周2至3次。

提示：如果客户无法正确地做这个动作，检查腓肠肌、腹肌和髋屈肌的灵活性，并运用肌筋膜放松或相关拉伸训练解决所发现的任何问题。

注意：如果客户在运动时感到下背部疼痛，只需指示他们后退一小步，并确保他们在运动中正确地倾斜骨盆。

进阶：进行弓步手臂上举练习。

退阶：进行站姿直臂上举或腹部按摩练习。

弓步拉膝

身体部位：整个运动链。

失衡：足过度内旋、足背屈不足、膝外翻、膝关节运动轨迹问题、胸椎过度后凸以及骨盆前倾。

解决部位：动用整个运动链，重点是臀肌、股四头肌、髋内收肌、竖脊肌以及小腿和足部的肌肉。

训练的好处：本训练的重点是离心加强臀肌、股四头肌以及小腿和足部的肌肉。以这种方式加强这些肌肉使它们能够在膝向前并朝向中线移动时帮助减慢膝的速度。加强臀肌也有助于稳定骨盆和下背部。当进行旋转时，这项训练还有助于激活胸椎并加强背部的肌肉。

操作步骤

1. 一只足轻轻地向前一步，双足足尖朝向正前方。

2. 屈髋，用对侧手抓住前膝。

3. 将前腿一侧的骨盆朝后足拉回，同时将前膝拉向身体的中线。

4. 允许足部内旋，但使用姆长屈肌（即把大足趾向下推）来稳定前足，防止过度内旋。

5. 保持脊柱伸直，以髋部为中心前倾，不要弯曲脊柱，直到你感觉腿根的臀部被进一步激活。

持续与重复：首先进行静力性训练，保持5至10秒的弓步姿势，重复2至3次。进阶到两侧重复8到12次的动态练习，每周2至3次。

提示：将躯干向后旋转，远离前腿，这将有助于激活臀部。

注意：如果患者的下背部或膝部疼痛，则使用适当的自我肌筋膜放松或拉伸训练。

进阶：将躯干旋转到离前腿更远的地方，并将前腿一侧的手臂伸向身后。

退阶：臀肌拉伸或仰卧旋转拉伸。

弓步手臂上举

身体部位：整个运动链。

失衡：足过度内旋、足背屈不足、膝外翻、膝关节运动轨迹问题、骨盆前倾、腰椎过度前凸以及胸椎过度后凸。

解决部位：运用整个运动链，但重点是臀肌、髋屈肌、股四头肌、髋内收肌、腹肌、竖脊肌、腹斜肌以及小腿与足部肌肉。

训练的好处：当髋部、脊柱和躯干旋转时，此训练有助于重新训练身体的主要肌肉和结构，从屈曲正确过渡到伸展。学会正确协调这些运动可以解决几乎所有最常见的肌肉骨骼问题。

操作步骤

1. 轻轻向前迈弓步，向前倾斜并略微转动身体，以便伸展与前足相反一侧的手臂，该手臂越过前膝，同时向后拉伸另一只手臂。

2. 从弓步姿势还原至起始姿势，直立并向后旋转躯干。

3. 抬起先前越过前膝的手臂并将其伸到头部上方，不要耸肩，同时将另一侧的手臂绕躯干旋转。

4. 试着在整个训练中保持双足足尖朝前，根据需要调整它们的位置。

5. 重复动作，从向下、向前旋转到向上、向后旋转。

持续与重复： 每天在两侧重复10到15次（随着客户能力的提高，增加至2到3组，每组重复8到12次，但可以降低执行此训练的频率，以便在两次运动之间进行充分的休息和恢复）。

提示： 这个练习是以前学过的许多练习的综合。如果客户对任何部分有困难，只需将此训练分解为几个部分并分别执行。例如用弓步拉膝练习将有助于训练的弓步向前部分，而用抬臂后退练习将有助于训练的后半部分。

进阶： 手持一个重量轻的哑铃进行这个练习。

退阶： 执行仰卧泡沫轴辅助直臂上举练习或用泡沫轴放松髋屈肌。

弓步侧向伸出

身体部位：整个运动链。

失衡：足过度内旋、膝外翻、膝关节运动轨迹问题、骨盆前倾以及腰椎过度前凸。

解决部位：动用整个运动链，但重点是减缓腿部、骨盆和脊柱的横向运动的肌肉。

训练的好处：这项运动离心加强用于减缓腿部、骨盆和脊柱的横向运动的肌肉。它还有助于调动和加强用于控制骨盆和脊柱的肌肉，减少代偿模式，如骨盆前倾和腰椎过度前凸。

操作步骤

1. 双足朝前，左足轻轻向前迈步，同时将右臂伸向右侧。

2. 在弓步运动中，把左髋关节推到左侧（即远离右手），以帮助保持身体在中心的平衡。

3. 在这个动作中，让左腿向身体中线移动。

4. 站直，还原至起始姿势，伸出右臂越过头向左，把髋部推向身体右侧。

5. 重复动作，从侧弓步过渡到头顶伸展。

持续与重复：每天在两侧重复10到15次（随着客户能力的提高，增加至2到3组，每组重复8到12次，但可以降低执行此训练的频率，以便在两次运动之间进行充分的休息和恢复）。

　　提示：在此训练开始时，如果右手伸向右侧，将左手放在左侧臀肌处将使客户能够感觉到髋外展肌是否被准确激活。如果他们在任何方面存在不足，你需要暂停训练并要先激活这些肌肉（例如进行侧卧抬腿）。

　　进阶：用一个较轻重量的哑铃来执行这个练习。

　　退阶：使用平衡辅助工具或进行侧卧抬腿练习。

侧弓步旋转

身体部位：整个运动链。

失衡：足过度内旋、膝外翻、膝关节运动轨迹问题、骨盆前倾、腰椎过度前凸以及胸椎过度后凸。

解决部位：调动整个运动链，但重点在于臀肌、股四头肌、髋内收肌、竖脊肌、腹斜肌以及小腿和足部肌肉。

训练的好处：这个练习的重点是重新训练和加强一些肌肉，这些肌肉在身体重心转移时，有助于稳定腿部和骨盆。这个练习还有助于调动和加强脊柱的结构，使其正确旋转。

操作步骤

1. 站立时，双足朝前，双足间距60至90厘米。

2. 将重心转移到一条腿上，弯曲那一侧的踝、膝和髋部以进行下蹲。

3. 下蹲时，将手臂和躯干旋转到负重腿一侧。

4. 回到站立姿势，在另一边重复，当躯干旋转时，学会把身体重心从一边转移到另一边。

持续与重复：每天重复10到15次（随着客户能力的提高，增加至2到3组，每组重复8到12次，但可以降低执行此训练的频率，以便在两次运动之间进行充分的休息和恢复）。

提示：在转移重心时，引导客户想象自己是在滑冰，以帮助他们想象或感觉到理想的运动。

注意：如果客户在做这项运动时感到背部或膝部疼痛，请指导他们将手放在前面的平衡辅助工具上，并且只在进阶练习时旋转躯干。

进阶：一次只用一条腿支撑，将另一条腿放在瑞士球上。

退阶：进行仰卧旋转拉伸练习或侧卧抬腿练习。

单腿支撑转动

身体部位：足部、踝部、膝和腰椎－骨盆髋带。

失衡：足过度内旋、膝外翻、骨盆前倾、腰椎过度前凸。

解决部位：调动整个下运动链，尤其是臀肌、髋屈肌、股四头肌、髋内收肌以及小腿和足部的肌肉。

训练的好处：该练习有助于增强下肢的所有肌肉，减缓足部的内旋、腿部的内旋和髋部的屈曲。

操作步骤

1. 以左足为支撑站立，左足向前。

2. 躯干直立，不要靠向一边。

3. 向骨盆的左侧快速抬起右膝，膝与骨盆对齐，激活左侧髋部（这将有助于左足、腿部和髋部更好地对齐）。

4. 轻轻地弯曲左侧髋部、膝和踝，抬起的那条腿向下和向后转动，使左膝向身体的中线移动，右腿下沉并向身后旋转。

5. 使用臀肌、股四头肌和足部肌肉来减缓左膝弯曲时的速度，以及腿部和足部内旋的速度。

6. 右膝向上和向前移动。回到站立姿势，继续以左腿为重心保持平衡。

持续与重复：首先进行静力性训练，保持左腿支撑和右腿向上、向前抬起以激活臀肌的起始姿势。进阶到在两侧都重复整个动作8到12次一组，做2到3组，每周2至3次。

提示：转体运动应该由臀部、腿部和足部的肌肉控制，这样踝和膝就不会受到过度的压力。

注意：如果感觉到膝疼痛或不适，立即停止，进行退阶练习。

进阶：进行弓步向上踏步练习。

退阶：回到站立姿势时，用抬起的足轻轻点地，以保持平衡，或者使用平衡辅助工具。

弓步向上踏步

身体部位：整个运动链。

失衡：足过度内旋、足背屈不足、膝外翻、膝关节运动轨迹问题、骨盆前倾、腰椎过度前凸以及胸椎过度后凸。

解决部位：调动整个运动链，包括臀肌、髋屈肌、股四头肌、髋内收肌、竖脊肌、腹斜肌以及小腿和足部的肌肉。

训练的好处：这项运动模拟步态，有助于加强用以增强和减缓髋关节屈曲和伸展的所有肌肉，同时保持足部、腿部、骨盆和脊柱的稳定和功能良好。

操作步骤

1. 双足朝向正前方，一条腿后退做一个弓步，使骨盆在后腿下方倾斜，保持脊柱直立，以防止下背部过度弯曲。

2. 从弓步还原至站立位，后腿上抬至将后足放在与膝盖同高的凳子（或台阶）上。

3. 把足从凳子上拿下来，然后重复动作。

持续与重复：每天在两侧重复10到15次（随着客户能力的提高，增加至2到3组，每组重复8到12次，但可以降低执行此训练的频率，以便在两次运动之间进行充分的休息和恢复）。

提示：做弓步时应该可以感觉到臀部和前腿肌肉以及后腿附近的髋屈肌承受到离心负荷。指导客户要始终保持双足朝向前方，这样才能确保腿部、髋部和骨盆正确对齐。

进阶：当髋部弯曲和伸展时，以前腿为轴心旋转躯干（即手臂从一侧摆动到另一侧）。

退阶：进行弓步拉膝练习或绕墙拉伸练习。

旋转相扑蹲

身体部位：整个运动链。

失衡：足过度内旋、膝外翻、膝关节运动轨迹问题、骨盆前倾、腰椎过度前凸以及胸椎过度后凸。

解决部位：调动整个运动链，尤其是臀肌、髋屈肌、股四头肌、髋内收肌、竖脊肌、腹斜肌、菱形肌、斜方肌、肩袖肌群以及小腿和足部的肌肉。

训练的好处：这项训练的目的是协助加强腰椎-骨盆髋带周围的肌肉，使身体能够在髋关节内旋、外旋和脊柱弯曲、伸展时，有效地转移重心。重新训练身体，以正确协调这些运动，有助于解决许多常见的腿部、足部、髋部、骨盆和脊柱的肌肉骨骼失衡问题。

操作步骤

1. 左腿站立，右膝抬高，左臂向上。

2. 稍微抬高骨盆的右侧，确保骨盆的左侧与左腿正确对齐，且左侧的臀肌被激活。

3. 将骨盆和躯干向右旋转，利用左足、腿部和臀部的肌肉来减缓左腿和身体旋转。

4. 将右足放在身体后面的地面上，然后蹲下，左臂伸到双腿中间去触摸右足足跟，同时旋转脊柱。

5. 回到用左腿保持平衡的站立姿势，重复动作。

6. 换对侧重复动作。

持续与重复：每天在两侧重复10到12次（随着客户能力的提高，增加至2到3组，每组重复6到10次，但可以降低进行此训练的频率，以便在两次运动之间进行充分的休息和恢复）。

提示：这个训练是以前学过的许多练习的综合。如果客户对任一部分感到困难，只需将此训练分解为几个部分并分别进行训练。例如单腿支撑转动练习有助于单腿站立姿势，侧弓步旋转练习将有助于加强肌肉，使身体能够将重心从一边转移到另一边。

进阶：抓住一个药球进行旋转相扑蹲练习。

退阶：进行下背部拉伸或单腿支撑转动练习。

要点回顾

强化训练是纠正性训练计划的最终阶段，对于确认肌肉骨骼失衡问题的内在原因并有效解决该问题至关重要。应该在定期进行自我肌筋膜放松和拉伸训练之后引入强化训练，并且应该根据客户的需要、能力与目标逐步进阶。

- 在客户的训练计划中增加适当的强化训练，将有助于帮助他们提高稳定性、灵活性，以及恢复协调性。
- 存在肌肉骨骼失衡问题的客户可能错误地进行一些复杂的强化训练，反而使病情恶化。在他们做这些训练时，要仔细观察他们，适时退阶训练。
- 如果客户抱怨疼痛或不适，一定要退阶强化训练。
- 去除或增加平衡辅助工具，整合加入或分离其他身体部位的辅助，是有效进阶或退阶强化训练的方法。
- 使用视觉、语言和动觉教学方法，将帮助你适应不同客户的学习风格。
- 不要对骨折部位附近的组织，最近遭受急性损伤或动过手术的组织，或遭受创伤的部位进行强化训练。
- 对于患有慢性疾病或肌肉骨骼失衡、神经肌肉疾病、类风湿性关节炎或严重骨关节炎的客户，在加入强化训练之前，必须先获得有执照的医学专业人士的许可。

自我检查

强化训练的适当进阶和退阶非常重要，要确保客户的安全，不能加剧身体失衡的症状，同时要尽快让客户达到他们的目标。下表的第一列是强化训练的动作列表。在第二列和第三列中，为第一列中的每项训练制定适当的进阶和退阶练习。下表给出了一个示例。

强化训练动作	进阶	退阶
旋转相扑蹲	负重运动，如使用健身实心球	下背部拉伸
弓步拉膝		
仰撑提臀		
瑞士球臀肌激活		
侧弓步旋转		
挥手再见式（仰卧）		
直臂上举（站姿）		
弓步侧向伸出		

第5部分

制订纠正性训练计划

在第5部分，我们将学习如何制订纠正性训练计划，以及如何与客户建立良好的关系。我们在第3、第4部分了解的具体的纠正性训练的知识，对于我们发展客户关系，制订纠正性训练计划很重要。

第5部分将教你如何理解客户的行为，以及获知他们向你寻求服务的动机。你将学习如何进行初次接触，以及如何协商，才能让他们与你签约。你还将学习如何在纠正性训练中调整你的教学风格，以满足个别客户的需要。

除了如何有效地协商外，在这一部分，你还将学习如何使用你的专业技术和沟通技术来成功实施纠正性训练计划。此外，这一部分还包括一个综合性的案例研究，这有助于你在与客户进行实际合作时，了解怎样将评估过程和训练计划的制订过程完美结合，并成功实施。

第22章

建立成功的客户关系

在制订高效的纠正性训练计划时，你必须运用专业技能，但是在制订计划时，还有一个同样重要的方面，即与客户建立富有成效的合作关系。这就要求你评估客户寻求帮助的动机，并以此为根据调整你对每个客户进行沟通、教学和指导的方式。了解客户的需求，对于确保纠正性训练计划的成功实施非常重要（Price & Bratcher, 2010）。

了解基本动机和行为

肌肉骨骼失衡的客户寻求健康和健身专家的帮助，主要出于以下两个原因。

1. 他们缺乏相关知识（或者没有时间获取相关知识）来自己解决这些问题。客户不知道这些问题因何而起，也不知道哪些技术能帮助他们解决这一问题。

2. 他们对自己的能力缺乏信心。信心不足通常与缺乏知识有关，而这常常是他们之前错误的训练经验，以及与其他健身教练有不愉快的经历导致的。这加剧了他们的焦虑，以及对于在参加常规训练计划时遇到挫折的担心（Caissy, 1998）。

如果你不能在建立客户关系时正确处理好这些心理因素，这将在以后给你带来困难和挑战。

要想与缺乏相关知识或者缺乏自信的客户发展有效的合作关系，你必须了解一些人际交往和行为的基本原则。双方一旦形成某种关系，尤其是一方需要向另一方寻求帮助或者建议时，双方之间就会存在某种基本的动力。在这种关系中，每个人都承担一个角色，双方会根据自己是提供帮助者还是得到帮助者，将自己归为专家或者客户（Bandura, 1986）。

本章将简要向你讲述专家-客户关系的主要内容，这样你就可以了解如何处理这些关系，并创建一种有效的客户关系。在后面的章节中，我们也还会加以强调，以帮助你了解这种关系的复杂性，以及教你如何使用正确的指导、沟通和教学技术，以使训练计划得以成功实施。

角色如何影响行为

当客户请你帮助他们解决肌肉骨骼失衡问题时，他们自然将你视为这一领域的专家。此时他们相当于你的下属，会根据你给出的指令和方法解决问题（Altman, Valenzi & Hodgetts, 1985）。双方对角色的认定（以及双方所期望的行为）存在很多潜在的问题。既然你是肌肉骨骼评估和纠正性训练领域的专家，一旦你承认了这种专家的角色，就会强化客户对你（你个人）的认知，他们就会希望你帮助他们解决问题。这会妨碍你帮助客户学习并获得自信，因为他们现在完全依赖你来控制计划的每个方面。他们可能会以非常独特的方式行事，不发表自己的意见，如果效果没有达到自己的预期他们会失去兴趣，还会责备你，最终退出训练计划。简言之，一旦客户将你视作无所不知的专家，你将很难鼓励他们参与、学习或依靠自己树立信心，也很难坚持完成计划（Tyler, Kramer & Oliver, 1999；Williams, 1993）。

出于同样的原因，一旦他们视自己为类似下属的角色，他们就会不假思索地执行专家的指示。当我们在观察其他私人教练或者健身教练与客户的关系时，就会发现这一点。我们会看到有些客户会抬起过重的重量，或者他们会做一些危险的、超出能力之外的动作，这仅仅是因为教练要求他们这么做。之所以会发生这种情况，是因为客户认为他们不能质疑专家。虽然你可能希望客户没有质疑而听从你的指示，但这种关系意味着一旦出了什么问题，客户就会责怪你，他们认为你应该无所不知（Tyler, Kramer & Oliver, 1999）。

除了要了解客户对你的角色的看法以外，还有一些因素会准确地塑造他们所期望的形象，其中包括：他们从事的活动，以前遭受的运动损伤、手术、疾病，他们是否能坚持完成家庭作业，他们对肌肉骨骼健康以及对你提供帮助的能力的看法，等等。这些都会限制他们的进步或者使目标难以实现。因此，要想帮助客户实现目标，摆脱疼痛，恢复肌肉骨骼功能，我们必须与客户发展良好的关系，使他们对训练计划的成果以及自己的每个动作负责，完全参与计划的方方面面。

鼓励客户参与

你可以采用两种不同的方法使客户为计划的成败承担一定的责任。

1. 对他们进行教育。
2. 让他们承担对自己的责任。

教育

由于大多数客户不了解如何克服肌肉骨骼失衡问题，你不妨告诉他们一些有关自身身体的知识，这是一种鼓励他们参与其中的有效方式。具体来说，你可以做以下几件事。

- 解释身体的每个部位单独运作以及与其他部位一起运作的方式。
- 让他们知道现在自己存在何种肌肉骨骼失衡问题。
- 与他们讨论这些失衡问题影响他们的肌肉和其他软组织的方式。
- 讨论如何克服这种受限。
- 检验他们所做的哪些活动能够影响计划的进阶。

一旦客户了解了疼痛和动作受限的原因，以及是什么情况导致了失衡问题（例如在桌前久坐8个小时或者穿高跟鞋），他们就会意识到他们做的事情（或者没有做的事情，视情况而定）可能有问题。这会促使他们做一些不同的事情（Reeve, 2015）。

责任

当讨论计划时，你可以鼓励客户提出问题、想一些办法或提供信息，这有利于客户为计划的成功承担一定的责任。这将帮助他们认识到自己在这个过程中的重要性，增强他们的自信和自尊。客户的自主性越高，就越有助于纠正性训练计划的制订，他们也越愿意遵守并坚持（American College of Sports Medicine, 2014）。如果持续使用这些沟通策略和计划制订的技术，将会对客户的行为产生层叠效应，最终，他们就会为实现自己的目标而承担责任。鼓励客户参与计划制订也将直接影响他们的心态、身心努力程度和成就水平。

作为引导者的作用

让客户充满期待，鼓励客户积极参与计划，需要你重新定义自己在制订计划过程中的作用。一开始与客户建立关系时，你可能需要扮演一个权威者的角色，但必须随时调整你的方法。其中最简单、最有效的方法就是将自己视为一名引导者，而非一名专家。刚开始就完成这一微妙而重要的转变，有利于之后的团队合作。

在咨询和评估过程中，你可以通过提出开放式问题、关注客户的语言和非语言反应来强化你作为引导者的角色。积极倾听（即注意客户的肢体语言，对他们的处境具有同理心，而不仅仅是等待他们结束谈话后才说出你

想说的话）有利于客户在凭借自己的力量改善状况时，让你帮助他们确定所需要的策略和变化（Brockbank & McGil, 2006；Bryant, Green & Newton-Merrill, 2013；Price, 2012）。第23章和第24章将详细讨论初步协商和训练课程的具体沟通策略。

虽然指导客户完成特定的动作可能更容易，也更省时，因为作为专业人士，你知道什么可以帮助他们，但是他们的动机和最终的成功依赖他们自己做的决定。让他们参与制订自己的计划，对于塑造他们的期望和行为是很重要的，这会帮助他们理解你们一起训练会有何种收获。你要为客户提供专业的知识和指导，但解决他们的一切问题并非你的职责。当客户分享他们的经历或者抱怨时，要注意哪些地方可以作为解决问题的切入点。这种反应显示出你只是一位专家，而非一位引导者。当你聆听顾客诉说他们的忧虑时，当你追问他们问题时，你可以缓解他们的焦虑，鼓励他们主动为自己的肌肉骨骼失衡问题负责（Schwarz, 2017）。

当你与客户交谈或指导客户训练时，有些问题可能会影响他们的进展，如抑郁、焦虑症或其他心理状况。虽然诊断或治疗任何心理和医学问题不是你的职责，但你应该有一个转诊体系，在适当时将他们转给合格的医生和心理健康从业者，为他们提供帮助（这一问题的更多信息可以参考第28章的内容）。

要点回顾

为了制订一个成功的纠正性训练计划，除了具备一些评估、解剖和训练的技能，你必须了解一些基本的人类动机和行为的知识。

- 肌肉骨骼失衡客户寻求健身专业人士的帮助，主要出于以下两方面的原因。

  1. 他们缺乏自己解决问题所需的知识。

  2. 他们对自己缓解病情的能力缺乏信心。

- 了解基本的人类动机和行为，可以帮助你指导客户，使他们树立信心，从而使他们寻求你的帮助，并验证自己的决策。

- 当客户向健身专业人士寻求帮助时，他们通常会将自己视为健身专业人士的下属。这种"专家−下属"的角色假定，会影响双方对彼此行动和责任的看法。

- 为了避免这种"专家−下属"关系的潜在误区，你要将自己视为引导者，而非权威人士，帮助客户了解制订纠正性训练计划的基本原则。

- 通过采用引导者的方法，你可以开发一种团队合作方式，来帮助客户执行训练计划。

- 要求或鼓励客户从一开始就提出意见和建议，这有助于他们树立信心。随着他们信心的增强，客户将更多地参与这一过程，他们也会对训练结果产生一种责任感。

自我检查

作为客户关系的引导者，你可以通过很多方法提升自己的引导能力，考虑下面的一些特性和技能，如果你认为某些方法有利于开发和建立以及保持更好的客户关系，就在相应的空格内打上对钩。

技能和知识	重要	不重要
可以关注客户的长期目标和成效		
创建一系列纠正性训练计划和解决方案的技能		
当客户在咨询或者训练时感到不安，你坚持自己建议的能力		
高于平均水平的倾听技能		
开放性和指导性的语言沟通技能		
愿意让步于客户所需要的任何要求和愿望		
在与训练计划相关的事情上，客户可以寻求你的帮助		
可以为客户提供一致的信息、服务和反馈		
对纠正性训练能够提出自己的想法和观点		
能够提前制订计划并且预见可能的障碍		
当客户以愤怒、蔑视、哭泣来表达他们的焦虑时，能够理解他们		
明白典型的专家-客户关系设定会对训练结果产生的影响		

第23章

实施咨询

在第22章中，我们学习了你和客户见面解决骨骼失衡问题时，客户的动机和心理特征将如何影响他们的行为。你必须明白客户对这些经历的看法和你的看法可能非常不同，这会鼓励你在训练过程中的每个阶段尽可能加强与客户的沟通。试图理解客户的观点也有助于建立信任，避免误解，使更多的客户向你寻求服务。

初步接触

凡是涉及双方参与的活动，人们在初步接触时总会有不同的观察、感受、沟通和解释的方式。下面的内容将从典型的客户视角来探索这种互动的要素，然后再从你的角度进行探索。它还包括一些初步接触时实用的考虑因素和技术，这样客户就会与你预约，你会有机会对他进行全面的个人评估。

客户视角

在潜在客户第一次向你咨询服务时，这可能意味着他们已经尝试过向其他健康和健身专家寻求帮助以改善自己的状况，但是没有成功，尤其是如果他们的问题已经持续了很长时间（Boyes, 2015）。因此，客户常常抱有希望，又对你的帮助心存疑虑。一旦他们由于疼痛或运动功能障碍不能进行自己喜欢的活动，他们就会担心以后再也无法进行这一活动。

他们的这种焦虑多是从网上获得的错误信息导致的（Simpson, Neria, Lewis-Fernández & Schneier, 2010）。

大多数潜在的客户会对与你见面讨论他们的现状感到担心。刚开始你可以通过电话，而不是通过电子邮件或短信来回答他们咨询的问题，这样有助于减轻他们内心的恐惧。直接与人交谈，而不是通过电子方式交流，这能够让潜在客户在与你见面时感到更舒适。

你的视角

有的潜在客户可能会因为向他人寻求帮助而感到焦虑，而你可能会因为有了新的客户而感到激动。在与新客户会面并且说服他签订服务时，你可能也会感到不安。这种激动不安的心情可能会使你在与客户交谈时做出一些你不经常做的事情，例如为了展示自己的价值而高谈阔论，使用一些技术性术语，或者在还没见面时就对他的状况进行种种猜测（Donaldson, 2007）。

当你第一次接触潜在客户时，为了平息你自己的焦虑，你可以先谈论一些简单的话题，不要过多地谈论自己。对方简要介绍了自己的问题之后，你可以建议他预约咨询，这样你就可以对他进行评估，并对你能否提供帮助做出明智的决定。

初步接触时的实际注意事项

为了和客户初步接触时使其有积极的体验，你应该牢记以下几点。

收集基本信息

在初次面对面咨询过程中，你们必须交流一些基本信息。

- 询问（并记录）潜在客户的全名、详细联系方式及与你会面的一般原因。
- 在咨询与评估过程中，与客户讨论他期望获得的结果，并告诉他应该如何穿着。
- 向对方提供你的电话，并告诉客户你所在的地址。
- 在谈话快要结束时再次确认预约的时间和日期。
- 后续发送一封电子邮件，告知对方一些预约的详细信息和会面的注意事项（Price & Bratcher, 2010）。

咨询收费

在第一次谈话时，你应该告诉潜在客户咨询和评估是免费还是有偿的。如果有人专门向你寻求帮助以解决肌肉骨骼方面的问题，你最好免费提供初次咨询和评估。否则，潜在客户会根据他与其他健身教练不愉快的经历来判定你也只是想赚钱。然而，如果你愿意通过电话与他长时间交谈，然后进行一个全面、免费的问诊、视诊和触诊，客户更有可能会信任你和你的技术。当你在纠正性训练领域的声誉提高后，你就会接待更多他人引荐来的客户。这时你就可以考虑开始收取咨询费用了，因为大多数引荐来的客户来源于现有客户的信任，例如引荐来的客户可能是现有客户的朋友、家人、同辈或者同事，你也不必大费口舌地说服他们（Bly, 1991）。

问诊过程

以下内容将在面对面咨询和评估的过程中，分别从典型的客户视角和你的视角来探讨问诊应该注意的事项。它还包括一个成功的问诊应涉及的实际注意事项和技能。

客户视角

当潜在客户赴约时，他希望能受到前台接待的欢迎，虽然这种场景会给人一种专业氛围（对你来说也更便利），但是与陌生人交谈往往会增强客户的不安情绪。因此，如有可能，你要尽量自己去迎接潜在客户。你可以向他进行自我介绍，他也会感觉更放松（因为你们已经在电话交谈中相识）。如果新客户来访时你正忙于接待其他客户，你应该对他的来访表示感谢，并且告诉他你很快会接待他（Price & Bratcher, 2010）。亲自感谢潜在客户的到访有助于客户对此次咨询产生一种更为积极的态度。

一般客户会以为他们需要完成一系列冗长的书面文件，然后坐下来等待很长时间。这段过程一般令人沮丧，尤其是对那些有肌肉骨骼疼痛问题的客户而言，他们久坐之后会感到不舒服。虽然在开始咨询前你可能需要许多书面文件，但是尽量将它缩短成一个录入表格，记录客户的基本信息。在问诊过程中，你可以获取一些更为详细的信息，例

初次接触：成功的关键

- 在你还未开始进行全面的面对面结构评估之前，潜在客户常常会通过电话来要求你对他们的某个肌肉骨骼问题进行猜测。千万不要去猜测——这既不明智也不专业，而且如果你的猜测不正确，最终很有可能导致失败。

- 如有可能，在初步咨询未结束之前不要讨论费用，这样你就能更好地展示自己的专业技能和训练计划的价值。当然，如果客户直接要求一张收费表，你需要适当地说明你的收费情况。

- 在电话中进行初步接触时，谈话要简短、专业，这样会体现出你是一个有价值的专业人士，以及你的时间非常宝贵。

- 如果潜在客户由现有客户推荐，你必须表明你和引荐人很熟悉，但是切记不要讨论有关引荐人的相关问题和训练计划。

如他的状况和病史，同样，在签订服务时你也可以获得一些信息。减少一些书面调查工作，会使客户产生好感，这种好感也会延续到你的评估过程中去（Price, 2012）。

一旦你开始进行问诊，潜在客户会经历一些情感变化，并通过不同的方式表达这些情感。一般情况下，一个焦虑的客户会有如下举动。

- 因为自己的身体和生活方式受到详细检查而感到不安或害羞。
- 不愿说话，不愿意分享有关信息。
- 不停地说，或者语速太快，你无法获得重要数据。
- 通过肢体语言体现出他的不安情绪，例如双臂或者双腿交叉、坐立不安、向远处看或者转动身体（Griffin, 2006）。

意识到这些暗示你就可以观察客户什么时候会感到不安，这时你应该及时改变自己的行为，使潜在客户更积极主动地参与此次问诊，减少客户的压力。

你的视角

在面对面的咨询过程中，潜在客户可能会感到紧张不安，这也会导致你对会面感到紧张。如果潜在客户很早到访，而你还在和另一个客户交谈，这时如果潜在客户观察你的工作情况，你也会感到焦虑。这会导致你和当前客户的交流出现失误。当你感到紧张时，你要意识到自己的方向，关注当前的任务。这会让每个人都有更好的体验。

相反，如果潜在客户迟到了，你就会担心在下一个预约客户到来前，可能无法按时完成评估和咨询。在这种情况下，当客户到达时，你需要直接告知他之后还有其他客户，这样你就可以调整你的会面策略，客户也可以知道这次咨询大概什么时候结束（Price & Bratcher, 2010）。

有时，在你与客户面对面咨询时，你可能会带入一些自己的经历和偏见。这会影响你和对方的互动方式（Sternberg, Roediger & Halpern, 2007）。例如，假如你对肥胖或超重的人没有丝毫同情心，当他们向你讲述自己的肌肉骨骼失衡问题时，你就不会有丝毫同理心。有时候你会根据一个人的穿着和外貌来判断其是否能够支付费用。每个潜在客户都值得你尊重和关注，你有责任减少自己对于某件事的刻板印象，这样才不会影响你与潜在客户沟通的方式。

实际问诊的注意事项

在问诊过程中，为了确保训练顺利、有

效地进行，我们需要考虑很多因素。

咨询领域

在问诊过程中，你会讨论不同的内容，有些内容涉及私人问题。我们有必要找个安静的地方，来进行这部分咨询工作，这样客户就会更舒适，与你敞开心扉。如果可以，在咨询过程中通过某些方式进行空间安排，向客户表明你们两个是平等的，例如把你的椅子从桌子后面挪出来，或者你们两个一起坐在沙发或者长椅上（Griffin, 2006）。

建立默契

与潜在客户快速建立默契，这有利于问诊的顺利进行。

- 眼神直接沟通，确保你的肢体语言、语调、说话内容保持和谐一致。如果你用词积极，但是你的肢体语言却冷淡，或者你在谈话时回避眼神交流，潜在客户就会从你那里得到令人困惑的信息，从而影响你们之间的信任感（Griffin, 2006）。
- 以开放式问题开始咨询，例如"我可以为你提供何种帮助？"，这种开放式问题有利于客户以一种自己感到舒适的方式回答问题，使他们能够控制开场时的主题。
- 在讨论的过程中，随着客户自信心的建立，你就可以开始询问一些封闭式问题，例如"你的双足会感到疼痛吗？"，这样你才能得到更多具体的信息（Friesen, 2010）。

引导对话

当你以一个开放式问题开始评估时，客户可能告诉你某个身体部位不适，例如下背部。你们谈论完与此相关的问题后，你需要使用客户评估表（CAD）将你们之间的对话引向需要完成评估的内容（Price & Bratcher, 2010）。例如你可以提问"你身体的其他部位，例如膝是否疼痛？"来引导你们之间的对话。即使潜在客户没有提到之前或者当前的某种疼痛，你也有必要了解身体每个部位的疼痛情况和功能问题。这可能会使他想起以前的一些事故，例如骨折、手术或者交通事故，这都会影响训练计划的成功（Petty & Moore, 2002）。

随着评估的继续进行，客户可能会提到他认识的某人也有类似问题，需要采取措施加以解决，例如一个做了髋关节置换手术的朋友。为了消除他心中的焦虑，你可以提醒他，在问诊之后你会对他的全身进行一次全面的评估，并且会为他制订纠正性训练计划，通过这种方式来对客户的担忧表示理解，确保问诊的顺利进行，这有利于在未来的训练中将他的担心转化为希望（Price & Bratcher, 2010）。

考虑解决方案，洞察客户决心

在问诊过程中，你会询问客户当前正采取哪种运动或者训练，来解决他身体的受限和疼痛问题。这类信息有利于你判断客户是否已经形成了一种训练方式，是否投入了一定的时间来解决他的问题。这种方式还可以为你提供机会，评估客户之前与其他健康和健身教练的训练经验，知道他是否真正做好了充分的准备，来参与此次纠正性训练计划（Price & Bratcher, 2010）。

问诊：成功的关键

- 如果客户在评估开始前必须等待，请为他们提供热水，并告知他们卫生间和更衣室在何处，以使他们感到更加舒适。
- 在评估时要注意，使用一些专业术语或者高谈阔论会让客户感到紧张和有压力（Donaldson, 2007）。
- 在问诊时，问题不要过于个人化，你只需收集一些有关肌肉骨骼和身体健康方面的信息，不要窥探客户的私人生活（Price & Bratcher, 2010）。
- 如果你完全否认客户之前的努力，不同意之前的专业人士给他们提供的那些方法，或者认为之前的手术完全没必要，这只会让他们觉得自己很愚蠢（Price & Bratcher, 2010）。你应该始终赞扬他们过去寻求解决方法所做的努力。
- 在问诊时，如果潜在客户强调自己身体某个部位十分疼痛，想让你检查，这时你需要坚持进行问诊，并适时告诉客户在后续的视诊和触诊时你会怎么做。
- 问诊只是评估过程的一部分，你需要完成全部的评估过程（包括视诊和触诊），在对客户的肌肉骨骼问题做出判定之前，要收集所有必要的线索。

压力和肌肉紧张

精神压力通常会导致肌肉紧张，因此在问诊过程中，你需要将压力因素考虑在其中。虽然你没有必要（也不合适）向客户询问导致他们压力过大的具体原因，但是你的工作是让客户了解压力影响肌肉骨骼健康的方式。为了更好地完成你的工作，你需要简单地询问潜在客户，其工作、人际关系或者家庭生活等方面是否会对他们造成压力。如果答案是肯定的，你可以与他们谈一谈训练方法，例如自我按摩技术，这样会减少压力对他们身体的不利影响（Price, 2015）。

视诊和触诊过程

完成问诊后，你就可以开始进行视诊和触诊了。与问诊类似，我们将从两个角度对潜在客户进行评估——客户视角和你的视角。

客户视角

完成问诊后，大部分潜在客户会认为之后的评估过程不会涉及精神因素。这种想法可能出于他们过去的咨询经验，他们一般都是回答一些基本的健康问题，然后放松并等待专家为他们检查，诊断问题，推荐治疗方案。虽然这种过程很常见，但会使客户认为自己无须参与此过程，他们会因此更不自信。客户要想取得成功，他们需要对所期望的训练结果承担一定的责任（Reeve, 2015）。因此与问诊相比，在视诊和触诊中，客户需要更多地参与评估过程。

一旦客户认识到他们需要积极配合视诊和触诊，他们的自我意识就会大幅增强。你可以通过以下方法减轻他们的焦虑。

- 使他们在评估过程中保持专注。
- 避免对他们的外貌和服饰评头论足。
- 尽量不要对你发现的任何身体畸形做过多评论。

重要的是应该记住，如果客户存在某种生理紊乱问题，在评估时他们往往会忽视身体的这一部分。这种表现非常常见，尤其是涉及某些生理特征（如囊肿或老茧）时。例如当你在视诊和触诊时记下客户足上的囊肿，并开始提问时，客户常常会说这个囊肿已经很久了，根本感觉不到疼痛。而事实上他们可能非常痛苦。要想测评客户对某一不同寻常的躯体症状的真实感受，唯一的方法就是在评估时不仅要听他说什么，还要密切观察他的肢体语言（Griffin, 2006）。

你的视角

视诊和触诊过程能够使你找出客户疼痛和出现运动功能障碍的原因，你也有机会在这一过程中证实你的技能。但是在这一评估过程中，当你向客户展示自己的知识储备时，你的焦虑可能会接踵而至。记住，外来信息只会削弱评估的效果。要专注于评估的执行，然后以一种实用的、客户能理解的方式把评估结果告知客户。

实际注意事项

为了确保这一咨询阶段的顺利、高效，请记住以下几点。

建立联系

在开始进行视诊和触诊之前，先向潜在客户解释你将要做什么。如果客户能事先了解自己将要做什么，他们就会感觉更舒适（Shah & Gardner, 2008）。参考客户评估表进行引导，直到你完全熟悉了视诊和触诊时需要做的事情以及实施顺序。

在进行所有评估时都要保持和客户的交流，并且向潜在客户解释你接下来要做什么，例如，如果你对客户的足部和踝部评估后，发现它们有过度内旋的问题，你就需要向客户解释足过度内旋对膝功能的影响。尽管这类信息对你来说可能很简单，但是客户可能是初次认识到足和膝之间的功能性联系。帮助客户理解这些联系，会让客户消除对身体伤痛的疑虑——这只是身体其他部位失衡引起的问题（Price & Bratcher, 2010）。

使用恰当的语言

为了让客户积极地与你配合，共同参与此次评估，你必须说明一些关键的信息，让外行也可以理解（Donaldson, 2007）。下面将告诉你如何以一种通俗易懂的方式向客户传达一些有关技术评估的术语信息。

技术术语	易于客户理解的术语
过度内旋	扁平足
腰椎过度前凸	下背部过度拱起
胸椎过度后凸	圆肩
颈椎过度前凸	脖子过度拱起
膝外翻	向中线靠近
前旋	骨盆前部下倾
胫骨与腓骨	小腿
股骨	大腿或大腿骨
髋臼	髋部凹陷
腰椎	下背部
胸椎	中上背部
颈椎	脖子
盂肱关节	肩关节
肩胛骨	肩胛

调整学习风格

除了你使用的语言，另一种让客户积极参与评估的方法就是将他们自己的学习风格融入此过程。当我们开始视诊和触诊后，可以观察潜在客户是通过观看（视觉学习方法）还是通过倾听（语言学习方法），抑或是通过亲自动手（动觉学习方法）来进行有效学习的（Winnick & Porretta, 2017）。有些人在学习时可能同时使用这3种方法。一般情况下，一个人所用的描述性词汇和他的学习方法相匹配。

■ 一个语言学习者可能通过"我听到了""这听起来不好"此类语句来回应你的解释。语言学习者会受益于详细和清晰的指导，能够专注于你使用的词汇，而非表现出来的动作（Winnick & Porretta, 2017）。

■ 视觉学习者可能通过"我明白你说的内容""这看起来不好"此类语句来回应你的指导。当你进行评估时，这种类型的学习者将通过观察你所实施的评估而受益（例如通过镜子观察你的动作，这样他们就能看到自己的成效）（Winnick & Porretta, 2017）。

■ 动觉学习者在回应你的指导时可能会说"我的确感到我的足部塌陷"或者"我的足平放时我能感受到膝的变化"。动觉学习者需要亲身体会特别的失衡问题。在每次实施评估之后，你可以让他们把手放在自己对应的身体部位来亲身感受（Winnick & Porretta, 2017）。

加强评估的影响

为了以一种有效的方式让潜在客户参与评估，你可以指导客户像你一样进行结构评估（Price & Bratcher, 2010）。同样地，如果他们知道如何自己实施评估，那么在训练计划开始后他们就可以监测自己是否取得了进步。而且，如果潜在客户在咨询过程中掌握了一些评估技术，他们就可以在家人和朋友身上使用这些方法。这可能激发更多的人对你的纠正性训练感兴趣，从而可能为你引荐新客户（Price & Bratcher, 2010）。

当你进行评估时，你可以提及一两个训练方案，不要提及过多的训练信息。一个有效的经验是：潜在客户将要预订训练计划（或者是对自己将要开展的训练感到很激动）时，你就不要讨论更多的训练方法。要让客户在评估过程结束时产生需要更多的迫切感受，因为这会让他们与你签约，报名参加训练计划（Price, 2012）。

结束评估过程

当你准备结束咨询时，你们可以回到安静的地方，把在这次结构评估过程中发现的现象进行总结。在一个私密的空间里结束此次咨询，你在解释这些时，更容易吸引客户的注意力。同时，在这样一个地方你也可以更方便地讨论费用问题（Griffin, 2006）。下面这个案例向你展示了如何对评估过程进行总结。

斯通（Stone）先生，根据评估结果，我们发现你的双足都比正常情况更平，这可能是因为你的肩部向前拱起导致身体重心靠前，进而使双足承受过多的压力。同时，由于双肩靠前，你必须使自己的颈部过度拱起，视线才能与水平线持平。上背部的这种肌肉骨骼失衡会使你的颈部和双足受伤。

成　交

在咨询过程的最后一部分，你需要向客户提供有关训练计划的信息，促使客户和你签约（Crane, 2013）。在本节中我们将从双方视角讨论在交易时应该注意的事项和技能，并且提出一些交易最后阶段需要注意的事项。

客户视角

在评估过程结束时，潜在客户一般想要了解下面几个问题。

- 纠正性训练的费用是多少？
- 需要几个课时才能实现目标？
- 你们需要多久见一次面？

有的人也可能会有一些自己的特殊情况需要考虑。例如，潜在客户如果经常外出旅游，他们就很想知道如果外出，是否可以继续完成纠正性训练计划。而有的人则由于距离问题，很难按时定期上课。在这些特殊情况下，你需要准备一些备用方案，帮助这些人调整训练计划，设置切实可行的目标（Price & Bratcher, 2010）。

虽然在咨询的最后时刻向他们提出一些问题是合理的，但是他们还是有些许不安。这对于任何承诺投入大量时间和金钱参与一项新行动计划的人来说都非常自然。但是，如果你愿意以合理和同情的方式来倾听他们的焦虑和想要解决的问题，他们的担心就会减轻，也

会更有信心并决定与你签约（Bandura, 1986）。

你的视角

现在，你应该对结构评估和纠正性训练技术感到更加自信，但是现在你可能会因为要推广自己的成果和服务而感到不自信甚至是担心。对很多人来说，推广个人服务都是一大挑战，你必须加强你的推销技能。如果你在讨论计划变化、持续时长或者费用时显得紧张不安，那么潜在客户就可能将其误解为不诚实，对你和你的训练计划变得不够信任。因此，你必须信心十足地把握好咨询的最后阶段（Bly, 1991）。请牢记，向客户推广你的训练计划和咨询的其他部分并无二致。你只需遵循结构化的和便于实践的原则，以确保涵盖了推销和服务事宜的各个方面。

视诊和触诊：成功的关键

- 一些紧张的客户在咨询过程中可能会谈论一些不相关的事情，或是展示他们以前做过的训练，来转移你的注意力。注意并且倾听他们的焦虑和担心，但是一定要注重逐步实施评估（Price & Bratcher, 2010）。
- 一些客户在评估过程中会对你大加赞扬，将你视为业界权威。你一定要把自己当作一名引导者，而非权威人士，以此确定评估的基

调（Schwarz, 2017）。
- 对于客户来说，评估过程是一个很大的心理负担。你要将咨询时间限制在一个小时以内，严格遵守评估计划和评估原则。
- 绝不要诊断客户的医学状况或者为他们提供一些医学指导，你是一个健康和健身教练，上述行为完全超出了你的实际工作范围（Bryant & Green, 2010）。

协商咨询结束时的实际注意事项

下面一些关键要素有利于你们的咨询圆满结束。

概述计划方案

当你大致介绍了此次评估的发现和训练计划之后，你需要向客户解释此生物力学纠

正性训练计划将由3个阶段组成，以帮助他的身体适应由各种因素造成的肌肉骨骼的变化：自我肌筋膜放松（或自我按摩）训练、拉伸训练和强化训练。请说明将按一定的顺序引入这些阶段，并简要介绍每一个阶段，以帮助客户理解其原理（Price & Bratcher, 2010）。

可以用下列的语言介绍自我肌筋膜放松

或自我按摩训练阶段。

自我按摩如同你在吹口香糖泡泡前的咀嚼动作。你得先使口香糖变软和有弹性，否则你在吹泡泡时它就会撕裂。你的肌肉也是这个道理。身体的失衡会使你的肌肉和软组织出现一些不够灵活的区域。如果我们一开始就进行大幅度的练习，没有进行软组织拉伸，那么身体的某些部位就很容易受损。这也就是我先指导你进行自我按摩的原因。自我按摩使我们在开始进行更大幅度的运动前，身体已经放松。

拉伸训练阶段可归纳如下。

当你的肌肉和软组织经过自我按摩而放松后，我们可以重点关注那些不能正常运动的肌肉和关节。这可以通过各种拉伸运动来加以实现。

最后，说明计划中的强化训练部分。

当身体的肌肉和关节可以进行有效运动时，我们就可以提升训练强度，以使身体更加强健，从而减轻身体的失衡问题，使身体各个部位更好地对齐。随着强化训练的深入，整个身体会变得更加协调，各个部位会像实际生活中那样协调运动。例如，我会指导你进行训练，使你不会在步行时感到疼痛，以及帮助你提高打网球或者高尔夫球的水平（我们假设这两个运动是客户表示所喜欢的运动）。

向客户简要概述你所推荐的训练计划，还能帮助客户意识到纠正性训练是一种需要时间和毅力的过程（Simpson, 2011）。

给出具体示例

在对计划进行概述之后，我们可以阐述一个具体的纠正性训练计划示例，并说明此特定策略将如何在需要时解决人们现有的肌肉骨骼问题。例如，你可以解释什么是泡沫轴，还可以指导客户如何使用它按摩上背部的肌肉，以解决他的圆肩姿势问题，缓解他颈部和肩部的疼痛。如果合适，你可以与客户分享一到两个非训练技术，例如换一种鞋子或者调整睡姿，也可以将这些纳入纠正性训练计划。通过强调这种细小的、非训练技术的变化，可以使客户更轻松地进行纠正性训练，也可以帮助客户建立信心（Price, 2012）。

描述一节典型的课程的结构

一旦潜在客户大概知道了训练计划的一般内容，你需要说明典型的一节课程通常包含什么内容。

- 说明每节课的持续时长，以及如果你把纠正性训练纳入其他训练计划，如专项体育运动训练，那么每节课上用于学习、进阶、退阶纠正性训练计划的时间分别是多少。
- 向客户提出建议，告知他们除了会面时间，也需要在家里自己进行训练，并且进一步向他们说明，对每一个你所推荐的训练，你都会为他们拍照，并且提供如何完成的书面指导（Simpson, 2011）。在后面的第25章中，我们将进一步介绍，如何在一个专业的表格中向客户展示他需要完成的家庭练习。
- 向客户解释清楚，在每次开始训练时，你将对上次训练进行回顾，然后根据客户的进展调整训练过程。

预计计划的持续时间和频率

大多数人都想了解他们需要完成的纠正性训练的持续时间。这些问题的答案很大程度上取决于他们愿意投入训练的时间和精力。重点是要让客户告诉你他们有多少空闲时间，而不是你告诉客户必须投入多少时间。这一点非常重要。

为了实现训练目标，并帮助客户确定此次纠正性训练所需的时间，你应该询问他们准备投入多少时间完成课后练习。如果他们告诉你一天可以练习20分钟，那么你设计的课后练习任务所需时间不应该超过20分钟。要让客户确认所需的课后练习时间，并且为每天腾出训练时间而负责。如果是你告诉他们完成训练必需的时间，那么他们如果无法留出所需时间，就会责备你没有给他们安排好时间（Price & Bratcher, 2010）。

你认为的客户需要参加的纠正性训练课程的次数应充分考虑到客户可投入的课后练习时间。如果客户说他们一天只能腾出5到10分钟做练习，你就要向他们说明，想要实现训练目标，他们可能需要花费比正常训练更多的时间。他们投入越多的时间用于课后练习，就能越快实现自己的训练目标。

讨论训练计划的费用

你需要仔细设置评估和咨询计划，这样能让潜在客户更好地认识到你的专业技能。因此，大多数人都会预期你的课程费用符合你所提供的专业服务（Bly, 1991）。无论你是为客户提供单次训练、一套训练还是组合训练，你都需要信心十足地告诉客户每种课程的价格，并且告知他们支付方式。你最好可以提供多种支付方式，例如现金、支票、转账或者信用卡。这样客户就可以根据自己的时间灵活地选择训练计划，并确保你有机会帮助他们实现自己的目标（Price & Bratcher, 2010）。

交易：成功的关键

- 与纠正性训练无关的谈话或者其他产品或服务的信息，不利于你推销自己的纠正性训练计划。要对评估和咨询保持一种积极的态度，这样才能达成交易（Swain & Brawner, 2014）。
- 潜在客户可能表现出过度的热情，但是在咨询的过程中你要尽量避免透露过多的计划细节。仅提供计划所包含的示例，并尽可能简短。

- 如果客户没有做好充分的准备进行必要的训练，你需要帮助他们针对你的计划和服务设定现实可行的期望目标，并加以实现。
- 虽然客户的计划费用和持续时间较灵活对你有利，但是在咨询结束时，不要让客户左右你的费用和专业领域（Price, 2012）。
- 尽管引导一个热切的客户来尽可能多地参与你的课程能够增加你的收入，但是最重要的事情是你需要帮助你的每一个客户以最有效的方式达到期望。

要点回顾

评估和咨询过程是为了帮助你推销纠正性训练计划，使你和潜在客户建立良好的关系。如果执行正确，它能缓解客户的焦虑，提升其潜在的坚持性，准确帮助客户形成对计划的正确预期。

- 如有可能，在进行会面之前尽可能和潜在客户进行电话交流（而非通过短信和电子邮件进行沟通）。

- 在开始进行面对面咨询时，先向客户提一些开放式问题，让客户能够引导对话的初始阶段。随着咨询的深入，你可以提出一些封闭式问题，例如客户评估表中列出的一些细节性问题，这样你可以收集一些关于客户的病史或者肌肉骨骼状况的具体信息。

- 在进行视诊和触诊时，不要使用术语，而应使用一些语言的、视觉的和动态的评估方法，这样能够确保潜在客户能和你交流并且参与其中。

- 在评估过程的最后，总结你们的成果，回答潜在客户的任何问题，例如关于肌肉骨骼的健康问题，简要地和他们讨论生物力学法纠正性训练计划中的一般内容。

- 一定要询问潜在客户，他们准备每天投入多长时间进行课后练习，而不是告诉他们你希望的时间。

- 在讨论费用和提供有关训练计划的估计成本和支付方式的信息时，要直截了当、充满自信。

自我检查1

你需要不断练习初始咨询过程中的视诊和触诊，这一点非常重要。你可以请家人或者朋友做你的评估对象，练习视诊和触诊，然后将评估结果记录在附录所提供的CAD副本上。当你完成评估之后，你可以用以下问题来获得咨询对象的反馈。

1. 在开始视诊和触诊之前，了解哪些情况会让你感觉更舒服？

2. 当评估和说明你的身体失衡问题是如何导致身体疼痛时，你是否了解每种评估的功能？如果不能，请说明原因。

3. 从教学的角度看，在评估过程中，我应该怎样做得更好？

4. 你是否认为自己在评估过程中已经尽力？如果答案是肯定的，请具体说明是如何做到的。如果答案是否定的，你是指整个过程，还是指其中的某个部分？

5. 在评估过程中，我怎样做才能让你感觉更舒适？

自我检查2

为了练习你的咨询和推销技术，让自我检查1中的对象给你10分钟的时间，在这10分钟内试着向他推销你的纠正性训练计划。你可以使用下面的表格来指导你完成这一过程。完成第一列的项目后，让他对你的表现做出具体的反馈，并且说明哪些地方可以加以改进来为客户提供更好的体验。将他的反馈记录在第二列的空格中。

要涉及的内容	客户反馈
总结评估结果	
描述训练计划的框架	
给出一个或两个你将纳入计划，用来缓解客户问题的训练动作和技术示例	
描述训练课程的组成框架	
询问客户是否准备做课后练习，以及课后练习的频率	
概述推荐课程的次数，以及客户来访的频次	
讨论费用和支付方式的选择	

第24章

构建课程和训练计划

与客户签订合同之后，你将开始为他制订一个详尽的纠正性训练计划，来解决他潜在的肌肉骨骼失衡问题。在不同的咨询过程中，你和客户各有不同的感受，在这个过程中，你们对计划的制订和应用也会有不同的心理需求和实际要求。只有了解这些需要（满足需求的最好方法），才能保证个人训练课程以及整体训练计划顺利进阶和取得成功。

开始制订计划

要创建并实施训练计划，你必须从一个典型客户的角度，或是你自己的角度去了解整个过程。以下部分我们将探讨不同的视角和观点，同时还包括制订一个成功的计划所需的实际注意事项和技术。

客户视角

有过积极的咨询感受后，客户现在与你在一起会感觉更加舒适。但是，当客户第一次来见面咨询时，他还是会有疑虑，担心计划是否有效。为了帮助客户消除这种持续的疑虑，应按以下方法开始首次课程。

- 提醒他该计划分步骤实施的特性。
- 强调定期坚持课后练习的重要性。

- 重申你们在咨询过程中一起制定的现实可行的预期目标（Shah & Gardner, 2008）。

继续按照计划开始自我肌筋膜放松训练部分，但不要讨论以后将要进行的更复杂的练习。在第一次训练中，如果客户开始感觉到有成效，他就会有信心完成后续难度更大的训练活动（Caissy, 1998）。当肌肉骨骼状况有所改善之后，他就会更积极地参与之后的课程，然后你就可以开始与他分享下一步的训练计划。

虽然可能有违直觉，但是有时候客户如果不能成功解决他们以前遗留的肌肉骨骼失衡问题，他们就会在不知不觉中对你的计划失去信心。这是因为人是一种习惯性生物——我们倾向于重复相同的行为，而不会为了实现目标采取一些必要的（有时是困难的）改变（Berdik, 2012）。有些客户甚至不知道他们正在摧毁自己以前所做的努力。例如，你可以想象一个患有严重髋关节疼痛的新客户，他曾尝试过其他减轻疼痛的方案，如物理治疗、脊椎按摩和针灸。虽然其他专业人士已经提供了一些应该能够减轻疼痛的治疗方法，但是客户依旧感到疼痛，并存在功能失调的问题。当你问他为什么以前的方案没有见效时，他会告诉你他也不知道原因，但当你进一步追问时，你就会知道其实是因为他不愿意调整或者停止那些造成自己疼痛的行为（例如一天跑5千米）。基于你得到的新信息，你现在可以明白频繁的跑步是之前治疗方案失败的部分原因，而且这也可能会对你的训练计划造成影响。在这种情况下，你不仅需要对他进行恰当的纠正性训练，你还应该帮助他了解需要改变的行为和生活方式，以确保计划的成功实施（Bandura, 1986）。

你的视角

在这个计划的初始阶段，你的主要目标是尽快解决客户的问题。你希望他们在一开始就取得明显的改善，这将加深他们对你、你的服务和计划的承诺和信任。但是你可能会担心自己在面对面指导时表现不好，从而造成不利影响（Skovholt & Trotter-Mathison, 2016）。

在第一次指导新客户进行纠正性训练时，你的行为方式为继续合作确定了基调。在这个阶段，你们都明白最初的咨询很顺利，训练结束后你也觉得很乐观。现在，你可能会感觉到压力非常大，因为你必须让客户保持心情愉快，而且训练计划能尽快见效。所以，你可能会说很多话，或者在最初的训练课程中试图做很多事情。这可能会给客户造成很大的压力，使客户对单次课程产生不切实际的期待。因而，在第一次课程和之后的课程中，你需要做到以下几点。

- 保持镇静。
- 运用沟通策略减轻客户的焦虑，例如避免使用术语。
- 遵循生物力学法的结构化训练计划，以及设计过程（Price & Bratcher, 2010）。

开始制订计划时的实际注意事项

开始制订纠正性训练计划和课程框架时，为了保证训练的成效，也为了你与客户之间能建立互惠互利的良好关系，你需要考虑很多实际因素。

明确计划的初始变量

在第一次咨询中，你会为潜在客户概述纠正性训练的整体计划，你可以从自我肌筋膜放松训练开始，然后再介绍如何进阶到拉伸训练和强化训练。但这并不是说你必须在每次的训练课程中都采用这种模式。例如，如果有人有慢性或者长期存在的肌筋膜限制，你就可以在开始的2到5次课程中只对他进行肌筋膜放松训练，然后再开始拉伸训练（Price & Bratcher, 2010）。

当你开始与客户一起工作后，你可以评估他完成某个特定动作的能力。有了这些信息，你就可以确定最合适客户的纠正性训练，以及客户需要多长时间专注于每种模式，然后才能进阶到下一种技术。

对客户的能力进行评估后，你就可以为训练课程制订动作计划，然后与客户分享这一计划。课程结束时，安排适当的课后纠正性训练任务，并且说明后续训练课程的大致计划。让客户了解计划中每个阶段的目标，他就有动力坚持完成课后练习，从而使训练取得进展（Shah & Gardner, 2008）。

计时

不管你在课程中对客户进行哪项训练，你必须在每次约定的时间范围内完成。预定的课程时间非常重要，原因如下。

1. 客户了解训练课程持续时间后，他们就可以更好地管理自己的会面时间，更好地做出承诺。

2. 将会面时间安排在特定的时间段内，也可以为你提供清晰的参数，让你更好地安排自己的课程内容。

如果没有遵守预定的时间框架，客户可能会感到不满意（Salvo, 2016）。想象你正在与一个客户进行合作，而且计划进行得很顺利。由于你们取得了明显的进步，而且今天你后续并没有其他的课程预约，于是你决定把这个客户的课程延长20分钟。你认为这样做是为了使客户获益，因为你为他提供了更多的时间和关注。事实上，你会给他造成一种期待，让他以为之后的该时间段你没有其他预约，因而他可以得到额外的时间。当你以后无法为他提供额外时间时，他就会感觉受骗。

提供清晰的指导

客户必须学习如何正确地完成训练，这样无论你是否在场，或在课后练习中，他们都可以做得很好。在给出训练指导时，你需要遵循以下要点。

■ 当你展示一项新的训练时，你需要始终注意客户的学习风格，而且要根据他们来向你寻求帮助的原因阐述每个练习将为他们带来的益处（Winnick & Porretta, 2017）。例如，如果客户想要弯腰抱起一个孩子，而且自己的背部不会受伤，你需要告诉他你选择的训练活动将如何帮助他完成这个动作。

■ 一旦一个客户了解了一个练习，并能正确完成，让他再做一次，并让他向你解释他在做的动作。例如，做仰撑提臀练习的客户可能会提示自己保持骨盆中立，并使用臀肌抬高臀部。当他描述自己的动作时，你需要记下他所用的词语（或者写下来），然后在指导课后练习时就可以使用这些词语。通过使用客户自己的语言，你可以将他的学习风格融入你的指导之中，并验证他是否理解了所需理解的内容（Dempsey & Sales, 1993）。

■ 如果客户忘记了如何完成训练，或不能正确描述一项训练，你要提醒他这一练习，并告诉他你会把这一练习纳入课后练习，以帮助他记忆。这样，他现在就可以集中精力学习这个练习，而不必担心以后会忘记。

■ 当客户进行每一项练习时，使用手机或数码相机为他们拍照（如有必要可以拍摄视频），并且把这些照片应用于课后练习的指导。

■ 一旦客户自己有信心正确完成训练，你们就可以开始讨论训练的频率和时长。在最初的咨询过程中考虑他们自己所说的练习时间，并让他们进行课后练习，你需要确保他们能在这段时间内完成一定的训练次数、动作组数和重复次数。如果课后练习时长超过了客户当初承诺的时间，客户就很容易不守时（Price, 2016）。

■ 在每一次课程结束时，与在场的客户一起写下双方商定的课后练习说明。利用上课时间制订练习计划，让客户有机会了解他们需要做些什么来实现自己的目标（Gallahue & Donnelly, 2003）。

■ 打印训练时你拍摄的照片，作为训练说明，在当天通过短信或者电子邮件发送给客户。

■ 虽然你会向客户征求意见和反馈，但你也有责任确保课后练习的说明清晰、准确（Bosworth, 2010）。关于正确指导每个纠正性训练的方式的具体内容请参阅第15章、第16章和第17章。

■ 使用定制的客户计划手册，有利于客户更好地管理课后练习说明，强化计划的信息。关于创建客户计划手册的具体内容请参阅第25章。

训练的退阶、进阶和替代方案

关于客户是否准备好自己进行训练，你们之间可能偶尔会有分歧。如果客户有信心完成这项训练，只要他们没有伤害自己的风险，就可以鼓励他们去做。但是如果他们有困难，你可以退阶或者采取一个替代方案。这有利于他们树立信心（Price & Bratcher, 2010）。同样，如果客户可以很快掌握某个课后练习，你就可以加快进度，进入下一训练课程。当你回顾他们取得的成就，并且讨论训练计划的进阶时，他们会有莫大的成就感。

在选择训练项目，制订训练计划时，你要考虑客户日常生活中可能会阻碍训练的因素。例如有的客户要工作或者旅行。在这些天内，客户就无法在正常时间里完成课后练习。你就需要为这些客户设计时间较短的适用于比较忙碌的日子的训练计划。通过这种替代训练，客户会从其他安排中争取时间继续取得进展（Price & Bratcher, 2010）。关于如何进阶、退阶和为不同类型的纠正性训练寻找替代方案的更多信息，请参阅第15章、第16章和第17章。

管理和进阶计划

安排好课后练习是取得成果和保持纠正性训练计划向前推进的重要部分。因此，从第二次课程开始，一定要检查你为客户布置的课后练习，即使他们告诉你他们一直在坚持课后练习，没有任何问题，你也要检查。只要有需要，你就要在每节课开始前用点儿时间完成这一任务，确保训练能够正确完成。以下是3个重要原因。

1. 让你能够观察他们的技术，并对他们取得的进步给予积极的反馈。

2. 使你有机会为他们树立信心。

3. 你可以强调一些行为或决定，即希望客户能够自己调整的行为和决定（Hale & Crisfield, 2004）。

例如，在回顾过程中，如果客户说课后进行泡沫轴放松髂胫束练习时，在大腿前部发现一个紧张点，你可以对他这一发现表示赞扬。然后你可以建议他在计划中针对这个部位加入泡沫轴放松股四头肌练习，解释为何这个增加的训练会对其有益。通过回顾课后练习，你也可以考虑是否应该根据客户的进展增加新的训练。

开始制订计划：成功的关键

- 如果客户能够准时参加训练，就不要推迟课程开始的时间。如果你的时间管理有问题，需要错开训练时间，这样你才有足够的时间在每次课程结束时圆满地完成训练，而且也有足够的时间准备下一次训练课程（Lynch, 1992）。

- 有些不可避免的情况会让你不得不推迟几分钟开始训练，你要告诉下一个客户你会很快开始他的课程。这有利于客户在等待时知道他们下一步要干什么，有利于训练的积极开展。

- 不要在人多繁忙的地方开始纠正性训练的任何内容，例如饮水机旁或者其他人正在训练的地方（Griffin, 2006）。纠正性训练需要客户精神集中。

- 让客户做一些他们有信心完成的训练，然后小步进阶，确保顺利完成每个阶段（Price, 2016）。

- 不要假定或轻信客户已经正确完成了课后练习的说法。如果客户没能正确完成，这会给他们带来更大的伤害，而非获益（Roberts, 1992）。因此，你需要不时检查他们的课后练习情况。

- 如果你整节课都在进行训练，那么你就没有足够的时间为客户准备课后练习，所以你要为此留出时间。如果你们在课程结束前就完成了课后练习计划的制订，那么在剩下的时间里，你可以回顾客户在本次课程中的表现，或者告诉客户下次上课要做什么（Price & Bratcher, 2010）。

- 在布置课后练习任务时不要意思含糊。即使客户说他们记住了所有信息，但是当他们尝试回顾训练时，他们就会忘记细节。如果他们不能正确地完成课后练习，就会减缓训练进度（Gallahue & Donnelly, 2003）。

在每次课程结束时，你应该安排下一次的会面时间，告诉客户在这两次课程之间他们应该做什么。例如你们预约在一周之后，你可以建议客户在下次见面之前至少完成5到6次课后练习（假设客户已经向你表示他们愿意每天进行课后练习）。在当前课程结束时安排好下一次课程也有利于客户坚持执行训练计划。

要点回顾

在整个纠正性训练的过程中，你可能在每个客户身上已经投入了很多时间，所以重要的是你需要与客户建立一个合作关系，促进你们之间的相互信任和尊重。你必须关注客户的精神和身体需求，并相应地促进他们完成训练计划。

- 制订一个富有成效的纠正性训练计划，你需要以不同的方式对待不同的客户，并且专注于他们的个人需求。同时你还需要采用适当的教学策略，这样他们才能明确理解如何才能实现目标。

- 为了减轻客户刚开始的焦虑，你可以逐步缓慢进阶，使事情变得简单，使他们执行可以完成的任务。

- 明确地说明每次训练课程需要完成的练习内容，并相应地调整时间。遵循生物力学法纠正性训练的进阶方式，从自我肌筋膜放松训练开始，然后进行拉伸训练和强化训练。
- 将你的训练建议和客户的目标相结合。例如，如果客户的最终目的是能够重回网球场，你要向他说明每个训练与他在网球场上需要做的动作有什么关系。
- 当你觉得客户准备好时，就可以进阶训练计划。适当的进阶能够使客户保持坚持训练的信心和动力。
- 如果客户很难完成一项训练，你的任务是在他开始灰心丧气或者受伤之前注意到这一点，如有必要，退阶训练，这有利于客户保持自信并坚持计划的执行。
- 关于客户课后练习的所有信息（无论是否与训练有关）都应该记录在个性化的训练手册中。如有需要，应拍下所有课后练习的图片（及视频）。应该提供明确的指令，这样客户才能准确地了解将要进行哪种训练。

自我检查

下表包含了练习库中（第19章、第20章和第21章）的4个示例。对于每一项练习，你要根据对客户进行的评估，即客户是以视觉、语言还是动觉为主的学习者，来制定不同的指导策略。然后，你可以为每一个训练制定两种进阶方案、两种退阶方案以及两种替代方案。下表提供了一个示例。

训练名称	视觉提示	语言提示	动觉提示	进阶方案	退阶方案	替代方案
弓步拉膝	"观察我是如何把膝拉向身体中线的。"	"关键是要将前腿的髋关节向后足方向旋转。"	"当你向后旋转髋关节时，你能感觉到臀部肌肉用力吗？"	1. 弓步拉膝（旋转） 2. 在一个不稳定的表面上，赤足进行练习	1. 臀肌拉伸 2. 用泡沫轴放松臀肌复合体	1.单腿支撑转动 2.弓步侧向伸出
泡沫轴放松胸椎						
门框拉伸						
仰撑提臀						
髋屈肌拉伸（矢状面）						

第25章

课程与计划示例

在本章中，你将了解如何将你的计划制订技能应用于一个综合性案例研究。你将与一位客户相识，她将加入生物力学法纠正性训练计划，以克服长期的背部疼痛和反复出现的肩部疼痛，从而恢复进行自己喜欢的活动。

这个案例研究包括在客户初次咨询过程中收集到的信息、完整的客户评估表，以及前5次课程的指定课后练习。在介绍每次训练课程之后，将详细解释每个技术被纳入其中的理由。

客户背景信息

玛丽昂·赫斯特（Marion Hurst）（化名）现年60岁，近3年她的下背部出现长期的疼痛。背部疼痛最严重时是在早上起床后弯腰拿起地上的碗喂狗。早晨之后，她准备去工作，她的背部也放松了。她是在办公室久坐的行政人员，久坐之后站起来时，背部再次紧张。这让她一整天都很疲惫，晚上回家时总是感觉筋疲力尽，有时，也需要在一些社交场合中长久站立。

这种长时间的站立也会刺激她的下背部。玛丽昂发现这种疼痛简直是一种折磨，所以她有时候也会拒绝这种社交活动。她认为在工作和社交聚会中应该穿高跟鞋，以维持自己职业女性的形象。

在闲暇时间，玛丽昂喜欢每周打3次高尔夫球。打完高尔夫球的晚上，背部就会疼痛，第二天早上这种疼痛还会加剧。她还喜欢周末和丈夫一起出去散步。然而，一般步行几英里（1英里≈1.6千米）后，背部就会过度拉紧，不得不停止步行。这很令她沮丧，因为疼痛干扰了她和她丈夫多年来一起享受的有趣活动。近几个月来，她的丈夫只能一个人散步，而她则待在家里看电视或看书。由于减少了体力活动，玛丽昂的体重增加了约4.5千克，她觉得自己不像以前一样充满活力了，而且自信心也下降了。

玛丽昂有5个孙子或孙女，他们每隔几周就来看望她一次，他们喜欢在她的大后院里玩耍。她一直很喜欢和孩子们一起玩，但是过去一年，她的背部状况变差，以至于无法参加游戏了。最近，她不得不坐在露台上看着孩子们玩。不能和孩子们一起参加这些体育活动对玛丽昂来说是相当沮丧的。

除了背部疼痛问题，玛丽昂很多次打完高尔夫球后，右肩和右膝也会有点疼痛。她注意到，如果她连续两天打高尔夫球，之后许多天她的右肩会变得非常不舒服。因此，玛丽昂本该在周六和周日享受自己最喜欢的运动，但是她现在却无法参加。

客户目标

玛丽昂确定了5个目标，她希望纠正性训练计划可以帮助她实现以下目标。

1. 在工作日里（或者是在相关的工作活动中）背部不再疼痛。

2. 恢复和她的丈夫一起散步。

3. 打高尔夫球时下背部和肩部不会感到疼痛和不适。

4. 孙子孙女来看望她时，她能和他们一起玩耍。

5. 早上起床时可以感觉更舒服，不会觉得自己是老年人。

玛丽昂在最初的咨询中表示她可以每天用25到35分钟来完成纠正性训练。

结构评估结果

完成后的客户评估表（见图25.1）包含了一些额外信息，这些信息是我们在咨询和评估部分收集而来的。

训练计划和建议

本章列出了前5次纠正性训练课应该包含的训练内容，这些训练是为了能够成功缓解慢性背部疼痛。在这里你可以看到每个训练的细节以及选择某个训练的理由。这样你就能更好地理解生物力学法纠正性训练策略的本质，当你与真正客户共事时，它能帮助你将自己的技术加以应用。第19章、第20章和第21章中都包含了玛丽昂应该采取的训练。

课程1

时长：1小时

训练动作选择信息

为玛丽昂选择的第一次训练课以及安排的课后练习是为了确定她的肌肉骨骼问题，但同时也是为了帮助她尽快减轻症状。这会让她明白此次训练的作用，并激励她完成课后练习，为下次课程做好准备。

日常课后练习和指导

根据玛丽昂的评估结果和所述目标，为她的第一次课程选择以下训练方案。这次课程以及之后课程的指导用语都是玛丽昂及其纠正性训练专家（具有生物力学纠正性训练的教练资质）共同设计的，在每次训练课程结束后进行总结时，尽量激励她继续坚持，使她保持动力。同时还拍摄了玛丽昂进行每一项练习的照片，以配合书面的训练指导，并将这些内容添加到她的客户计划训练手册中。

1. 泡沫轴放松臀肌复合体：将踝置于对侧膝上，靠肘和手来维持平衡，同时将膝关节靠近胸部，将臀部所有的酸胀部位各放松1到2分钟。

2. 泡沫轴放松髂胫束：在从髋关节到膝关节的所有酸胀点上进行滚动，在感到最疼的地方停留10到20秒以缓解疼痛，每条腿滚动1到2分钟。

3. 双网球放松上背部：从背部的中上部开始，也就是大概在胸部高度，"溜向"身体下面，然后再把球移上来，可以通过倾斜骨盆以增加压力，可以借助枕头使视线垂直于地板，同时可以增加枕头的高度以减小压力。用2到3分钟来按摩所有的酸胀点。

4. 小腿按摩（用棒球）：将棒球放在硬皮书上按摩小腿肌肉，找到尽可能多的酸胀点，每条小腿用时1到2分钟。

5. 小腿拉伸：保持后足正向前，同时抬起足弓，两侧都进行20到30秒的拉伸。

6. 臀肌拉伸：把膝拉向胸部，同时让臀部远离膝，下降到尽可能接近地面。如有需要，轻轻旋转躯干以增加张力。两边都进行20到30秒。

在课程开始时，玛丽昂被问到是否准备购买泡沫轴在家里使用，她对此表示同意，应该从这些初级训练开始。

选择训练动作的理由

下面是玛丽昂在参加第一次纠正性训练课程和课后练习时选择以下每个训练的理由。

课程1：训练1

训练名称：泡沫轴放松臀肌复合体

选择理由：玛丽昂的结构评估结果表明她有骨盆前倾和过度腰椎前凸。因此，起源于骨盆、骶骨和下背筋膜的背部和两侧的肌肉受限和紧绷。这项运动有助于缓解她身体这一部位的紧张，以减轻她的下背部疼痛。

这个训练也可以用来使这个区域的肌肉和组织恢复活力，为后面的拉伸训练和强化训练做准备。这些进步可以帮助提升玛丽昂步行时和打高尔夫球时身体的功能。

最后，这个练习被作为计划的开场练习是因为它很容易做，而且当一个人正确地做这个练习时，会有直接的动觉反馈——当她位置正确时她能感觉到。这种简单而有效的练习会增强玛丽昂的自信，使她在家就可以重复进行训练。

课程1：训练2

训练名称：泡沫轴放松髂胫束

选择理由：选择这一训练的原因与选择泡沫轴放松臀肌复合体的原因相似。髂胫束是一种结缔组织，形成从臀大肌到膝关节下方的连接。因此，髂胫束对下背部和膝功能都有直接的影响。在评估的过程中，玛丽昂称自己有时也会感到膝疼痛，所以放松髂胫束也有利于解决这一问题和她的下背部问题。

课程1：训练3

训练名称：双网球放松上背部

选择理由：之所以选择这个练习，是因为玛丽昂的结构评估表明她有胸椎过度后凸，每天的大部分时间都是在桌子上保持圆肩姿势，弓着背。这项训练可以使这一区域的肌肉恢复活力并再生，为之后的强化训练做好准备，以帮助胸椎恢复活力（即更加直立）。通过准确训练胸椎伸展肌同样可以减轻下背部的压力，因为它不用过度拱起来帮助脊柱保持直立。应该早些开始这项运动，因为它是专门针对玛丽昂下背部疼痛的潜在原因进行的（在她的客户评估表中发现了胸椎过度后凸问题）。

课程1：训练4

训练名称：小腿按摩（用棒球）

选择理由：选择这项训练的部分原因是玛丽昂的鞋：她穿高跟鞋多一些。玛丽昂的评估结果表明她有足过度内旋，而且这种不平衡（以及她穿鞋的选择）使她的小腿肌肉紧绷和受限。这些肌肉总是被刺激，会阻止她保持踝正确地进行背屈。这种背屈功能不良使她无法在站立或行走时将骨盆和下背部移动到更中立的位置。通过将棒球放到书本上对小腿进行按摩，玛丽昂就不必弓着肩上身向前伸向小腿进行按摩。她现在身体坐直的同时就可以对小腿肌肉进行放松。

课程1：训练5

训练名称：小腿拉伸

选择理由：接下来的这项训练是小腿棒球按摩后的进阶活动。通过提高玛丽昂小腿肌肉的灵活性将帮助她减轻骨盆前倾和伴随的下背部疼痛。

姓名 _____

日期 _9/22/17_

客户评估表

"X" 表示快速检查

前视图

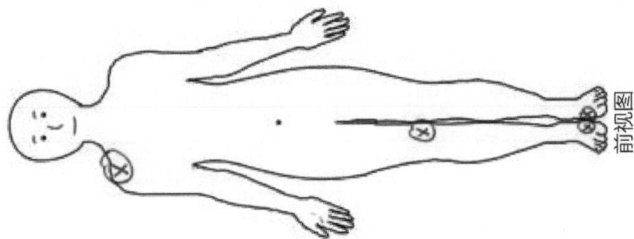

"X" 表示快速检查

后视图

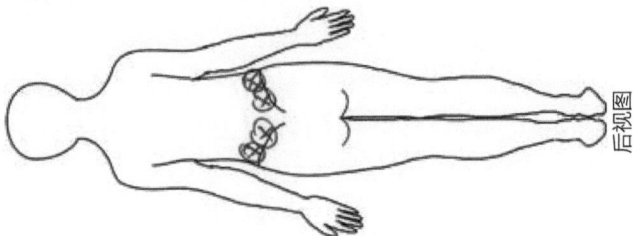

检查表	✓	细节说明
足部和踝部:		
疼痛?	✓	步行后、双足
关节炎/病情?	✓	未说明
功能正常与否?	✓	步行后
怎样才能感觉更好/更坏?	✓	高跟鞋/高跟鞋
因果关系?	✓	感觉紊乱后=背痛
看起来畸形?	✓	右足伸起
足内旋?	✓	双足、右侧严重
足内翻/足外翻?	✓	双足、右侧严重
足趾状况?	✓	拇囊炎、双足
足底筋膜状况?	✓	双足病疾、右侧严重
小腿肌肉状况?	✓	双腿痉挛
膝关节:		
疼痛?	✓	打高尔夫球后右侧疼痛
关节炎/病情?	✓	未说明
功能正常与否?	✓	没有影响后
怎样才能感觉更好/更坏?	✓	打高尔夫球后
因果关系?	✓	足、踝、背后
单腿下蹲?	✓	没有
髌骨轨迹?	✓	右侧膝向内
客户是否知道中立位置?	✓	右侧不佳/有弹响声
腰椎-骨盆髋带:	✓	是的
疼痛?	✓	下背痛
关节炎/病情?	✓	未说明
功能正常与否?	✓	一直感觉疼痛

检查表	✓	细节说明
怎样才能感觉更好/更坏?	✓	鞋子、坐着、站着
因果关系?	✓	足踝和膝关节
看起来畸形凸凹?	✓	下背部隆起
过度前凸?	✓	是的
向前旋转?	✓	是的
客户是否知道中立位置?	✓	是的
胸椎和肩胛带:		
疼痛?	✓	右肩前面
关节炎和病情?	✓	未说明
功能正常与否?	✓	举起手臂
怎样才能感觉更好/更坏?	✓	打高尔夫球和打字
因果关系?	✓	右肩
肩胛带前伸/高位肩?	✓	是的、低/右肩
是否有内旋肩?	✓	是的、右侧更严重
肌肉是否紧张?	✓	是的、右侧更严重
客户是否知道中立位置?	✓	是的、右侧更严重
颈椎和头部:		
疼痛?	✓	右侧疼痛
关节炎/病情?	✓	未说明
功能正常与否?	✓	未说明
怎样才能感觉更好/更坏?	✓	工作和打高尔夫球和跑步
因果关系?	✓	右肩
看起来畸形?	✓	没有
头部前倾?	✓	2.5英寸前倾
颈部是否过度弯曲?	✓	是的
客户是否知道中立位置?	✓	是的

补充事项

职业/活动	每天坐8~10小时、焦后背着不合立的鞋站立很久、喜欢和朋友一起打高尔夫球和跑步
伤病/手术	未说明
鞋子	需要对鞋子进行调整——足内旋将骨盆的压力移到下背部胸椎、腰椎、普椎
主要紊乱	工作使用椅子凸更加严重、久坐导致姿化变无须核肌和帮助力量

图25.1 为研究案例中的客户完成客户评估表(CAD)

课程1：训练6

训练名称： 臀肌拉伸

选择理由： 早期进行的泡沫轴放松臀肌复合体是在为这个拉伸训练做准备。在这个阶段进行这项训练是因为它符合从自我肌筋膜放松训练到拉伸训练的推荐进展顺序。这个练习还能帮助她缓解下背部的紧张，并使她在以后的训练中得到进一步的提升，以进阶臀肌拉伸训练。

此外，玛丽昂的足过度内旋使她的膝向中线靠近，腿也向内旋。臀大肌起源于骨盆的下背部和后部，附着在小腿上，会受到这种运动功能障碍的负面影响。每次玛丽昂的足部内旋时，臀大肌的止点都会被拉离下背部。如果她的臀大肌能够在这一拉伸运动中变得更加灵活，那么她的足过度内旋就不会像现在一样对她下背部（以及她的疼痛）造成这么大的影响。

课程2

时长： 1小时

训练动作选择信息

在玛丽昂开始第二节课时，我们需要检查上次的课后练习，我们需要确定她一直在定期做训练，而且姿势正确。因此，一些训练（泡沫轴放松臀肌复合体）已经可以准备开始了，一些新的练习［泡沫轴放松髋屈肌（矢状面）］也可以添加到里面。之前的一些训练继续进行，因为它们对玛丽昂有益。

只有那些进阶、退阶或者新添加到训练计划中的练习才需要写入指导手册或者拍照。如果客户需要重新回去参考以前的指导或者照片，她就能很容易地在训练手册中找到相关信息了。

日常课后练习和指导

以下内容是根据玛丽昂的课后练习、进展以及阶段目标，选定的第二次课程的训练。

1. 棒球放松臀肌复合体*：将棒球放在臀部顶部的3到4个疼痛部位，在每个部位保持20至30秒。将踝放在对侧腿的膝上。两边都需要放松。
2. 泡沫轴放松髂胫束。
3. 双网球放松上背部。
4. 小腿按摩。
5. 泡沫轴放松髋屈肌*：将泡沫轴垂直于身体放置于髋部下方并来回滚动，或找到髋骨下方、大腿上部区域的酸痛点保持按压。每侧滚动或按压1分钟。
6. 髋屈肌拉伸（矢状面）*：关注与后腿同侧的臀部。收缩臀部以使髋前伸，慢慢举起手臂，同时确保臀部肌肉收紧。每侧保持15秒，重复进行。
7. 臀肌拉伸。
8. 小腿拉伸。

注意：*之前的课程或新增的训练反映了客户的进阶或退阶情况。

选择训练动作的理由和改变计划的原因

在第二节课中，玛丽昂进行新的训练及安排新的课后练习的理由如下所述。

课程2：训练1

训练名称： 棒球放松臀肌复合体

选择理由： 玛丽昂在回顾"泡沫轴放松臀肌复合体"时指出她的臀部依旧有几个痛点。她还称，她觉得舒缓臀部的紧张感确实能帮助她的下背部感觉更好。但是她同时指出如果她在右侧用泡沫轴放松臀肌复合体的时间太久，她的右肩就会因为要保持泡沫轴的平衡而感到疼痛。根据她的反馈，我们将继续让她对她的臀肌进行自我按摩，但是将泡沫轴改为棒球。由于棒球的表面积较小，所以它可以专门针对某个肌肉继续释放肌肉的紧张感。但是，将泡沫轴替换为棒球之后，在放松臀肌时她需要躺下，这样在训练时她的肩部就不会受到损伤。

课程2：训练5

训练名称：泡沫轴放松髋屈肌

选择理由：进行这项运动是为了解决环境因素即她每天要久坐数小时，给她带来的肌肉骨骼问题和背部疼痛。玛丽昂的髋屈肌由于她的这份办公室工作而长期缩短。这会给她带来很大的问题，因为关键的髋屈肌——腰大肌，起源于腰椎并止于股骨顶部，所以如果髋屈肌长期缩短，这会将腰椎向前拉向腿部。这种拉力加剧了玛丽昂的腰椎前凸并且导致了背部疼痛。泡沫轴放松髋屈肌时会释放压力，并且帮助恢复这一肌群的柔韧性，进而减少腰椎上不必要的压力。

课程2：训练6

训练名称：髋屈肌拉伸（矢状面）

选择理由：这一训练是泡沫轴放松髋屈肌训练的一种进阶训练。重要的是我们需要处理好玛丽昂的髋屈肌的能动性，因为在下一次课中，我们计划整合一项练习来强化她的臀肌。髋屈肌是臀大肌上的拮抗肌。如果它们太紧，这会限制髋部的伸展和臀肌收缩的能力，导致无法推动臀部向前。因此在这节课中，我们需要指导玛丽昂进行髋屈肌的自我肌筋膜放松和拉伸训练，这样她课下就可以自己进行练习，为下次课做好充足的准备。如果玛丽昂有规律且准确无误地完成这些训练，她的髋屈肌就会得到放松，她就可以有效地进入第三个课程的臀肌强化训练。

课程3

时长：1小时

训练动作选择信息

玛丽昂每天都能认真完成课后练习，她还称她下背部的症状已经有所缓解，而且她站很长时间或者坐很长时间后也不会感到疼痛。如同前面的课程一样，对玛丽昂的课后练习进行检查，她就会信心十足地相信自己能够正确地完成所有的训练。根据她的反馈和承诺，我们对她的训练计划进行了调整，增加了一些新的拉伸训练和强化训练。

由于玛丽昂持续进行自我肌筋膜放松训练，她的软组织结构变得更加灵活、松弛，这时她就可以减少这一部分的训练了，但是训练带来的益处依旧会继续保持。这会使她腾出更多时间进行新的训练，而且还不会超出预定的25到35分钟的课后练习时间。

日常课后练习和指导

以下内容是根据玛丽昂的课后练习回顾、反馈以及进展设计的第三节课的训练。

1. 如此前描述的一样，进行所有的泡沫轴和球滚动放松类训练。
2. 泡沫轴放松股四头肌*：在从髋部到膝的大腿前部滚动，在所有的酸胀点上停下来。特别注意大腿侧面/前部靠近顶部的区域。每侧滚动1到2分钟。
3. 髋屈肌拉伸（矢状面）。
4. 臀肌拉伸。
5. 小腿拉伸。
6. 股四头肌拉伸（站姿）*：将足放在沙发扶手上，当骨盆位于下方时，保持髋部左右对齐。保持躯干直立，不要把背部拱起。如果需要，可以使用椅子的后座一类的平衡辅助工具。两侧都需保持拉伸20至30秒。

7. 门框拉伸*：站在门框旁边，将一只手臂伸过头顶，抓住门框的一侧。把另一只手放在与髋部同高的门框一侧。将离同侧手较远的那只足放到另一只足后面。当你将髋部向外侧推离门框时，双足要保持触地。两侧都拉伸约15秒，重复进行。

8. 仰撑提臀（瑞士球支撑）*：双足站立，用上背部将球保持平衡。当你提臀和降臀时要保持臀部收紧。尽可能地提臀，骨盆不要偏离中立位置。如果需要协助保持平衡，请双手触地。如果技术不熟练，反复进行6到10次。

注意：*之前的课程或新增的训练反映了客户的进阶或退阶情况。

选择训练动作的理由

在第三节课程中，玛丽昂进行新训练及安排新的课后练习的理由如下所述。

课程3：训练2

训练名称： 泡沫轴放松股四头肌

选择理由： 玛丽昂的重心稍微靠前（因为她有胸椎后凸和骨盆前倾，所以她的股四头肌比较紧），并且为了防止身体前倾而负担过重。股直肌（股四头肌之一）起源于骨盆前，并附着在膝上。当股四头肌受到限制和刺激时，它会将骨盆前部拉向膝，使她的前骨盆倾斜，导致背部疼痛加重。这种泡沫轴放松活动会使玛丽昂的肱四头肌恢复活力，为随后的训练做好准备。

课程3：训练6

训练名称： 股四头肌拉伸（站姿）

选择理由： 这项运动是泡沫轴放松股四头肌的进阶训练。如前所述，释放股四头肌的张力有利于缓解玛丽昂的骨盆前倾（以及腰椎过度前凸），因而会减轻背部疼痛。

股四头肌的伸展也有利于使玛丽昂的臀部更易拉伸，这将使她能够将重心转移到她的支撑点——骨盆上。通过将各种因素结合起来，玛丽昂在站立或者步行时她的足部、膝、下背部、颈部的压力就会减小。

课程3：训练7

训练名称： 门框拉伸

选择理由： 从计划开始后，玛丽昂一直在做双网球放松上背部训练。她的胸椎伸展肌现在可以为结构提供支撑，准备为胸椎和胸腔结构引入一些完整的训练。门框拉伸的目的是移动和放松正面的胸椎（即从一侧屈到另一侧）。

玛丽昂计划的总体目标是使她的胸椎可以在3个平面上进行更多的活动，这样下背部就无须过度活动来推动躯干运动了。这种拉伸能够促进胸椎的侧方位动作。随后可以加入更多的训练，增加胸椎在水平面和矢状面的灵活性，也就是能够使它向前、向后旋转。

课程3：训练8

训练名称： 仰撑提臀（瑞士球支撑）

选择理由： 在整个训练过程中，玛丽昂能够通过适当的自我肌筋膜放松和拉伸训练使臀肌恢复取得进步。她现在准备开始集中加强臀肌训练，使她的臀部完全伸展，从而减轻腰椎和膝关节的压力。由于玛丽昂的右肩有时会感到疼痛，因此在此次训练中，玛丽昂要在家用一个瑞士球支撑自己，以避免对肩部施加过多压力。玛丽昂的家里有一个瑞士球，所以这个仰撑提臀的替代方案对她来说比较容易操作。

课程4

时长：1小时

训练动作选择信息

　　玛丽昂继续每天坚持正确完成所有的课后练习。这次课程开始前，她高兴地说她前几天参加了一项任务，在任务中她站了3小时也没有感到疼痛。周末，她还和丈夫去散步，说这是他们多年来一起享受的最长的一次散步。虽然在打高尔夫球时她还是会感到疼痛，但是她还是对取得的进步感到高兴。我们需要根据她的反馈对训练计划进行调整，包括一些针对她的躯干和上背部的计划。

日常课后练习和指导

以下内容是根据玛丽昂的课后练习回顾、反馈以及进展设计的第四节课的训练。

1. 按照此前的描述进行所有的泡沫轴和球滚动放松类训练。
2. 泡沫轴放松腰方肌*：在骨盆顶部和肋骨底部滚动。不要对肋骨直接施加压力。保持膝弯曲，每侧滚动30秒至1分钟。
3. 网球放松肩胛骨周围*：将球放在肩胛骨和脊柱之间的所有酸胀点上。手握住对侧的肩胛骨，使肩胛骨离开脊柱。弯曲膝，如有需要，用枕头支撑头部。每侧坚持2到3分钟。
4. 髋屈肌拉伸（矢状面）。
5. 臀肌拉伸。
6. 小腿拉伸。
7. 股四头肌拉伸（站姿）。
8. 门框拉伸。
9. 仰撑提臀（瑞士球支撑）。

10. 挥手再见式（仰卧）*：用小枕头或卷起来的毛巾支撑头部及肘部。将手背旋转下降至放置在头部两侧的另外两个较大的枕头上。保持肩部向下、向后压，以确保下腰背没有用力。每次收缩保持20秒左右，重复2到3次。

注意：*之前的课程或新增的训练反映了客户的进阶或退阶情况。

选择训练动作的理由和改变计划的原因

　　在第四节课中，玛丽昂进行新的训练及安排新的课后练习的理由如下所述。

课程4：训练2

训练名称：泡沫轴放松腰方肌

选择理由：我们对玛丽昂上节课的课后练习进行检查，她表示当她做门框拉伸时，腰部能感受到很大的拉力。可以在计划中加入泡沫轴放松腰方肌进行自我肌筋膜放松，这有利于下背部和躯干从门框拉伸中获益更多。腰方肌放松也有助于提高位于她骨盆后部、腰椎和肋骨底部之间的软组织的灵活性。这将使她的整个脊柱、骨盆和肋骨更自由地移动，并将提高她的躯干活动能力。这既可以减轻她高尔夫球挥杆动作的痛苦，也可以减轻她步行和打高尔夫球后的疼痛感。

课程4：训练3

训练名称：网球放松肩胛骨周围

选择理由：玛丽昂现在可以通过很多运动减轻她背部的疼痛、加强腰椎－骨盆髋带，使胸椎更加灵活。因此，我们现在可以把注意力转向解决肩胛带周围的不平衡问题，以帮助她减轻肩部疼痛。

网球放松肩胛骨周围运动可以使她的斜方肌和菱形肌更加放松，为以后的强化训练做准备，以使她的肩胛骨、胸椎和肩部更好地对齐。之所以选择这个训练是因为玛丽昂在做其他地板训练时能够很容易将这个训练加到其中。

课程4：训练10

训练名称：挥手再见式（仰卧）

选择理由：挥手再见式（仰卧）是网球放松肩胛骨周围训练的进阶训练。挥手再见式（仰卧）训练能够增强玛丽昂的肩胛骨下降肌、回缩肌以及手臂外旋肌。加强这些肌肉有助于矫正她胸椎和肩胛带的不平衡。矫正这些不平衡将减轻她的肩部疼痛，并使她能够伸展上背部，从而减少她的下背部疼痛。

课程5

时长：1小时

训练动作选择信息

玛丽昂一直在努力完成纠正性训练计划，她感觉到自己的疼痛症状有了很大的改善。站立时她几乎感觉不到疼痛，而且她和丈夫散步的时间也越来越长。醒来时，她的下背部很少有紧绷感，这使她的性格发生了明显的变化。她期待着孙子或孙女们来看望她，她觉得她可以和他们一起玩。尽管她的胸椎灵活性有所提高，但是胸椎过度后凸仍然是她消除所有症状的最大阻碍。根据这一反馈，我们对玛丽昂的训练计划进行调整，重点仍然是脊柱和上背部，同时增加了一项综合性离心强化训练（弓步拉膝）。

日常课后练习和指导

根据玛丽昂的课后练习回顾、反馈以及计划进展的需要，选择了以下训练，目的是更直接地解决她的胸椎过度后凸问题。

1. 按照此前的描述进行所有的泡沫轴和球滚动放松类训练。
2. 网球放松肩胛骨周围。
3. 髋屈肌拉伸（矢状面）。
4. 臀肌拉伸。
5. 小腿拉伸。
6. 股四头肌拉伸（站姿）。
7. 门框拉伸。
8. 绕墙拉伸*：双足站立，与髋同宽。将胸骨向墙一侧旋转，髋部保持不动，眼睛向前看，脊柱直立。髋部不要向左向右偏，脊柱也不要弯向一侧。每侧拉伸20秒。
9. 直臂上举（仰卧）*：弯曲膝，保持骨盆倾斜。当试图将手臂伸直并伸向头顶的一个大枕头或者泡沫轴时，将肩部向后、向下拉。如有需要，使用其他枕头支撑身体。每次收缩保持20秒，重复2到3次。
10. 挥手再见式（站姿）*：靠在墙上，膝稍微弯曲，骨盆在下面使背部平整地靠在墙上。保持肘部向前，当手向墙旋转时，肩部要向后和向下。保持收缩约20秒，重复2到3次。
11. 弓步拉膝（旋转）*：在弓步姿势中，当向后旋转髋部时，将膝盖向中线拉近。避免圆肩，保持眼睛向前下方看。用对侧手臂帮助躯干转回。保持每次动作持续几秒。总共重复3~4次，但是如果站不稳，可减少次数。

注意：*之前的课程或新增的训练反映了客户的进阶或退阶情况。

选择训练的理由和改变计划的原因

在第五节课程中，玛丽昂进行新训练及安排新的课后练习的理由如下所述。

课程5：训练8

训练名称：绕墙拉伸

选择理由：通过进行门框拉伸，玛丽昂的胸椎前面开始变得灵活（从一侧到另一侧），绕墙拉伸是为了增强这一区域的灵活性。当她走路和打高尔夫球时，提高她的胸椎的旋转能力有助于减少她下背部的压力。这两项活动都需要躯干旋转摆动手臂，如果躯干不能旋转，那么腰椎和髋部通常通过过度旋转来代偿。

课程5：训练9

训练名称：直臂上举（仰卧）

选择理由：玛丽昂的训练计划中已经有一些训练是为了提高胸椎的灵活性。双网球放松上背部能使她的胸部有更多的伸展，门框拉伸帮助她改善横向运动，绕墙拉伸有助于使她身体的这一部分更容易旋转。增加直臂上举（仰卧）运动将使她的胸椎伸展肌得以加强，对这一部分重新训练，以便她能够在白天坐着时保持更好的姿势。

之所以选择这种练习的变式，是因为玛丽昂可以在地板上进行这项练习。她可以通过倾斜骨盆来控制她的下背部，而不是拱起她的下背部。同时她还可以避免耸肩，通过对这些动作加以控制，可以确保她强化正确的肌肉，而不会使那些已经受到刺激和过度疲劳的肌肉更加紧张。

课程5：训练10

训练名称：挥手再见式（站姿）

选择理由：玛丽昂之前在课后练习中做过挥手再见式（仰卧）练习，而且做得很熟练。玛丽昂已经做好准备在训练中采用站姿进一步增强这个训练的效果。当她进阶到站立形式时，这会导致她的胸椎伸展肌、肩胛骨下降肌和回缩肌以及手臂外旋肌都加强。它也将确保玛丽昂可以继续改善她的躯干的位置（及状况）。这将减轻她的膝、下背部和肩部的压力。玛丽昂将用她的足稍微远离墙壁，这样她就可以更容易地倾斜她的骨盆，避免下背部腾空失去支撑。

课程5：训练11

训练名称：弓步拉膝（旋转）

选择理由：这一训练取代了仰撑提臀训练，成为玛丽昂尝试着抵抗重力，协调好一个相对复杂的动作的训练方案的第一个训练。经过仔细考虑后，如果她的症状显著减少、训练追求精益求精、在日常课后练习中表现不错，我们就可以加入弓步拉膝（旋转）训练。

从计划设计的角度来看，玛丽昂已经为更复杂的训练做好了准备，这非常令人兴奋。她现在将学会同时控制她的下半身和上半身，以协调类似于她喜欢的运动中的那些动作。弓步拉膝（旋转）练习是为了在髋部屈曲和腿部内旋减慢时，加强臀肌的离心运动。要做到这一点，躯干必须正确地旋转，远离前腿，以使臀大肌的起点远离膝正下方的止点。这与玛丽昂在散步和打高尔夫球时的动作一样，会使她在做这些动作时不会再感到疼痛。

案例研究总结

以上课程描述了玛丽昂5次纠正性训练课程以及课后练习的完成情况，但是这并不意味着纠正性训练计划已结束。玛丽昂会继续执行这项计划，并且在课后认真完成练习。经过10次训练课程后，玛丽昂在日常活动中不再感到疼痛，而且能够打高尔夫球，和丈夫散步以及定期和孙子或孙女们一起玩耍。根据她取得的进步，她可以恢复常规训练计划，并继续将纠正性训练技术纳入运动计划，以不断保持和改善她的肌肉骨骼健康状况。

当你继续练习、完善和应用你的咨询技能、评估技能、解剖学知识，以及纠正性训练计划的设计能力时，请定期回顾这个案例研究。

整理客户的课后练习

除了努力锻炼和持之以恒外，玛丽昂能取得成功的一个重要因素就是在客户训练计划手册中计划并记录她的课后练习。记录客户的课后练习是保持计划正常进行和确保进度的必要条件。客户训练计划手册能够帮助客户轻松地保持、组织、参考他们的课后练习，通过电子邮件发送练习的指导说明（以及图片或视频），或将文件复制到便携式存储设备中或可访问的在线存储中，也可以有效地管理客户的课后练习计划。

以下是创建客户练习指导说明和视觉辅助的一些指南。

- 记录评估信息和课后练习信息时，书写要字迹清楚（或者打印成大字号的清晰字体），这样客户才能轻松地看清楚你的记录。

- 如果客户愿意，你可以允许他们写下自己的指导说明。有些客户写出的书面说明和要点可能比其他人多，所以要为他们准备足够的纸张。

- 在为客户拍摄照片或视频时，要注意他们的服装，因为他们的衣服颜色可能会影响图像的质量。如果衣服和背景混在一起可能会产生不清晰的图像。在拍摄之前，找一种方法将客户和背景进行对比。

- 有些客户可能需要打印更大尺寸的照片，这样他们就可以在每次练习中看到自己在做什么。通过电子邮件发送照片，或将其保存到便携式存储设备中，这样他们就可以根据需要打印相应大小的照片。

- 如果训练比较复杂，或者协调动作比较多，你需要从不同的角度拍摄多张照片或者拍摄视频。

- 为了便于参考，每张图片或者每个视频的编号或命名应该与该训练的书面指导相对应。

- 每组课后练习的说明中应包括日期。这是为了便于参考，并可以帮助你查看前几次课程的信息。

- 将下一次训练的日期和时间记入课后练习的指导说明。这一信息可以提醒客户，而且如果客户错过预定的时间，它可以防止出现纷争。

自我检查

如你所知，玛丽昂需要其他课程来确保实现她所有的需求和计划目标。基于这个关于她的计划目标和当前进展的案例研究，在接下来的两次课程中，你需要考虑哪些训练能使她获益。请在下面的表格中写出你选择该练习的理由。

注意：虽然表中包含了所有3种训练方式（自我肌筋膜放松训练、拉伸训练和强化训练），并且每种训练最多3次，但你没有必要把所有的空都填满，因为这会给玛丽昂的训练计划增加许多练习，你只需选择你认为适合玛丽昂后两次课程的练习。

课程6	练习	练习	练习
自我肌筋膜放松训练			
拉伸训练			
强化训练			
选择该练习的理由			

课程7	练习	练习	练习
自我肌筋膜放松训练			
拉伸训练			
强化训练			
选择该练习的理由			

第6部分

纠正性训练的业务实施

在第6部分中，你将完善在第1至第5部分中学到的内容，并学会适当地推销你的技能，来提升你的专业形象。始终如一地应用你的知识和技能来帮助客户，这将提高你的专业水平，吸引更多的客户。你投入时间学习并运用的最后一部分技能，对你的健身职业生涯的成长具有不可估量的价值。

第6部分将教你如何进行自我定位并定位你的纠正性训练服务，以及寻求合适的服务地点，吸引新客户的同时还能照顾到现有客户。你将学习在业务范围内工作，提升自己

的职业形象，并更新业务名称、标志、网站、设施、器材、计划、实践和程序，以展示你的纠正性训练技能。

第6部分将讨论详细的营销策略。这些营销策略有助于突出你的业务优势，使你找出不足，发现潜在的机会，并避免阻碍成功的潜在障碍。第6部分还包括用于确定你的竞争优势、战胜竞争对手，并为现有客户和潜在客户提供显著的价值的营销策略。你将学习如何成功创建和分发营销信息，并与其他专业保健人士建立有价值的关系网络。

第26章

提升专业形象

在本书每章最后的总结部分，都有一系列的自我检查提示，这能够帮助你在日常生活中进行纠正性训练时变得更加自信。专业技能的提升有利于你更好地帮助肌肉骨骼失衡客户，从而进一步提升你的专业形象。

在专业技能有所提升之后，你可以将重点放在提升你的专业形象上，使你的形象能够反映你的能力。你要把自己定位为纠正性训练领域知识渊博的专业人士，这样会吸引更多客户使用你的服务。这时，你需要将结构评估和纠正性训练融入业务架构（Price & Bratcher, 2010）。

将纠正性训练计划纳入你现有的业务，或者开始一项新的服务，专门致力于纠正性训练，这能够帮助人们解决肌肉骨骼失衡带来的限制，以及肌肉和关节疼痛问题。同时，你也有机会从这一快速发展的服务行业中获利。因此，你必须做到以下两点。

1. 树立自己的形象，使自己成为一名知识渊博、精通纠正性训练技术的专业人士。

2. 在与客户合作时，始终如一地使用具体的、系统的、有效的纠正性训练技术。

当你不断使用你的评估和纠正性训练技术时，其实你已经在不断为自己塑造一种可靠的专业形象。努力塑造你的专业形象可以使你更轻松地吸引新的客户，并向你的现有客户推广纠正性训练服务。

完善协议和程序

当你初次开始将生物力学法的手段、评估和练习融入你的服务产品时，你自然应该明白这对你的业务能够产生什么效用。但是你不能让人认为你是在随意使用这些方法，它只会削弱你的影响力，损害你的形象。相反，你需要经常参考这本书，以提醒自己应该逐步实施评估和使用训练方法。同时，你还应该按照本书中所展示的方法，定期练习自己的沟通和教学技能，安排好实施步骤。经常使用这些方法有助于提高你的技能，并使你成为一名经验丰富的专业人士（Gerber, 2001）。

当你向客户展示纠正性训练实施步骤时，你应该注意以下几个重要的方面。

- 直截了当、简明扼要地向潜在客户说明他们在初始咨询过程中可以了解的内容。为他们提供清晰的指示，这有利于缓解他们与你初次见面前的焦虑（Price & Bratcher, 2010）。

- 当别人向你咨询时，你应该表现出欢迎所有新人的样子，这样人们就会感到更加舒服和自信（Norman, 1999）。
- 以类似的方式进行每一次的初步咨询，使用生物力学法进行问诊、视诊和触诊（Price & Bratcher, 2010）。
- 当你完成评估之后，你应该总结发现的结果，并且尽量避免使用专业术语回答客户对结果产生的各种问题。
- 向他们解释你将采用的纠正性训练策略，帮助他们解决肌肉骨骼问题。你应该基于评估结果给出建议，并且将你的策略和相应的训练相结合，改善客户的身体状况。
- 结束初步咨询，向客户解释如何使用客户训练计划手册、客户需要完成的课时数，以及你的收费情况。
- 无论是与新的纠正性训练客户一起工作，还是将纠正性训练技术融入当前客户的训练计划，过程都是完全相同的。所有课程都应包括以下几点。

1. 每节课开始时回顾所有课后练习。

2. 根据评估过程和客户的主要健身目标提出建议。

3. 在锻炼过程中持续进行评估，为你和你的客户提供反馈。在你的客户成功地坚持进行几周纠正性训练后，你对他进行评估会使他更加努力，同时他还可以告诉你哪些地方需要进行调整（O'Donohue & Levensky, 2006）。

提升形象吸引新客户

完善你的评估和训练计划是一个持续的过程。当你身处这一行业时你会发现你必须扩大你交往的人群种类和数量。不论你是否现在已经在运营一家健身公司，还是刚刚建立公司，你都需要吸引新的客户为你的服务买单。

"你只有一次机会给人留下第一印象"这句谚语对提升你的职业形象特别重要。潜在客户会根据初次见面的情况对你的可信度和专业技术做出评价和假设（Galai, Hillel & Wiener, 2016; Sobel & Sheth, 2000）。重要的是你需要让潜在客户明白你对自己做的事情一清二楚。有很多方法可以让客户对你的服务充满信心。下面将介绍一些建议。

公司名称和标志

当人们考虑是否应该使用你的服务时，最先看到的是你的公司名称（和标志，如果你有）。因此，你的公司名称和标志应该反映出你对这些需要进行纠正性训练的人的承诺。许多健身专业人士选择一些他们认为对客户有激励作用的公司名称。然而，这些看起来非常专业和目的性较强的名字可能会吓走那些潜在的纠正性训练客户，因为这些人通常对自己的身体能力和外表不自信。一个好的名字应该包含对身体功能和运动能力的提高，例如"动作至上"或"功能健身"。同样地，公司标志也很容易传达错误的信息（Price, 2003）。在思考公司名称和标志时，应该反复检查，确保它传达的信息和你的服务内容一致。

个人外表

要想使自己的形象更加专业，你还应该注意自己的外表，包括穿着打扮和风度。虽然健身环境下允许人们穿休闲服装，但是你要尽量避免穿短裤和背心或暴露的健身服。你选择的衣服要让人感觉到你是一名专业人士，能够为其他专业人士提供服务，还能帮助那些有需要的客户实现他们的目标。你甚至可以考虑给你的健身服打上商标，或者为客户提供一套专业的服装，使你更加专业，提供更加优质的服务。通过外表，你可以向人们保证你的专业技能和你的外表是相符的（Price, 2003）。与客户打交道时，如果你能提升你的专业形象，你会更加自信。这会帮助你更多地将接受初始咨询的潜在客户转变为正式客户。此外，如果你给人的印象是一个知识渊博的成功专业人士，那么寻求你帮助的客户会愿意为你的服务付出更多的费用。

地点、设施和设备

你的工作地点的外观也展示了你的专业地位。你应该让人们能够从你的办公环境中了解到你经常将纠正性训练融合到你的公司的产品中。如果你有一定的设备设施，你会更加容易营造这样一种感觉，但是如果你对道具的使用很在行，你也无须寻找这样一个地方。如果拥有下面一些或者全部物品，你就更容易给别人留下一个合格的专业人士的印象。

1. 课本。你应该在潜在客户的视线范围内摆放一些有关肌肉骨骼健康、纠正性训练或生物力学的书籍。如果你没有固定的工作场所摆放这些书，你在见客户时可以随身携带这些书作为视觉辅助。

2. 解剖道具。如有可能，你可以在办公室或者进行咨询的地方摆放一个解剖骨架，这个道具非常方便，可以给客户留下良好的印象，而且在进行结构评估时你也可以使用它向客户解释评估结果。

3. 设备。泡沫轴放松和其他的自我肌筋膜放松工具可以激发客户的兴趣，有利于开始你们的对话。要将这些设备放在客户视线

范围内，这样别人一下就可以看出你的公司提供的是纠正性训练服务。

网站

互联网和社交媒体为人们提供了一种寻找商品和服务的新途径。就当今的消费者而言，80%的人在做出购买决定之前，会在网上对产品的制作公司进行研究（Lamb, Hair & McDaniel, 2017）。创建（或重新设计）和推广一个全面、专业的网站是绝对必要的，这能够帮助潜在客户更多地了解你的服务。一个网站，尤其是一个可以链接到你公司的社交媒体平台的网站，如果客户或者其他专业人士支持你的服务，他们会将这个网站推荐给其他人。

在第27章中，你将学习如何进一步开发你的网站，扩大你的纠正性训练业务的范围，并提高网站的访问量。然而，在最初的业务开发阶段（在你将大量的时间、金钱投入价格高昂的网站之前），你可以在你的网站上使用一些低成本的策略来提升你的专业形象，使你看起来更有能力在纠正性训练中提供专业的技能（Price & Bratcher, 2012）。

详细说明你可以提供的服务

研究发现，超过47%的潜在客户在查看其网站其他内容之前，都会查看公司的产品和服务（Huff, Edmond & Gillette, 2015）。你需要让那些肌肉骨骼疼痛和失衡的人轻易看到你可以为他们提供此类服务。例如，你可以在菜单栏或服务列表中加入一个名为"肌肉和关节疼痛"或"预防运动损伤"的部分，当潜在客户查看你可以提供的服务时就可以一眼看到这些内容。

链接博客或文章

在你的网站中建立链接，使它能够链接到一些有关纠正性训练、造成不同疼痛的原因，以及生物力学的博客或者文章。这同样也可以使你成为一种权威信息的来源。如果你对自己的写作水平充分自信，你可以考虑将你的文章和博客放到你的网站上，这样可以使潜在客户意识到你掌握了专业知识。但你其实没有必要自己写文章和博客。提供一个质量较高、有专业水准的作品的链接，并且对相应作品加以赞扬，这比展示你自己的作品更加容易，因为你自己的作品可能会受到批评，你的信誉也有可能受到打击而非加强。

强调你的资质

在纠正性训练中获得和保持自己的资质对于维持你的专业形象十分重要。你可以在你的网站上强调这些资质，或者在"关于我们"的页面加以提及，这会使客户更加放心，让他们相信你的技能和知识。

与社交媒体连接

全世界大概有30亿人口在使用各种各样的社交平台（Lamb, Hair & McDaniel, 2017）。你可以有效地利用这些平台来宣传你的纠正性训练才华，并将它们链接到你的网站上。如果你缺乏社交媒体平台的内容，你可以链接其他网站的帖子，这些网站提供了纠正性训练策略和解决肌肉骨骼问题的一些方法。

提供实时资讯

增加一份每周、每月或每季度的实时资讯，专门用于纠正性训练，客户可以在你的网站上进行注册，你可以通过这种方式提升你的专业形象，收集联系人信息，以支持将来的推销业务。还可以通过一些主题讲述一些训练案例，告诉人们如何缓解某个特定区域的疼痛。当前的客户可能从这些信息中获益，而且更重要的是他们可能会将这些实时资讯转发给他们的朋友和家人。这可以提高你的知名度，还可以使你获得更多尊重。

突出成功案例

潜在客户希望这些帮助自己的公司之前已经有成功的案例。在你的网站上留下一块地方用来突出你目前正在帮助或曾经帮助过的人的成功案例。

纠正性训练协议和当前客户的整合

如果你已经成功经营了一家健身公司，你可能就不会太过专注于吸引新客户，因为你已经有了固定的客户群。虽然从收入的角度来看，这是一种优势，但它会使你难以改进现有的训练和服务。如果你在他们的计划中加入其他内容，有特定运动习惯的客户可能会感到不舒服。但是几乎90%的健身客户在某个时候都会经历肌肉骨骼受限。因此，你是否能继续保持成功，取决于能否找到一种方式将肌肉骨骼评估和纠正性训练结合起来（Schroeder & Donlin, 2013）。以下几个策略可以帮你做到这一点。

使客户认识到你的新技能

如果你能激发客户的好奇心，那么你就能更轻松地将纠正性训练与目前的训练进行整合（Conrad, 1998）。与他们谈论你目前正在读的书和正在学习的相关课程，并分享你对参加过的一些会议的见解。这些内容可能与他们的状况密切相关。这样他们就会意识到你对这方面很感兴趣。而且，当你开始与客户讨论纠正性训练以及生物力学法时，许多人会告诉你一些他们自己的疼痛问题和运动问题。他们也可能告诉你他们所认识的人中谁有类似的问题，他们可能会问，纠正性训练是否有所帮助。这样，开始一次关于纠正性训练的对话，能为你提供一个绝妙的机会，你可以趁机将纠正性训练引入当前客户的训练。

开始改变训练计划

一旦你开始谈论纠正性训练及其益处，你需要抓住每一个机会来展示如何将它纳入客户的训练计划。以下几种方法可以使你在提升专业形象的过程中，还能使自己的新技能被客户熟知。

提供免费试用服务

免费提供纠正性训练服务，可以使现有客户体验到你的新技能并信任你（Kumar & Meenakshi, 2011）。直接建议他们提前10分钟来参加常规训练，你就可以向他们展示一个新的评估或训练。这样你就有机会激发他们的兴趣，而且不影响他们的正常训练。你可以对他们的身体部位进行评估，或者教他们一两种自我肌筋膜放松术，以帮助他们为预定的训练做准备。当他们表示对纠正性训练有进一步的兴趣时，你可以向他们展示一些拉伸或强化的纠正性技术。

评估运动中的不平衡

通过在正常锻炼期间对客户使用肌肉骨骼评估，可以将纠正性训练纳入客户的健身计划。例如，如果客户在蹲坐时抱怨踝部前面感到疼痛，请停止训练并对他的足部和踝部进行快速的视诊和触诊，判断他是否有过

度内旋（参阅第2章）。你可以通过评估过程展示你对肌肉骨骼系统的了解程度，并帮助客户找出踝关节出现问题的原因，以提供一些解决方案。

课后跟进

无论何时，当你教客户进行纠正性训练时，务必要对他们进行跟进以检查他们的技术掌握程度。在这个检查的过程中，客户可以提出疑问，你也可以给他们积极的反馈，告诉他们通过纠正性训练他们已经取得了哪些进步，这会使他们进行更多的纠正性训练，并把它当作一个常规活动来进行（Price & Bratcher, 2010）。

提醒客户开始纠正性训练

抓住机会提醒客户开始你的纠正性训练，这可能需要一段时间，但是你可以采取很多方法。

■ 每次你教客户一个新的纠正性训练时，要拍一张他训练的照片。这会让他觉得自己参与了这个过程，并让他知道你在根据他自己的特殊情况为他选择专门的训练方法。在课程结束后要把照片通过电子邮件或短信的形式发给他，或者打印出来，这样他就可以随身携带这些照片了。

■ 同客户一起写下课后练习指导，如有可能，要在书面指导中附上对应的照片。这些照片不仅能提醒客户进行纠正性训练，使他们积极主动地接受你的服务，还可以让他们觉得自己投入这个训练中的努力是有价值的。

■ 为当前客户创建个性化的训练手册，对新客户也是如此，这样他们就能够跟踪和记录他们的进度。这是他们通过努力获得的实实在在的回报，也能够提高他们对你的认可。

举办一个开放日

向客户介绍你的纠正性训练技术非常有效，可以使客户更加认可你的专业能力。你可以举办一个开放日，这样你就能吸引更多的现有客户和潜在客户。在开放日中，你可以展示你的纠正性训练服务。你不需要另外找特别的场地举办开放日活动，在健身房、俱乐部或者现在的工作地点就可以举办。以下为你提供了一些方法，可以确保你取得成功。

- 选择一个与纠正性训练相关的话题，你可以轻松地谈论这个话题。
- 为这个开放日设计一个与这个主题相关的名称，例如"保持双足好形状"或者"好训练，背不疼"，这样人们就可以知道参加开放日他们将有何收获。
- 选择好开放日时间，向你的所有联系人和现有客户发出邀请，在你的社交媒体平台上发布，并在你的办公室周围张贴海报说明举行地点。
- 向当地报纸和其他社区组织发出新闻稿，向他们通报这一事件（Price & Bratcher, 2012）（有关如何撰写新闻稿的信息见第27章）。
- 在开放日，给参加者做10到15分钟的演讲，介绍你选择的主题，使用新的骨骼模型、教科书和图表来说明你的专业知识，示范如何进行训练才可以缓解与当前主题相关的肌肉骨骼问题。
- 在演讲结束时，邀请那些感兴趣的人参加随后的交谈，或者安排一下会面的时间，以对他们进行一次评估。

除了你自己在开放日的演讲外，你还可以邀请其他志同道合的专业健康人士做一个简短的演讲或展示他们的业务。例如按摩师可以讲几句话，然后对一些参加者示范一个简短的10分钟按摩，这不仅可以使参加者在离开时身体感觉更好，而且还能让你扩大专业引荐的网络（Price & Bratcher, 2012）（更多相关内容见第28章）。

成功的关键

你需要通过以下两个互通的概念来提升你的专业形象：（1）一致并全面地发挥你的技能；（2）看上去是一位知识渊博且精通业务的从业者。但是，当你开始宣传或者扩大你的服务范围时，要注意你的论断。因为客户如果有长期反复发作的肌肉骨骼问题，他们就会怀疑健康及健身专家能否帮助他们解决问题，因为他们之前有过一些失败的经历。因此，在塑造你的职业形象时，你必须使用一些明确的说明和示例，这些说明和示例实际上是合理的，而且取得了良好的结果。你也希望为这些寻求帮助的人带去希望、信心以及乐观的态度。

要点回顾

- 每个行业的专家都有方法确保他们重视服务过程中的每个部分，你可以通过坚持使用生物力学法的程序和练习，将纠正性训练融入你的业务。
- 当你对自己的技能有信心时，提升你的专业形象非常重要，这样你才能吸引新客户，并将你的服务扩展到现有客户中。
- 第一印象很重要。在第一印象中，你要让别人知道你在纠正性训练领域是一个知识渊博的专家，这样会使潜在客户消除疑虑。
- 通过创建合适的公司名称和网站，穿上专业服装，你可以提升自己的专业形象，还要确保工作场所以展示你的专业形象。
- 磨炼技能时，你还需要将评估和纠正性训练计划整合进针对当前客户提供的服务中。这样做会提升你在他们眼中的专业地位，这也有利于你目前为他们设计的健身计划取得成功。

自我检查

将时间和注意力集中在业务的特定方面，这有利于向潜在客户和现有客户传达正确的信息。考虑下表中的业务主题，并确保你在每个领域可以取得一到两次提升。

业务主题	待改进地方
公司名称	
标志	
个人外表	
网站	
当前的资历	
客户证明/成功案例	
公司地址	
初步咨询	
与客户展开课程	

第**27**章

推销纠正性训练服务

随着你的纠正性训练技能和职业声誉的提高，你必须开始考虑一定的营销策略，以有效促进业务的开展。企业营销不仅意味着开办网站，分发宣传册，给所有认识的人名片，它还是一个深思熟虑的过程，旨在说服潜在客户，鼓励他们购买你的服务，还要让现有客户乐于继续支持你的业务，并增加他人引荐来的潜在客户（Hayes, 2012；Silk, 2006）。

明白市场如何运作

成功的营销需要时间和精力，而且也需要投入大量的钱财。因此，你的营销业务应该经过深思熟虑，准备充分，并专注于特定的受众。制定一个有效的营销策略需要深入了解那些让你的企业独一无二的因素。这包括你的业务流程、当前的客户基础、竞争对手、当前的服务和产品、计划增加的服务，以及潜在客户的需求。这些因素的细节将直接影响你的营销方式。

本章介绍了一些你需要进行的简单评估和活动，目的是收集有关的业务信息，这样你就可以制定一个有效的营销策略。具体内容如下所述。

- 进行SWOT分析。

- 介定你的竞争优势。
- 确定你的特点和益处。
- 调查现有客户的情况。
- 创建价值定位说明。

收集这些有价值的信息将帮助你了解目前的业务状况，并确定你在推销过程中应该强调的方面。它还将帮助你发现业务中任何需要改进的不足之处，并且告诉你可以利用哪些机会（Hall, 2003）。

进行SWOT分析

SWOT分析是开发营销计划时一种常用的简单而有效的工具。它用于评估业务的优势（strengths）和不足（weaknesses），并在你吸引客户参加纠正性训练计划的过程中，帮助你确定可能遇到的机会（opportunities）和威胁（threats）。通过这种类型的业务评估，你可以将自己的营销活动集中在那些最有利可图的领域。这种有效的分析方法可以让你确定哪些业务可以帮助你取得进展，哪些业务会阻碍发展。它还可以帮助你预测潜在的问题，这样你就可以在它们干扰业务之前将其解决（Hall, 2003）。

完成SWOT分析的最佳方法是回答以下

问题，并记录你的答案。你对业务评估的思考越多，它就越能帮助你制订营销计划。

找出你的业务优势

- 与行业内其他竞争对手相比你有何优势？
- 你最擅长什么？
- 别人认为你的长处是什么？
- 你有哪些相关资源？

考虑一下这些问题，因为它们与你和你的竞争者都相关。例如，如果你所有的竞争对手都可以提供纠正性训练服务，那么能提供纠正性训练服务就不是一种优势，它成了一种市场预期。但是，如果只有你和一些少数人有纠正性训练的相关知识背景和资质，那么你便有这种竞争优势。

找出你业务中的不足

- 你可以通过什么方式来提升你的业务技能、沟通技能或人际关系？
- 你的资格证书认可度有多高？
- 你在哪些方面做得不足？
- 你应该避免哪些事情？
- 你的业务最容易受到哪种因素的影响？

从各个角度仔细考虑你的回答。例如，你的竞争对手在哪些方面比你做得更好？你的客户认为你需要改进什么？对公司的情况进行诚实的评估，能够帮助你找出那些需要改进和发展的地方。

发现商机

- 当前纠正性训练领域的发展趋势是什么？
- 你能意识到哪些人际机会或者你能创造多少人际机会？
- 你在你的业务中使用了技术因素吗？
- 你所在的地区正在发生什么事情？
- 你知道哪些人可以成为你的资源或者

资本吗？

仔细考虑一下你所认为的优势是否能为你的公司带来更多的机会。例如，如果你和宾馆或者旅店有联系，你可以和他们讨论是否可以建立一种类似于水疗的室内合作，为他们的客人提供纠正性训练中的自我按摩服务。你也应该问问自己，如果克服这些弱点你是否会获得更多机遇。如果你对社交媒体的细微差别不太熟悉，你能不能通过学习来开拓新的营销机会，或者雇用一个兼职的人来帮助你建立和管理你的社交媒体平台？

发现公司正面临的威胁

- 你的竞争对手在做什么？
- 你公司的现金流情况如何？
- 你公司面临哪些业务障碍？
- 你的不足会威胁到业务的成功吗？

找出那些可能对你的业务产生负面影响的事情，这有利于你走出逆境。例如，如果你所有的竞争对手可以提供免费咨询，但你却没有，你应该思考拒绝提供免费咨询的决定的结果是正面的还是负面的。如果你的目标客户期望得到免费的咨询，但是你决定不给他们提供这一服务，这会对你的业务造成威胁。

界定你的竞争优势

竞争优势指那些使你在竞争中脱颖而出的业务特点（Hall, 2003）。找出你的竞争优势是一项很有价值的事情，因为一旦你确定了企业所具有的别人没有的特点，你就可以在营销信息中强调这一点，以吸引甚至鼓励潜在客户远离竞争对手。

要确定你的竞争优势，你需要考虑你和你的业务是如何与某一区域的其他竞争者区别开的。一个明显的例子是，你可能是社区中唯

SWOT分析示例

下面的SWOT分析，针对的是一位个体经营的私人教练，她目前定期对客户进行培训，每周举办一些健身课程。她还打算增加专门的纠正性训练，使纠正性训练成为她的另一种服务。

优势

- 作为一名独资经营者，我可以根据需要调整服务以满足客户的需要。
- 我目前的工作负荷使我能够把时间花在客户身上，并提供出色的客户服务。
- 我是健身房的独立承包商，我在健身房有良好的声誉。
- 我也可以外出，如有必要，我可以去客户的家里。
- 我的管理费用很低，所以我可以为客户提供更多的价值，并把钱花在高质量的营销材料上。
- 我是社区范围内为数不多的私人教练之一，我有系统的纠正性训练方法。

不足

- 除了我当前的客户，我在这一片地区的市场占有率很小。
- 当我生病或出远门时，我没有得到报酬（而且我的客户也在受苦）。
- 由于客户不稳定，我的现金流不稳定。
- 我工作的健身房很吵，不利于帮助有纠正性训练需求的客户。
- 我没有把自己打造成一个有专业技能的教练。

机会

- 纠正性训练领域正在扩大，并且有许多可能让我成功的机会。
- 我的竞争对手还未意识到这个不断扩大的市场机会。
- 人们对帮助减轻肌肉骨骼疼痛和应对运动功能障碍的传统方法感到失望。
- 健身课程很受欢迎，但人们不想受伤。

威胁

- 人们正在利用互联网为他们的肌肉骨骼问题寻找训练方法。
- 人们倾向于使用物理疗法，而不是纠正性训练，因为理疗覆盖在保险范围内。
- 常规的止痛药处方可以减少人们对纠正性训练的需求。

这位教练通过SWOT分析，了解了自己的优势，确认自己的机会所在。她也可以通过推销自己的纠正性训练服务和"无损伤"培训课程见到更多客户，在一定的范围内建立自己的市场群。如果她无法见到更多的客户，也没有在当前的工作地点推出特殊的课程，那她可以通过自己的独立性、时间表的灵活性以及交通的便利性，提供一些灵活的纠正性训练服务和课程。随着纠正性训练的客户和服务项目的增加，她可能会考虑开设自己的工作室，以创建最佳的教学和培训环境。

在审视自己的不足和威胁时，她可能会意识到将自己的服务作为个性化广告也是一种优势，而不是采用网上千篇一律的模板。她也可能会意识到与其将物理疗法视为一种威胁，还不如与之形成网络关系，当客户无法从物理疗法中获益时，他们就有可能被推荐来选择纠正性训练（有关网络的更多信息，请参阅第28章）。

一提供纠正性训练服务的人。这显然算得上是一种优势，从营销的角度来看，如果你能更清楚地对这一点进行描述无疑更有帮助。例如，除了作为纠正性训练服务提供者外，你还可以为客户记录那些帮助他们克服腰背痛的成功经验，这样他们就可以恢复正常的锻炼了。或者，你可以让你的公司与医学界建立牢固的关系。或者，如果你不是纠正性训练领域的唯一专家，那么你可以成为该领域唯一一个有资质证书的人或者唯一一个为专业运动

员提供专业服务的人。

意识到自己的竞争优势显然有助于做出营销决策，它也可以帮助你确定是否要为了进一步发展技术，而投入一定的时间和资源，这些技术会确保你在竞争中总是处于领先地位（Hall, 2003）。

找出特点和益处

你现在提供的服务（或者在将来打算提供的服务）都有一定的特点和益处。纠正性训练服务的"特点"就是那些能够将你的服务描述清楚的特点（例如自我肌筋膜放松训练）。你的服务的"益处"就是这些功能给你的客户带来了哪些积极的价值（例如自我肌筋膜放松训练可以增大身体的动作幅度，减少身体疼痛）。了解训练的特点和益处之间的差异，知道你需要在营销过程中强调哪些方面，这对你制作宣传册有很大帮助（Kuzmeski, 2010）。

你可以为你的服务写一个清单，列出你服务的特点和益处，它的两个益处如下所述。

1. 它会迫使你对自己提供的服务进行评估。

2. 你可以利用此次评估获得的结果来开发引人注目的营销和广告信息。

要想找出你的纠正性训练的益处，最好的方法就是把它们的特点都列出来。一旦你发现这些特点，你就可以把这些特点能带来的益处提取出来，用它们吸引客户。图27.1提供了纠正性训练服务的特点和益处示例。

有效的营销通常都会强调服务的益处而非特点，因为客户真正想要的是益处（Kuzmeski, 2010）。例如，你可以以瑜伽教练为例，他计划在他的传统瑜伽课程中增加一门纠正性训练拉伸课程。这门课程的特殊之处在于它是一种基于功能解剖学概念的静态和动态拉伸训练。然而，潜在客户可能对拉伸运动本身或它们的科学论证不感兴趣，他们更感兴趣的是拉伸训练能带来的益处（减轻疼痛和增加灵活性）。因此，虽然这位教练可能会在他的广告材料中提到他的拉伸训练的特点，但重点应该主要放在客户从课程中可得到的益处上。

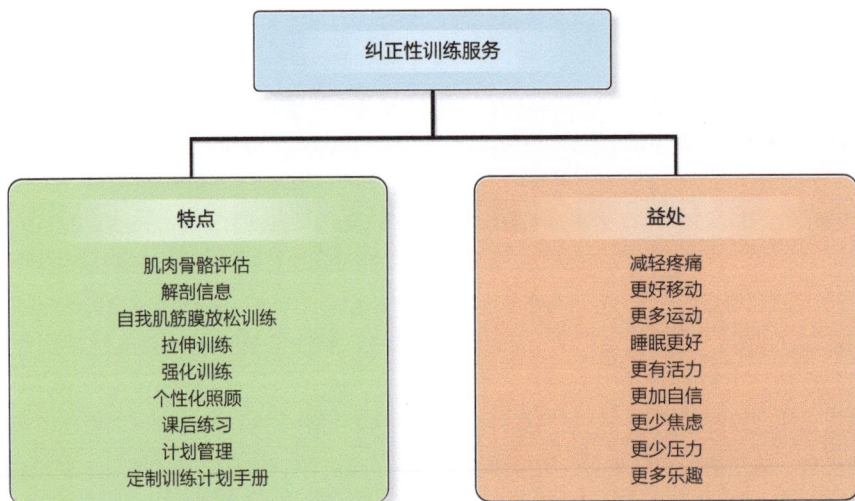

纠正性训练服务

特点	益处
肌肉骨骼评估	减轻疼痛
解剖信息	更好移动
自我肌筋膜放松训练	更多运动
拉伸训练	睡眠更好
强化训练	更有活力
个性化照顾	更加自信
课后练习	更少焦虑
计划管理	更少压力
定制训练计划手册	更多乐趣

图27.1　纠正性训练服务的特点和益处示例

检查当前的客户群

如果你现在已经有强大的客户群，你会想为什么需要继续开发营销策略。如果你从没想过扩展业务、增加收入，也不想确保你的客户群不会缩小，这一点对你来说可能毫无用处，但是，如果你想要增加你的收入、扩展业务、提高你在纠正性训练领域的声望，你必须继续深入了解目标市场。无论是面对面还是在调查中，你都可以直接向客户询问他们想要什么，以及他们为什么选择你的服务，你可以利用他们的答案满足当前和未来客户的需求。

以下问题可用于帮助你从现有客户群中收集信息。

- 在日常活动和运动中，你是否有任何肌肉骨骼问题或运动功能障碍影响你的运动能力？如果有，会遇到什么样的问题？对此你怎么办？
- 你会为这些问题寻求专业帮助吗？如果会，你会找谁？
- 你对其他专业人士提供的服务满意吗？如果满意，你喜欢他们的服务吗？
- 如果你对所接受的服务不满意，那么服务提供方可以采取什么不同的方法来使你满意呢？
- 解决你的肌肉骨骼失衡问题和摆脱你的疼痛有多重要？
- 我能帮你解决这些问题吗？
- 总的来说，我能做些什么来帮助你呢？
- 你准备做些什么来帮助缓解你的肌肉骨骼问题？

对现有的客户群进行评估也会帮助你了解你现有（以及潜在的）客户想要从纠正性训练中得到什么、需要什么。它还可以帮助你了解当前业务中可能缺少的纠正性训练服务，这样你就可以相应地调整你未来的产品和营销策略（Humbatov, 2015）。

创建价值定位说明

在制定营销策略中，最后一个评估活动是对你的业务目标进行陈述，说明它们可以为客户提供何种独一无二的价值（例如防止损伤、损伤恢复、损伤缓解、性能增强、身体维护）。这一陈述叫作价值定位。通过创建一个价值定位说明，你可以对目标群体、训练益处、你与竞争者相比的价格优势等进行定位和评估，这有助于你制订营销策略（Schultz & Doerr, 2011）。

下面是"优势健身"（Advantage Fitness）的私人教练对纠正性训练进行的价值定位示例。

"优势健身"（Advantage Fitness）为忙碌的高管提供方便灵活的训练服务，帮你减轻肌肉和关节疼痛，价格合理，健身效果明显。

在本例中，目标市场得到了明确的定义（即时间有限的企业高管），还确定了服务的益处（即地点灵活、省时、减少客户在路上的时间、训练计划改善健康状况以及缓解肌肉和关节疼痛），有一个明确的迹象表明，与其他服务提供者相比，"优势健身"（Advantage Fitness）的服务成本将会很高（即专业级别高）。

当你使用价值定位说明进行开发并且实施营销策略时，重要的是你的营销信息必须能够准确地反映你的业务内容。价值定位的每个部分——目标市场、益处以及定价都应该体现在你的广告、促销、定位、公共关系、客户服务政策、网络以及日常活动中（Schultz & Doerr, 2011）。例如，"优势健身"的价值定位会引导他们采用一些专业的高质量广告和宣传材料。这样能够反映出他们的独家价格和高水平的客户服务。他们还需要使用名牌设备，在纠正性训练领域具备认证资质，有一辆合适的汽车（因为他们会外出进行训练），还要能够严守时间，接受信用卡支付，以及其他类似的考虑因素，这些因素与他们在价值定位说明中所承诺的内容一致。

创建一个价值定位说明具有一定的挑战性，但是这也是一项必不可少的评估活动，因为你需要对你的业务目标有一个准确的理解。确定你的业务目标，并且说明你会提供什么服务（以及服务对象和价格），这有利于指导你的营销决策（Schultz & Doerr, 2011）。

创建营销信息

一旦完成了对业务特点的所有评估，并且知道了你想给客户展示何种形象，你就可以开始创建营销信息，并且选择合适的分发方式了。这包括营销信息本身和用于吸引目标群体的一些工具，如网站、手册或口碑宣传（Price & Bratcher, 2010）。

营销信息是一种用来吸引潜在客户，使现有客户满意的语言、非语言和书面的信息（Kuzmeski, 2010）。虽然每个人的信息都是独一无二的，但制作营销内容的过程对每个人来说都是相似的。使用你从SWOT分析中获得的信息，如你的服务的特点和益处表格、竞争优势总结、当前客户分析以及你的价值定位说明，找出营销材料的核心内容。你需要将重点放在以下几个方面。

1. 强调你的业务优势。

2. 确定你的服务可以为现有和潜在客户提供哪些特定益处。

3. 将那些使你的业务与竞争对手区别开来的要素加以利用。

4. 在所有邮件中保持内容的连续性。

评估实行方法

当你创建营销信息时，你必须决定如何将这些信息传递给你的目标受众。你可以使用很多营销渠道，成本低的如社交媒体这类方式，或成本高的如在电视上播放你的服务的相关内容。大多数传播方法都在成本范围内。网站、电子邮件、宣传手册、报纸和杂志广告、传单和新闻稿都可以选择，它们的价格也不一样。在投入精力和资金开发和分发你的信息之前，你需要重新审视一下你做过的关于你的业务和潜在市场的研究，以帮助你缩小选择范围。同样地，在选择使用哪些宣传方法时，请考虑以下问题。

■ 你的目标群体是如何分配时间的？通过考虑潜在客户的时间安排，你可以针对他们找出最合适的营销方法，使你的营销信息展现在他们面前。例如，如果你的目标群体是由退休专家组成的，他们大多待在家里，那么你就应该考虑到他们一般是如何度过一天的。如果他们看杂志、检查邮件、偶尔去参加健康讲座，那么你就可以直接邮寄明信片、实时资讯、传单，或者在相关的医学杂志上做广告，这对你的业务来说也是一个不错的选择。你还可以考虑与其他为目标群体服务的健康专业人士建立网络关系，或者在他们的办公室放置宣传手册（Cynthia, 2012；Urquhart-Brown, 2008）。

■ 怎样的宣传方法能突出你的技能和服务？当考虑说服客户购买你的服务的宣传方法时，你要选择能够展现自己的业务和技能的最佳方法。例如，如果你在帮助人们处理与肌肉骨骼健康有关的个人问题，掌握一定的诀窍能够与他们建立良好的关系，你需要在你的宣传材料中突出这一点。如果有图片或者视频能够说明你能和客户轻松相处，并且能够满足客户需求，这会使客户在与你接触时感到舒适（Cynthia，2012）。

■ 你想向潜在客户传达什么样的信息？目标群体的观点和态度会极大地影响他们对你营销的产品的看法，所以在决定使用哪种营销方法时你要考虑这一点。例如，如果你计划让成功的商业人士（收入较高可随意支配的人士）参加私人纠正性训练课程，那么你选择的营销方式必须让人觉得很独特、很有价值。贴在汽车挡风玻璃上的传单或发给接待员的宣传手册不会传达这一信息。事实上，这样的分发方式可能会产生相反的效果，因此你必须评估这些分发方式是否与你的营销信息相一致（Cynthia，2012）。

■ 你要花多少钱？在决定使用哪种分发方式来推广你的信息时，最重要的一个方面是你付得起多少费用。无论一种分发方式多具吸引力，或者有多少潜在的客户可能会接触到它，如果你的花费超出了你的承受能力，还未等你从营销过程中获得任何收益，你的企业就可能会破产（Price & Bratcher，2012）。

实施营销策略

为营销策略创建内容并选择最佳的分发方式可能是一个广泛但又无价的过程。为了帮助你找出最佳的分发技巧和最有效的使用方式，下面提供了一些最常见的方法。

网站

在第26章中，你学习了当今市场中网络的重要性，还掌握了一些基本的网络技术，用来为潜在客户和现有客户推销你的新技能。当你进一步扩展并且分发你的营销信息时，你

需要再次访问你的网站，对网站内容进行更新，重新设计网站结构（如有必要），还要在搜索引擎中最大限度地展示你的网站（Rieva，2001）。

当你开始改进或构建网站时，首先要确定创建网站的主要目的是什么，然后决定你是否要使用网站。

■ 让它成为有兴趣的潜在客户的第一联系方式。

■ 出售纠正性训练计划和服务。

■ 与客户互动（例如建立论坛或者会员讨论区）。

■ 主要用于展示虚拟信息。

了解网站的主要营销功能，你就可以更加容易地对其进行开发和调整（Rieva，2001）。一旦你决定了要建立（或重建）什么样的网站，就找一家专业的网站设计公司来帮助你。当他们完成后，如果你想自己对网站进行修改和更新，请设计人员提供与网站相关的内容管理系统或管理入口（Rieva，2001）。

如果网站使用恰当的关键词，那么在搜索引擎的搜索结果中，你的网站就可以比别的网站更胜一筹。这一点很重要，因为在搜索结果中出现的位置越靠前，它就越可能被客户看到（Shepherd & Augenti，2012）。如果你决定将网站提交给谷歌这样的搜索引擎，你需要生成一个关键词或短语列表描述你的业务。这样搜索引擎的相关功能就可以找到你的网站并对其进行排名。当你创建自己的关键词列表时，不要只使用包含你姓名、专业标签、执照或者你在帮助客户的过程中使用到的关键词或短语。请记住，潜在客户对自己的肌肉骨骼问题更感兴趣，而不是对你的个人简历感兴趣而搜索服务。例如，根据某关键词搜索引擎优化网站报告，2017年3月31日，"下

背部疼痛"一词在互联网上的搜索频率是"纠正性训练专家"的330倍（Keyword Magic Tool, Semrush, accessed March 31, 2017）。你可以通过找出与潜在客户有关的问题，为你的网站生成一个有用的关键字或短语列表。当所有此类词都穷尽时，你可以想想与解决方法相关的关键词（例如你的服务的益处）。有在线工具可以帮助你找到你的潜在客户感兴趣的关键词和短语。你还可以使用这些服务来测试关键词和短语，找出人们在互联网搜索中最常使用的关键词和短语（Neuman, 2007）。

除了优化网站的关键词和内容，你还可以把网站与一些最流行的社交媒体平台建立链接（反向链接），这也会提高网站在搜索引擎上的曝光度（Shepherd & Augenti, 2012）。潜在客户在搜索服务时，通常会使用社交媒体，你可以对这一点加以利用，使之成为你的优势。此外，通过链接到社交媒体平台，你能够轻松地向客户推送你业务的发展状况，向他们提供有用的信息，或者使他们能够最先想起你和你的业务。鼓励现有客户与他们的朋友、家人和同事分享你的社交媒体信息，这也是促进引荐的一个好方法（Price & Bratcher, 2012）。如果你不确定如何建立或创建高质量的社交媒体平台，你可以将其作为网站开发服务的一部分交给你的网站设计师。

新闻发布

另一种让人们了解你的新业务或正在扩展的纠正性训练服务的好方法，就是向当地电视台、社区杂志和报纸提交新闻报道（Hiam, 2014）。向媒体提交新闻报道是一种免费分发传单的方法，你可以围绕你和你的企业构建潜在的宣传信息。还有一些在线新闻发布公司提供收费的新闻发布服务。无论你选择

付费还是免费发布，请记住媒体通常会收到大量的新闻，因此请确保你发布的内容是独特的，并且从新闻和市场的角度来看很有趣。新闻发布涉及以下内容。

- 发布日期和"立即发布"字样。
- 一个吸引人的标题，能概括发布内容。
- 从媒体的角度来看你提供的信息应该有新闻价值（例如可以告诉当地的电视台和报纸你公司获得了全国纠正性训练奖）。
- 第一段中要说明你此次发布的时间、地点、人物、内容以及原因，并在后面的段落中详细说明。
- 内容简洁易读，无语法错误或标点符号错误。
- 有更多的有关联络人的资料及详情。
- 发布页面中有一个单独的部分，对你的公司背景信息和联系人详细信息进行总结。

大众营销活动

如果你要将综合服务（如减肥等）与你的纠正性训练服务相结合，并且吸引具有类似需求的广大客户，你可以考虑进行一次大众营销活动（Frazer-Robinson, 2003）。大众营销推广的目的是通过电视、广播、传单、直接邮寄、印刷广告，以及互联网宣传平台等宣传渠道，让尽可能多的潜在客户知道你的名字。虽然这可能是一种有效的传播营销信息的方式，但这些渠道的费用可能会很高。同样重要的是要记住，尽管许多人可能会收到大众营销活动的信息，但这并不意味着来源于这些活动的潜在客户最终会为你付钱（Frazer-Robinson, 2003）。如果你选择了大众营销活动，你要确保活动涉及的所有要素都与你希望中的形象相

符合，因为这一活动的受众面非常广。

口碑营销

口碑营销对于营销信息而言，是一种最有价值的宣传方式。到目前为止，这是获得和保持商业推荐资源的最有效的方式，因为它几乎是免费的！创建口碑营销的最佳方式是为客户提供一些成功的计划案例、特别的客户服务，以及每次与客户互动的积极体验（Friedmann, 2009）。然后，你可以利用客户（或者你帮助过的存在肌肉骨骼问题的家人或朋友）的这些良好体验，发展新的业务。你的许多客户、朋友、家人和同事都喜欢谈论他们与你的关系，所以给他们提供一个这样做的理由。你可以按照下面提供的一些方法予以实施。

■ 鼓励客户邀请朋友、家庭成员或同事参加课程，这样这些潜在客户就可以到场见证你的专业知识。

■ 使用客户训练计划手册来促进你企业的口碑营销，一些潜在客户会看到你正在为现有客户使用这一材料。考虑在训练计划手册的每一页写上你公司的名字和标志，或者是将一些有关生物力学法的信息页包含其中，因为这种方法可以帮助你提高服务的价值，促进你业务的发展。

■ 向引荐朋友的客户提供奖励，如免费T恤衫、免费课程或折扣价格。同样，与医务人员建立专业网络关系，也是在社区培养口碑引荐的好方法（参阅第28章）。

许多小企业口头上强调市场营销的重要性，但他们并没有投入必要的时间或资金来为他们的企业打造合适的曝光率。然而，正如你需要练习纠正性训练评估、解剖和计划设计的技能，你必须不断地提高你的营销技能，以形成一个固定的客户流。经常重新审视你的服务与产品，与客户沟通以满足他们的需求，预测未来的需求，关注竞争对手的所作所为，以及适应行业的发展趋势，你可以定制营销信息和传播方式，以不断改进你的营销技能和推广工作。

转变为全职纠正性训练专家

当你继续通过自己的专业技能和有效的营销活动来获得成功时，客户对你的服务的需求也会随之提升。最终也许会有一天，你需要对公司的未来发展做出决定。如果你享受作为纠正性训练专家的身份，成为一个全职的纠正性训练服务提供者可能是一个不错的选择。将你的业务重点缩小到专门从事纠正性训练有以下这些益处。

■ 你可以把营销目标集中到那些长期存在肌肉骨骼问题的人，从而降低营销成本，并从你的努力中获得更好的回报。

■ 你可以收取更高的费用，以反映你服务的专业性。

■ 你可以把你的指导工作完全集中在纠正性训练和生物力学上，这有利于提高你的技能，简化你对客户在继续训练这方面的需求，这两者都会促使你取得进步，增加公司的收入。

■ 你会获得一个平台，这个平台也会被视作行业专家，你能够通过介绍、发文、培训他人进行纠正性训练来获得收入。

■ 你可以减少工作，并有更多的时间从事休闲活动和发展自己的兴趣爱好，因为你的收入会随着你的专业地位提高而增加。

转变为一位全职纠正性训练专家的决定可能会给你带来可观的经济收益。然而，为了充分发挥你这个专家在纠正性训练领域的商业潜力，你必须继续有计划地提升自己在这一领域的专家形象，并将你的企业定位为业内的领先者。

获取必要的资质

和对待其他领域的专家一样，客户想知道与他们合作的人有何种能力和资质。如果你想成为一个全职的纠正性训练服务提供者，你必须从健身行业认可的教育资质提供方那里获得纠正性训练专业证书。你还需要定期更新你的资历。

集中你的业务目标

为了让消费者能立即认识到你是一个成功的纠正性训练专家，你的每一项业务内容都要能够体现你对纠正性训练的胸有成竹。这些内容包括你的营销材料、网站、实时资讯、社交媒体、继续训练课程、演讲以及媒体广告机会。将业务重点放在你的专业领域能够帮助你集中精力于业务的运营，同时还能够提升你作为纠正性训练专业实践者的认知价值。

重建客户档案

如果你已经成功经营了一段时间的健身业务，你可能已经根据预约名单建立了客户群，但是这些客户并不是纠正性训练的服务客户。如果你想成为一名全职的纠正性训练专家，你需要开始转变或减少那些来向你寻求非纠正性训练服务的"传统"客户的训练课程。同样重要的是，你需要为这些客户重新定制训练计划，以满足他们的纠正性训练需求，并逐步提高其课程费用至达到你目前的收费标准。虽然这对你来说可能有点困难，也是一个不小的挑战，但是这种业务重组将巩固你作为纠正性训练专家的声誉，使你能够吸引高质量的引荐者，并相应地提高收费。把自己提供的服务限制为纠正性训练后，你可以将那些非纠正性训练客户推荐给其他专业人士（如私人教练、营养师或者减肥专家）。你可能会发现这些专业人士反过来会将有肌肉骨骼受限问题的客户推荐给你，让你提供专业的纠正性训练服务。

开办你自己的机构

当你有了足够的收入和可靠的客户名册时，你可能会考虑创建自己的纠正性训练机构。这样你就有机会设计自己的工作场所，使其充分容纳参加纠正性训练的客户，并形成自己的业务品牌，展示你提供的专业服务。经营自己的机构，其成本可能高于接受其他运动机构的安排，但它也可以帮助你树立一个明确的专业形象，使你获得更多的收入（Rieva, 2001）。

要点回顾

为了有效地推销纠正性训练服务，你需要深入观察业务状态、当前提供的服务、竞争对手以及客户群的需要。完成业务评估后，你可以使用这些信息来创建具有吸引力和说服力的营销信息，然后对其加以利用，吸引客户支持你的业务发展。

- 完成SWOT分析，你可以评估你的优势、不足以及在市场中存在的机会或威胁。
- 创建一个价值定位说明，帮助你明确自己想要塑造的服务形象，以及你想为哪种客户提供服务。
- 评估你的商业竞争对手，让你精确定位自己超越他们的竞争优势，从而为你的纠正性训练业务树立一个独特的形象。
- 所有服务都有其特点和益处。潜在客户通常更感兴趣的是益处，而不是特点，所以你要在营销信息中多多强调益处。
- 研究现有客户和潜在客户，你可以更加精准地评估你的业务如何才能满足他们的需求，还能帮助你确定你在市场中的独特地位。
- 你为营销信息选择的分发方式，应该根据你的目标市场和营销活动的目标而有所不同。选择那些能准确反映你的商业形象，并且在预算范围内的选项。
- 最有成效的营销方式是口碑营销。你可以通过提供卓越的客户服务、具体的结果示例，以及你和客户每一次积极的互动体验，来促进口碑营销。

自我检查

　　若想有效地推销纠正性训练服务，你不仅需要了解自己的业务，还需要了解潜在客户的需求，这样才能使营销信息更有说服力。为了帮助你磨炼营销技能，请使用下面的空格创建营销副本（即你会用到的营销话语），为你所提供的某个纠正性训练服务写一个推销信息。下面有一个示例。

　　基于生物力学的纠正性训练专家课程（The BioMechanics Method Corrective Exercise Specialist course，TBMM-CES）是健身领域排名最高的纠正性训练培训计划，在全球60个国家都有合格的专业人士。为了获得TBMM-CES证书，学员们完成了一门综合性课程，旨在提高他们在肌肉骨骼评估、解剖学、纠正性训练选择和计划设计等方面的技能。获得TBMM-CES资格证书的专业人士会在全世界广受欢迎，因为他们能够找出肌肉、关节疼痛的潜在的肌肉骨骼原因，以让客户恢复和继续进行有规律的训练，以及恢复积极的生活方式。

你的营销副本

_____

_____

_____

_____

_____

_____

_____

第28章

业务、专业网络和引荐的范围

当你开始将纠正性训练技术纳入训练计划时，作为一名健身专业人士，你提供的服务要稳定地保持在健身教练的业务范围之内，这一点非常重要（Bryant & Green, 2010）。在一个明确的角色范围内工作，对你和客户都是有益的，因为它使你能够得以实践并提升自己的专业技能，它还使你能够与其他公司建立强大的网络关系，吸引别人为你引荐优质客户。

保持业务范围

虽然各国的规定不尽相同，但人们普遍认为，专业人士的工作不得超出其经验、教育、培训和胜任技能的范围之外（Howley & Thompson, 2016）。作为一名健身专业人士，你的专长在于了解肌肉骨骼系统及其如何受到姿势和运动的影响。这些专业知识能帮助你认识客户的身体限制，设计训练计划，以帮助他们实现自己康复、运动和健身的目标。纠正性训练、健身规划和个人训练的整合是你和客户合作成功的关键（Price & Bratcher, 2010）。

然而，当你工作时不要把你的角色和执业医生的角色相混淆。对你来说，诊断、开处方或治疗一种特定的疾病都是不合适的（Bryant & Green, 2010）。虽然你的职责不在诊断疾病或医疗护理方面，但你的主要工作是与客户合作，采取行动改善他们的肌肉骨骼健康状况（Price & Bratcher, 2010）。

保持你的业务范围也可以为你赢得可靠的专业声誉，从而使你的业务受益（Price & Bratcher, 2012）。医生通常需要合格的健身专业人士，从而将需要训练指导的患者推荐给健身教练（DiNubile & Patrick, 2005）。然而，他们可能不愿意转诊患有肌肉骨骼疾病的人，因为他们担心患者的问题可能会被健身专家或私人教练弄得更糟。当你具备肌肉骨骼评估和纠正性训练的专业资格时，当你在业务范围内工作时，医疗专业人士就可以放心地将患者引荐给你（DiNubile & Patrick, 2005）。

随着你在使用纠正性训练计划方面的进步，强烈建议你获得基于生物力学的纠正性训练专家（TBMM-CES）认证。这不仅可以提高你的技能水平，也会使医疗专业人士为你提供更多的转诊。这一国际公认的CES资格可以在你建立专业网络的过程中提高你的可信度。随着专业交际网络的发展，当客户的情况超出了你的业务范围时，你也能更容易地将客户转给其他专家。

扩大专业网络和引荐的范围

专业交际是指与有执照的医疗专业人士和其他健身从业人员建立战略性商业关系。如果专业交际网络完善，就能建立一个互惠互利的客户和客户的引荐体系（Levinson & Mann, 2007）。专业交际是推销业务和建立客户群的最实惠、最有效的方法之一。然而，成功的专业交际不仅仅是分发名片或让其他人为你分发名片。你还需要时间来培养你与所选的信任的专业人士的关系，而这些人又对你和企业充满信心。虽然培养成功的人际关系需要时间和精力，但通过你的专业网络产生的推荐很可能是真正的潜在客户（Price & Bratcher, 2012）。

在你开始建立网络关系之前，问问自己想从业务关系中得到什么。你的主要目标是时常与其他专业人士建立联系，让他们把客户推荐给你？还是要建立一个专业人士网络，以使你可以为自己的客户提供其他专业服务？还是要将两者结合起来呢？一旦你确定了目标，你必须找到合适的机会和合作伙伴（Price & Bratcher, 2012）。

发现好的交际机会

你可以通过很多种方法与人们交流实现网络合作：与现有客户交谈、参加客户晚宴、与其他专业人士共进午餐、参加社区聚会、利用社交媒体网站以及与同事交谈。在其中一些场合中，你有机会与其他人面对面地交谈，以建立持久和有效的人际关系；而在其他组织不当的会面中，你只能获得零星几个引荐。你必须确定哪些类型的交际工作机会最有可能帮助你实现你的目标。你还必须明白，建立人际关系的关键在于你参加的活动的质量，而非数量（Price & Bratcher, 2012）。

接触潜在的专业交际合作伙伴

一旦你确定了潜在的引荐人或交际合作伙伴，要以专业的方式与他们进行接触（Ciletti, 2011）。你应该给他们寄一封信，介绍你自己、你的业务、你提供的服务类型以及你设想如何与他们一起工作，来为他们的客户或你推荐的客户提供帮助。如同你在业务中所做的一切，你的介绍信和附属材料应该体现出理想的高水平专家形象。一旦寄出这封信，你要立即用电话或者电子邮件进行跟进，让潜在网络合伙人知道你随时可以跟进，回答他的任何疑问。不要只是简单地使用电子邮件联系他人，这是一大错误。许多企业主都是以这种方式被别人邀请，所以他们往往会忽略这类邀请。

一旦潜在的交际合作伙伴收到了你的信，按照承诺跟进，评估他们对合作的兴趣，并尝试安排一次会面来介绍自己（Brocato, 2010）。如果他们没有时间和你见面，不要气馁。成功的医生经常可能会很忙。你若能及时联系和跟进，客户会体会到你对他们的热忱，知道你十分想帮助他们实现目标，因此会在以后为你引荐他人。

如果你有机会和目标合伙人见面，你要抓住这次机会，为你和你的业务准备一个简短的说明。这对于激发他人的兴趣至关重要，也是建立成功的人际关系的第一步（Knoote-Parke, 2009；Price & Bratcher, 2012）。

为潜在合伙人准备好宣传方式

你的业务总结演讲准备和排练得越充分，你和你的业务就会表现得越可信和有趣，就越有可能建立关系网。尽管你演讲的细节会因听众而异，但其核心内容是相同的。

■ **你的业务基础**：用一两句话清楚地描述你的业务的主要目标。如果与你交谈的人感兴趣并想了解更多，他会指出这一点，你就可以从那里展开讲述（Knoote-Parke, 2009）。这里是一个例子，这个人拥有一个私人教练工作室，专门指导业余运动员进行纠正性训练：

"我的专长是帮助人们克服肌肉骨骼问题和运动功能障碍，这样他们就能在他们喜欢的体育活动中脱颖而出。"

这样一个简洁而又具有描述性的陈述会引起对方的兴趣，使他们提出更多问题，例如，"你有没有自己的工作室？"或者"你能帮助哪一类运动员？"一旦他们开始提问，你就可以把他们想知道的内容告诉他们，告诉他们你提供哪种类型的服务，而且你可以根据他们的需求展开随后的对话（Price & Bratcher, 2012）。

■ **你的公司能提供何种益处**：一个明智的谈话者知道，人们通常对自己更感兴趣，而不是对谈话者所说的话感兴趣。如果能在和他们交谈之前先了解一下他们的人际关系，你就可以把这和你的谈话联系起来（Thomas, 2014；Bryant, Green & Newton-Merrill, 2013）。

■ **增加可信度**：总是以积极的方式架构你的业务，使你的承诺更加可信，但是不要夸夸其谈，一味夸大成功只会促使听众想早点结束对话（Knoote-Parke, 2009）。当然，用"我们只有……"这样的陈述来推销自己，或者"我刚开始……"这样的陈述也会产生同样的

负面影响（Price & Bratcher, 2012）。

■ **相关费用**：除非它对你有益，或者它是你和某个特定人员的策略的一部分，否则在刚开始接触潜在的交际网络合作伙伴时，不要讨论你的服务价格或成本。你宣传的目的就是要让他们对你的服务有足够的兴趣，而价格不是促使他们为你推荐的决定因素。

把自己视为交际网络合作伙伴

一旦你在网络合作方面取得了进展，你要好好利用你的进展。以下是一些策略，可以增加目标专业人士为你推荐客户的机会。

■ **技能演示**：当你遇到潜在的交际网络合作伙伴或引荐资源时，要采用相应策略来帮助他们记住你的独特技能。在适当的时候你要为他们演示生物力学法的视诊和触诊技能，以此展示你的才能。如果当时不适合进行技能展示，你可以给他们赠送一次免费的课程，让他们在以后方便时使用（Price & Bratcher, 2012）。

■ **调课**：如果你与同样可以提供缓解肌肉骨骼状况的服务的专业人士建立交际网络，例如脊椎推拿师、针灸医师或按摩医生，你可以与他们展开课程交流。与潜在的合作伙伴交换课程可以让你们互相了解对方的服务，这样你就更有信心将他们纳入你的引荐网络（Phillips, 2014）。

■ **提供折扣**：向潜在的交际网络合作伙伴的客户或患者提供一个小折扣，以此鼓励专业人士记住你、推荐你。你提供折扣会使这些专业人士在进行引荐时感觉似乎为客人提供了帮助和便利，这也有助于激励潜在客户与你安排预约（Price & Bratcher, 2012）。

■ **佣金**：虽然我们建议你为交际网络合作伙伴的客户提供一些折扣，但是你不应该给

引荐的专业人士提供佣金。因为这种安排是建立在金钱利益的基础上，而不是相互尊重的基础上，会影响合作的长期成功（Price & Bratcher, 2012）。

■ 网页推荐页面和链接：一旦你建立了交际网络合作伙伴关系，你就可以考虑在你的网站上建立一个推荐页面，专门展示你推荐的相关健康保健、医疗和健身专业人士。通过宣传信誉良好的合作伙伴，你也可以提高自己的可信度。

■ 维护：在你开发了一个网络合作伙伴之后，你要定期与该人保持联系，保持通信畅通，并随时提供引荐（Thomas, 2014）。如果有人不想再和你合作，你要感谢他们宝贵的时间，并让他们知道，在将来如有需要，你随时可以提供帮助。

社交媒体和网络群体

面对面地交流是建立引荐体系和业务伙伴关系的最有力方式。然而，我们还可以通过大量与业务相关的社交网站来对其他专业人士进行邀请和认证（Phillips, 2014）。但是，这些网站缺少个人接触，而个人接触对于发展一个成功的专业网络十分重要，所以网站只能被视作是个人网络策略的附属物。虽然许多社交媒体平台在广告宣传中发挥着很大的作用，但是不应该把它们当作建立可靠的引荐网络的工具。

与在线网络机会类似，你也可以通过加入第三方建立的专业网络平台寻找机会。这种类型的网络小组是由来自不同领域的专家组成的，他们同意互相进行引荐，这样双方都可以获利（Thomas, 2014）。这种预先安排的转诊制度对一些人来说很管用。

但是，这些类型的网络小组几乎对任何人开放，专业人士的能力可能会有很大的差异。少数情况下，因为里面的成员地位低下，加入这类的小组也可能对你的商业声誉造成影响。

与客户联络

专业网络很重要，它能为你带来业务范围外的优质引荐。如果你成立自己的公司，而且你有一个坚实的客户群，增加推荐的最好方法之一就是通过那些对你服务心满意足的客户招揽更多的客户（Blakemore, 2011）。以下是与现有客户建立联系的一些策略。

■ 赠送礼品券：所有客户难免会认识几个经历疼痛和痛苦的人，如果你能接触到这些人，你的技能就会很受欢迎。你可以通过给现有客户一些礼品券，赠送免费评估和课程，鼓励他们把一些有需要的客户引荐给你（Fisher, 2001）。让客户帮你发放赠送的礼品券，这种简单的方式可以鼓励他们将其他客户引荐给你，但请注意不要赠送太多的礼品券，因为这会降低你的服务的价值。

■ 在课后练习中，让客户的家人、朋友或者同事都参与其中：让客户有机会利用他们所获得的关于纠正性训练的知识来帮助他们的家人、朋友或同事也是另一种很好的促进引荐的方法（Burg, 2006）。例如，你可以想象一下你正在教客户做拉伸训练，以帮助缓解跑步后小腿的酸胀感。当你教她训练时，她提到她的丈夫在打一轮高尔夫球后，会感到同样的痛苦。在课程结束时，当你检查客户的纠正性训练课后练习时，你可以询问她，她的丈夫是否有兴趣做一些训练来帮助消除小腿疼痛。如果她说是，你可以提供给她一些一般性的训练，例如小腿按摩和小腿拉伸，让她在她丈夫打高尔夫球的前后给他展示这些训练。在一张信纸（或者为此目的开发的其他看起来比较专业的材料）上记下她的丈夫的信息，然后告诉你的客户，如果她的丈夫对训练有任何疑问，随时可以打电话给你。

建立专业网络和引荐体系：成功的关键

- 有些人认为最好的销售人员是最善言辞的。恰恰相反，最好的销售人员其实是最好的听众。你更认真地倾听潜在网络合作伙伴的谈话，就能了解他们更多，更好地调整你的人际关系，以吸引他们的兴趣。
- 每一个社交机会都是不同的。人们对不同的方法有不同的反应，所以要做好准备，在你的人际关系宣传过程中保持灵活性。
- 建立一个稳定的专业网络和引荐平台，需要花费大量的时间和精力。你可能需要工作数小时，也可能需要数月，你才能在引荐网络中看到一点进展。你要保持耐心，并不断地努力培养建设性的网络关系。
- 在商业世界中，关于网络和推荐有一个共同的原则：人们往往只会为自己信任和了解的人进行引荐。你需要和网络合作伙伴保持联系畅通，这样才能建立一个牢固的引荐关系，以及一个值得信赖的业务关系。

■ **邀请人们进行观摩**：你还可以通过邀请现有客户的朋友、家庭成员、医疗专业人士和其他合作人与你一起观摩他们的课程，从而带来新的推荐（Aluise，1980）。通常情况下，这些人想要了解客户正在做什么，为什么效果会这么好。

■ **与客户的健康保健医师建立网络关系**：你可以通过与客户的健康保健医师建立联系，来扩大和加强你的专业网络。例如，如果客户因病或受伤而缺勤一段时间后返回，请询问他的医生是谁，并询问是否可以联系此人，这样你可以确定是否有任何额外的信息来帮助你为他提供更好的服务。你的客户会感激你付出的额外努力，你也可以从与医生交谈获得的信息中获益（以及开发一个潜在的引荐资源）。你也可以针对与客户合作的其他健康专业人士运用此策略。如果其他健康和医疗专业人士和你有同一个客户作为参照点，你就更容易与他们建立网络关系（Price & Bratcher，2012）。

要点回顾

通过专业网络和客户推荐潜在客户建立引荐资源非常重要，这样能确保你有稳定的客户流。在你的业务范围内稳定发展战略性网络合作关系，有助于提升你在这个行业的专业地位，并提高你在帮助别人解决肌肉骨骼问题方面的声誉。

- 在开始建立交际网络或发展引荐资源之前，先做一个简明扼要的报告，突出你的业务。在设计了基本的展示内容之后，应根据特定客户的需求来进行完善和调整。
- 你可以通过很多策略创建与客户的首次会面，或鼓励潜在的交际网络合作伙伴进行业务引荐。例如为他们的客户提供交换课程服务、折扣或礼品券。

- 向现有客户提供礼品券，给他们的朋友、家庭成员或同事，鼓励他们邀请其他人参加课程训练，并建议他们和认识的人一起完成纠正性训练的课后练习，这会鼓励他们引荐新的客户。
- 与其他健康专业人士保持联系，对网络关系或者引荐机会进行跟进，这可以帮助你成功建立专业交际网络关系。
- 创建高效的网络关系需要付出时间和精力。你要将交际网络视为一种持续的业务需求，并定期投入一定的时间。

自我检查

　　重要的是你应该以一种专业的方式向潜在的交际网络合作伙伴介绍自己。使用以下提示来起草一封信，你可以把它发送给其他从业者，让他们了解你和你的服务，目的是建立一个互利互惠的引荐网络。

你的公司名称/标志

公司地址

收件人的姓名和地址

亲爱的 ＿＿＿＿＿＿＿＿＿＿＿＿＿＿，

　　第一段的内容要吸引人的眼球，这样读者才会继续阅读。（例如：你的患者中有多少人抱怨反复出现肌肉和关节疼痛？这些问题是否影响了他们的日常生活，妨碍了他们的日常运动，或者妨碍他们实现自己的康复和健身目标？在为具有这些问题的患者提供帮助时，你会求助于谁？）

　　在第二段中介绍一下自己，解释清楚你的服务如何满足你提出来的那些需求。

　　第三段应该简单介绍你为满足这些需求所能做的具体工作（例如：你可以有条不紊地运用方法，找出造成人体运动和肌肉骨骼功能障碍的原因；个性化纠正性训练计划的战略性运用；当遇到可能需要额外帮助的情况时，将客户推荐给合适的志同道合的专业人士）。

　　在最后一段中，你应该感谢客户抽出时间阅读此信，并且让他们知道你不久后就会联系他们，与他们进一步探讨他们的需求，探索更多潜在的交际网络合作机会。

附录　客户评估表

在客户咨询和评估过程中，你可以复制使用下一页所附的客户评估表，记录客户的相关信息。在第25章中有一个完整的客户评估表使用示例。

客户评估表

姓名

日期

"X"表示快速检查

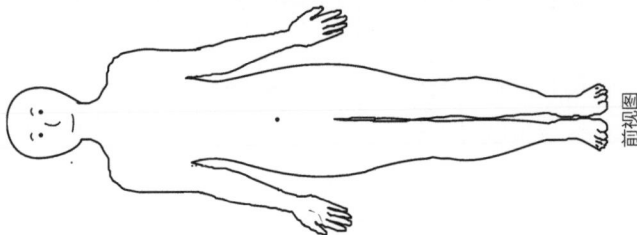

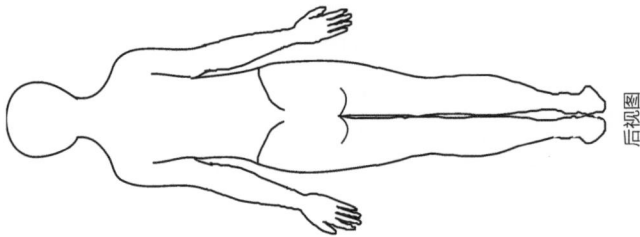

前视图

后视图

细节说明	√	检查表
		足部和踝部:
		疼痛?
		关节炎/病情?
		功能正常与否?
		怎样才能感觉更好/更坏?
		因果关系?
		看起来畸形?
		足内旋?
		足内翻/足外翻?
		足趾状况?
		足底筋膜状况?
		小腿肌肉状况?
		客户是否知道中立位置?
		膝关节:
		疼痛?
		关节炎/病情?
		功能正常与否?
		怎样才能感觉更好/更坏?
		因果关系?
		看起来畸形?
		单腿下蹲?
		髌骨轨迹?
		客户是否知道中立位置?
		腰椎-骨盆髋带:
		疼痛?
		关节炎/病情?
		功能正常与否?

细节说明	√	检查表
		怎样才能感觉更好/更坏?
		因果关系?
		看起来畸形?
		过度前凸?
		向前旋转?
		客户是否知道中立位置?
		胸椎和肩胛带:
		疼痛?
		关节炎和病情?
		功能正常与否?
		怎样才能感觉更好/更坏?
		因果关系?
		过度后凸?
		肩胛带前伸/高位肩胛?
		是否有内旋转?
		肌肉是否紧张?
		客户是否知道中立位置?
		颈部和头部:
		疼痛?
		关节炎/病情?
		功能正常与否?
		怎样才能感觉更好/更坏?
		因果关系?
		看起来畸形?
		头部是否前倾?
		颈部是否过度弯曲?
		客户是否知道中立位置?

补充事项

职业/活动	
伤情/手术	
鞋子	
主要紊乱	

源自: J. Price, *The BioMechanics Method for Corrective Exercise* (Champaign, IL: Human Kinetics, 2019).

参考文献

前言

IHRSA. 2017. *IHRSA health club consumer report.* Boston: International Health, Racquet and Sportsclub Association.

Schroeder, J., and A. Donlin, eds. 2013. *IDEA fitness programs and equipment trends report.* San Diego, CA: IDEA Health & Fitness Association.

第1章

Bryant, C.X., and D.J. Green, eds. 2010. *ACE personal trainer manual: The ultimate resource for fitness professionals*, 4th ed. San Diego, CA: American Council on Exercise.

Bryant, C.X., D.J. Green, and S. Newton-Merrill, eds. 2013. *ACE health coach manual: The ultimate guide to wellness, fitness, and lifestyle change.* San Diego, CA: American Council on Exercise.

Kendall, F.P., E.K. McCreary, and P.G. Provance. 2005. *Muscle testing and function with posture and pain*, 5th ed. Baltimore, MD: Lippincott Williams and Wilkins.

Price, J. 2012. *How to turn prospective clients into paying clients: The art of initial consultations.*

Price, J. 2016. *How to increase client adherence.*

Price, J., and M. Bratcher. 2010. *The fundamentals of structural assessment. Module 1: The BioMechanics Method corrective exercise specialist certification program.* San Diego, CA: The BioMechanics Press.

Whitworth, L., K. Kimsey-House, H. Kimsey-House, and P. Sandahl. 2007. *Co-active coaching: New skills for coaching people toward success in work and life*, 2nd ed. Palo Alto, CA: Davies-Black Publishing.

第2章

Arnot, B. 2003. *Wear and tear: Stop and put the spring back in your body.* New York: Simon & Schuster.

Barnes, J.F. 1999. Myofascial release. *In Functional soft tissue examination and treatment by manual methods.* 2nd ed., edited by W.I. Hammer. Gaithers-burg, MD: Aspen Publishers.

Cook, G. 2010. *Movement: Functional movement systems. Screening, assessment, corrective exercise strategies.* Santa Cruz, CA: On Target Publications.

Davis, M., P. Davis, and D. Ross. 2005. *Expert guide to sports medicine.* Philadelphia: American College of Physicians.

Frowen, P., M. O'Donnell, D. Lorimer, and G. Burrow. 2010. *Neale's disorders of the foot*, 8th ed. St. Louis: Elsevier.

Gray, H. 1995. *Gray's anatomy.* New York: Barnes & Noble Books.

Hertel, J. 2002. Functional anatomy, pathomechanics, and pathophysiology of lateral ankle instability. *Journal of Athletic Training* 37(4): 364–375.

Hobrough, P. 2016. *Running free of injuries: From pain to personal best.* New York: Bloomsbury.

Hyde, T., and M. Gegenbach. 2007. *Conservative management of sports injuries.* Sudbury, MA: Jones & Bartlett.

Johnson, D., and R. Pedowitz. 2007. *Practical orthopedic sports medicine and arthroscopy.* Philadelphia: Lippincott Williams & Wilkins.

Kelikian, A. 2011. *Sarrafian's anatomy of the foot and ankle: Descriptive, topographic, functional.* Philadelphia: Lippincott Williams & Wilkins.

Kendall, F., E. McCreary, and P. Provance. 2005. *Muscles: Testing and function with posture and pain.* 5th ed. Philadelphia: Lippincott Williams & Wilkins.

Lowe, W. 2009. *Orthopedic massage: Theory and technique.* 2nd ed. St. Louis: Mosby Elsevier.

Magee, D., and D. Sueki. 2011. *Orthopedic physical assessment atlas and video: Selected special tests and movements.* St. Louis: Elsevier Sanders.

Miller, P. 1995. *Fitness programming and physical disability.* Champaign, IL: Human Kinetics.

Muscolino, J. 2009. *The muscle and bone palpation manual with trigger points, referral patterns and stretching.* St. Louis: Mosby Elsevier.

Petty, N., and A.P. Moore. 2002. *Neuromusculoskeletal examination and assessment: A handbook for therapists*. Edinburgh: Churchill Livingstone.

Price, J., and M. Bratcher. 2010. *The fundamentals of structural assessment. Module 1: The BioMechanics Method corrective exercise specialist certification program*. San Diego, CA: The BioMechanics Press.

Schamberger, W. 2002. *The malalignment syndrome: Implications for medicine and sport*. Edinburgh: Churchill Livingstone.

Snell, R. 2008. *Clinical anatomy by regions*. Philadelphia: Lippincott Williams & Wilkins.

第3章

Clippinger, K. 2016. *Dance anatomy and kinesiology*. Champaign, IL: Human Kinetics.

Dimon, T., and M. Day. 2008. *Anatomy of the moving body: A basic course in bones, muscles, and joints*. 2nd ed. Berkeley, CA: North Atlantic Books.

Fernandez des-la-Penas, C., J. Cleland, and J. Dommerholt, eds. 2016. *Manual therapy for musculoskeletal pain syndromes: An evidence and clinical-informed approach*. St. Louis: Elsevier.

Frisch, H. 1994. *Systematic musculoskeletal examination: Including manual medicine diagnostic techniques*. Berlin: Springer Verlag.

Hamel, J., and K.M. Knutzen. 2003. *Biomechanical basis of human movement*. 2nd ed. Philadelphia: Lippincott Williams & Wilkins.

Hyde, T., and M. Gengenbach. 2007. *Conservative management of sports injuries*. Sudbury, MA: Jones & Bartlett.

Kendall, F., E. McCreary, and P. Provance. 2005. *Muscles: Testing and function with posture and pain*. 5th ed. Philadelphia: Lippincott Williams & Wilkins.

McLester, J., and P. St. Pierre. 2008. *Applied biomechanics: Concepts and connections*. Belmont, CA: Thomson Wadsworth.

Magee, D., J. Zachazewski, and W. Quillen. 2009. *Pathology and intervention in musculoskeletal rehabilitation*. St. Louis: Saunders Elsevier.

Petty, N., and A.P. Moore. 2002. *Neuromusculoskeletal examination and assessment: A handbook for therapists*. Edinburgh: Churchill Livingstone.

Price, J., and M. Bratcher. 2010. *The BioMechanics Method corrective exercise specialist certification program*. San Diego, CA: The BioMechanics Press.

第4章

Boos, N., and M. Aebi, eds. 2008. *Spinal disorders: Fundamentals of diagnosis and treatment*. New York: Springer.

Cramer, G., and S. Darby. 2014. *Clinical anatomy of the spine, spinal cord, and ANS*. 3rd ed. St. Louis: Mosby.

Dimon, T., and M. Day. 2008. *Anatomy of the moving body: A basic course in bones, muscles, and joints*. 2nd ed. Berkeley, CA: North Atlantic Books.

Gajdosik, R., R. Simpson, R. Smith, and R.L. DonTigny. 1985. Pelvic tilt intratester reliability of measuring the standing position and range of motion. *Physical Therapy* 65(2): 169–174.

Heino, J.G., J.J. Godges, and C.L. Carter. 1990. Relationship between hip extension range of motion and postural alignment. *Journal of Orthopaedic and Sports Physical Therapy* 12(6): 243–247.

Houglum, P. 2016. *Therapeutic exercise for musculoskeletal injuries*. 4th ed. Champaign, IL: Human Kinetics.

Kendall, F., E. McCreary, and P. Provance. 2005. *Muscles: Testing and function with posture and pain*. 5th ed. Philadelphia: Lippincott Williams & Wilkins.

McGill, S. 2016. *Low back disorders: Evidence-based prevention and rehabilitation*. 3rd ed. Champaign, IL: Human Kinetics.

Palmer, L., M. Epler, and F. Epler. 1998. *Fundamentals of musculoskeletal assessment techniques*. New York: Lippincott Williams & Wilkins.

Petty, N., and A.P. Moore. 2002. *Neuromusculoskeletal examination and assessment: A handbook for therapists*. Edinburgh: Churchill Livingstone.

Price, J., and M. Bratcher. 2010. *The BioMechanics Method corrective exercise specialist certification program*. San Diego, CA: The BioMechanics Press.

Schamberger, W. 2002. *The malalignment syndrome: Implications for medicine and sport*. Edinburgh:

Churchill Livingstone.

Solberg, G. 2008. *Postural disorders and musculoskeletal dysfunction: Diagnosis, prevention and treatment.* 2nd ed. Toronto: Elsevier.

Ward, K., ed. 2016. *Routledge handbook of sports therapy, injury assessment and rehabilitation.* New York: Routledge.

Whiting, W.C., and R.F. Zernicke. 2008. *Biomechanics of musculoskeletal injury.* 2nd ed. Champaign, IL: Human Kinetics.

第5章

Betts, J.G., P. Desaix, E. Johnson, J.E. Johnson, O. Korol, D. Kruse, B. Poe, J. Wise, M.D. Womble, and K.A. Young. 2013. *Anatomy & physiology.* Houston, TX: OpenStax College, Rice University.

Bontrager, K.L., and J. Lampignano. 2014. *Textbook of radiographic positioning and related anatomy.* 8th ed. New York: Elsevier.

Brumitt, J. 2010. *Core assessment and training.* Champaign, IL: Human Kinetics.

Bryant, C.X., and D.J. Green, eds. 2010. *ACE personal trainer manual: The ultimate resource for fitness professionals.* 4th ed. San Diego, CA: American Council on Exercise.

Cramer, G., and S. Darby. 2014. *Clinical anatomy of the spine, spinal cord, and ANS.* 3rd ed. St. Louis: Mosby.

Dimon, T., and M. Day. 2008. *Anatomy of the moving body: A basic course in bones, muscles, and joints.* 2nd ed. Berkeley, CA: North Atlantic Books.

Goldfinger, E. 1991. *Human anatomy for artists: The elements of form.* Oxford, England: Oxford University Press.

Hanna, T. 1988. *Somatics: Reawakening the mind's control of movement, flexibility and health.* Cambridge, MA: Perseus Books.

Imhoff, A.B., K. Beitzel, K. Stamer, E. Klein, and G. Mazzocca, eds. 2016. *Rehabilitation in orthopedic surgery.* 2nd ed. Berlin: Springer-Verlag.

Johnson, J. 2012. *Postural assessment: Hands-on guides for therapists.* Champaign, IL: Human Kinetics.

Johnson, J. 2016. *Postural correction: An illustrated guide to 30 pathologies.* Champaign, IL: Human Kinetics.

Kehr, P., and A. Weidner, eds. 1987. *Cervical spine I: Strasbourg 1985.* New York: Springer-Verlag Wien.

Kendall, F., E. McCreary, and P. Provance. 2005. *Muscles: Testing and function with posture and pain.* 5th ed. Philadelphia: Lippincott Williams & Wilkins.

McGill, S. 2016. *Low back disorders: Evidence-based prevention and rehabilitation.* 3rd ed. Champaign, IL: Human Kinetics.

McMinn, R.M.H., ed. 2005. *Last's anatomy: Regional and applied.* Hong Kong: Churchill Livingstone.

Middleditch, A., and J. Oliver. 2005. *Functional anatomy of the spine.* 2nd ed. New York: Elsevier.

Muscolino, J.E. 2011. *Kinesiology: The skeletal system and muscle function.* 2nd ed. St. Louis: Elsevier Mosby.

Palmer, L., M. Epler, and F. Epler. 1998. *Fundamentals of musculoskeletal assessment techniques.* New York: Lippincott Williams & Wilkins.

Petty, N., and A.P. Moore. 2002. *Neuromusculoskeletal examination and assessment: A handbook for therapists.* Edinburgh: Churchill Livingstone.

Price, J. 2015. Excessive thoracic kyphosis: More than just bad posture. *IDEA Mind-Body Wellness Review* 2(1): 19.

Price, J., and M. Bratcher. 2010. *The BioMechanics Method corrective exercise specialist certification program.* San Diego, CA: The BioMechanics Press.

Rolf, I.P. 1989. *Rolfing: Reestablishing the natural alignment and structural integration of the human body for vitality and well-being.* Rev. ed. Rochester, VT: Healing Arts Press.

Schenck, R.C., ed. 1999. *Athletic training and sports medicine.* 3rd ed. Rosemont, IL: American Academy of Orthopaedic Surgeons.

Solberg, G. 2008. *Postural disorders and musculoskeletal dysfunction: Diagnosis, prevention and treatment.* New York: Churchill Livingstone Elsevier.

第6章

Adds, P., and S. Shahsavari, eds. 2012. *The musculoskeletal system.* Boca Raton, FL: CRC Press.

Chek, P. 2001. Primal movement patterns. Presentation at the IDEA Health and Fitness Association Conference, San Francisco, CA.

Clippinger, K. 2007. *Dance anatomy and physiology: Principles and exercises for improving technique and avoiding common injuries*. Champaign, IL: Human Kinetics.

Eriksen, K. 2004. *Upper cervical subluxation complex: A review of the chiropractic and medical literature*. Philadelphia: Lippincott Williams & Wilkins.

Griffin, J.C. 2015. *Client-centered exercise prescription*. 3rd ed. Champaign, IL: Human Kinetics.

Grimsby, O., and J. Rivard, eds. 2008. *Science, theory and clinical application in orthopaedic manual physical therapy*. Vol. 2. Taylorsville, UT: The Academy of Graduate Physical Therapy.

Johnson, J. 2016. *Postural correction: An illustrated guide to 30 pathologies*. Champaign, IL: Human Kinetics.

Jones, K.J. 2011. *Neurological assessment: A clinician's guide*. Edinburgh: Elsevier.

Kendall, F.P., E.K. McCreary, and P.G. Provance. 2005. *Muscle testing and function with posture and pain*. 5th ed. Baltimore, MD: Lippincott Williams & Wilkins.

Louw, D.A. 2007. *Human development*. 3rd ed. Cape Town, South Africa: ABC Press.

Muscolino, J.E. 2011. *Kinesiology: The skeletal system and muscle function*. St Louis, MO: Elsevier.

Palmer, L., M. Epler, and F. Epler. 1998. *Fundamentals of musculoskeletal assessment techniques*. New York: Lippincott Williams & Wilkins.

Petty N., and P. Moore. 2002. *Neuromuscular examination and assessment: A handbook for therapists*. Edinburgh: Churchill Livingstone.

Price, J., and M. Bratcher. 2010. *The BioMechanics Method corrective exercise specialist certification program*. San Diego, CA: The BioMechanics Press.

Shen, F.H., and C.I. Shaffrey, eds. 2010. *Arthritis and arthroplasty: The spine*. Philadelphia: Saunders Elsevier.

第7章

Ayyappa, E. 1997. Normal human locomotion, part 2: Motion, ground reaction force and muscle activity. *Journal of Prosthetics and Orthotics* 9(2): 42–57.

Dimon, T., and M. Day. 2008. *Anatomy of the moving body: A basic course in bones, muscles, and joints*. 2nd ed. Berkeley, CA: North Atlantic Books.

Draves, D. 1986. *Anatomy of the lower extremity*. Baltimore, MD: Williams & Wilkins.

Golding, L.A., and S.M. Golding. 2003. *Fitness professionals' guide to musculoskeletal anatomy and human movement*. Monterey, CA: Healthy Learning.

Gray, H. 1995. *Gray's anatomy*. New York: Barnes and Noble Books.

Kendall, F., E. McCreary, and P. Provance. 2005. *Muscle testing and function with posture and pain*. 5th ed. Baltimore, MD: Lippincott Williams & Wilkins.

Marshall C. 2010. *Mammal anatomy: An illustrated guide*. New York: Cavandish Square Publishing.

Martini, F.H., J. Timmons, and R.B. Tallitsch. 2014. *Human anatomy*. 8th ed. San Francisco: Pearson Education.

Myers, T.W. 2008. *Anatomy trains: Myofascial meridians for manual and movement therapists*. 2nd ed. New York: Churchill Livingstone.

Price, J. 2010. Understanding muscles and movement: From theory to practice. *IDEA Fitness Journal* (7)9: 54–60.

Price, J. 2014. Build strong glutes and a pain-free lower back. *American Council on Exercise ProSource*. October. Accessed August 31, 2016.

Price, J. 2016. Swing time: Helping golfers improve scores, prevent injuries. *IDEA Fitness Journal* 13(8): 25–28.

Price, J., and M. Bratcher. 2010. *The BioMechanics Method corrective exercise specialist certification program. Module 2: Understanding muscles and movement*. San Diego, CA: The BioMechanics Press.

Rolf, I.P. 1989. *Rolfing: Reestablishing the natural alignment and structural integration of the human body for vitality and well-being*. Rev. ed. Rochester, VT: Healing Arts Press.

Siegfried, T. 2016. Einstein's gravity: One big idea forever changed how we understand the universe. In *Science news*, edited by Elizabeth Quill. New York: Diversion Books.

第8章

Chinn, L., and J. Hertel. 2010. Rehabilitation of ankle and foot injuries in athletes. *Clinical Sports Medicine* 29(1): 157–167.

Clemente, C. 2011. *Clemente's anatomy dissector*. 3rd ed. Philadelphia: Lippincott Williams & Wilkins.

Clippinger, K. 2007. *Dance anatomy and physiology: Principles and exercises for improving technique and avoiding common injuries*. Champaign, IL: Human Kinetics.

Davis, M., P. Davis, and D. Ross. 2005. *Expert guide to sports medicine*. Philadelphia: American College of Physicians.

Dimon, T., and M. Day. 2008. *Anatomy of the moving body: A basic course in bones, muscles, and joints*. 2nd ed. Berkeley, CA: North Atlantic Books.

Donatelli, R., and M. Wooden. 2010. *Orthopedic physical therapy*. 4th ed. St. Louis: Elsevier.

Frowen, P., M. O'Donnell, D. Lorimer, and G. Burrow. 2010. *Neale's disorders of the foot*. 8th ed. St. Louis: Elsevier.

Golding, L.A., and S.M. Golding. 2003. *Fitness professionals' guide to musculoskeletal anatomy and human movement*. Monterey, CA: Healthy Learning.

Gray, H. 1995. *Gray's anatomy*. New York: Barnes & Noble Books.

Hyde, T., and M. Gengenbach. 2007. *Conservative management of sports injuries*. Sudbury, MA: Jones & Bartlett.

Kelikian, A. 2011. *Sarrafian's anatomy of the foot and ankle: Descriptive, topographic, functional*. Baltimore: Lippincott Williams & Wilkins.

Muscolino, J. 2010. *The muscular system manual: The skeletal muscles of the human body*. 4th ed. St. Louis: Elsevier.

Page, P., C. Frank, and R. Lardner. 2010. *Assessment and treatment of muscle imbalance: The Janda approach*. Champaign, IL: Human Kinetics.

Price, J., and M. Bratcher. 2010. *The BioMechanics Method corrective exercise specialist education program*. San Diego, CA: The BioMechanics Press.

Snell, R. 2008. *Clinical anatomy by regions*. Baltimore: Lippincott Williams & Wilkins.

第9章

Agur, A., and A. Dalley. 2013. *Grant's atlas of anatomy*. 13th ed. Baltimore: Lippincott Williams & Wilkins.

Antevil, J., L. Blackbourne, and C. Moore. 2006. *Anatomy recall*. 2nd ed. Baltimore: Lippincott Williams & Wilkins.

Clippinger, K. 2007. *Dance anatomy and physiology: Principles and exercises for improving technique and avoiding common injuries*. Champaign, IL: Human Kinetics.

Dimon, T., and M. Day. 2008. *Anatomy of the moving body: A basic course in bones, muscles, and joints*. 2nd ed. Berkeley, CA: North Atlantic Books.

Gray, H. 1995. *Gray's Anatomy*. New York: Barnes & Noble Books.

Hyde, T., and M. Gengenbach. 2007. *Conservative management of sports injuries*. Sudbury, MA: Jones & Bartlett.

Kulkarni, N. 2012. *Clinical anatomy: A problem-solving approach*. London: JayPee Brothers Medical Publishers.

Price, J., and M. Bratcher. 2010. *The BioMechanics Method corrective exercise specialist certification program*. San Diego, CA: The BioMechanics Press.

Schlossberg, L., and G.D. Zuidema, eds. 1997. *The Johns Hopkins atlas of human functional anatomy*. 4th ed. Baltimore: Johns Hopkins University Press.

第10章

Clark, M., and S. Lucett, eds. 2011. *NASM essentials of corrective exercise training*. Philadelphia: Lippincott Williams & Wilkins.

Clippinger, K. 2007. *Dance anatomy and physiology: Principles and exercises for improving technique and avoiding common injuries*. Champaign, IL: Human Kinetics.

Cramer, G.D., and S.A. Darby. 2014. *Clinical anatomy of the spine, spinal cord, and ANS*. 3rd ed. St. Louis: Elsevier Mosby.

DeLisa, J., B. Gans, and N. Walsh, eds. 2005. *Physical medicine and rehabilitation: Principles and practice*. Vol. 1. Philadelphia: Lippincott Williams & Wilkins.

Gamble, P. 2013. *Strength and conditioning for team*

sports: Sport-specific physical preparation for high performance. 2nd ed. New York: Routledge.

Gray, H. 1995. *Gray's anatomy.* New York: Barnes & Noble Books.

Middleditch, A., and A.J. Oliver. 2005. *Functional anatomy of the spine.* 2nd ed. Edinburgh: Elsevier.

Muscolino, J.E. 2011. *Kinesiology: The skeletal system and muscle function.* 2nd ed. St. Louis: Elsevier Mosby.

Myers, T.W. 2008. *Anatomy trains: Myofascial meridians for manual and movement therapists.* 2nd ed. New York: Churchill Livingstone.

Price, J., and M. Bratcher. 2010. *The BioMechanics Method corrective exercise specialist certification program.* San Diego, CA: The BioMechanics Press.

第11章

Clippinger, K. 2007. *Dance anatomy and physiology: Principles and exercises for improving technique and avoiding common injuries.* Champaign, IL: Human Kinetics.

Di Giacomo, G., N. Pouliart, A. Costantini, and A. De Vita, eds. 2008. *Atlas of functional shoulder anatomy.* Milan, Italy: Springer.

Gray, H. 1995. *Gray's anatomy.* New York: Barnes and Noble Books.

Hertling, D., and R.M. Kessler. 2006. *Management of common musculoskeletal disorders: Physical therapy principles and methods.* 4th ed. Philadelphia: Lippincott Williams & Wilkins.

Karageanes, S.J., ed. 2005. *Principles of manual sports medicine.* Philadelphia: Lippincott Williams & Wilkins.

McMinn, R.M.H., ed. 2005. *Last's anatomy: Regional and applied.* Hong Kong: Churchill Livingstone.

Maffulli, N., and J.P. Furia. 2012. *Rotator cuff disorders: Basic science and clinical medicine.* London: JP Medical.

Middleditch, A., and J. Oliver 2005. *Functional anatomy of the spine.* 2nd ed. New York: Elsevier.

Palmer, L., M. Epler, and F. Epler. 1998. *Fundamentals of musculoskeletal assessment techniques.* New York: Lippincott Williams & Wilkins.

Plotnik, R., and H. Kouyoumdjian. 2014. *Introduction*

to psychology. 10th ed. Belmont, CA: Wadsworth Cengage Learning.

Price, J., and M. Bratcher. 2010. *The BioMechanics Method corrective exercise specialist certification program.* San Diego, CA: The BioMechanics Press.

Rhoades, R., and D.R. Bell, eds. 2009. *Medical physiology: Principles for clinical medicine.* 3rd ed. Philadelphia: Lippincott Williams & Wilkins.

Rockwood, C.A., and F.A. Matsen, eds. 2009. *The shoulder.* 4th ed. Vol. 1. Philadelphia: Saunders Elsevier.

Sahrmann, S. 2002. *Diagnosis and treatment of movement impairment syndromes.* St. Louis: Mosby.

Siegel, I. 2002. *All about joints: A maintenance guide.* New York: Demos Medical Publishing.

Singh, I. 2005. *Essentials of Anatomy.* 5th ed. New Delhi: Jaypee Brothers Medical Publishers.

West, J.B. 2000. *Respiratory physiology: The essentials.* 6th ed. Philadelphia: Lippincott Williams & Wilkins.

第12章

Adds, P., and S. Shahsavari, eds. 2012. *The musculoskeletal system.* Boca Raton, FL: CRC Press.

Chaitow, L., and J. DeLany. 2008. *Clinical application of neuromuscular techniques: The upper body.* 2nd ed. Philadelphia: Churchill Livingstone Elsevier.

Clarkson, H.M. 2000. *Musculoskeletal assessment: Joint range of motion and manual muscle strength.* Philadelphia: Lippincott Williams & Wilkins.

Ferrari, R. 2006. *The whiplash encyclopedia: The facts and myths of whiplash.* 2nd ed. London: Jones & Bartlett.

Gray, H. 1995. *Gray's anatomy.* New York: Barnes & Noble Books.

Halim, A. 2009. *Human anatomy volume 3: Head, neck and brain.* New Delhi, India: I.K. International Publishing House.

Lee, S.W. 2017. *Musculoskeletal injuries and conditions: Assessment and management.* New York: Demos Medical.

Lieberman, D.E. 2011. *The evolution of the human head.* Cambridge, MA: Harvard University Press.

McGowan, C. 1999. *A practical guide to vertebrate*

mechanics. New York: Cambridge University Press.

Palastanga, N., D. Field, and R.W. Soames. 1994. *Anatomy and human movement: Structure and function*. 2nd ed. Oxford, England: Butterworth-Heinemann.

Peterson, B.W., and F.J. Richmond. 1988. *Control of head movement*. New York: Oxford University Press.

Price, J., and M. Bratcher. 2010. *The BioMechanics Method corrective exercise specialist certification program*. San Diego, CA: The BioMechanics Press.

Salvo, S.G. 2009. *Mosby's pathology for massage therapists*. 2nd ed. St. Louis: Mosby Elsevier.

Willard, V.P., L. Zhang, and K.A. Athanasiou. 2017. Tissue engineering of the temporomandibular joint. *Comprehensive Biomaterials II* 6: 142–158.

第13章

DiGiovanna, E.L., S. Schiowitz, and D.J. Dowling, eds. 2005. *An osteopathic approach to diagnosis and treatment*. 3rd ed. Philadelphia: Lippincott Williams & Wilkins.

Giangarra, C.E., and R.C. Manske. 2011. *Clinical orthopedic rehabilitation: A team approach e-book*. 4th ed. Philadelphia: Elsevier.

Houglum, P. 2016. *Therapeutic exercise for musculoskeletal injuries*. 4th ed. Champaign, IL: Human Kinetics.

Hutson, M., and A. Ward, eds. 2016. *Oxford textbook of musculoskeletal medicine*. 2nd ed. Oxford, UK: Oxford University Press.

Hyde, T.E., and M.S. Gengenbach, eds. 2007. *Conservative management of sports injuries*. 2nd ed. Sudbury, MA: Jones & Bartlett.

Karageanes, S.J., ed. 2003. *Principles of manual sports medicine*. Philadelphia: Lippincott Williams & Wilkins.

Myers, T.W. 2008. *Anatomy trains: Myofascial meridians for manual and movement therapists*. 2nd ed. New York: Churchill Livingstone.

Myers, T.W., and J. Earls. 2017. *Fascial release for structural balance*. Rev. ed. Berkeley, CA: North Atlantic Books.

Price, J., and M. Bratcher. 2010. *The BioMechanics Method corrective exercise specialist certification*

program. San Diego, CA: The BioMechanics Press.

Rolf, I.P. 1989. *Rolfing: Reestablishing the natural alignment and structural integration of the human body for vitality and well-being*. Rev. ed. Rochester, VT: Healing Arts Press.

Starlanyl, D.J., and J. Sharkey. 2013. *Healing through trigger point therapy: A guide to fibromyalgia, myofascial pain and dysfunction*. Berkeley, CA: North Atlantic Books.

Swinnen, S.P., J. Massion, H. Heuer, and P. Casaer, eds. 1994. *Interlimb coordination: Neural, dynamical, and cognitive constraints*. New York: Academic Press.

第14章

Bandura, A. 1986. *Social foundations of thought and action: A social cognitive theory*. Englewood Cliffs, N.J.: Prentice Hall.

Bryant, C.X., and D.J. Green, eds. 2010. *ACE personal trainer manual: The ultimate resource for fitness professionals*. 4th ed. San Diego, CA: American Council on Exercise.

Feltz, D.A. 1992. Understanding motivation in sport: A self-efficacy perspective. In *Motivation in sport and exercise*, edited by G.C. Roberts. Champaign, IL: Human Kinetics.

Fuller, C. 2004. *Thinkers, watchers, and doers: Unlocking your child's unique learning style*. Colorado Springs, CO: Pinon Press.

Myers, T.W. 2008. *Anatomy trains: Myofascial meridians for manual and movement therapists*. 2nd ed. New York: Churchill Livingstone.

Price, J., and M. Bratcher. 2010. *The BioMechanics Method corrective exercise specialist certification program*. San Diego, CA: The BioMechanics Press.

Price, J., and F. Sharpe. 2009. *The complete idiot's guide to functional training*. New York: Penguin Publishing.

Rejeski, W.J. 1992. Motivation for exercise behavior: A critique of theoretical directions. In *Motivation in sport and exercise*, edited by G.C. Roberts. Champaign, IL: Human Kinetics.

Rolf, I.P. 1989. *Rolfing: Reestablishing the natural*

alignment and structural integration of the human body for vitality and well-being. Rev. ed. Rochester, VT: Healing Arts Press.

Travell, J.G. and D.G. Simons. 1992. *Myofascial pain and dysfunction: The trigger point manual. Vol. 2. The lower extremities*. Media, PA: Lippincott Williams & Wilkins.

Walker, B. 2011. *The anatomy of stretching: Your illustrated guide to flexibility and injury rehabilitation*. 2nd ed. Chichester, England: Lotus Publishing.

Whitworth, L., K. Kimsey-House, H. Kimsey-House, and P. Sandahl. 2007. *Co-active coaching: New skills for coaching people toward success in work and life*. 2nd ed. Palo Alto, CA: Davies-Black Publishing.

第15章

Abelson, B., and K. Abelson 2003. *Release your pain*. Calgary: Rowan Tree Books.

Beck, M. 2010. *Theory and practice of therapeutic massage*. 6th ed. Boston: Cengage Learning.

Brummitt, J. 2008. The role of massage in sports performance and rehabilitation: Current evidence and future direction. *North American Journal of Sports Physical Therapy* 3(1): 7–21.

Calvert, R.N. 2002. *The history of massage: An illustrated survey from around the world*. Rochester, VT: Healing Arts Press.

Clark, M., and S. Lucett 2011. *NASM essentials of corrective exercise training*. Philadelphia: Lippincott Williams & Wilkins.

Feltz, D.A. 1992. Understanding motivation in sport: A self-efficacy perspective. In *Motivation in sport and exercise*, edited by G.C. Roberts. Champaign, IL: Human Kinetics.

Fritz, S. 2013. *Mosby's fundamentals of therapeutic massage*. 5th ed. St. Louis: Elsevier.

Hyde, C. 2002. *Fitness instructor training guide*. 4th ed. American Association for Active Lifestyles and Fitness. Dubuque, IA: Kendall/Hunt Publishing Company.

Inkster, K. 2015. *50 foam roller exercises for massage, injury prevention and core strength*. New York: Skyhorse Publishing.

Myers, T.W. 2008. *Anatomy trains: Myofascial meri-*

dians for manual and movement therapists. 2nd ed. New York: Churchill Livingstone.

Price, J., and M. Bratcher. 2010. *The BioMechanics Method corrective exercise specialist certification program*. San Diego, CA: The BioMechanics Press.

Price, J. 2013. *The amazing tennis ball back pain cure*. San Diego, CA: The BioMechanics Press.

Price, J. 2016. *Increasing client adherence*.

Pappaioannou, A., and D. Hackfort. 2014. *Routledge companion to sport and exercise psychology: Global perspectives and fundamental concepts*. New York: Routledge.

Rolf, I.P. 1989. *Rolfing: Reestablishing the natural alignment and structural integration of the human body for vitality and well-being*. Rev. ed. Rochester, VT: Healing Arts Press.

Scheumann, D. 2007. *The balanced body: A guide to deep tissue and neuromuscular therapy*. 3rd ed. Philadelphia: Lippincott Williams & Wilkins.

Simons, D.G., J.G. Travell, and L.S. Simons. 1998. *Myofascial pain and dysfunction: The trigger point manual, Vol. 1. Upper half of body*. 2nd ed. Media, PA: Lippincott Williams & Wilkins.

Sinah, A.G. 2001. *Principles and practices of therapeutic massage*. New Delhi: Jaypee Brothers.

Travell, J.G., and D.G. Simons 1992. *Myofascial pain and dysfunction: The trigger point manual, Vol. 2. The lower extremities*. Media, PA: Lippincott Williams & Wilkins.

Whitworth, L., K. Kimsey-House, H. Kimsey-House, and P. Sandahl. 2007. *Co-Active coaching: New skills for coaching people toward success in work and life*. 2nd ed. Palo Alto, CA: Davies-Black Publishing.

第16章

Ackland,T., B. Elliott, and J. Bloomfield. 2009. *Applied anatomy and biomechanics in sport*. 2nd ed. Champaign, IL: Human Kinetics.

Alter, M. 1998. *Sports stretch: 311 stretches for 41 sports*. 2nd ed. Champaign, IL: Human Kinetics.

Bandura, A. 1986. *Social foundations of thought and action: A social cognitive theory*. Englewood Cliffs, NJ: Prentice Hall.

Bandy, W.D., J.M. Irion, and M. Briggler. 1997. The effect of time and frequency of static stretching on flexibility of the hamstring muscles. *Physical Therapy* 77(10): 1090–1096.

Bryant, C.X., and D.J. Green, eds. 2010. *ACE personal trainer manual: The ultimate resource for fitness professionals*. 4th ed. San Diego, CA: American Council on Exercise.

Calvert, R.N. 2002. *The history of massage: An illustrated survey from around the world*. Rochester, VT: Healing Arts Press.

Clark, M., and S. Lucett. 2011. *NASM essentials of corrective exercise training*. Philadelphia: Lippincott Williams & Wilkins.

Golding, L.A., and S.M. Golding. 2003. *Fitness professionals' guide to musculoskeletal anatomy and human movement*. Monterey, CA: Healthy Learning.

Gray, H. 1995. *Gray's anatomy*. New York: Barnes & Noble Books.

Hoffman, J. 2014. *Physiological aspects of sports training and performance*. 2nd ed. Champaign, IL: Human Kinetics.

Hyde, C. 2002. *Fitness instructor training guide*. 4th ed. American Association for Active Lifestyles and Fitness. Dubuque, IA: Kendall/Hunt Publishing Company.

Karageanes, S. 2005. *Principles of manual sports medicine*. Philadelphia: Lippincott Williams & Wilkins.

Kisner, C., and L.A. Colby. 2012. *Therapeutic exercise: Foundations and techniques*. Philadelphia: F.A. Davis Company.

Kovacs, M. 2015. *The stretch out strap workbook: Step-by-step techniques for maximizing your range of motion of flexibility*. Berkeley: Ulysses.

Kurz, T. 2003. *Stretching scientifically: A guide to flexibility training*. Island Pond, VT: Stadion.

Mason, J. 2004. *Believe you can: The power of the positive attitude*. Michigan: Revel.

McGill, S. 2002. *Low back disorders: Evidence based prevention and rehabilitation*. Champaign, IL: Human Kinetics.

Micheli, L. 2011. *Encyclopedia of sports medicine*. Thousand Oaks, CA: Sage Publications.

Muscolino, J. 2009. *The muscle and bone palpation manual with trigger points, referral patterns and stretching*. St. Louis: Mosby, Elsevier.

Myers, T.W. 2008. *Anatomy trains: Myofascial meridians for manual and movement therapists*. 2nd ed. New York: Churchill Livingstone.

Price, J., and M. Bratcher. 2010. *The BioMechanics Method corrective exercise specialist certification program*. San Diego, CA: The BioMechanics Press.

Rolf, I.P. 1989. *Rolfing: Reestablishing the natural alignment and structural integration of the human body for vitality and well-being*. Rev. ed. Rochester, VT: Healing Arts Press.

Taylor, D.C., J.D. Dalton, A.V. Seaber, and W.E. Garrett. 2011. Viscoelastic properties of muscle-tendon units. The biomechanical effects of stretching. *American Journal of Sports Medicine* 18(3): 300–309.

Walker, B. 2011. *The anatomy of stretching: Your illustrated guide to flexibility and injury rehabilitation*. 2nd ed. Chichester, England: Lotus Publishing.

第17章

Ackland, T., B. Elliott, and J. Bloomfield. 2009. *Applied anatomy and biomechanics in sport*. 2nd ed. Champaign, IL: Human Kinetics.

Bryant, C.X., and D.J. Green, eds. 2010. *ACE personal trainer manual: The ultimate resource for fitness professionals*. 4th ed. San Diego, CA: American Council on Exercise.

Chaitow, L., and J. Delany. 2005. *Clinical application of neuromuscular techniques: Practical case study exercises*. New York: Elsevier Churchill Livingstone.

Clark, M., and S. Lucett. 2011. *NASM essentials of corrective exercise training*. Philadelphia: Lippincott Williams & Wilkins.

Coyle, D. 2009. *The talent code: Greatness isn't born. It's grown. Here's how*. New York: Random House.

Ellenbecker, T., and G. Davies. 2001. *Closed kinetic chain exercise: A comprehensive guide to multi-joint exercises*. Champaign, IL: Human Kinetics.

Fishman, S., J. Ballantyne, and J. Rathmell. 2009. *Bonica's management of pain*. Philadelphia: Lippincott Williams & Wilkins.

Fritz, S. 2013. *Mosby's fundamentals of therapeutic massage*. 5th ed. St. Louis: Elsevier.

Higgins, M. 2011. *Therapeutic exercise: From theory to practice*. Philadelphia: F.A. Davis Company.

Hoffman, J. 2014. *Physiological aspects of sports training and performance*. 2nd ed. Champaign, IL: Human Kinetics.

Houglum, P. 2016. *Therapeutic exercise for musculoskeletal injuries*. 4th ed. Champaign, IL: Human Kinetics.

Kraemer, W., and K. Häkkinen, eds. 2002. *Strength training for sport*. Malden, MA: Blackwell Science.

Magee, D.J., J.E. Zachazewski, and W.S. Quillen, eds. 2007. *Scientific foundations and principles of practice in musculoskeletal rehabilitation*. St. Louis: Saunders Elsevier.

McGill, S. 2002. *Low back disorders: Evidence based prevention and rehabilitation*. Champaign, IL: Human Kinetics.

Miller, P. 1995. *Fitness programming and physical disability*. Champaign, IL: Human Kinetics.

Price, J. 2008. Corrective exercise: Coming full circle. *IDEA Fitness Journal*. San Diego: IDEA Health and Fitness Association (January): 40–47.

Price, J., and M. Bratcher. 2010. *The BioMechanics Method corrective exercise specialist certification program*. San Diego, CA: The BioMechanics Press.

Price, J., and F. Sharpe. 2009. *The complete idiot's guide to functional training*. New York: Penguin Publishing.

Reider, B., M. Provencher, and R. Davies. 2015. *Orthopedic rehabilitation of the athlete: Getting back in the game*. Philadelphia: Elsevier Saunders.

Shumway-Cook, A., and M. Woollocott. 2007. *Motor control: Translating research into clinical practice*. 3rd ed. Philadelphia: Lippincott Williams & Wilkins.

Starkey, C., and G. Johnson, eds. 2006. *Athletic training and sports medicine*. 4th ed. Sudbury, MA: Jones & Bartlett.

Stone, M., M. Stone, and W. Sands. 2007. *Principles and practice of resistance training*. Champaign, IL: Human Kinetics.

Wrisberg, C. 2007. *Sport skill instruction for coaches*. Champaign, IL: Human Kinetics.

第18章

Atkins, E., J. Kerr, and E. Goodlad. 2015. *A practical approach to musculoskeletal medicine: Assessment, diagnosis and treatment*. St. Louis: Elsevier.

Chinn, L., and J. Hertel 2010. Rehabilitation of ankle and foot injuries in athletes. *Clinical Sports Medicine* 29 (January): 157–167.

DeLisa, J., B. Gans, and N. Walsh, eds. 2005. *Physical medicine and rehabilitation: Principles and practice, Volume 1*. Philadelphia: Lippincott Williams & Wilkins.

Donatelli, R., and M. Wooden. 2010. *Orthopedic physical therapy*. 4th ed. St. Louis: Churchill Livingstone Elsevier.

Frontera, W., J. Silver, and T. Rizzo. 2015. *Essentials of physical medicine and rehabilitation: Musculoskeletal disorders, pain and rehabilitation*. 3rd ed. Philadelphia: Elsevier Saunders.

Greene, D., and S. Roberts 2017. *Kinesiology: Movement in the context of activity*. 3rd ed. St. Louis: Elsevier.

Hertling, D., and R. Kessler. 2006. *Management of common musculoskeletal disorders: Physical therapy principles and methods*. 4th ed. Philadelphia: Lippincott Williams & Wilkins.

Higgins, M. 2011. *Therapeutic exercise: From theory to practice*. Philadelphia: F.A. Davis.

Karwowski, W. 2006. *International encyclopedia of ergonomics and human factors: Volume 3*. 2nd ed. Boca Raton, FL: Taylor and Francis.

Hillstrom, K., and L.C. Hillstrom, eds. 2007. *The industrial revolution in America: Communications, agriculture and meatpacking overview/comparison*. Vols. 7–9. Santa Barbara, CA: ABC–CLIO.

McGill, S. 2016. *Low back disorders: Evidence-based prevention and rehabilitation*. 3rd ed. Champaign, IL: Human Kinetics.

Ombregt, L. 2013. *A system of orthopaedic medicine*. 3rd ed. New York: Churchill Livingstone Elsevier.

Plotnik, R., and H. Kouyoumdjian. 2014. *Introduction to psychology*. 10th ed. Belmont, CA: Wadsworth Cengage Learning.

Price, J. 2014. *How to choose the right training shoe*.

Australian Fitness Network.

Price, J., and M. Bratcher. 2010. *The BioMechanics Method corrective exercise specialist education program*. San Diego, CA: The BioMechanics Press.

Sahrmann, S. 2002. *Diagnosis and treatment of movement impairment syndromes*. St. Louis: Mosby.

Scheumann, D.W. 2007. *The balanced body: A guide to deep tissue and neuromuscular therapy*. 3rd ed. Philadelphia: Lippincott Williams & Wilkins.

Simons, D., J. Travell, and L. Simons. 1999. *Travell & Simons' myofascial pain and dysfunction: The trigger point manual. Volume 1: Upper half of body*. 2nd ed. Philadelphia: Lippincott Williams & Wilkins.

Weisberg, J., and H. Shink. 2015. *3 minutes to a painfree life: The groundbreaking program for total body pain prevention and rapid relief*. New York: Atria Books.

Wilmink, J. 2010. *Lumbar spinal imaging in radicular pain and related conditions*. Netherlands: Springer.

第19章

Barnes, J.F. 1999. Myofascial release. In *Functional soft tissue examination and treatment by manual methods*, 2nd ed, edited by W.I. Hammer. Gaithersburg, MD: Aspen Publishers.

Myers, T.W. 2008. *Anatomy trains: Myofascial meridians for manual and movement therapists*. 2nd ed. New York: Churchill Livingstone.

Price, J. 2013. *The amazing tennis ball back pain cure*. San Diego, CA: The BioMechanics Press.

Price, J., and M. Bratcher. 2010. *The fundamentals of corrective exercise. Module 3: The BioMechanics Method corrective exercise specialist certification program*. San Diego, CA: The BioMechanics Press.

Rolf, I.P. 1989. *Rolfing: Reestablishing the natural alignment and structural integration of the human body for vitality and well-being*. Rev. ed. Rochester, VT: Healing Arts Press.

Travell, J.G., and D.G. Simons. 1992. *Myofascial pain and dysfunction: The trigger point manual. Vol. 2. The lower extremities*. Media, PA: Lippincott Williams & Wilkins.

第20章

Clark, M., and S. Lucett. 2011. *NASM essentials of corrective exercise training*. Philadelphia: Lippincott Williams & Wilkins.

Kovacs, M. 2015. *The flexible stretching strap workbook: Step-by-step techniques for maximizing your range of motion and flexibility*. Berkeley: Ulysses.

Price, J. 2013. *The amazing tennis ball back pain cure*. San Diego, CA: The BioMechanics Press.

Price, J., and M. Bratcher. 2010. *The BioMechanics Method corrective exercise specialist certification program*. San Diego, CA: The BioMechanics Press.

第21章

Bryant, C.X., and D.J. Green, eds. 2010. *ACE personal trainer manual: The ultimate resource for fitness professionals*. 4th ed. San Diego, CA: American Council on Exercise.

Clark, M., and S. Lucett. 2011. *NASM essentials of corrective exercise training*. Philadelphia: Lippincott Williams & Wilkins.

Coyle, D. 2009. *The talent code: Greatness isn't born. It's grown. Here's how*. New York: Random House.

Hoffman, J. 2014. *Physiological aspects of sports training and performance*. 2nd ed. Champaign, IL: Human Kinetics.

Houglum, P. 2016. *Therapeutic exercise for musculoskeletal injuries*. 4th ed. Champaign, IL: Human Kinetics.

Magee, D.J., J.E. Zachazewski, and W.S. Quillen, eds. 2007. *Scientific foundations and principles of practice in musculoskeletal rehabilitation*. St. Louis: Saunders Elsevier.

McGill, S. 2016. *Low back disorders: Evidence-based prevention and rehabilitation*. 3rd ed. Champaign, IL: Human Kinetics.

Price, J. 2013. *The amazing tennis ball back pain cure*. San Diego, CA: The BioMechanics Press.

Price, J., and M. Bratcher. 2010. *The BioMechanics Method corrective exercise specialist certification program*. San Diego, CA: The BioMechanics Press.

Price, J., and F. Sharpe. 2009. *The complete idiot's guide to functional training*. New York: Penguin Publishing.

Wrisberg, C. 2007. *Sport skill instruction for coaches.* Champaign, IL: Human Kinetics.

第22章

Altman, S., E. Valenzi, and R.M. Hodgetts. 1985. *Organizational behavior: Theory and practice.* Orlando: Academic Press.

American College of Sports Medicine. 2014. *ACSM's resources for the personal trainer.* 4th ed. Philadelphia: Lippincott Williams & Wilkins.

Bandura, A. 1986. *Social foundations of thought and action: A social cognitive theory.* Englewood Cliffs, NJ: Prentice Hall.

Brockbank, A., and I. McGill. 2006. *Facilitating reflective learning through mentoring & coaching.* Philadelphia: Kogan Page.

Bryant, C.X., D.J. Green, and S. Newton-Merrill, eds. 2013. *ACE health coach manual: The ultimate guide to wellness, fitness, and lifestyle change.* San Diego, CA: American Council on Exercise.

Caissy, G.A. 1998. *Unlock the fear: How to open yourself up to face and accept change.* Cambridge, MA: Perseus Publishing.

Price, J. 2012. How to turn prospective clients into paying clients: The art of initial consultations.

Price, J., and M. Bratcher. 2010. *The BioMechanics Method corrective exercise specialist certification program.* San Diego, CA: The BioMechanics Press.

Reeve, J. 2015. *Understanding motivation and behavior.* 6th ed. Hoboken, NJ: Wiley.

Schwarz, R.M. 2017. *The skilled facilitator: A comprehensive resource for consultants, facilitators, coaches and trainers.* 3rd ed. Hoboken, NJ: Jossey-Bass.

Tyler, T.R., R.M. Kramer, and P.J. Oliver, eds. 1999. *The psychology of the social self.* New York: Psychology Press.

Williams, J. 1993. *Applied sport psychology: Personal growth to peak performance.* 2nd ed. Mountain View, CA: Mayfield Publishing.

第23章

Bandura, A.1986. *Social foundations of thought and action: A social cognitive theory.* Englewood Cliffs, NJ: Prentice Hall.

Bly, R.B. 1991. *Selling your services: Proven strategies for getting clients to hire you (or your firm).* New York: Owl Books.

Boyes, A. 2015. *The anxiety toolkit: Strategies for fine-tuning your mind and moving past your stuck points.* New York: Random House.

Bryant, C.X., and D.J. Green, eds. 2010. *ACE personal trainer manual: The ultimate resource for fitness professionals.* 4th ed. San Diego, CA: American Council on Exercise.

Crane, F.G. 2013. *Marketing for entrepreneurs.* 2nd ed. Los Angeles, CA: Sage Publications.

Donaldson, M. 2007. *Negotiating for dummies.* 2nd ed. Hoboken, NJ: Wiley.

Friesen, B.K. 2010. *Designing and conducting your first interview project.* San Francisco: Wiley.

Griffin, J.C. 2006. *Client-centered exercise prescription.* 2nd ed. Champaign, IL: Human Kinetics.

Petty, N., and A.P. Moore. 2002. *Neuromusculoskeletal examination and assessment: A handbook for therapists.* Edinburgh: Churchill Livingstone.

Price, J. 2012. How to turn prospective clients into paying clients: The art of initial consultations.

Price, J. 2015. Mental aspects of chronic pain. *IDEA Fitness Journal* 12 (January): 74–78.

Price, J., and M. Bratcher. 2010. *The BioMechanics Method corrective exercise specialist certification program.* San Diego, CA: The BioMechanics Press.

Reeve, J. 2015. *Understanding motivation and behavior.* 6th ed. Hoboken, NJ: Wiley.

Schwarz, R.M. 2017. *The skilled facilitator: A comprehensive resource for consultants, facilitators, coaches and trainers.* 3rd ed. Hoboken, NJ: Jossey-Bass.

Shah, J.Y., and W.L. Gardner, eds. 2008. *Handbook of motivation science.* New York: Guilford Press.

Simpson, H.B., Y. Neria, R. Lewis-Fernández, and F. Schneier, eds. 2010. *Anxiety disorders: Theory, research and clinical perspectives.* Cambridge, UK: Cambridge University Press.

Simpson, M. 2011. *29i-Mastering your sales psyche.* Naples, FL: Xmar Publishing.

Sternberg, R.J., H.L. Roediger, and D. Halpern, eds. 2007. *Critical thinking in psychology.* New York:

Cambridge University Press.

Swain, D.P., and C.A. Brawner, eds. 2014. *ACSM's resource manual for guidelines for exercise testing and prescription*. Baltimore, MD: Lippincott Williams & Wilkins.

Winnick, J., and D. Porretta. 2017. *Adapted physical education and sport*. 6th ed. Champaign, IL: Human Kinetics.

第24章

Bandura, A. 1986. *Social foundations of thought and action: A social cognitive theory*. Englewood Cliffs, NJ: Prentice Hall.

Berdik, C. 2012. *Mind over mind: The surprising power of expectations*. New York: Penguin.

Bosworth, H., ed. 2010. *Improving patient treatment adherence: A clinician's guide*. New York: Springer.

Caissy, G.A. 1998. *Unlock the fear: How to open yourself up to face and accept change*. Cambridge, MA: Perseus Publishing.

Dempsey, J.V., and G.C. Sales, eds. 1993. *Interactive instruction and feedback*. Englewood Cliffs, NJ: Educational Technology Publications.

Gallahue, D.L., and F.C. Donnelly. 2003. *Developmental physical education for all children*. 4th ed. Champaign, IL: Human Kinetics.

Griffin, J.C. 2006. *Client-centered exercise prescription*. 2nd ed. Champaign, IL: Human Kinetics.

Hale, B., and P. Crisfield. 2004. *Imagery training: A guide for sports coaches and performers*. Leeds, UK: Coachwise Business Solutions.

Lynch, J. 1992. *The psychology of customer care: A revolutionary approach*. London: Macmillan.

Price, J. 2016. How to increase client adherence.

Price, J., and M. Bratcher. 2010. *The BioMechanics Method corrective exercise specialist certification program*. San Diego, CA: The BioMechanics Press.

Roberts, G. 1992. *Motivation in sport and exercise*. Champaign, IL: Human Kinetics.

Salvo, S.G. 2016. *Massage therapy: Principles and practice*. 5th ed. St Louis, MO: Elsevier.

Shah, J.Y., and W.L. Gardner, eds. 2008. *Handbook of motivation science*. New York: Guilford Press.

Skovholt, T.M., and M. Trotter-Mathison. 2016. *The resilient practitioner: Burnout and compassion fatigue prevention and self-care strategies for the helping professions*. 2nd ed. New York: Routledge.

Winnick, J., and D. Porretta. 2017. *Adapted physical education and sport*. 6th ed. Champaign, IL: Human Kinetics.

第26章

Conrad, L.J. 1998. *Guerrilla marketing: Secrets for making big profits from your small business*. Boston: Houghton Mifflin Company.

Galai, D., L. Hillel, and D. Wiener. 2016. *How to create a successful business plan: For entrepreneurs, scientists, managers and students*. Singapore: World Scientific.

Gerber, M.E. 2001. *The e-myth revisited: Why most small businesses don't work and what to do about it*. 2nd ed. New York: Harper Collins.

Huff, D., D. Edmond, and C. Gillette. 2015. 2015 B2B web usability report: What B2B buyers want from vendor websites.

Kumar, A., and N. Meenakshi. 2011. *Marketing management*. 2nd ed. New Delhi: Vikas Publishing.

Lamb, C.W., J.F. Hair, and C. McDaniel. 2017. *MKTG11*. Boston, MA: Cengage Learning.

Norman, J. 1999. *What no one ever tells you about starting your own business: Real life start-up advice from 101 successful entrepreneurs*. Chicago: Dearborn.

O'Donohue, W.T., and E.R. Levensky, eds. 2006. *Promoting treatment adherence: A practical handbook for health care providers*. Thousand Oaks, CA: Sage Publications.

Price, J. 2003. Blueprint of a startup (part two). *IDEA Personal Trainer* (October): 13-16.

Price, J., and M. Bratcher. 2010. *The BioMechanics Method corrective exercise specialist certification program*. San Diego, CA: The BioMechanics Press.

Price, J., and M. Bratcher. 2012. *The BioMechanics Method corrective exercise business professional educational course*. San Diego, CA: The BioMechanics Press.

Schroeder, J., and A. Donlin. 2013. *IDEA fitness pro-*

gramming and equipment trends report. San Diego: IDEA Health and Fitness Association.

Sobel, A., and J. Sheth. 2000. *Clients for life: How great professionals develop breakthrough relationships*. New York: Simon & Schuster.

第27章

Cynthia, G.L. 2012. *Entrepreneurship: Ideas in action*. 5th ed. Mason, OH: South-Western Cengage Learning.

Frazer-Robinson, J. 2003. *It's all about customers! The perfect way to grow your business through marketing, sales and service*. London: Kogan Page.

Friedmann, S. 2009. *The complete idiot's guide to target marketing*. New York: Alpha Books.

Hall, R. 2003. *Starting a small business: A step-by-step guide to help you plan and start a business*. West Conshohocken, PA: Infinity Publishing.

Hayes, J.W. 2012. *Becoming the expert: Enhancing your business reputation through thought leadership marketing*. London: Brightword Publishing.

Hiam, A. 2014. *Marketing for dummies*. 4th ed. Somerset, NJ: Wiley.

Humbatov, S. 2015. *Brand management and social media: In service industry*. Hamburg: Anchor Academic Publishing.

Kuzmeski, M. 2010. *And the clients went wild! (Revised and updated): How savvy professionals win all the business they want*. Somerset, NJ: Wiley.

Neuman, J. 2007. *The complete Internet marketer. A practical guide to everything you need to know about marketing online*. USA: With-A-Clue Press.

Price, J., and M. Bratcher. 2010. *The BioMechanics Method corrective exercise specialist certification program*. San Diego, CA: The BioMechanics Press.

Price, J., and M. Bratcher. 2012. *Corrective exercise business professional educational course*. San Diego, CA: The BioMechanics Press.

Rieva, L. 2001. *Start your own business: The only start-up book you'll ever need*. 2nd ed. Irvine, CA: Entrepreneur Press.

Silk, A.J. 2006. *What is marketing?* Boston: Harvard Business School Press.

Schultz, M., and J.E. Doerr. 2011. *Rainmaking conversations: Influence, persuade, and sell in any situation*. Somerset, NJ: Wiley.

Shepherd, J., and N.L. Augenti. 2012. *How to start a home-based online retail business*. 2nd ed. Guilford, CT: Globe Pequot Press.

Urquhart-Brown, S. 2008. *The accidental entrepreneur: The 50 things I wish someone had told me about starting a business*. New York: American Management Association.

第28章

Aluise, J.J. 1980. *The physician as manager*. 2nd ed. New York: Springer Verlag.

Blakemore, P. 2011. *Networking for lawyers*. Reading, UK: PEP Partnership LLP.

Brocato, J.B. 2010. *A service provider's guide to starting a unique business networking group*. Chicago, IL: Intense Publishing.

Bryant, C.X., and D.J. Green, eds. 2010. *ACE personal trainer manual: The ultimate resource for fitness professionals*. 4th ed. San Diego, CA: American Council on Exercise.

Bryant, C.X., D.J. Green, and S. Newton-Merrill, eds. 2013. *ACE health coach manual: The ultimate guide to wellness, fitness, and lifestyle change*. San Diego, CA: American Council on Exercise.

Burg, B. 2006. *Endless referrals*. 3rd ed. New York: McGraw-Hill.

Ciletti, D. 2011. *Marketing yourself*. Columbus, OH: South-Western Cengage Learning.

DiNubile, N.A., and W. Patrick. 2005. *FrameWork: Your 7-step program for healthy muscles, bones, and joints*. New York: Rodale.

Fisher, D. 2001. *Professional networking for dummies*. Hoboken, NJ: Wiley.

Howley, E.T., and D.L. Thompson, eds. 2016. *Fitness professional's handbook*. 7th ed. Champaign, IL: Human Kinetics.

Knoote-Parke, A. 2009. *Brand it purple: Stand out in a crowd*. St Agnes, Australia: Tish N Enigma Books.

Levinson, J.C., and M. Mann. 2007. *Guerrilla networking: A proven battle plan to attract the very people you want to meet*. New York: Morgan James.

Phillips, S. 2014. *The complete guide to professional networking: The secrets of online and offline success.* Philadelphia: Kogan Page.

Price, J., and M. Bratcher. 2010. *The BioMechanics Method corrective exercise specialist certification program.* San Diego, CA: The BioMechanics Press.

Price, J., and M. Bratcher. 2012. *The BioMechanics Method corrective exercise business professional educational course.* San Diego, CA: The BioMechanics Press.

Thomas, S. 2014. *Business networking for dummies.* Chichester, UK: Wiley.

关于作者

贾斯汀·普莱斯（Justin Price）是"基于生物力学的纠正性训练"的发明者，这一系统的方法常用于评估和解决肌肉骨骼疼痛和运动功能障碍的潜在问题。来自60多个国家的数千名健身教练已经通过了"基于生物力学的纠正性训练"（TBMM-CES）认证，这一认证是纠正性训练领域内的最高级别认证。

普莱斯被誉为世界上最优秀的肌肉骨骼评估和纠正性训练专家之一。2006年，他被IDEA健康健身协会（IDEA Health & Fitness Association）评为"年度最佳私人教练"（Personal Trainer of the Year）。他还是美国运动协会（American Council on Exercise）、BOSU、TRX（Fitness Anywhere）、Net私人教练（Personal Training on the Net）以及PAT Global的主题授课专家。

普莱斯是《功能性训练完全傻瓜指导大全》（*The Complete Idiot's Guide to Functional Training Illustrated*）、《神奇的网球背痛疗法》（*The Amazing Tennis Ball Back Pain Cure*）的作者。他还曾是多家网站、新闻广播机构、报纸及杂志的专家顾问。

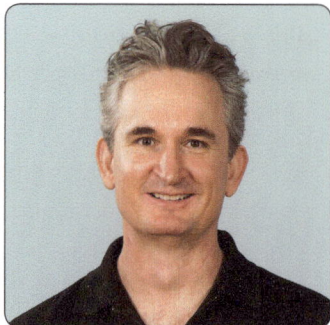

关于译者

王雄，清华大学运动人体科学硕士，体育教育训练学博士，副研究员；国家体育总局训练局体能训练中心创建人、负责人；国家体育总局备战2012年伦敦奥运会身体功能训练团队召集人，备战2016年里约奥运会身体功能训练团队体能训练组组长；为游泳、排球、乒乓球、羽毛球、体操、跳水、举重和帆板等十余支国家队提供过体能测评和训练指导服务；中国体育科学学会体能训练分会常委，北京体育科学学会体能分会副主任委员，北京体能训练协会常务理事；清华–长三角研究院特聘研究员；《身体功能训练动作手册》和"儿童身体训练动作指导丛书"主编；译有《精准拉伸：疼痛消除和损伤预防的针对性练习》《体育运动中的功能性训练（第2版）》《自由风格训练：4个基本动作优化运动和生活表现》《美国国家体能协会力量训练指南（第2版）》等书，在《体育科学》、*Journal of Sports Sciences*等中外期刊发表文章十余篇；研究方向包括身体训练（专业体能和大众健身）、健康促进工程和青少年体育等。